Ullstein Materialien

Ullstein Materialien
Ullstein Buch Nr. 35020
im Verlag Ullstein GmbH,
Frankfurt/M — Berlin — Wien
Englischer Originaltitel:
Sex and Personality
Übersetzt von Liesl Nürenberger
unter wissenschaftlicher Fachberatung
von Dr. Johanna Fürst

Ungekürzte Ausgabe

Umschlagentwurf: Kurt Weidemann

Printed in Germany 1979
Druck und Verarbeitung:
Augsburger Druck- und
Verlagshaus GmbH
ISBN 3 548 35020 8

CIP-Kurztitelaufnahme
der Deutschen Bibliothek

Eysenck, Hans Jürgen:
Sexualität und Persönlichkeit /
Hans Jürgen Eysenck. [Übers. von
Liesl Nürenberger unter wissen-
schaftl. Fachberatung von Johanna
Fürst]. — Ungekürzte Ausg. —
Frankfurt/M, Berlin, Wien:
Ullstein, 1980.
([Ullstein-Bücher] Ullstein-Buch;
Nr. 35020: Ullstein-Materialien)
Einheitssacht.: Sex and personality
⟨dt.⟩
Frühere Aufl. im Europaverl.,
Wien.
ISBN 3-548-35020-8

Hans Jürgen Eysenck

Sexualität und Persönlichkeit

Ullstein Materialien

Inhalt

Die Größe Gottes ist ohne Grenzen, denn während der Mensch mit einem Stempel viele Münzen prägt, und sie alle sind gleich, so prägt Er, der König der Könige, der Heilige, mit einem Stempel allen Menschen das gleiche Antlitz, und doch gleicht kein einziges seinem Gefährten.

TALMUD

Einführung

Die Psychologie nimmt in unseren Bemühungen, die Welt und unseren Platz in ihr zu begreifen, eine zentrale Stellung ein; wenn wir uns selbst nicht verstehen können und kein gesichertes Wissen von unserer Art der Wahrnehmung, des Handelns und Verhaltens besitzen, werden wir sehr wahrscheinlich das, was unsere Sinne anzeigen, fehlinterpretieren und werden zu völlig falschen Schlüssen über unseren Zustand gelangen. Es wäre aber auch durchaus falsch, anzunehmen, daß der Versuch, die Psychologie auf eine wissenschaftliche Basis zu stellen, bei den meisten Leuten freundliche Aufnahme findet, ganz im Gegenteil. In gleicher Weise, wie die Menschheit die Versuche von Kopernikus und Galilei, die Erde von ihrem Platz im Mittelpunkt des Universums zu verdrängen, übelnahm, oder über Darwins Werk, das den Menschen aus seiner einzigartigen Position im Tierreich verdrängte, aufgebracht war, verübeln die meisten Leute heutzutage den Psychologen ihr Bestreben, unbegründeten Glauben durch Demonstration von Tatsachen zu ersetzen. Wir sind entschlossen, bestimmte Dinge von uns selbst zu glauben und greifen bei äußerster Herausforderung auf den berühmten Text zu einer Karikatur aus der Kriegszeit zurück: »Verwirre mich nicht mit Tatsachen – ich habe meine Entscheidung getroffen.« Allein bei der Andeutung, der *homo sapiens* sei gar nicht so *sapiens*, bricht die Hölle los. Wir wären, unter Nötigung, zuzugeben bereit, daß Menschen, die unsere eigenen politischen, sozialen, sexuellen und anderen Ansichten nicht teilen, irregeleitet, irrational und neurotisch sein dürften; aber wir würden ganz gewiß bis in den Tod die These verteidigen, daß unsere eigenen Ansichten gänzlich auf vernünftiger Überlegung, Erforschung der Tatsachen und objektiver Einschätzung basieren.

Besonders im Bereich der Sexualität geht seit Jahrhunderten (und wahrscheinlich seit dem Bestehen erkennbarer Gesellschaften) eine Schlacht zwischen Puritanern und Vertretern des Libertinismus, zwischen einschränkender Tradition und ungehemmter Permissivität vor sich. Beide Seiten verteidigen lautstark ihre Position, wobei sie sich des öfteren auf jene wissenschaftlichen Untersuchungen berufen, die ihren Standpunkt zu unterstützen scheinen, und sie strafen mit Verachtung alles, was gegen ihre Anschauungen gerichtet sein könnte. Keine der beiden Seiten scheint einsehen zu wollen, daß ihr Streit auf einem Mißverständnis beruhen könnte. Wenn ich sage, daß ich Erdbeeren mag und Austern nicht, und Sie sagen, Sie mögen gerne Austern und keine Erdbeeren, dann heißt das nicht, daß wir wirklich verschiedener Meinung sind; wir stellen lediglich Tatsachen fest, die sich auf den einen oder den anderen beziehen, aber keine universelle Gültigkeit haben. Der Irrtum beginnt erst dort, wo wir unsere Vorliebe zu einer allgemeinen Vorschrift machen, indem wir sagen, daß jedermann Erdbeeren gegenüber Austern den Vorzug geben sollte (oder vice versa). Kein Mensch wird in diesem speziellen Fall etwas so Dummes tun, aber bei anderen Streitfragen geschieht eben genau das. Die Libertiner stellen die Art, in der sie ihre Sexualität zum Ausdruck bringen, als die einzig richtige hin und meinen, daß Leute, die mit ihnen nicht übereinstimmen, neurotisch, gehemmt und krank seien. Die Puritaner wiederum glauben, ihre Art der Sexualität sei die einzig richtige, und man müsse schon vom Teufel besessen, unmoralisch oder geistesgestört sein, wenn man anderer Meinung ist. Diese Debatten schließen stets ein, daß es nur eine einzige richtige Verhaltensweise gibt, und dies sei natürlich jene, die man zufällig selbst gewählt hat. Überzeugungen und Auseinandersetzungen dieser Art ergeben mehr Erhitzung als Erleuchtung und können leicht zu Intoleranz, zu Unterdrückung und Verfolgung Andersdenkender führen.

Dieses Buch entstand aus der Empfindung des Autors heraus, daß es einen einzigen orthodoxen Weg zum Heil vielleicht gar nicht gibt; daß möglicherweise verschiedene Menschen mit verschiedenen Bedürfnissen, Einschätzungen und Standpunkten geboren werden und möglicherweise der Wunsch nach universeller Gleichschaltung bereits ein Teil jener autoritären Unverschämtheit ist, für die es keinerlei wissenschaftliche Rechtfertigung gibt. Menschliche Vielfalt hat mich immer fasziniert, und die in der Darwinschen Evolutionstheorie enthaltene These, eine solche Mannigfaltigkeit sei für das Überleben essentiell (wobei der Druck sich verändernder Bedingungen einmal die eine, ein anderes Mal die andere Form der Anpassung, entsprechend den Umständen, zu begünstigen vermag), scheint mir eine wesentliche biologische Untermauerung demokratischer Regierungsform zu sein. Wer die Mannigfaltigkeit schätzt, wird wohl weniger geneigt sein, alle in ein Prokrustesbett zu zwängen, und wenn man den ungeheuren Druck begreift, den genetische Faktoren ausüben, indem sie uns bei dem Versuch, uns anzupassen, in die eine oder andere Richtung stoßen, wird man vermutlich in seinen Ansprüchen auf die eigenen Pläne für ein allgemeines Heil bescheidener sein und eher wünschen, daß die Vielfalt des Verhaltens bewahrt bleibe. Es schien der Mühe wert, als ersten Schritt auf dem Wege, mehr über die unzähligen Formen, in denen Menschen in unserer Gesellschaft ihre sexuellen Bedürfnisse ausdrücken, zu entdecken, einige empirische Untersuchungen durchzuführen, geleitet von dem Wunsch, herauszufinden, was die Leute tatsächlich denken und tun, anstatt ihnen zu sagen, was sie denken und tun sollen.

Wissenschaftliche Studien sind selten rein induktiver Art, einfach ein bloßes Sammeln von Fakten nach den Baconschen Grundsätzen; für gewöhnlich wird die Datensammlung von einer mehr oder weniger expliziten Theorie gelenkt. In unserem Fall war die Theorie ganz klar; ich nahm an, daß Menschen, die sich durch unterschiedliche Persönlichkeit auszeichnen, sich auch in vorhersagbarer Weise in ihrem sexuellen Verhalten voneinander unterscheiden, und daß solche Voraussagen geprüft werden können und wiederum ein interessantes Licht auf die Persönlichkeitstheorie werfen, die die Untersuchung inspiriert hat. Folglich befaßt sich der Großteil der in diesem Buch präsentierten Arbeit mit der Interaktion zwischen Persönlichkeit auf der einen und sexuellen Einstellungen und Verhaltensweisen auf der anderen Seite. Die untersuchten Personen sind sehr unterschiedlich, unter ihnen befinden sich normale erwachsene Männer und Frauen, Studenten und Jugendliche, Kriminelle, Insassen des Broadmoor Hospital für kriminelle Geisteskranke und andere. Im großen und ganzen entsprachen die Resultate meistens den vorweggenommenen Grundlinien, und zwar ungeachtet der speziellen Stichproben, die untersucht worden waren.

Ein Gebiet, das uns besonders interessierte, waren die Unterschiede in der sexuellen Einstellung zwischen Männern und Frauen. Ist die sexuelle Einstellung bei Männern und Frauen der heutigen Generation tatsächlich so unterschiedlich wie traditionell angenommen wird? Ist das Verhältnis zwischen Einstellung und Persönlichkeit bei beiden Geschlechtern ähnlich oder ganz verschieden? Diese und andere ähnliche Fragen erschienen von Belang und dementsprechend wurde auf die detaillierte vergleichende Analyse des sexuellen Verhaltens der Geschlechter besondere Aufmerksamkeit verwendet. Ein letzter interessanter Punkt war die Frage der genetischen Bedingtheit sexueller Einstellungen und Verhaltensweisen. Es ist zur Mode geworden, die Bedeutung biologischer Faktoren im menschlichen Verhalten zu leugnen und alle beobachteten Unterschiede dem Rollenspiel, das durch Umwelt-Zwänge erzeugt wird, zuzuschreiben. Es gibt aber allzu viele gegenteilige Beweise, um solche ausschließlich soziologische Meinungen in ihrer Gesamtheit zu akzeptieren; es könnte die zweite Möglichkeit geben, daß einige dieser Rollen Männern und Frauen von der Gesellschaft aufgezwungen wurden, sagen wir, deshalb, weil genetische und andere biologische Faktoren in der Geschichte einen Druck in dieser Richtung ausgeübt haben. Es erschien vernünftig, ohne die Diskussion vorwegnehmen zu wollen, einige direkte Untersuchungen dieser Fragen mit Hilfe unseres Zwilling-Registers durchzuführen; die Ergebnisse würden vermutlich die Auffassung unterstützen, die auf der komplexen Interaktion von genetischen und Umweltfaktoren bei der Determination menschlichen Verhaltens, besonders im sexuellen Bereich, besteht.

Was haben wir aus den Resultaten unserer Untersuchungen im Hinblick auf die allgemeine Handhabung unserer Angelegenheiten im sexuellen Bereich zu lernen? Ich habe versucht, die allgemeine Stoßrichtung der Auseinandersetzung im Schlußkapitel dieses Buches anzuzeigen, aber es steht dem Leser natürlich frei, die Bedeutung der Resultate so, wie es ihm paßt, zu interpretieren. Wissenschaftliche Tatsachen sind für ethische, soziale und juristische Entscheidungen relevant, doch sie determinieren diese nicht; die hier vorgebrachten Fakten sind für Probleme, wie Zensur, Prostitution, Ehe, perverse Praktiken, usw., von Bedeutung, aber Entscheidungen in bezug auf diese Dinge ergeben sich aus einem breiteren religiösen, ideologischen oder politischen Kontext, und dieser Kontext wird bis zu einem gewissen Grad bestimmend dafür sein, wieviel Aufmerksamkeit wir dem Tatsachenmaterial schenken. Mein eigenes Gutachten schließe ich mit der Präsentation der empirischen Untersuchungen ab; ich habe lediglich versucht, einige praktische Konsequenzen anzudeuten, die sich meines Erachtens aus diesen Untersuchungen ergeben. Dem Leser steht es frei, meine Bemerkungen völlig unbeachtet zu lassen; sie haben nicht den gleichen Status wie experimentell ermittelte Fakten.

Ich bin vielen Leuten zu Dank verpflichtet, die mir beim Sammeln der Daten geholfen haben, zu vielen, um sie einzeln zu erwähnen. Ich stieß auch auf viel Feindseligkeit, als ich an Vize-Rektoren oder andere bedeutende akademische Persönlichkeiten herantrat, um ihre Erlaubnis zu erhalten, Studenten, die unter ihrer Aufsicht standen, zur Teilnahme an der Untersuchung einzuladen; einer von ihnen bot sich an, für mich zu beten, damit ich von dem abließ, was seiner Überzeugung nach nicht nur ein gottloses und hassenswertes Unternehmen war, sondern sehr wahrscheinlich auch die betroffenen Studenten sittlich verderben und zugrunde richten würde. Die Studenten selbst, so auch die älteren und reiferen Männer und Frauen, die meine Versuchspersonen bildeten, nahmen zu den Vorgängen einen viel realistischeren und vernünftigeren Standpunkt ein; sie waren interessiert, hilfsbereit und absolut ernsthaft bemüht, ein klares Bild von ihrer Haltung und ihrer Praxis zu geben. Ohne Zweifel stellten sie keine Zufallsauswahl aus der Population dar, sondern repräsentierten all die mannigfaltigen Arten, Sexualität zu betrachten, ihr freien Lauf zu lassen oder nicht, und über Sexualität so zu denken, wie man es heutzutage in diesem Land wahrscheinlich tut. Ich möchte hier meinen herzlichsten Dank aussprechen für ihre aufrichtige Mitarbeit, für die unzähligen Stunden, die sie mit dem Ausfüllen langatmiger und vermutlich langweiliger Fragebogen verbrachten. Ohne ihre Hilfe hätte dieses Buch ganz gewiß nicht geschrieben werden können!

15. Januar 1976 *H. J. Eysenck*

1
Individuelle Unterschiede im Sexualverhalten

Die Literatur über menschliches Sexualverhalten ist umfangreich. Noch umfangreicher ist die Literatur über tierische Sexualität. Obwohl für dieses Thema schon vor Kinsey viel Interesse vorhanden war, betrachtet man für gewöhnlich sein breit angelegtes Werk als Beginn der eigentlichen Erforschung des menschlichen Sexualverhaltens[1]. Die Literatur auf diesem Gebiet folgte nahezu ausschließlich Kinseys Beispiel in der Beschäftigung mit Polulationsparametern; das Interesse konzentrierte sich auf Fragen, wie die durchschnittliche Häufigkeit des Geschlechtsverkehrs bei Männern und Frauen pro Woche; der prozentuelle Anteil von Männern mit homosexuellen, oder von Frauen mit lesbischen Erfahrungen; die durchschnittliche Anzahl vorehelicher oder außerehelicher Erfahrungen bei Männern und Frauen; oder das Durchschnittsalter für den ersten Geschlechtsverkehr bei Männern und Frauen. Diese Fragen sind interessant, jedoch nicht von besonders großer wissenschaftlicher Bedeutung. Auch ist nicht anzunehmen, daß sie mit einem vernünftigen Maß an Genauigkeit beantwortet werden können. Kinsey und seine Nachfolger gingen in einer Art Baconscher Manier vor, indem sie Fakten sammelten und hofften, daß später auf der Basis dieser Faktenanhäufung Theorien entwickelt werden könnten. Leider mißachteten sie T. H. Huxleys Warnung: »Jene, die sich weigern, über die Tatsachen hinauszugehen, gelangen meist gar nicht bis zu den Tatsachen.«

Meine Meinung, daß diese »Tatsachen« in Wirklichkeit nicht sehr tatsächlich sind, beruht auf folgenden Überlegungen. Zum ersten können Parameter der Population nur auf der Grundlage einer Auswahl von Zufallsstichproben aus der Gesamtpopulation mit hinreichender Genauigkeit geschätzt werden. Kinsey war sich aber sehr wohl bewußt, daß seine Stichproben keineswegs auf Zufallsauswahl basierten; er versuchte, die Mängel in seinen Stichproben auszugleichen, aber leider geht das nicht. Seine Schätzungen mögen den faktischen Werten sehr nahe kommen, man kann jedoch unmöglich feststellen, ob das auch wirklich der

Fall ist oder ob sie in beträchtlichem Maße von diesen faktischen Werten abweichen. Es wäre falsch, ihm vorzuwerfen, daß er keine Zufallsstichproben, oder wenigstens Quoten- oder geschichtete Stichproben erhalten hatte; es liegt in der Natur der Sache, daß dies unmöglich ist, wenn etwas so Persönliches wie das »sexuelle Erlebnis« untersucht werden soll. Bei Untersuchungen dieser Art gibt es eine unvermeidbar hohe Zurückweisungsquote und für diese Zurückweiser kann kein entsprechender Ersatz gefunden werden.

Zum zweiten suchten Kinseys Interviewer Information, die kaum wiederhergestellt werden kann und die in der entsprechenden Form im Bewußtsein der Befragten wahrscheinlich nie existiert hat. Man bedenke die Frage bezüglich der Häufigkeit von Geschlechtsverkehr! Sehr wenige Menschen haben derart genaue Aufzeichnungen von ihrem Sexualverhalten gemacht, daß auf ihrer Grundlage eine einigermaßen exakte Antwort geliefert werden könnte. Wenn man schätzt, wie oft man im vergangenen Monat, Jahr oder Jahrzehnt Geschlechtsverkehr gehabt hat, wird man wahrscheinlich sehr fehlerhafte Antworten geben; Häufigkeit ist für viele Menschen (besonders für Unverheiratete) etwas so Variables und derart abhängig von Krankheiten, »Periode« und anderen störenden Einflüssen, daß Schätzungen vom Wesen der Sache her auf keinen Fall exakt sein können. Die Relationen zwischen spontanen Antworten auf Fragen dieser Art und Aufnahmen, die später gemacht wurden, um ihre Genauigkeit zu prüfen, zeigten nach unseren Erfahrungen kein besonders hohes Maß an Übereinstimmung.

Dies gilt schon für rein sachliche Fragen; noch größere Komplikationen ergeben sich dort, wo die Antworten wertbeladen sind. Das ist unser dritter Punkt. Manche Antworten enthalten, verglichen mit anderen, viel »soziale Erwünschtheit«. Die Psychologen haben in den letzten Jahren daran gearbeitet, den Einfluß einer solchen sozialen Erwünschtheit auf die Färbung der Antworten bei Fragebögen und Interviews nachzuweisen. Zugegebenermaßen versuchten Kinsey und seine Nachfolger diese Schwierigkeiten zu überwinden, aber es gibt keinen Anhaltspunkt dafür, ob sie dabei Erfolg hatten oder wie erfolgreich sie waren. Dies sind die drei wichtigsten Einwände, die vorgebracht wurden; sie sprechen nachdrücklich dagegen, die ans Licht gebrachten »Fakten« allzu ernst zu nehmen.

Aber selbst wenn alle Darstellungen in der Literatur als genau und verläßlich betrachtet werden könnten, ließe sich immer noch einwenden, daß sie geringen wissenschaftlichen Wert besitzen. Fakten sind in der Wissenschaft in dem Maße wichtig und relevant, in dem sie eine Theorie erhärten oder widerlegen; wie Darwin feststellte: »Wie sonderbar ist es, daß jede Wahrnehmung für oder gegen eine Anschauung gerichtet sein muß, wenn sie irgendeinen Nutzen haben soll!« Diese Tatsachen selbst – angenommen, es handle sich um solche – sind ausgesprochen atheoretisch; weder unterstützen, noch widerlegen sie irgendeine bedeutsame wissenschaftliche Theorie, und daher vermag man ihnen kaum systematische Bedeutung zuzuschreiben. Diese Position ließe sich natürlich ändern, wenn die Kinsey-Untersuchungen alle zehn bis zwanzig Jahre wiederholt würden, so daß man zeitliche Trends feststellen könnte (vorausgesetzt, daß alle oben angeführten Schwierigkeiten überwunden wurden); man könnte diese Trends als Beweismittel für bestimmte psychologische oder soziologische Hypothesen hinsichtlich der Veränderungen in den sexuellen Sitten verwenden. Aber sie allein sind wissenschaftlich weder interessant noch bedeutend.

Es gibt noch einen weiteren Einwand gegen Untersuchungen vom Kinsey-Typ. Mittel- und Durchschnittswerte sind nur dann sinnvoll, wenn keine großen individuellen Unterschiede zwischen den auf diese Weise gemittelten Einheiten bestehen. Zu wissen, daß die Durchschnittshäufigkeit des Geschlechtsverkehrs bei Menschen zwei Mal pro Woche beträgt, ist nur dann sinnvoll, wenn die gemittelten Zahlen zwischen 2 und 4 oder sogar von 1 bis 5 variieren. Aber tatsächlich wird, sobald die Details ausgewertet sind, ersichtlich, daß viele Leute nur einmal im Monat oder noch seltener Geschlechtsverkehr haben, andere wiederum mehrmals am Tag. Die Variabilität ist so extrem, daß uns Durchschnittswerte wenig sagen. Im Einklang mit seiner Intention, uns Schätzungen von Parametern der Population zu bieten, gibt Kinsey Mittelwerte und Varianzen für fast alle seine Tabellen (oder sie können zumindest aus seinen Zahlenangaben geschätzt werden), aber sie illustrieren bestenfalls das hohe Maß an Variabilität, das für menschliche sexuelle Reaktionen so charakteristisch ist.

Diagramm 1.1 zeigt diese erwähnte Art von Variabilität; es gibt die Verteilung der Menschen in den Altersgruppen 16–24, 25–34, 35–54 und 55+ auf einer Skala an, die die durchschnittliche Häufigkeit des vollzogenen Geschlechtsverkehrs anzeigt. Die Zahlen stammen von einer nationalen Stichprobenumfrage und sind für Männer und Frauen getrennt gemittelt; die Grenze der

Genauigkeit von Schätzungen, die Einschränkungen auf Grund von Stichproben-Verweigerungen und die anderen oben erwähnten Einwände gegeben, sind die Resultate einigermaßen repräsentativ für britische Männer und Frauen der siebziger Jahre. Die Abnahme der Häufigkeit des Geschlechtsverkehrs mit dem zunehmenden Alter ist bemerkenswert, jedoch kaum überraschend; interessant ist in diesem Diagramm die große Streuung der Häufigkeit für jede Altersgruppe. Sogar in der 55+-Gruppe haben manche vier bis sechsmal in der Woche Geschlechtsverkehr, andere nie! Diese Variabilität macht Verallgemeinerungen einigermaßen bedeutungslos.

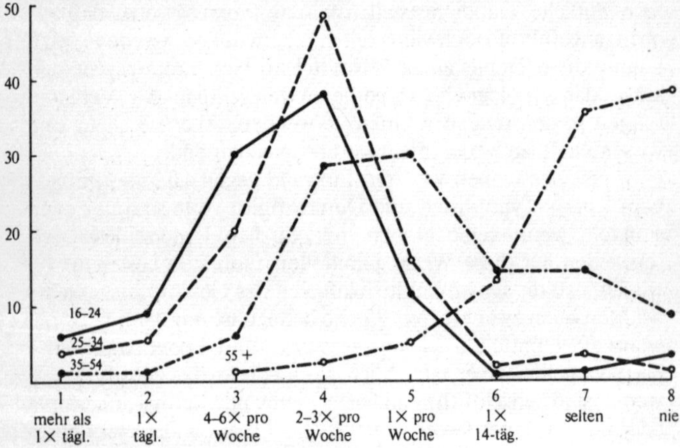

Diagramm 1.1 *Häufigkeit des Geschlechtsverkehrs bei Männern und Frauen in vier verschiedenen Altersgruppen*

Kinsey gibt sich wenig Mühe, individuelle Unterschiede zu berücksichtigen; er versucht dies nur indirekt durch Bezug auf soziologische Variablen (etwa soziale Klassen) und biologische Variablen (etwa Alter). So präsentiert er Mittelwerte und Varianzen für verschiedene Altersgruppen oder verschiedene soziale Klassen. Psychologische Theorienbildung ist kaum vorhanden, und es gibt praktisch keinen Bezug zu Persönlichkeitsvariablen, ungeachtet der Tatsache, daß solche Variablen innerhalb von Altersgruppen und sozialen Klassen wahrscheinlich eine wichtige Rolle spielen. Diese Vernachlässigung der individuellen Unterschiede und das Ausbleiben eines Versuchs, sie auf psychologischer Grundlage zu erklären, ist eines der hervorstehendsten Versäumnisse der neueren Arbeiten über menschliches Sexualverhalten.

Man könnte glauben, daß diese scharfe Kritik auf die Psychoanalyse nicht zutrifft; wäre es nicht richtig, zu sagen, daß auch die Psychoanalytiker Kinsey auf ähnlicher Grundlinie kritisiert und umfassende, komplizierte Theorien angeboten haben, um individuelle Unterschiede in diesem Bereich zu erklären? Ich will hier nicht die Kritik wiederholen, die ich bereits an anderer Stelle an psychoanalytischen Theorien geübt habe, oder am Versagen dieser Theorien gegenüber experimenteller Überprüfung (Eysenck und Wilson 1974); es genügt, zu sagen, daß »Erklärungen«, die von Psychoanalytikern hinsichtlich des menschlichen Sexualverhaltens und hinsichtlich individueller Unterschiede abgegeben werden, keine allgemeine Gültigkeit oder Anwendbarkeit besitzen. Sie sind für gewöhnlich *ad hoc*-Anwendungen von willkürlichen Prinzipien, aus denen man keine generellen Schlußfolgerungen ziehen kann und die aus diesem Grunde wissenschaftlich auch nicht überprüfbar sind. Die Psychoanalyse befähigt uns nicht, die drängende Frage zu beantworten, die durch die Existenz sehr deutlicher individueller Unterschiede im menschlichen Sexualverhalten aufgeworfen wird.

Es entspricht dem Anliegen dieses Buches, mit der ernsthaften Betrachtung dieser strittigen Frage den Beginn zu machen. Wir werden dies nicht nach den Baconschen Grundsätzen tun, d. h. indem wir Persönlichkeit und Sexualverhalten in kleinen Portionen willkürlich zueinander in Beziehung setzen, sondern nach den Grundsätzen der hypothetiko-deduktiven Methode, d. h indem wir versuchen, aus der allgemeinen Persönlichkeitstheorie (Eysenck 1967) gewisse Voraussagen über ausgewählte Aspekte des Sexualverhaltens abzuleiten. Absicht dieses ersten Kapitels ist es, die wichtigsten Teile dieser Persönlichkeitstheorie zu umreißen und zu zeigen, wie man die Theorie dazu verwenden kann, im Bereich des Sexualverhaltens Vorhersagen zu machen. Es ist nicht zu erwarten, daß diese Vorhersagen in ihrer Gesamtheit verifizierbar sind, auch nicht, daß die vorausgesagten Effekte dort, wo sie verifiziert sind, sehr stark sein werden. Offenkundig ist das Sexualverhalten so komplex und von so vielen Faktoren, sowohl systematischen als auch zufälligen, determiniert, daß eventuell überhaupt kein einzelner Faktor einen großen Anteil der Varianz zu erklären vermag. Es erschien dennoch der Mühe wert, herauszufinden, in welchem Ausmaß Vorhersagen aus der Persönlichkeitstheorie verifiziert werden könnten, um eine grobe Vorstellung von der Struktur der Wechselbeziehungen zu erhalten, die in unserer Gesellschaft vorhanden sind. Außerdem befaßten wir uns mit der Möglichkeit, das Sexualverhalten auf genetischer Grundlage zu erklären, wobei wir das Ausmaß der Varianz bestimmten, die durch genetische oder Umweltfaktoren oder durch deren Interaktion bei verschiedenen Typen von Sexualverhalten beigetragen wird. Dieser Gedankengang konnte natürlich auf Untersuchungen darüber ausgedehnt werden, in welchem Ausmaß die Beziehungen zwischen Persönlichkeit und Sexualverhalten selbst durch genetische und Umwelteinflüsse determiniert werden. Wir dachten nicht, daß die Resultate derartiger Studien eine gründliche Antwort auf die von uns gestellten Fragen erteilen würden. Sie könnten eine Grundlage schaffen, auf der andere Forscher aufzubauen in der Lage wären.

Wir hatten dabei noch etwas anderes im Sinn. Die immer wiederkehrende Auseinandersetzung über Pornographie und Zensur, über Enthaltsamkeit und vorehelichen Geschlechtsverkehr, über die Ehe und ein »Leben in Sünde« wurde im allgemeinen unter der Voraussetzung geführt, daß die eine Antwort »richtig« und die andere »falsch« in einem quasi allumfassenden, allgemeingültigen Sinne ist. Es schien der Mühe wert, die tatsächliche Einstellung der Leute zu diesem und zu vielen anderen Problemen im Bereich der Sexualität zu untersuchen und die Vielfalt der gegebenen Antworten sowie die komplexe Struktur, die durch die Analyse der Antworten aufgedeckt wurde, aufzuzeigen. Wenn die Billigung oder die Ablehnung verschiedener »Lebensstile« bis zu einem gewissen Grad von Persönlichkeitsvariablen reguliert wird, die selber weitgehend von genetischen Faktoren bestimmt werden, so müßte man vielleicht daraus den Schluß ziehen, daß gerade die Vorstellung von »richtig« oder »falsch« in bezug auf diese Fragen aufgegeben werden muß; was für einen neurotisch Introvertierten stimmen mag, kann für einen stabilen Extravertierten durchaus falsch sein. Auf diese Gedanken werden wir im Schlußkapitel zurückkommen; hier wollen wir nur auf den breiteren Kontext hinweisen, in dem unsere Untersuchung zu sehen ist.

Wenn wir uns der Seite der Persönlichkeit zuwenden, finden wir natürlich ein verwirrendes Aufgebot an verschiedenen Theorien, Meßtechniken und Begriffsbildungen; selbst über die Bedeutung des Begriffs »Persönlichkeit« ist man sich nicht einig, und schon die Vorstellung von der Persönlichkeit als eine beständige und konsistente Anordnung von Verhaltensmustern wird manchmal bezweifelt (z. B. Mischel 1968). Hier ist nicht der Ort, solche Fragen zu diskutieren; die Theorie, die hier angenommen wurde, um Voraussagen zu machen und um Persönlichkeit mit sexuellem Verhalten in Beziehung zu setzen, habe ich bereits relativ detailliert in meiner Arbeit *The Biological Basis of Personality* (Eysenck 1967) vorgelegt, und ihre Genesis habe ich, zusammen mit zusätzlichen Beweisen für ihre Bedeutsamkeit, in *The Structure of Human Personality* beschrieben (Eysenck 1970 a). Dem Leser steht es frei, einzuwenden, daß man für diesen Zweck andere Theorien hätte adaptieren können, und ich wäre der letzte, der leugnete, daß eine solche Möglichkeit nicht auszuschließen ist. Dennoch, die Arbeit ist schon getan, und Diskussionen darüber, ob es klug war, diese Wahl zu treffen, sind fruchtlos; was noch bestimmt werden muß, ist das Ausmaß des Erfolgs, den dieser Versuch gebracht hat. Folglich wird nun eine kurze Skizze der Theorie vorgelegt, zusammen mit einigen Ableitungen, die von ihr gemacht wurden. Es wäre sinnlos, hier anzuführen, was über die Theorie gesagt wurde. Der Leser muß, wenn er ausführliche Information und Dokumentation wünscht, auf die oben genannten Werke verwiesen werden.

Unsere Persönlichkeitstheorie behauptet, daß sich Persönlichkeit am besten als eine große Menge von Eigenschaften (Soziabilität, Impulsivität, Aktivität, Launenhaftigkeit usw.) beschreiben läßt, und daß diese Eigenschaften in gewissen Bündeln *(cluster)* miteinander zusammenhängen; diese *cluster* sind die empirische Basis für Konzepte höherer Ordnung, die man als »Typen« oder, wie ich es vorziehen würde, als Dimensionen der Persönlichkeit bezeichnen kann (der Begriff »Typus« enthält die Nebenbedeutungen einer bimodalen Verteilung oder von qualitativ verschiedenen Gruppierungen, die im Widerspruch zu den empirischen Fakten stehen). Aus der großen Anzahl empirischer Studien, die während der letzten 70 Jahre durchgeführt wurden, sind drei bedeutende solcher *cluster* isoliert worden; sie haben viele verschiedene Namen erhalten, hier aber werden wir sie als *N* (Neurotizismus), *E* (Extraversion) und *P* (Psychotizismus) bezeichnen. Die zur Isolierung solcher Dimensionen und zur Identifizierung der resultierenden Faktoren angewandten Methoden wurden in dem Buch *Personality Structure and Measurement* (Eysenck und Eysenck 1969) ausführlich erörtert. Diese Haupt-»Typen« oder Dimensionen werden als in angeborenen physiologischen Strukturen fest verankert angesehen; die in ihnen auftretenden Unterschiede sind, in Wechselwirkung mit Determinanten der Umwelt, für das Entstehen der phänotypischen Verhaltensmuster verantwortlich, die wir beobachten, einschätzen und messen; eine Diskussion der Beweislage für diese genetische Hypothese folgt in einem späteren Kapitel.

Extraversion wird in Verhaltens-Begriffen durch die verschiedenen Eigenschaften definiert, die miteinander korrelieren, wodurch dieser Faktor definiert wird; Eigenschaften wie Soziabilität, Impulsivität, Aktivität, Sorglosigkeit, Lebenslust, Heiterkeit usw. Die physiologische Basis, die diesen und vielen anderen Eigenschaften und Verhaltensmustern zugrundeliegt, wird gedacht als geringe kortikale Erregung, wahrscheinlich vermittelt durch das retikuläre System. Der Extravertierte benötigt infolgedessen, um zu einem optimalen Erregungsniveau zu gelangen, stärkere äußerliche Stimulation als der normale ambivertierte Mensch, während der Introvertierte weniger äußere Stimulation benötigt als der Normale (Ambivertierte). Diese allgemeine Eigenschaft des menschlichen Verhaltens (die Bevorzugung mittlerer Erregungsgrade) wird in Diagramm 1.2 grafisch dargestellt; die stark ausgezogene Kurve zeigt die allgemeine Beziehung zwischen Stimulationsniveau und Stimmungsstörung an, wobei mittlere Grade der Stimulation eine angenehme Stimmung bewirken, extrem hohe Stimulation (Schmerz) oder sensorische Deprivation negative Stimmungslagen hervorrufen. Introvertierte und Extravertierte sind von diesem Mittelwert in entgegengesetzte Richtungen verschoben, wobei die Extravertierten ihr optimales Stimulationsniveau (O.L.$_E$) über, die Introvertierten ihr optimales Niveau (O.L.$_T$) unter dem optimalen Stimulationsniveau des Durchschnittsmenschen (O.L.$_P$) haben. Daraus folgt, daß bei einem gegebenen Punkt A, der für den Durchschnittsmenschen indifferent ist, das Stimulationsniveau annehmbar und leicht angenehm für den Introvertierten, jedoch unannehmbar und leicht unangenehm, weil nicht ausreichend stimulierend für den Extravertierten wäre. Umgekehrt, bei Punkt B, wo die Reizstufe für den Durchschnittsmenschen ebenfalls Indifferenz bewirken würde, erlebt der Extravertierte eine leicht positiv getönte Stimmung, der Introvertierte eine leicht negative Stimmungstönung. Die Evidenz für diese Verallgemeinerung wird von Eysenck (1967) erörtert und ist ziemlich stark.

Die Vorhersage aus dieser allgemeinen Formulierung wäre im sexuellen Bereich, daß Extravertierte stärkere Stimulation benö-

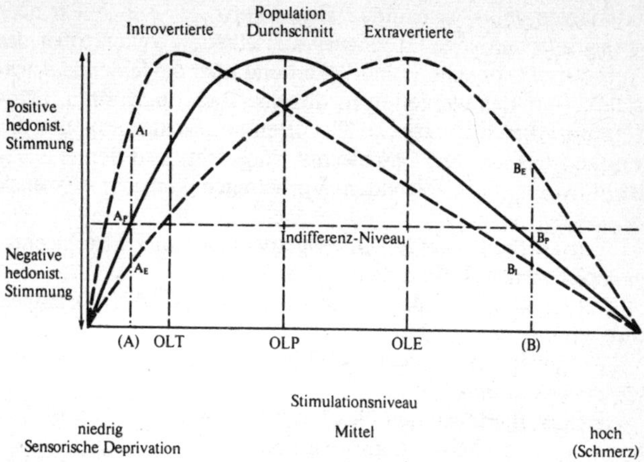

Diagramm 1.2 *Verhältnis zwischen sensorischer Stimulation und positiver oder negativer hedonistischer Stimmungslage für Extravertierte, Normale bzw. Introvertierte*

tigen als Ambivertierte, diese wiederum stärkere als Introvertierte. Da sexuelle Stimulation zu den stärksten sensorischen Erfahrungen zählt, denen man im allgemeinen begegnet, läßt sich daraus schließen, daß Introvertierte ihr eher vorsichtig begegnen und vor den stimulierenderen Formen von Sexualverhalten zurückscheuen werden. Umgekehrt werden sich Extravertierte gerade diesen stärker stimulierenden Formen von sexuellem Verhalten begierig und leidenschaftlich nähern. Diese Vorhersage wird durch eine andere Schlußfolgerung aus der allgemeinen Theorie unterstützt. Ich habe die Theorie aufgestellt, daß Introvertierte, auf Grund ihres höheren kortikalen Erregungsniveaus schneller konditionierte Reaktionen entwickeln als Extravertierte; ebenso stellte ich die Theorie auf, daß sozialisiertes Verhalten durch einen Prozeß Pawlowscher Konditionierung erzeugt wird, und daß demzufolge Extravertierte, da sie schlechtere Konditionierer sind, geringere Zeichen von Sozialisation zeigen als Introvertierte. Die Tatsachen (Eysenck 1967, Eysenck 1970 b) unterstützen im großen und ganzen beide Schlußfolgerungen. Nun betrachtet man einen Großteil des Sexualverhaltens (Perversionen, vorehelicher und außerehelicher Verkehr) als asozial und demzufolge geben sich ihm Extravertierte wahrscheinlich eher hin als Introvertierte. Diese zwei Kausalketten sollten, über das Streben nach sinnlichen Eindrücken und über die fehlende Sozialisation, den Extravertierten in dieselbe Richtung führen, nämlich zur stärkeren Hingabe an alle Arten von Sexualverhalten, das Personen des anderen Geschlechts einbezieht; und dementsprechend wurden die folgenden Vorhersagen gemacht (Eysenck 1971a):

1. Extravertierte werden im allgemeinen *früher* Geschlechtsverkehr haben als Introvertierte.
2. Extravertierte werden *häufiger* Geschlechtsverkehr haben als Introvertierte.
3. Extravertierte werden Geschlechtsverkehr mit *mehr verschiedenen Partnern* haben.
4. Extravertierte werden Geschlechtsverkehr in mehr *verschiedenen Positionen* haben als Introvertierte.
5. Extravertierte werden sich mehr *verschiedenartigem* Sexualverhalten außerhalb des Geschlechtsverkehrs hingeben.
6. Extravertierte werden sich längerem präcoitalem Liebesspiel hingeben als Introvertierte.

Es gibt noch eine weitere Ableitung aus der allgemeinen Theorie, die für diese Vorhersage relevant ist. Bei Extravertierten würde man, auf Grund ihres niedrigeren Erregungsniveaus, erwarten, daß sie in experimentellen Situationen eine stärkere Gewöhnung aufweisen; d. h. sie werden genauso stark wie Introvertierte auf neuartige Reize reagieren, aber sich schnell an diese Reize gewöhnen und weniger und weniger darauf reagieren, während Introvertierte ihre ursprüngliche Reaktion viel länger beibehalten werden. Die Dokumentation erhärtet einen solchen Standpunkt (Eysenck 1967, Quirion 1970), und wir meinen, daß die Veränderlichkeit im Sexualverhalten des Extravertierten, wie sie oben postuliert wurde (Partnerwechsel, Wechsel der eingenommenen Positionen usw.), mit der Gewöhnung zusammenhängen dürfte. Zweifellos führt die Gewöhnung an einen gegebenen Reiz zu einer Abnahme der Erregung, zu Langeweile und Desinteresse; dies wiederum dürfte die Suche nach neuen Reizen motivieren. Daher sind Extravertierte genetisch prädisponiert, starke Reize zu suchen, sich bei Wiederholung von identischen oder ähnlichen Reizen zu langweilen und sich weniger durch soziale Tabus von der Suche nach starken und neuartigen Reizen abhalten zu lassen. Auf dieser Kombination von Verhaltenstendenzen basieren unsere Vorhersagen.

Es gibt gewisse objektive Evidenz dafür, daß Gewöhnung im sexuellen Bereich bei Extravertierten tatsächlich ausgeprägter ist. In einer unveröffentlichten Studie maß E. Nelson die physiologischen Reaktionen männlicher Versuchspersonen auf eindeutig sexuelle Filme mit Hilfe des Penis-Plethysmographen (das ist ein Gerät zur Messung der Veränderungen des Volumens des Penis vom schlaffen bis zum erigierten Zustand). Neun Vierminutenfilme wurden aus einer großen Menge kommerziellen Materials zusammengestellt, wobei sich jeder einzelne Film auf einen Aspekt sexueller Aktivität konzentrierte, z. B. *petting*, Geschlechtsverkehr Mann über der Frau, Cunnilingus, Fellatio, *soixanteneuf*, Orgien, Verkehr *a tergo* usw. Die Versuchspersonen wurden sorgfältig auf der Basis von Persönlichkeitsfragebogen (E. P. I.) ausgewählt, um folgende vier Gruppen zu repräsentieren: stabile Extravertierte, stabile Introvertierte, instabile Extravertierte und instabile Introvertierte; jede Gruppe bestand aus 10 Versuchspersonen. Jeder Person wurden je drei Filme zu drei verschiedenen Gelegenheiten vorgeführt, wobei mindestens vier Tage zwischen den einzelnen Vorführungen lagen. Es gab jeweils eine Pause von vier Minuten zwischen den Filmen. Die Aufzeichnungen wurden hinsichtlich der Veränderungen analysiert, die bei jedem einzelnen Film auftraten, von Film zu Film, bei jeder einzelnen Vorführung, und von einer Vorführung zur anderen.

Diese Analyse zeigte, daß Extravertierte signifikant mehr Gewöhnung (d. h. eine Verringerung des Penisvolumens) während der Vorführung jedes einzelnen Films, von Film zu Film, und von Vorführung zu Vorführung aufwiesen. Diese Tendenz war deutlicher bei den stabilen Extravertierten und Introvertierten, aber sie war auch bei den instabilen Extravertierten und Introvertierten vorhanden. Introvertierte zeigten keine Veränderung in der Reaktivität vom Anfang bis zum Ende, während Extravertierte einen Rückgang von 86 Prozent maximale Erektion auf 66 Prozent maximale Erektion zeigten. Daraus wird deutlich, daß Gewöhnung bei Extravertierten schneller auftritt, nicht nur Gewöhnung an einfache sensorische Reizung (wie sie in früheren Labor-Untersuchungen angewendet wurde), sondern auch an visuelle sexuelle Stimulation.

Von den hier publizierten Experimenten gab es nur eine Studie, die diese und ähnliche Vorhersagen empirisch zu betrachten versuchte (abgesehen von den Arbeiten von Schofield 1968 und Bynner 1969, die, obwohl sie keine Persönlichkeitsfra-

Tabelle 1.1a *Sexuelle Aktivitäten von Introvertierten* (E_1), *Ambivierten* (E_2) *und Extravertierten* (E_3) (Daten nach Giese und Schmidt 1968)

			männlich			weiblich	
			(Prozente in Kursivschrift)				
		E_1	E_2	E_3	E_1	E_2	E_3
1 Masturbation gegenwärtig		*86*	*80*	*72*	*47*	*43*	*39*
2 Petting: mit 17 Jahren		*16*	*28*	*40*	*15*	*19*	*24*
Petting: mit 19 Jahren		*31*	*48*	*56*	*30*	*44*	*47*
Petting: gegenwärtig		*57*	*72*	*78*	*62*	*71*	*76*
3 Coitus: mit 17 Jahren		*5*	*13*	*21*	*4*	*4*	*8*
Coitus: mit 19 Jahren		*15*	*31*	*45*	*12*	*20*	*29*
Coitus: gegenwärtig		*47*	*70*	*77*	*42*	*57*	*71*
4 Mittlere Häufigkeit des Coitus pro Monat (nur sexuell aktive Studenten)		3,0	3,7	5,5	3,1	4,5	7,5
5 Zahl der Coitus-Partner	1	*75*	*64*	*46*	*72*	*77*	*60*
in den letzten 12 Monaten	2–3	*18*	*25*	*30*	*25*	*17*	*23*
(nur unverheiratete Studenten)	4+	*7*	*12*	*25*	*4*	*6*	*17*
6 Langes präcoitales Liebesspiel		*21*	*25*	*28*	*21*	*16*	*18*
7 Cunnilingus		*52*	*62*	*64*	*58*	*69*	*69*
8 Fellatio		*53*	*60*	*69*	*53*	*59*	*61*
9 Mehr als drei verschiedene Coitus-Positionen		*10*	*16*	*26*	*12*	*18*	*13*
10 Orgasmus fast immer		–	–	–	*17*	*32*	*29*

gebogen verwendeten, zu ähnlichen Schlußfolgerungen über die Beziehung zwischen Extraversion und ausgesprochen sexuellem Verhalten gelangten). Die betreffende Studie wurde von Giese und Schmidt (1968) durchgeführt, die eine eher kurze Skala zur Messung von *E* benutzten und an mehr als sechstausend männliche und weibliche deutsche Studenten Fragebögen, die ihr sexuelles Verhalten betrafen, ausgaben; die meisten von ihnen waren unverheiratet. Einige ihrer relevanten Ergebnisse sind unten angeführt (Tabelle 1.1a); die Tabelle erfaßt nur unverheiratete Studenten und die Gruppen sind entsprechend ihrer Extraversion-Scores in Introvertierte (E_1), Ambivertierte (E_2) und Extravertierte (E_3) unterteilt. In dieser Stichprobe gab es mehr Männer als Frauen. Man wird sehen, daß Extravertierte weniger masturbieren, mehr *petting* bis zum Orgasmus betreiben, häufiger und im frühen Alter Geschlechtsverkehr haben, mehr verschiedene Positionen beim Geschlechtsverkehr einnehmen, sich einem längeren präcoitalen Liebesspiel hingeben und Fellatio und Cunnilingus häufiger praktizieren. Man sollte hinzufügen, daß die Unterschiede bei manchen dieser Items bei Männern viel größer sind als bei Frauen. Das wird deswegen erwartet, weil es in unserer Gesellschaft die Männer sind, die in sexuellen Beziehungen das Tempo angeben, so daß ihre Persönlichkeit in der gewählten Vorgangsweise klarer zum Ausdruck kommt. Diese Ergebnisse stehen mit unseren Vorhersagen in weitgehender Übereinstimmung.

Zwei Studien, eine vorgelegt von Zuckermann und anderen (1972) und die andere von Zuckermann (persönliche Mitteilung), haben die E-Skala nicht angewendet. Sie sind jedoch relevant, weil die in diesen Untersuchungen verwendeten Skalen des Strebens nach sinnlichen Eindrücken positiv mit *E* (und ebenso mit *P*) korrelieren und damit Vorhersagen ermöglichen (Zuckermann 1974). Es gibt vier derartige Skalen, die sich jeweils mit der Suche nach Aufregung und Abenteuern, der Suche nach Erfahrungen, mit Enthemmung und mit Langeweile-Empfindlichkeit beschäftigen. Zuckermann konstruierte eine Skala der sexuellen Erfahrung, indem er Typen von Sexualverhalten registrierte, die das Individuum entweder erfahren oder nicht erfahren hatte (ähnlich unseren eigenen Skalen in Kapitel 2 und 3); sie reichte vom Küssen und Streicheln der Brüste bis zu Fellatio und Cunnilingus. Er fragte auch nach der Anzahl von Sexualpartnern, die jedes Individuum gehabt hatte. Die Vorhersage wäre natürlich, daß alle diese Skalen positiv mit der Zahl der angeführten heterosexuellen Aktivitäten und mit der Zahl der heterosexuellen Partner korrelieren werden. Die Skala für heterosexuelle Aktivitäten wurde zwei getrennten Populationen vorgegeben, jene für heterosexuelle Partner nur einer. Die Ergebnisse werden in Tabelle 1.1b gezeigt. Man wird sehen, daß alle Korrelationen, für Männer wie für Frauen, positiv sind. Diese Resultate passen sehr gut zu jenen von Giese und Schmidt und bestätigen die Vorhersage.

Unter Neurotizismus versteht man eine starke, labile Emotionalität, die eine Person dazu prädisponiert, in exzessiven Streßsituationen neurotische Symptome zu entwickeln. Korrelierende Eigenschaften, die diesen »Typus« definieren, sind Launenhaftigkeit, Schlaflosigkeit, Nervosität, Minderwertigkeitsgefühle, Reizbarkeit usw. Als physiologische Basis dieser Dimension von Persönlichkeit nimmt man das autonome Nervensystem an, insbesondere das Zentralnervensystem, das die sympathische und

Tabelle 1.1b *Korrelationen zwischen Skalen des Strebens nach Sinneseindrücken und sexuellem Verhalten*

	Heterosexuelle Aktivitäten 1		Heterosexuelle Aktivitäten 2		Keine heterosexuellen Partner	
	M	F	M	F	M	F
Allgemein	0,51	0,15	0,39	0,29	0,40	0,27
Sensations- und Abenteuersuche	0,44	0,16	0,42	0,35	0,47	0,20
Erlebnissuche	0,37	0,32	0,45	0,37	0,35	0,28
Enthemmung	0,33	0,43	0,39	0,33	0,42	0,29
Empfindlichkeit für Langeweile	0,36	0,29	0,23	0,20	0,25	0,20

parasympathische Reaktivität koordiniert. Personen mit hohem *N*-Score werden sich, angesichts ihrer starken, labilen und anhaltenden Furcht- und Angstgefühle selbst in leichten Streßsituationen (in diese Kategorie müssen wir sozialen Kontakt im allgemeinen und vielleicht sexuellen Kontakt im besonderen einschließen) wahrscheinlich in geringerem Maße in sexuelle Kontakte einlassen, sich mehr Sorgen über Sexualität machen, sich von gewissen Aspekten der Sexualität abgestoßen fühlen und seltener Kontakte mit sexuellen Partnern haben; dies dürfte insbesondere bei unverheirateten Versuchspersonen auf Grund ihrer wohlbekannten Schwierigkeiten in den sozialen Beziehungen zutreffen. Nach Miller stellen sexuelle Beziehungen für den Neurotiker einen konfliktbeladenen Bereich dar, in dem sich ein Annäherungs-Vermeidungskonflikt herausbildet; sexuelles Begehren bringt die Versuchsperson mit hohem *N*-Score zur *Annäherung*, während Furcht und Angst sie zum *Vermeiden* veranlassen. Diese Ambivalenz ist natürlich in der klinischen Literatur sehr gut dokumentiert, aber unsere Vorhersage würde lauten, daß sie auch unter normalen (d. h. nichtpsychiatrischen) Populationen zu finden ist. Diese Vorhersage von Konflikten im sexuellen Bereich würde besonders genau bei Versuchspersonen ausfallen, die sowohl einen hohen *N*-Wert als auch einen hohen *E*-Wert haben; ein hohes *N* bläht im allgemeinen den Vermeidungs-Teil der Gleichung auf, ein hohes *E* den Annäherungs-Teil. Unsere Arbeit läßt den Schluß zu, daß dies tatsächlich der Fall ist. (Eysenck 1971).

Die einzige Untersuchung über die Sexualität in ihrem Verhältnis zu Neurotizismus, die vor unserer eigenen gemacht wurde, ist die bereits erwähnte Arbeit von Giese und Schmidt. Leider haben sie eine sehr kurze *N*-Skala verwendet, die nicht sehr zuverlässig sein konnte; das ist vermutlich auch der Grund, warum sie nur wenige signifikante Korrelationen zu finden vermochten. Es ergab sich, daß Leute mit hohem *N* (männlich) häufiger masturbieren, ein stärkeres Bedürfnis nach Geschlechtsverkehr haben und häufiger behaupten, spontane Erektionen zu haben, als Leute mit niedrigem *N*. Frauen mit hohem *N* haben seltener einen Orgasmus und stärkere Menstruationsbeschwerden. Wie begrenzt auch immer, können diese Entdeckungen doch eine gewisse Unterstützung für die Ableitungen aus der oben skizzierten Theorie liefern, aber sie tragen gewiß nicht sonderlich viel zum Verständnis der involvierten Beziehungen bei.

Es gibt bereits einige Arbeiten über das Verhältnis zwischen Orgasmusfähigkeit und psychischen Störungen, insbesondere neurotischen Störungen, aber sie sind widersprüchlich. Terman (1951) entdeckte, daß aus einer großen Stichprobe von Frauen, jene, die keine Orgasmusfähigkeit besaßen, in Beantwortung des Fragebogens sagten, daß sie sich oft unglücklich fühlten, Zeiten der Einsamkeit erlebten, häufig mißmutig waren, nicht optimistisch zu sein vermochten, wenn andere in ihrer Umgebung deprimiert waren; dies sind alles *N*-Items, dasselbe gilt jedoch auch für andere, die nicht diskriminierten. Diese Items hatten schon in einer früheren Studie (Terman 1938) eine Diskrimination gezeigt, während andere nur in der zweiten Studie signifikant waren, wie z. B. von Gewissensbissen geplagt, oft einfach unglücklich zu sein, sich zu lange mit erniedringenden Erlebnissen zu quälen, wenig Selbstvertrauen zu besitzen und sich von anderer Leute Lob oder Vorwurf beeinflussen zu lassen. In diesen beiden Studien zeigt sich eine bestimmte Beziehung zwischen Unfähigkeit und *N*, aber sie ist nicht sehr stark.

Thomason (1951) fand ähnliche Unterschiede zwischen sexuell gut angepaßten und schlecht angepaßten Frauen, verwendete aber natürlich, abgesehen von der Orgasmusfähigkeit, noch weitere Kriterien. Shope (1966) entdeckte in einer sehr kleinen Stichprobe von unverheirateten Frauen ein umgekehrtes Verhältnis; diese Umkehrung ließe sich zum Teil durch den ledigen Stand der befragten Mädchen erklären. Fisher (1973), der eine Übersicht über diese Studien liefert, fand einige signifikante Korrelationen zwischen der Orgasmusunfähigkeit und der Angst-Skala von

Murray in einer seiner Stichproben, aber in einer anderen nicht; er benutzte auch einige eher ungewöhnliche und vermutlich nicht valide Techniken zur Messung von Angst in anderen Stichproben – ohne Erfolg. Aber diese Stichproben waren alle ziemlich klein. Termans Schlußfolgerungen sind wahrscheinlich besser fundiert als die der anderen erwähnten Autoren, obschon auch er ein eher schwaches Maß von *N* benutzte.

Einige Autoren berichteten von einer beschränkten Orgasmusfähigkeit bei neurotischen psychiatrischen Patienten (Landis und andere 1940, Winokur und andere 1958, Purtell und andere 1951 und Coppen 1965). Cooper (1969) vermochte keine signifikanten Erhöhungen der *N*-Werte von Frauen mit Orgasmusschwierigkeiten zu entdecken, aber dies ist natürlich keine psychiatrische Diagnose. Fisher (1973) schließt eine Übersicht über diese und andere Studien (im wesentlichen nur von marginaler Bedeutung) mit den Worten: »Die vorhandenen Daten überzeugen nicht davon, daß allgemeine psychologische Fehlanpassung als solche bei der sexuellen Reaktionsfähigkeit eine entscheidende Rolle spielt.« Damit bleibt die Wahrscheinlichkeit bestehen, daß hoher Neurotizismus eine gewisse Rolle bei der Orgasmusunfähigkeit spielt, wenn auch wahrscheinlich keine entscheidende.

Während *E* und *N* Dimensionen der Persönlichkeit sind, die jahrelang untersucht wurden (die erste Reihe von Studien, die dieses spezielle Persönlichkeitsmodell benutzte, wurde 1947 von Eysenck präsentiert) und für die eine ganze Menge theoretischer und experimenteller Grundlagen vorhanden ist, besitzt die dritte hier betrachtete Persönlichkeitsdimension, der Psychotizismus, einen weit weniger üppigen Hintergrund. In ihrer Konzeption ist sie dem Neurotizismus nicht unähnlich: so wie *N* eine Persönlichkeitsvariable sein will, die sich durch die normale, nichtpsychiatrische Population zieht und mittels Fragebögen zu messen ist, die keine aktuellen psychotischen Symptome einschließen, ebenso soll auch der Psychotizismus eine Persönlichkeitsvariable darstellen, die durch die normale, nicht psychotische Population hindurchgeht, und man versuchte, sie durch Fragen zu ermitteln, die keine psychiatrischen Symptome, sondern eher Persönlichkeitsmerkmale involvierten (Eysenck und Eysenck 1976). Die Annahmen, die diesen Skalen und Dimensionen zugrunde liegen, lassen sich folgendermaßen darstellen:

1. Neurose und Psychose sind völlig verschiedene und getrennte Störungen.

2. Neurose und Psychose unterscheiden sich nicht qualitativ

von normalen Verhaltensmustern, sondern sie sind Extreme von Dimensionen, die sich durch die normale Population hindurchziehen.

3. Diagnostizierte Neurotiker und Psychotiker können als Kriterien für Meßskalen von *N* und *P* in dem Sinne benutzt werden, daß sie auf Skalen zur Messung von *N* beziehungsweise *P* hohe Meßwerte erzielen.

Diese Punkte und das ihnen zugrunde liegende Material werden an anderer Stelle erörtert (Eysenck 1970 a, Eysenck und Eysenck 1969, Eysenck und Eysenck 1975, 1976). Für eine Betrachtung von Psychotizismus ist die zuletzt genannte Quelle von besonderer Bedeutung; sie bietet einen Überblick über die relevante Literatur.

Hinsichtlich *P* ist besonders interessant, daß genetisch eine enge Verbindung zwischen Psychose und Psychopathie zu bestehen scheint (Eysenck 1975 a); das würde darauf hinweisen, daß sowohl kriminelle als auch psychotische Patienten hohe *P*-Werte aufweisen. Dies stellte sich tatsächlich als richtig heraus (Eysenck und Eysenck 1970 a, 1971 a, 1971 b) und verstärkte unsere Überzeugung, daß die *P*-Skala etwas Wichtiges, Bedeutungsvolles und genetisch Relevantes mißt.

Es mag verfrüht sein, die Persönlichkeitsmerkmale zu beschreiben, die für die Person mit hohen *P*-Scores charakteristisch sind, aber da ein vollständiges Wissen in diesem Punkt nicht vorhanden ist, mag es doch nützlich sein, die Beschreibung aus dem *Manual of the E.P.Q. (Eysenck Personality Questionnaire,* Eysenck und Eysenck 1975) zu zitieren, der für die Messung von *P*, *E* und *N* konstruiert wurde.

»(Einer, der hohe Scores erzielt, läßt sich beschreiben) als Einzelgänger, der sich nichts aus Menschen macht; er ist oft unangenehm, paßt nirgends hinein. Er kann grausam und unmenschlich sein, es kann ihm an Gefühl und Einfühlsvermögen mangeln, er kann ganz und gar gefühllos sein. Er ist anderen, sogar seinen eigenen Verwandten und Bekannten, feindlich gesinnt, und aggressiv selbst denen gegenüber, die er liebt. Er hat eine Schwäche für sonderbare und ungewöhnliche Dinge und ist gleichgültig gegenüber der Gefahr; er liebt es, andere zum Narren zu halten und aus der Fassung zu bringen. Dies ist eine Beschreibung von Erwachsenen mit hohen *P*-Scores; was Kinder betrifft, so erhalten wir das einigermaßen übereinstimmende Bild eines sonderbaren, isolierten, zänkischen Kindes; eisig und gefühllos gegenüber seinen Mitmenschen und gegenüber Tieren; aggressiv und feindselig selbst gegenüber seinen liebsten Freunden. Solche Kinder versuchen ihren Mangel an Gefühlen wettzumachen, indem sie den Kitzel des Gefühlsrausches suchen, ohne an die damit verbundenen Gefahren zu denken. Dem Begriff der Sozialisation stehen Kinder wie Erwachsene relativ fremd gegenüber. Einfühlungsvermögen, Schuldgefühle und Sensibilität gegenüber anderen sind für sie seltsame und unbekannte Begriffe. Diese Beschreibung hat als Ganzes natürlich nur für extreme Fälle Gültigkeit. Menschen mit relativ hohen Scores, welche aber den mittleren Rängen näherkommen, gibt es natürlich viel mehr als extreme, und sie weisen diese Verhaltensmuster nur in viel weniger entwickelter Form auf. Die psychiatrischen Begriffe, die dieser Art von Verhaltensmustern entsprechen, sind ›schizoid‹ und ›psychopathisch‹. ›Verhaltensstörung‹ ist ein weiterer Begriff, der einem dazu einfällt. Unser Begriff von ›Psychotizismus‹ überschneidet sich mit allen drei diagnostischen Begriffen.«

Vorhersagen über sexuelles Verhalten lassen sich aus diesem Faktor, angesichts des begrenzten Wissens, das wir von seiner Beschaffenheit besitzen, nur sehr schwer machen. Die Begriffe, an die man dabei sofort denkt, sind »unpersönlicher Sex« und »aggressiver Sex«, mit ihren Implikationen von Mangel an Liebe und Zuneigung, ihrer Betonung von rein physischen Beziehungen und dem Fehlen jeglicher »Beziehung« zum Sexualobjekt. Es scheint auch, daß Menschen mit hohem *P* sich im allgemeinen asozial verhalten und an sozial unerwünschten Handlungen Freude finden. Diese Vorhersagen sind im Vergleich zu jenen, die im Zusammenhang mit *E* gemacht wurden, weniger explizit und eher vage; das liegt natürlich ganz einfach daran, daß wir eine ganze Menge über *E*, aber viel weniger über *P* wissen.

Ein wichtiger Wesenszug der *P*-Scores besteht darin, daß Männer zu viel höheren Werten neigen als Frauen, und daß allgemeine Aggressivität, Mangel an Einfühlungsvermögen und die unpersönliche Art des Menschen mit hohem *P* klarerweise mit den allgemeinen Stereotypen von Männlichkeit in Verbindung gebracht werden[2]. Interessant ist auch, daß Kriminelle viel höhere Scores erzielen als Nichtkriminelle. Es besteht eine deutliche Tendenz der Kriminellen dazu, männlich zu sein (der Vergleich zwischen Kriminellen und Nichtkriminellen bewegt sich natürlich innerhalb des jeweiligen Geschlechts; männliche Kriminelle erzielen höhere *P*-Werte als männliche Nichtkriminelle, weibliche Kriminelle höhere als weibliche Nichtkriminelle). Wenn es tatsächlich eine enge und möglicherweise kausale Verbindung zwischen Männlichkeit und dem Erzielen von hohen *P*-Scores gibt (vielleicht durch Vermittlung von Androgenen), dann würde man erwarten, daß die sexuellen Einstellungen und Verhaltensweisen von Menschen mit hohem *P*, im Gegensatz zu solchen mit niedrigem *P*, eine Ähnlichkeit mit männlichem Sexualverhalten, im Gegensatz zu weiblichem, aufweisen. Diese Vorhersage basiert natürlich mehr auf einer Analogie als auf einer gesicherten Schlußfolgerung, aber sie wäre eine Überprüfung wert.

Außer diesen drei wichtigsten Persönlichkeitsskalen gibt es noch eine vierte Skala, die in einigen der Untersuchungen, die wir hier beschreiben werden, verwendet wurde: die *L*- (Lügen-) oder Dissimulations-Skala.

Diese Skala, die erstmals in unserer Fragebogenserie im E. P. I. Eysenck und Eysenck (1964) enthalten war, soll eine Tendenz bei einigen Versuchspersonen, »sich besser zu machen«, messen. Diese Tendenz ist besonders auffällig, wenn die Fragebögen unter Bedingungen vorgegeben werden, wo eine solche Tendenz zweckmäßig erscheint (z.B. als Teil eines Anstellungs-Interviews). Eine Reihe von faktoriellen und experimentellen Studien wurde durchgeführt, um den Charakter dieser Skala etwas genauer zu untersuchen (Eysenck und Eysenck 1970 b, Michaelis und Eysenck 1971, Eysenck, Nias und Eysenck 1971). Es ist klar, daß die Skala ein beträchtliches Maß an faktorieller Einheitlichkeit besitzt, da bestimmte Items hohe Ladungen in diesem Faktor und in einem anderen haben; dennoch entstehen gewisse Schwierigkeiten, wenn man Scores ausschließlich als Indikatoren von Dissimulation (Verstellung) betrachtet. Die Hauptschwierigkeit scheint, abgesehen von der Messung der Dissimulation, darin zu liegen, daß die *L*-Skala auch einen gewissen stabilen Persönlichkeitsfaktor mißt, der möglicherweise ein bestimmtes Maß an Strenggläubigkeit oder ein die Gesetzesregeln befolgendes Verhalten (Konformität bis Konventionalismus) kennzeichnen mag. Die Evidenz ist für beide Möglichkeiten reichlich vorhanden. Die *L*-Skala mißt in der Tat Dissimulation; Michaelis und Eysenck (1971) haben gezeigt, daß es möglich ist, die *L*-Skala zu manipulieren, indem man die experimentellen Bedingungen von hoher bis niedriger Dissimulations-Motivation variiert. Wäre aber Dissimulation der einzige Faktor, der die Streuung dieses Wertes beeinflußt, dann müßte die Reliabilität der Scores eine Funktion der Größe der Scores sein; sind die Scores niedrig und zeigen damit an, daß die Versuchspersonen nicht dissimulieren, dann müßte die Skala eine geringe Reliabilität aufweisen. Empirisch hat sich das nicht erwiesen; es findet keine Verminderung der Reliabilität der *L*-Skala unter den Bedingungen geringer Dissimulation statt und auch nicht eine Erhöhung derselben unter den Bedingungen starker Dissimulation. Infolgedessen muß die Skala eine stabile Persönlichkeitsfunktion messen; leider wissen wir sehr wenig über die exakte Beschaffenheit dieser Funktion (siehe Eysenck und Eysenck 1976).

Michaelis und Eysenck haben nachgewiesen, daß man zu Dissimulation motivierende Bedingungen ziemlich genau von den nichtmotivierenden Bedingungen zu unterscheiden vermag, wenn man die Korrelation zwischen *N* und *L* beachtet. Unter Bedingungen, die einen hohen Grad an Motivation zur Dissimulation zu erzeugen vermögen, ist die Korrelation zwischen *N* und *L* relativ hoch (sie nähert sich oder überschreitet sogar 0,5). Unter Bedingungen, die eine geringe Motivation zur Dissimulation bieten, wird die Korrelation zwischen *N* und *L* eher geringfügig oder verschwindet überhaupt. Somit läßt sich unter Bedingungen einer niedrigen Motivation zur Dissimulation der *L*-Skala-Score als ein Maß jeglicher Persönlichkeitsfunktion verwenden, die von der Skala gemessen wird; dies scheint ein wichtiges experimentelles Problem darzustellen. Unter diesen Bedingungen hat es wenig Sinn, daß man in Richtung Dissimulation zu korrigieren versucht, und deshalb sollte die Skala auch nicht zu diesem Zweck verwendet werden. Unter Bedingungen der starken Motivation zum Dissimulieren, d. h. wenn die Korrelation zwischen *N* und *L* relativ hoch ist, kann man die *L*-Skala dazu benützen, die Dissimulatoren, d. h. die obersten 5 Prozent der *L*-Scoren, auszusieben. Hier wird kein endgültiger *cut-off-point* vorgeschlagen, über den hinaus Versuchspersonen ausgeschaltet werden sollen, da dies vom durchschnittlichen Score-Niveau der Population wie auch von ihrem Alter abhängig ist; der *L*-Skala-Wert nimmt bei Kindern mit dem Alter ab und bei Erwachsenen mit dem Alter zu.

In unserer Untersuchung erfüllt daher die *L*-Skala eine zweifache Funktion. Als Skala zur Messung der Dissimulation kann sie der Feststellung dienen, ob in unserer Population tatsächlich eine starke Tendenz zur Dissimulation bestand. Als Persönlichkeitsskala zur Messung mancher ungenügend definierter Dimension von konservativer Rechtgläubigkeit oder von sozialer Unterordnung (Konformität, Konventionalismus) bietet sie uns die Möglichkeit, dies mit sexuellen Verhaltensmustern zu verknüpfen, mit der Vorhersage, daß Personen mit hohen *L*-Scores sozial anerkannte Einstellungen und Verhaltensweisen vorziehen.

Wir haben nun die Skalen, die der Persönlichkeitsmessung dienen, und die zu überprüfenden Theorien vorgestellt; ein weiterer Punkt bleibt noch zu erörtern, ehe wir die Skalen beschreiben, die zur Messung sexueller Einstellungen und Verhaltensweisen verwendet werden und genauer auf die Details der experimentellen Vorgangsweisen eingehen. Wir haben am Beginn dieses Kapitels Kinsey und seine Nachfolger kritisiert, weil sie es versäumten, Zufallsstichproben zu benutzen; wie wir gleich sehen werden, sind auch wir in unserem Werk von solchen Zufallsstichproben weit entfernt. Heißt dies, daß die Kritik, die wir an Kinsey übten, auch an unseren eigenen Arbeiten zu üben wäre? Eine derartige Schlußfolgerung würde sich auf die Verwechslung der Erfordernisse von experimentellen Modellen gründen, die unterschiedlichen Zwecken dienen, und da diese Verwechslung stark verbreitet ist, wird es nützlich sein, sie ausführlicher zu erörtern. Es ist empfehlenswert, die Diskussion an einem kürzlich erschienenen Aufsatz von Cochrane und Duffy (1974) zu orientieren, der speziell zu dem Zweck geschrieben wurde, die Leser mit der Erforderlichkeit von Zufallsstichproben zu beeindrucken, und der die Psychologen für ihr Versäumnis, derartige Stichproben zu benutzen, streng kritisiert.

Nachdem sie Stichproben, die in Artikeln, die im *British Journal of Psychology* und im *British Journal of Social and Clinical Psychology* veröffentlicht worden waren, überprüft hatten und die Stichprobengewinnung in den meisten Forschungen unannehmbar fanden, schrieben sie:

»Diese Resultate limitieren weitgehend die Generalisierbarkeit der meisten Ergebnisse unserer Forschungsbemühungen. Es ist die gängigste Vorgangsweise eines Autors, eine Gruppe von Freiwilligen (der Ausdruck ›sample‹ wäre irreführend) aus einer Universität zusammenzustellen. Ihre Zahl dürfte weniger als hundert aus einer Gesamtzahl von etwa 20.000 Studenten ausmachen. Es ist unmöglich, daraus allgemeine Schlußfolgerungen für die gesamte Studentenschaft einer Hochschule zu ziehen, und natürlich sagt es gar nichts über die Existenz irgendeiner Beziehung aus, die in der Gesamtpopulation gefunden wird. Nur 1–2 Prozent aller in diesen beiden Zeitschriften in den letzten vier Jahren präsentierten Studien stützten ihre Ergebnisse auf eine echte Stichprobe der allgemeinen Erwachsenen-Population«.

Selbst das, könnte man hinzufügen, ist eine Übertreibung; es hat noch niemals eine »echte« Stichprobe der allgemeinen Population, einschließlich Gehirngeschädigte, Schizophrene, geriatrische Patienten, Alkoholiker, Farbenblinde (männlich) usw., in ihren genauen Proportionen existiert; die Vorstellung von einer »echten« Stichprobe ist ein Mythos. Ist sie notwendig oder wünschenswert?

Das hier vorgebrachte Argument ist ein sehr einfaches. Cochrane und Duffy stützen ihren Standpunkt auf eine ganz falsche Konzeption von wissenschaftlicher Methode, indem sie ein induktives Modell benützen, das seit vielen, vielen Jahren veraltet ist. Vom Standpunkt dieses Baconschen Modells ermitteln wir aus einer Stichprobe Fakten und aus diesen Fakten entwickeln wir eine bestimmte allgemeine Aussage. Aber dies ist nicht die Vorgangsweise der modernen Wissenschaft, und die Einstellung der Wissenschaftstheoretiker ist in dieser Frage ganz eindeutig (Popper 1959, 1972). Der rein induktive Ansatz ist philosophisch wertlos (sogar mit einer »echten« Stichprobe!) und wissenschaftlich ohne Bedeutung. Statt dessen gehen wir mit Hilfe von Theorie und Falsifikation vor (*Conjectures and Refutations – Mutmaßungen und Widerlegungen* – nach Poppers berühmtem Buch). Wir stellen eine spezifische Theorie auf, die überprüfbare Konsequenzen hat; soweit die Konsequenzen auf Grund eines empirischen Tests tatsächlich ermittelt werden, soweit überlebt dann unsere Theorie. Im allgemeinen wird die Theorie auch die Art der Population vorhersagen, für welche sie anwendbar ist; die Theorie, daß der Widerstand beim Durchfließen von elektrischem Strom wächst, wenn der Leiter erhitzt wird, gilt klarerweise nur für Leiter (auch wenn man feststellen sollte, daß sie ebenso auf Halbleiter usw. zutrifft). Ähnlich ist es in der Psychologie; unsere Theorien sind entweder allgemein, das heißt, sie sollten eigentlich für alle Menschen Geltung haben (oder für alle lebenden Organismen), oder ansonsten sollten sie auf Extravertierte, im Gegensatz zu Introvertierten (Eysenck 1967) zutreffen, oder auf Kinder der Arbeiterklasse, im Gegensatz zu Kindern der Mittelschicht (Jensen 1973). Wenn eine Theorie keine Untergruppen spezifiziert, auf die sie nicht zutrifft, dann nimmt man an, daß sie universell anwendbar ist. Diese Annahme kann natürlich widerlegt werden, aber sie muß die Anordnung der Experimente leiten, die zur Überprüfung der Theorie durchgeführt werden.

Symbolisch ausgedrückt kann man sagen, daß die gesamte Population als aus (sich überschneidenden) Untergruppen zusammengesetzt betrachtet werden kann. Wenn wir für die Gesamtpopulation *P* einsetzen, können wir schreiben:

P = m, w; e, i; j, a; a, m; w, s; st, l; usw.

(in dieser Formel stehen *m* und *w* für männlich und weiblich, *e* und *i* für extravertiert und introvertiert, *j* und *a* für jung und alt, *a* und *m* für Arbeiter und Mittelstand, *w* und *s* für weiß und schwarz und *st* und *l* für Stadt- und Landbewohner). Die zu überprüfende Hypothese behauptet, *m* = *w*, *e* = *i*, *j* = *a*, *a* = *m*, *w* = *s*, *st* = *l*, usw. Daher sind diese Unterscheidungen für die Wahl unseres Themas nicht relevant. Es könnte natürlich sein, daß unsere Hypothese einen dieser Begriffe einschließt; ich habe nachdrücklich behauptet, daß Extraversion und Introversion für viele psychologische Experimente relevant sind und daß wir Hypothesen aufzustellen vermögen, die die Art und Weise der Interaktion von Persönlichkeit und experimentellem Paradigma vorhersagen (Eysenck 1967). Diese Vorhersagen wurden oftmals verifiziert, und in dem Maße, in dem solche Hypothesen existieren, wird es wichtig, Bezüge zu ihnen in die Auswahl und Messung der experimentellen Population einzuschließen. Wir sind natürlich auch in der Lage, aus wohlüberlegten Theorien Vorhersagen über die zu erwartenden Unterschiede zwischen jung und alt, männlich und weiblich, weiß und schwarz, zu machen: wenn es derartige Hypothesen gibt, dann müssen wir sie bei unserer Versuchsanordnung berücksichtigen. Es ist jedoch völlig unwissenschaftlich, Zufallsstichproben ohne Rücksicht auf existierende Hypothesen zu fordern; auf diese Art lassen sich keine relevanten Hypothesen testen, und wir beschreiten ganz einfach den Weg einer unerlaubten Induktion. Dieser Weg führt aber nur zum Chaos.

Betrachten wir eine typische Hypothese in der experimentellen Psychologie. Um sie auf gut Glück auszuwählen, nehmen wir an, daß *die Reaktionszeit mit dem Anwachsen der Zahl der Informationseinheiten im Reiz linear zunimmt.* Das ist eine allgemeine Hypothese; sie spezifiziert nicht, daß die Vorhersage nur für Kinder gilt, oder nur für Frauen, für Studenten oder eine andere bestimmte Gruppe, die dazu gebracht werden kann, sich der Testprozedur zu unterziehen, die auch die Instruktionen versteht und bereit ist, ihnen zu folgen. Mir ist nicht klar, warum wir uns zu ihrer Überprüfung die Mühe machen sollten, eine Zufallsstichprobe der Population zusammenzustellen. Eine Gruppe von Versuchspersonen, zusammengestellt in der Weise, wie Cochrane und Duffy sie verurteilen, würde sehr wohl genügen, diese Vorhersage zu testen.

(Auf die gleiche Weise lassen sich Vorhersagen von Astronomen über die Planetenbahnen in unserem planetarischen System testen, obwohl dieses eine sehr armselige Stichprobe aus allen möglichen planetarischen Systemen ist – auf der Basis der Argumente von Cochrane und Duffy hätte die Astronomie kaum das Recht, Entdeckungen aus unserem System zu generalisieren!). Es mag Persönlichkeits- und andere Unterschiede zwischen Freiwilligen und Nichtfreiwilligen geben, wie Cochrane und Duffy behaupten, aber diese wären für die auf Grund der Theorie angestellten Vorhersagen irrelevant, und infolgedessen läßt sich die Theorie ebensogut mit Freiwilligen prüfen wie mit Zwangsverpflichteten.

Wenden wir uns nun einem anderen Forschungstypus zu, der die Korrelationsmethode einbezieht. Es wurde die Hypothese aufgestellt, daß bei der Interkorrelation und Faktorenanalyse von Items in der sozialen Einstellung zwei Hauptfaktoren auftauchen werden, die man *conservatism–radicalism* (Konservativismus – Radikalismus) und *toughmindedness–tendermindedness* (Pragmatismus – Idealismus) nennt (Eysenck 1954). Eine solche Hypothese kann an jeder Population innerhalb der westlichen Welt überprüft werden, und sie ist ebenso universal (mit dieser Einschränkung) wie die Reaktionszeitannahme. Wir haben tatsächlich mit einer so zufälligen Stichprobe getestet, wie sie die öffentlichen Meinungsforschungsinstitute uns geben konnten, und mit vielen anderen, stärker eingeengten Stichproben, einschließlich Studentenstichproben, zusammengestellt in der von Cochrane und Duffy kritisierten Art und Weise. In allen Fällen verhielt sich die Struktur der Korrelationen gesetzmäßig und brachte sehr ähnliche Ergebnisse. Wir versuchten sogar, arg verstümmelte Stichproben zu konstruieren, indem wir ausschließlich konservative oder ausschließlich Labour-Wähler benutzten; selbst dann wurde die Voraussage bestätigt. Ergebnisse aus verschiedenen Populationen ließen sich mathematisch zu Identitäten transformieren, unter Verwendung von Thompsons »*restriction of range*«-Formel, wodurch sichtbar wurde, daß wir nur bei der Wahl einer Population, die für die eine der beiden Variablen einen Null-Bereich hatte, das erwartete Ergebnis nicht erreichen konnten. Was könnte uns eine Zufallsstichprobe sagen, was uns eine Nicht-Zufallsstichprobe nicht ebensogut sagen könnte?

Die einzige Ausnahme von dieser allgemeinen Regel wäre eine

Untersuchungsmethode, die für die Wissenschaft von geringstem Interesse ist, nämlich die Bestimmung der Parameter der Population (wie in Kinseys Arbeit). Wenn die Hersteller von Büstenhaltern die Durchschnittsgröße der weiblichen Brust innerhalb einer bestimmten Altersstufe in diesem Land wissen wollen und weiters wissen wollen, wie sich die Verteilung gestaltet, dann wären sie natürlich gezwungen, eine Stichprobe zu verwenden, die gerade so zufällig ist, als die Frauen überredet werden könnten, ihre Brust messen zu lassen. Wenn wir die durchschnittliche Latenz der Reaktionszeiten auf einen gegebenen Reiz für die Gesamtbevölkerung wissen wollen, müssen wir natürlich eine »Zufallsstichprobe« testen. Ich verstehe zwar nicht, warum irgend jemand so etwas versuchen wollte, aber wäre dieses Problem gegeben, so würde sicherlich dies die Lösung sein. Es erübrigt sich, zu sagen, daß das sich daraus ergebende Bild von keinerlei wissenschaftlichem Interesse ist.

Selbst an Probleme dieser Art kann man oft ohne die Erfordernis einer »Zufallsstichprobe« herangehen. Nehmen wir Milgrams Arbeit (1974) über Gehorsam gegenüber Autorität als Beispiel. Als er nachwies, daß ein hoher Prozentsatz von Yale-Studenten bereit und willens war, eine freiwillige Versuchsperson offensichtlich zu quälen und möglicherweise zu töten, wurde eingewendet, daß man dies auf ihren Status als Studenten zurückführen könnte sowie auf die besondere Beziehung zwischen Studenten und Instruktoren-Experimentatoren, die die Anweisungen gaben. Spätere Arbeiten mit nichtstudentischen Freiwilligen (die nicht wußten, wofür sie freiwillige Dienste leisteten und die für ihre Mühe bezahlt wurden) und Wiederholungen in vielen anderen Ländern mit vielen anderen Stichprobentypen bewiesen überzeugend, daß diese Erklärung nicht stichhaltig war. Milgrams Arbeit entwickelt eine allgemeine Hypothese in bezug auf Gehorsam; dies läßt sich gleich gut an verschiedenen Arten von Stichproben überprüfen. Unterschiede zwischen Stichproben wären von beträchtlichem Interesse und würden neue Hypothesen erfordern (oder sie ließen sich möglicherweise im Sinne seiner eigenen Hypothese erklären, die man dazu verwenden könnte, Vorhersagen bezüglich verschiedener Stichproben zu entwickeln). Aber man kann nicht sagen, daß eine Zufallsstichprobe merklich zum allgemeinen Interesse oder zur Überzeugungskraft seiner Arbeit beigetragen hätte. Der genaue Mittelwert für die Population, der nur aus einer solchen Zufallsstichprobe zu erhalten ist, wäre absolut uninteressant.

Manchmal ist es notwendig, ein Experiment auf den spezifischen Charakter der Stichprobe, oder sogar auf Personen, zuzuschneiden. Wollen wir die Wirkung von Streß auf Sex-Verhalten untersuchen, dann müssen wir dafür sorgen, daß unsere experimentelle Prozedur tatsächlich Streß erzeugt. Die Gestalt eines sich bewegenden Raubvogels produziert Streß bei Tauben, aber nicht bei Dinosauriern. Die schnelle Vorführung von aneinandergereihten mechanisch zu lernenden Reizen produziert Streß bei Versuchspersonen mit hohem *N*, jedoch nicht bei solchen mit niedrigem *N*. A. R. Jensens Vorlesungen über die Erblichkeit von Intelligenz anhören zu müssen, ohne daß es zu Unterbrechungen und Schlägereien käme, dürfte, so meinen wir, Streß bei Soziologiestudenten hervorrufen. Jedes Experiment über Streß müßte spezifizierte Hypothesen dieser Art enthalten; die Verwendung einer Zufallsstichprobe von Versuchspersonen würde nicht Gleichförmigkeit der Streßarten garantieren, und sie könnte es tatsächlich sehr erschweren, dies zu erreichen.

Cochrane und Duffy sind um die Anwendbarkeit von statistischen Methoden auf nicht zufällige Stichproben besorgt. Die Antwort liegt wiederum in der Hypothese, die getestet wird. Wenn diese Hypothese nicht zwischen verschiedenen Mitgliedern der gesamten Population unterscheidet, dann sind alle Stichproben zufällig, es sei denn, sie sind speziell für die zu testenden Variablen ausgewählt. Hätte Milgram nur Leute ausgesucht, die für äußersten Gehorsam gegenüber der Autorität bekannt sind, dann wären seine Ergebnisse natürlich suspekt. Aber abgesehen davon, enthält die Hypothese in den meisten Experimenten, die von Psychologen zusammengestellt wurden, die (im allgemeinen stillschweigende) minimale Prämisse, daß für den Zweck dieses bestimmten Experiments auf die Gefahr einer Selektion hin alle Personen gleichwertig sind – möglicherweise die einzige Gelegenheit, bei der extremen egalitären Anforderungen voll entsprochen wird! Ist diese minimale Voraussetzung berechtigt, dann ist selbstverständlich jede Auswahl von Versuchspersonen eine zufällige, und die üblichen statistischen Methoden sind anwendbar. Ist diese Voraussetzung nicht gerechtfertigt, dann steht es dem Kritiker frei, sie zu widerlegen. Täte der Kritiker das ganz explizit, dann würde er in großartiger Weise zu unserem Wissen über die fraglichen Naturphänomene beitragen; weit mehr, als wenn er nur für die Erwünschtheit von Zufallsstichproben eintritt. Cochrane und Duffy schließen mit der Feststellung ihrer Sorge über

». . . die Art, in der die elementaren Regeln der Stichprobenherstellung ignoriert werden, zusammen mit den bekannten Tatsachen über systematische Fehler, die durch die Verwendung von freiwilligen Hochschulstudenten als Versuchspersonen eingeführt werden. Es ist wahrscheinlich besonders bedauerlich, daß im Grunde niemand die Neigung oder die verfügbaren Mittel besitzt, seine Hypothese an der allgemeinen Population zu testen. Bis wir soweit sind, dies routinemäßig durchführen zu können, dürften unsere Forschungsbemühungen im Bereich des menschlichen Verhaltens im wesentlichen trivialen Charakter behalten.«

In ihrem Kern zeigt diese Argumentation, daß gerade ihre Kritik in der Hauptsache trivial ist und daß die Psychologen sehr schlecht beraten wären, würden sie sich bemüßigt fühlen, Zufallsstichproben aus der Population zu prüfen, wann immer sie spezifische Theorien bestätigen oder widerlegen wollen. Die routinemäßige Verwendung solcher Stichproben würde die Rückkehr zu einer längst aufgegebenen Wissenschaftstheorie bedeuten, von der das Gros der Wissenschaftler und Wissenschaftstheoretiker abgerückt ist. Alle Argumente im Artikel von Cochrane und Duffy leiten sich letztlich von diesem Irrtum ab.

Das soll nicht heißen, daß ich von der Verwendung von Zufallsstichproben in der psychologischen Forschung oder von einer Ausdehnung des gängigen Untersuchungsmodells über die Verwendung von Hochschulstudenten auf andere Gruppentypen abraten möchte. Das hieße, meine Schlußfolgerung völlig mißzuverstehen. Es gibt viele Überlegungen, die man bei der Auswahl einer Stichprobe für seine Untersuchung einbeziehen muß. Um nur ein einziges Beispiel zu nehmen: in den Vereinigten Staaten wäre es nicht möglich, Hochschulstudenten für ein Experiment des Milgram-Typus einzuspannen, schon deshalb, weil viele der potentiellen Versuchspersonen über die im Experiment enthaltene Täuschung Bescheid wissen, also nicht getäuscht werden könnten. Dies würde zwangsläufig eine Stichprobe mit Nicht-Akademikern erfordern, und selbst dabei müßte man erhebliche Vorsicht walten lassen. Wogegen wir uns wehren, ist eine undifferenzierte Ablehnung von nicht-zufälligen Stichproben, sei es bei der Planung der eigenen Experimente oder bei der Bewertung der Experimente anderer. Die Auswahl einer geeigneten Stichprobe sollte sich aus der eigenen theoretischen Position ableiten und nicht von irrelevanten Baconschen Prinzipien aufgezwungen sein. Unter gewissen Umständen mag eine Zufallsstichprobe angemessen sein, unter anderen nicht. Diese Entscheidungen lassen sich nicht durch die verfehlte Berufung auf imaginäre »wissenschaftliche Methoden« antizipieren; wissenschaftliche Forschung vermag man nicht zu automatisieren und durch das Aufstellen von allgemeinen Regeln dieser Art idiotensicher zu machen.

Aus dieser Diskussion können wir schließen, daß für unsere Zwecke Zufallsstichproben nicht erforderlich sind; die zu überprüfenden Hypothesen sollten an Stichproben von Studenten, einer bunten Mischung von Erwachsenen aller Art oder tatsächlich in jeder Stichprobe von Freiwilligen, die ohne Rücksicht auf ihre Persönlichkeit oder ihr Sexualverhalten ausgewählt werden, falsifiziert werden können (bestünde unsere Bevölkerung ausschließlich aus extremen Extravertierten oder sexuell Perversen, dann könnten unsere Vorhersagen nicht richtig getestet werden, und wir müßten daraus schließen, daß die Wahl der Versuchspersonen nicht angemessen war).

Es ist wünschenswert, daß unsere Stichprobe nicht allzu sehr von der Normalverteilung der Meßwerte in den *P-, E-, N-* und *L*-Variablen abweicht; wie wir sehen werden, ist diese Abweichung in der Tat sehr gering. Ebenso gibt es Belege dafür, daß auch im Bereich der sexuellen Erfahrung zumindest einige unserer Stichproben nicht von der Normalität abweichen. Das ist alles, was wir für unsere Zwecke brauchen (McCloskey 1967).

Die anderen Probleme, die im Zusammenhang mit Kinseys Werk betrachtet werden, das heißt bewußte oder unbewußte Falsifikation, treten natürlich ebenso im Zusammenhang mit unserer eigenen Arbeit auf, wenn auch nicht in demselben Umfang, da wir, im Unterschied zu Kinseys Befragungsmethoden, strenge Anonymität gewahrt haben. Wir werden später einige Beweise vorlegen, um zu zeigen, daß die Versuchspersonen die ganze Befragung sehr ernst genommen und sich alle Mühe gegeben haben, wahrheitsgetreu und genau zu antworten; damit sind wahrheitsgetreue und genaue Antworten nicht gesichert, aber es läßt doch auf einen hohen Grad an Kooperation schließen.

Es gibt ein weiteres Argument, daß sich aus der inneren Struktur der Ergebnisse ableiten läßt. Es ist äußerst unwahrscheinlich, daß die komplexe Struktur der gefundenen Interkorrelationen, die sich als bedeutungsvoll und reproduzierbar erwies, hervorgebracht worden wäre, hätte die große Mehrheit der Versuchspersonen nicht die Fragen wahrheitsgetreu und gewissenhaft beantwortet. Aber natürlich gibt es keine endgültige Antwort für den Leser, der die Genauigkeit der Antworten auf unsere Fragebögen lieber anzweifeln möchte, und insofern, als dieser Zweifel unsere Schlüsse zu entkräften vermag, gibt es keine definitive Antwort. Der Leser möge diesen Punkt nochmals überlegen, nachdem er die diesbezüglichen Feststellungen in den folgenden Kapiteln gelesen hat.

ANMERKUNGEN

1 Für einen Überblick über diese Arbeit und als Erweiterung auf eine französische Stichprobe siehe Simon (1972).

2 Es gibt sehr viele Studien über die Divergenz von Einstellung und Verhalten je nach Geschlecht; die wichtigsten Ergebnisse wurden sehr gut von Kagan (1964) zusammengefaßt:
»Insgesamt nimmt man an, daß Frauen eher dazu tendieren, sich Aggression und offene Zurschaustellung sexueller Wünsche zu versagen, daß sie sich passiv zu Männern verhalten, andere umhegen, ihre Attraktivität kultivieren und eine wirkungsvolle, sozial ausgeglichene und freundliche Haltung gegenüber anderen bewahren. Männer sehen sich genötigt, auf einen Angriff aggressiv zu reagieren, in Problemsituationen unabhängig aufzutreten, sexuell aggressiv zu sein, regressive Bedürfnisse zu kontrollieren und starke Emotionen, vor allem Angst, zu unterdrücken.«
Fisher (1973), der auch Literatur zum Thema »eine Frau zu sein« einer Überprüfung unterzieht, führt merkwürdigerweise die beobachteten Unterschiede auf kulturelle Faktoren zurück; sein ganzes Buch enthält keine einzige Erwähnung genetischer Faktoren!

2 Sexuelle Einstellungen und Sexualverhalten bei Studentenpopulationen

Die ersten Arbeiten, mit deren Hilfe man versuchte, den Einfluß der Persönlichkeit auf sexuelle Verhaltensweisen und Einstellungen zu bestimmen, machten von einem Fragebogen Gebrauch, der eigens für diesen Zweck aufgestellt worden war und eine große Zahl verschiedener Themen in bezug auf Sexualität umfaßte. Bei der Konstruktion dieses Fragebogens benützten wir bereits vorhandene Fragebogen, im besonderen einen von Thorne (1966) ausgearbeiteten, und Diskussionen in der relevanten psychologischen und psychiatrischen Literatur. Die meisten Hauptgebiete der Sexualität sind in dem Fragebogen, der hier präsentiert wird, erfaßt; in dieser Tabelle wird auch der prozentuelle Anteil der »Ja«-Antworten unserer männlichen und weiblichen Befragten angegeben. Der zweite Teil des Fragebogens, der sich mit tatsächlichen Verhaltensweisen befaßt, wird später in diesem Kapitel beschrieben; hier beschäftigen wir uns insbesondere mit Einstellungen. An unsere Versuchspersonen wurde noch ein anderer Fragebogen verteilt, der zur Messung der Persönlichkeitsdimensionen *P* (Psychotizismus), *E* (Extraversion) und *N* (Neurotizismus) konstruiert worden war. Der verwendete Fragebogen war eine frühere Form des kürzlich erschienenen E. P. Q. (*Eysenck Personality Questionnaire,* Eysenck und Eysenck 1975). Informationen über seinen Aufbau und die Veränderungen, die gegenüber früheren Formen gemacht wurden, sind im Detail an anderer Stelle vermerkt (Eysenck und Eysenck 1976).

Die eben beschriebenen Fragebogen wurden 423 männlichen und 379 weiblichen Universitätsstudenten vorgelegt, im Alter von achtzehn bis zweiundzwanzig, alle ledig, unter der Bedingung absoluter Anonymität. Die Studenten kamen von verschiedenen Universitäten, die meisten wurden in Gruppen angesprochen und gebeten, durch ihre freiwillige Teilnahme zu einer wissenschaftlichen Studie über Sexualverhalten beizutragen. Nur wenige lehnten ab; wer sich bereit erklärte, erhielt ein Exemplar des Fragebogens und wurde angewiesen, den Namen nicht anzuführen. Die ausgefüllten Formulare wurden entweder in eine große Schachtel gelegt, wo sie ganz deutlich mit anderen Fragebogen so vermischt wurden, daß kein Exemplar zu der Person zurückverfolgt werden konnte, die ihn ausgefüllt hatte, oder sie wurden per Post in eigens zur Verfügung gestellten Kuverts eingesendet. In den Gesprächen mit den Befragten äußerte sich keine Sorge über eine mögliche Identifikation, aber ein beachtliches Interesse an dem Projekt; tatsächlich schrieben oder wandten sich viele Studenten, an die man nicht herangetreten war, an die Assistenten, die die Fragebogen verteilt hatten, und äußerten ihr Bedauern, ausgelassen worden zu sein, oder ihren Wunsch nach Teilnahme. Die eher sehr langen Fragebogen erforderten eine Menge Zeit zum Ausfüllen; es ist kaum anzunehmen, daß »Spaßvögel« und andere, die auf eine Täuschung aus waren, sich der Mühe unterzogen hätten, so viel Zeit aufzuwenden, um die Befrager zum Narren zu halten. Einige Fragebogen mußten eliminiert werden, weil die Versuchspersonen Fragen ausgelassen hatten, aber es waren weniger von dieser Art als erfahrungsgemäß üblich. Viele Versuchspersonen fügten an manche Fragen lange Kommentare an oder schrieben am Ende ausführliche Ergänzungen – oft auf Zusatzblättern. Es gab keine Hinweise auf irgendwelche Reaktionsmuster, das heißt keine pauschale Beipflichtung zu Ja- oder Nein-Antworten oder regelrechte Muster von Antworten; man suchte nach ihnen sorgfältig mit bloßem Auge und auch mit dem Computer. Der allgemeine Eindruck (der, den Umständen entsprechend, natürlich subjektiv sein muß war, daß die Population der Stichprobe ungewöhnlich verantwortungsbewußt und sorgfältig bei der Beantwortung der Fragen war und aufrichtig wünschte, ihre tatsächlichen Einstellungen und Verhaltensweisen klar zu machen. Interne Evidenz zur Unterstützung dieser Ansicht wird weiter unten vorgelegt.

Sechsundneunzig Variable wurden aus den Fragebogen herausgenommen und mittels Produkt-Moment-Korrelation für Männer und Frauen getrennt interkorreliert; die enthaltenen Items waren die Fragen 1–94, Alter und Frage 98, danach aufgegliedert, ob der Beantworter Geschlechtsverkehr gehabt hatte oder nicht. Die sich ergebenden Matrizes wurden faktorenanalysiert nach der Hauptkomponentenmethode, über dreißig Eigenwerte waren größer als 1, und die weitere Analyse wurde auf die ersten fünfzehn Faktoren beschränkt. Wir werden sehen, daß selbst das zu viele sind, und tatsächlich sind nur ungefähr ein Dutzend Faktoren bedeutungsvoll. Die auf diese Weise extrahierten Faktoren wurden nach der Promax-Methode (Hendrickson und White 1964) in schiefwinklige Strukturen rotiert; diese Primärfaktoren werden als erstes erörtert. Spätere Abschnitte werden sich mit Faktoren höherer Ordnung befassen. Indices der Faktorenähnlichkeit (Eysenck und Eysenck 1969) zwischen den extrahierten fünfzehn männlichen und fünfzehn weiblichen Faktoren liefen mit, und für dreizehn Faktoren wurde relativ leicht optimale Übereinstimmung gefunden. Ein weiblicher Faktor paßte annähernd gleich zu männlichen Gegenstücken, und einer hatte keinen vergleichbaren männlichen Faktor. Die Indices der Faktorenähnlichkeit werden im Zusammenhang mit jedem Faktorenpaar vorgelegt werden. Für jeden Faktor werden Items und Ladungen in einer solchen Form präsentiert, daß alle Ladungen, die die arbiträre Zahl von 0,3 für Frauen wie für Männer übersteigen, angeführt werden (waren die Indices der Faktorenähnlichkeit niedrig, so wurde diese Regel nicht immer befolgt, um die Tabellen nicht mit Massen von irrelevanten Zahlen zu überschwemmen). Die Faktoren erhielten Namen, die natürlich ziemlich willkürlich sind; dennoch helfen sie, Faktoren zu identifizieren und können einen nützlichen Zweck erfüllen, indem sie verbale Bezugnahme ermöglichen. Viele Leser mögen alternative Bezeichnungen vorziehen, aber die tatsächlich verwendeten Namen sind natürlich nicht von größerer Bedeutung.

Fragebogen über die Einstellung zur Sexualität

Dieser Fragebogen ist anonym, um zur Abgabe wahrheitsgetreuer Antworten zu ermutigen

Lesen Sie jede Feststellung sorgfältig, unterstreichen Sie danach die »Ja«- oder »Nein«-Antworten entsprechend Ihrer Meinung. Wenn Sie sich einfach nicht entscheiden können, unterstreichen Sie die »?«-Antwort. Bitte beantworten Sie *jede* Frage. Es gibt keine richtigen oder falschen Antworten. Denken Sie nicht zu lange über jede Frage nach; versuchen Sie, eine spontane Antwort zu geben, die Ihre *Gefühle* in bezug auf jeden Punkt repräsentiert. Einige Fragen sind anderen ähnlich; es gibt gute Gründe dafür, die gleiche Einstellung auf etwas unterschiedlichen Wegen zu ermitteln.

		Prozentsatz von »Ja«-Antworten männl.	weibl.
1	Personen des anderen Geschlechts respektieren Sie mehr, wenn sie mit Ihnen nicht befreundet sind	38	59
2	Sex ohne Liebe (unpersönlicher Sex) ist höchst unbefriedigend	49	80
3	Die Umstände müssen genau stimmen, damit ich sexuelle Erregung empfinde	21	43
4	Im großen und ganzen bin ich mit meinem Sexualleben zufrieden	40	60
5	Jungfräulichkeit ist der wertvollste Besitz eines Mädchens	16	24
6	Ich denke nur selten an Sexualität	4	13
7	Manchmal fällt es mir schwer, meine sexuellen Gefühle zu kontrollieren	46	44
8	Masturbation ist ungesund	7	21
9	Wenn ich einen Menschen liebte, könnte ich alles mit ihm tun	55	46
10	Ich empfinde es als angenehm, meine Sexualorgane zu berühren	61	37
11	Ich bin sexuell vernachlässigt worden	25	8
12	Es ist widerwärtig, auf der Straße Tiere beim Coitus zu sehen	5	6
13	Ich muß eine Frau nicht respektieren oder lieben, um *petting* oder Geschlechtsverkehr mit ihr zu genießen	43	12
14	Es ist in Ordnung, daß Kinder ihre Eltern nackt sehen	64	74
15	Ich bin sexuell eher unattraktiv	10	5
16	Offen gesagt, ich ziehe Leute meines Geschlechts vor	3	2
17	Sexuelle Kontakte waren für mich nie ein Problem	35	41
18	Es stört mich, Leute in der Öffentlichkeit einander liebkosen zu sehen	12	23
19	Sexuelle Gefühle sind mir manchmal unangenehm	11	16
20	Irgendetwas fehlt mir in meinem Sexualleben	50	26
21	Mein Sexualverhalten hat mir niemals Schwierigkeiten eingetragen	43	36
22	Mein Liebesleben war enttäuschend	39	23
23	Ich hatte nie viele Rendezvous	36	26
24	Ich versuche bewußt, sexuelle Gedanken auszuschalten	2	7

Nr.		Prozentsatz von »Ja«-Antworten männl.	weibl.
25	Ich hatte Schuldgefühle auf Grund sexueller Erlebnisse	29	41
26	Es würde mir nichts ausmachen, eine Person zu heiraten, die nicht mehr Jungfrau ist	68	73
27	In meiner Jugend hatte ich einige schlechte Sexualerlebnisse	15	13
28	Manchmal haben mich perverse Gedanken geplagt	28	18
29	Manchmal hatte ich vor mir selbst Angst, was ich sexuell anstellen könnte	19	26
30	Ich geriet in Zwiespalt mit meinen sexuellen Gefühlen für eine Person meines eigenen Geschlechts	16	9
31	Ich habe viele Freunde des anderen Geschlechts	71	80
32	Ich habe starke sexuelle Gefühle, aber wenn die Gelegenheit da ist, kann ich mich nicht ausdrücken	23	12
33	Es braucht nicht viel, mich sexuell zu erregen	66	31
34	Der Einfluß meiner Eltern hat mich sexuell gehemmt	30	25
35	Gedanken über Sexualität regen mich mehr auf, als mir lieb ist	12	7
36	Leute meines eigenen Geschlechts ziehen mich oft an	4	4
37	Es gibt einige Dinge, die ich mit niemandem tun möchte	53	47
38	Kinder sollten in der Schule sexuelle Aufklärung erhalten	94	97
39	Ich könnte zu jeder Tages- und Nachtzeit sexuell erregt werden	88	69
40	Ich habe Verständnis für Homosexuelle	44	35
41	Ich denke fast jeden Tag an Sex	84	52
42	Man sollte nicht vor der Ehe mit Sex experimentieren	7	21
43	Ich bin sehr leicht sexuell zu erregen	60	27
44	Der Gedanke an eine Sexorgie ist mir widerlich	18	65
45	Es ist besser, keine sexuellen Beziehungen zu haben, bevor man verheiratet ist	6	31
46	Ich finde den Gedanken an einen farbigen Sexualpartner besonders aufregend	24	3
47	Ich sehe mir gerne Sexphotos an	61	8
48	Mein Gewissen plagt mich zu sehr	18	26
49	Meine religiöse Überzeugung spricht gegen Sex	7	13

		Prozentsatz von »Ja«-Antworten männl.	weibl.
50	Manchmal überwältigen mich sexuelle Gefühle	32	27
51	Ich fühle mich befangen in Gegenwart des anderen Geschlechts	25	15
52	Sexuelle Gedanken machen mich fast verrückt	6	2
53	Wenn ich erregt werde, kann ich an nichts anderes als an Befriedigung denken	24	15
54	Ich fühle mich wohl mit Menschen des anderen Geschlechts	66	80
55	Ich lasse mich nicht gern küssen	2	3
56	Es fällt mir schwer, mit Menschen anderen Geschlechts zu reden	12	6
57	Ich war schon ziemlich alt, als ich sexuell aufgeklärt wurde	26	23
58	Ich fühle mich wohler in der Gesellschaft meiner Geschlechtsgenossen	24	16
59	*Petting* bereitet mir Vergnügen	92	78
60	Meine Sexprobleme bereiten mir viele Sorgen	22	13
61	Die Pille sollte überall erhältlich sein	84	65
62	Jemanden nackt zu sehen, ist für mich nicht interessant	11	43
63	Manchmal machen mich Gedanken an Sex sehr nervös	16	20
64	Frauen, die vergewaltigt werden, sind oft zum Teil selbst daran schuld	57	53
65	Manchmal haben mich perverse Gedanken geplagt	26	18
66	Es ist mir peinlich, über Sex zu sprechen	9	8
67	Junge Leute sollten aus eigener Erfahrung Sexualität kennenlernen	34	23
68	Manchmal sollte die Frau sexuell aggressiv sein	88	64
69	Sexwitze widern mich an	4	22
70	Es ist mein Grundsatz, mein Vergnügen zu holen, wo ich es finde	44	7
71	Man sollte die Sexualität allmählich kennenlernen, indem man mit ihr experimentiert	52	42
72	Junge Leute sollten abends ausgehen dürfen, ohne allzusehr kontrolliert zu werden	68	54
73	Hatten Sie jemals den Wunsch, Ihren Sexualpartner zu erniedrigen?	20	12
74	Ich würde ganz besonders mein Kind vor der Berührung mit Sex schützen	5	9
75	Selbstbefriedigung ist nicht gefährlich, solange sie auf gesunde Weise geschieht	74	56

		Prozentsatz von »Ja«-Antworten männl.	weibl.
76	Ich werde bei der Berührung weiblicher Brüste sehr erregt	57	45
77	Ich hatte mehr als eine sexuelle Beziehung zur selben Zeit	32	14
78	Homosexualität ist für manche Leute das Normale	74	70
79	Es ist in Ordnung, jemand zu verführen, der alt genug ist zu wissen, was er oder sie tut	73	35
80	Haben Sie jemals feindliche Gefühle gegenüber Ihrem Sexualpartner?	37	40
81	Ich sehe mir gern Aktphotos an	63	10
82	Gesäße erregen mich	42	8
83	Wenn sich Ihnen Gelegenheit böte, Leuten beim Geschlechtsverkehr zuzusehen, ohne selbst gesehen zu werden, würden Sie sie nützen?	41	12
84	Die Publizierung von pornographischen Schriften sollte gestattet sein	59	32
85	Prostitution sollte gesetzlich zugelassen sein	62	32
86	Entscheidung über Abtreibung sollte nur die betroffene Frau angehen	52	47
87	Im Fernsehen gibt es zu viele unmoralische Stücke	6	13
88	Doppelte Moral ist etwas Natürliches und sollte aufrechterhalten bleiben	32	26
89	Wir sollten die Ehe völlig abschaffen	9	2
90	Männer heiraten des Geschlechtsverkehrs wegen, Frauen haben Geschlechtsverkehr des Heiratens wegen	7	3
91	Es sollte keine Sex-Zensur bei Theaterstücken und Filmen geben	63	39

Bitte unterstreichen Sie die richtige Antwort

92	Wären Sie zu einem Pornofilm eingeladen, würden Sie: a) annehmen, b) ablehnen	80	37
93	Sollte Ihnen ein höchst pornographisches Buch angeboten werden, würden Sie: a) es akzeptieren, b) es ablehnen	76	40
94	Sollte man Sie zur Teilnahme an einer Orgie einladen, würden Sie: a) teilnehmen, b) ablehnen	61	4

		Prozentsatz von »Ja«-Antworten männl.	weibl.
95	Unter der Annahme, daß ein Partner zur Verfügung steht, wie oft würden Sie Geschlechtsverkehr bevorzugen?		
	a) nie		
	b) einmal im Monat		
	c) einmal in der Woche		
	d) zweimal in der Woche		
	e) drei bis viermal in der Woche		
	f) täglich		
	g) mehr als einmal täglich		
96	Haben Sie jemals unter Impotenz gelitten:		
	a) nie		
	b) ein- oder zweimal		
	c) mehrmals		
	d) oft		
	e) öfter als das Gegenteil		
	f) immer		
97	Haben Sie jemals an *ejaculatio praecox* (frühzeitiger Samenerguß) gelitten?		
	a) sehr oft		
	b) oft		
	c) leidlich oft		
	d) nicht sehr oft		
	e) fast nie		
	f) nie		
98	In welchem Alter hatten Sie Ihren ersten Geschlechtsverkehr?		

Faktor 1. Sexuelle Befriedigung

Der Index der Faktorenähnlichkeit des klar ausgeprägten Faktors der sexuellen Befriedigung ist 0,97; mit anderen Worten, Männer und Frauen stimmen fast völlig in der Struktur dieses Faktors überein. Tabelle 2.1 gibt die Nummern der involvierten Fragen und die Ladungen für Männer und Frauen an. Die höchsten Ladungen erzielten Fragen der Art »Ich bin mit meinem Sexualleben zufrieden«, »Ich wurde nicht sexuell vernachlässigt«, »Nichts fehlt in meinem Geschlechtsleben«, »Mein Liebesleben war keine Enttäuschung« und »Sex bereitet mir keine Sorgen«. Es gibt nur eine Umkehrung der Zeichen: Männer, die sexuell befriedigt sind, erklären sich für die Abschaffung der Ehe, Frauen nicht.

Tabelle 2.1 *Ladungen – sexuelle Befriedigung*

Frage	Männer	Frauen
4	0,91	0,82
11	–0,60	–0,58
17	0,41	0,30
20	–0,85	–0,88
22	–0,68	–0,59
32	–0,39	–0,32
35	–0,33	–0,23
60	–0,43	–0,23
89	0,18	–0,36

Faktor 2. Sexuelle Erregung

Der Index der Faktorenähnlichkeit für sexuelle Erregung ist 0,94; auch hier besteht große Ähnlichkeit in der Faktorenstruktur zwischen den Geschlechtern. Tabelle 2.2 präsentiert alle Details hinsichtlich Ladung für diesen Faktor.

Die höchsten Ladungen haben Items wie »Es braucht nicht viel, mich sexuell zu erregen«, »Ich bin sehr leicht sexuell zu erregen«, »Wenn ich erregt werde, kann ich an nichts anderes als an Befriedigung denken«, »Ich werde bei der Berührung weiblicher Brüste sehr erregt« und »Manchmal überwältigen mich se-

Tabelle 2.2 *Ladungen – sexuelle Erregung*

Frage	männlich	weiblich
3	–0,31	–0,53
6	–0,43	–0,14
7	0,28	0,30
33	0,77	0,86
39	0,36	0,50
41	0,38	0,29
43	0,81	0,86
46	0,01	0,34
50	0,36	0,30
52	0,32	0,23
53	0,43	0,28
76	0,39	0,39

xuelle Gefühle«. Für solche Menschen »müssen die Umstände nicht genau stimmen, damit sie sexuelle Erregung empfinden«, und sie denken nicht »nur selten an Sex«. Es ist interessant, daß das Item »Ich finde den Gedanken an einen farbigen Sexualpartner besonders aufregend« nur für Frauen eine hohe Ladung hat; für Männer ist er ganz nebensächlich.

Faktor 3. Sexuelle Nervosität

Sexuelle Nervosität ist ebenfalls deutlich gekennzeichnet, mit einem Index der Faktorenähnlichkeit von 0,92. Tabelle 2.3 gibt die Details bezüglich des Faktors an. Items mit hohen Ladungen sind »Ich habe nicht viele Freunde des anderen Geschlechts«, »Ich fühle mich befangen in Gegenwart des anderen Geschlechts«, »Ich fühle mich nicht wohl in Gesellschaft von Menschen des anderen Geschlechts«, »Ich fühle mich wohler in Gesellschaft meiner Geschlechtsgenossen«. Es besteht keine Ursache zur Annahme irgendeines homosexuellen Anstrichs in diesem Faktor; einem tatsächlichen Homosexualitäts-Faktor werden wir später begegnen.

Tabelle 2.3 *Ladungen – sexuelle Nervosität*

Frage	männlich	weiblich
16	0,06	0,32
31	–0,49	–0,66
51	0,76	0,75
54	–0,88	–0,89
56	0,77	0,81
58	0,58	0,77
66	0,22	0,36

Faktor 4. Sexuelle Neugier

Der Index der Faktorenähnlichkeit für sexuelle Neugier ist 0,90. Der Faktor selbst ist sehr klar (Tabelle 2.4); Items mit hoher Ladung sind »Ich sehe mir gern Sexphotos an«, »Sexwitze widern mich nicht an«, »Ich sehe mir gern Aktphotos an«, »Ich würde die Gelegenheit nützen, Leuten beim Geschlechtsverkehr zuzusehen«, »Ich wäre einverstanden, einen Pornofilm anzusehen«, »Ich würde ein höchst pornographisches Buch lesen«. Diese Fragen beschäftigen sich alle mit der Vorliebe für Pornographie und Voyeurismus und dem Wunsch nach Ersatz-Sexualerlebnissen.

Tabelle 2.4 *Ladungen – sexuelle Neugier*

Frage	männlich	weiblich
10	0,34	0,37
47	0,78	0,77
62	–0,40	–0,45
69	–0,35	–0,07
81	0,84	0,77
82	0,41	0,27
83	0,34	0,49
92	0,32	0,54
93	0,27	0,54

Faktor 5. Vorehelicher Geschlechtsverkehr[1]

Der Index der Faktorenähnlichkeit für vorehelichen Geschlechtsverkehr ist 0,79, was auf gewisse Abweichungen der Faktorenladungen zwischen den Geschlechtern hinweist. Die Items mit hohen Ladungen für beide Gruppen sind »Jungfräulichkeit ist der wertvollste Besitz eines Mädchens«, »Es würde mir etwas ausmachen, eine Person zu heiraten, die nicht mehr Jungfrau ist«, »Man sollte nicht vor der Ehe mit Sex experimentieren«, »Es ist besser, keine sexuellen Beziehungen zu haben, bevor man verheiratet ist«, »Ich hatte noch keinen Geschlechtsverkehr«. Andere Items mit weniger hohen Ladungen sind »Die Pille sollte nicht überall erhältlich sein«, »Es ist nicht in Ordnung, jemand zu verführen, der alt genug ist, zu wissen, was er oder sie tut«, »Frauen sollten nicht sexuell aggressiv sein«. Details über diesen Faktor finden sich in Tabelle 2.5. Mit zunehmendem Alter legen Frauen diese Meinungen ab, Männer aber nicht.

Tabelle 2.5 *Ladungen – vorehelicher Geschlechtsverkehr*

Frage	männlich	weiblich
Alter	0,03	0,45
5	0,57	0,70
23	–0,04	0,30
26	–0,72	–0,75
42	0,54	0,80
45	0,71	0,86
61	–0,34	–0,27
65	0,32	–0,02
68	–0,07	–0,40
79	–0,26	–0,44
90	0,12	0,34
98	0,42	0,81

Faktor 6. Repression

Der Index der Faktorenähnlichkeit für Repression ist 0,75; das ist nicht sehr hoch und hängt damit zusammen, daß einigermaßen unterschiedliche Items diesen Faktor für Männer oder Frauen ausmachen. Deshalb kann nicht erwartet werden, daß er so deutlich interpretierbar ist wie die vorherigen Faktoren. Items mit hoher Ladung sind »Kinder sollten in der Schule sexuelle Aufklärung erhalten«, »Ich würde ganz besonders mein Kind vor der Berührung mit Sexualität schützen«, »Ich denke nur selten an Sex«, »Masturbation ist ungesund«, »Ich denke nicht fast jeden Tag an Sex«, »Meine religiöse Überzeugung spricht gegen Sex«, »Selbstbefriedigung ist gefährlich, selbst wenn sie auf gesunde Weise geschieht«, »Männer heiraten des Geschlechtsverkehrs wegen, Frauen haben Geschlechtsverkehr des Heiratens wegen«, »Ich habe starke sexuelle Gefühle, aber wenn die Gelegenheit da ist, kann ich mich nicht ausdrücken«. Dieser Faktor hat einen fast viktorianischen Beigeschmack; er scheint eher bei den jüngeren Mitgliedern unserer Stichprobe vorzuherrschen, allerdings stimmt das eher für Männer als für Frauen. Details dazu in Tabelle 2.6.

Tabelle 2.6 *Ladungen – Repression*

Frage	männlich	weiblich
Alter	–0,31	–0,13
6	0,30	0,51
8	0,37	0,28
32	0,33	0,10
38	–0,61	–0,59
41	–0,26	–0,32
42	0,35	0,11
49	0,00	0,60
74	0,16	0,66
75	–0,52	–0,32
90	0,38	0,13

Faktor 7. Prüderie

Der Index der Faktorenähnlichkeit für Prüderie ist 0,72; was über den vorangegangenen Faktor gesagt wurde, ist hier offenbar gleichermaßen relevant. Items mit hoher Ladung sind »Ich lasse mich nicht gern küssen«, »Ich mag *petting* nicht«, »Der Gedanke an eine Sexorgie ist mir widerlich«, »Sexwitze widern mich an«, »Es stört mich, Leute in der Öffentlichkeit einander liebkosen zu sehen«, »Sexuelle Gefühle sind mir manchmal unangenehm«,

Tabelle 2.7 *Ladungen – Prüderie*

Frage	männlich	weiblich
Alter	–0,06	0,32
16	–0,56	–0,30
18	–0,24	–0,74
19	–0,22	–0,42
24	–0,08	–0,39
27	0,01	–0,33
39	0,40	–0,03
36	–0,64	–0,05
44	–0,04	–0,32
55	–0,75	–0,45
59	0,74	0,14
69	–0,23	–0,53

»Ich versuche bewußt, sexuelle Gedanken auszuschalten«, »In meiner Jugend hatte ich einige schlechte Sexualerlebnisse«; die verbleibenden drei Items scheinen nur für Männer zu laden und beziehen sich auf eine Bevorzugung homosexueller gegenüber heterosexueller Gesellschaft. Tabelle 2.7 enthält die relevanten Items und Ladungen.

Faktor 8. Sexuelles Experimentieren

Sexuelles Experimentieren hat einen Index der Faktorenähnlichkeit von 0,68, aber die Bedeutung ist ziemlich klar umrissen, da nur drei Items Ladungen in diesem Faktor haben. Sie werden in Tabelle 2.8 gezeigt; sie sind »Junge Leute sollten aus eigener Erfahrung die Sexualität kennenlernen«, »Man sollte die Sexualität allmählich kennenlernen, indem man mit ihr experimentiert« und »Junge Leute sollten abends ausgehen dürfen, ohne allzusehr kontrolliert zu werden«.

Tabelle 2.8 *Ladungen – sexuelles Experimentieren*

Frage	männlich	weiblich
67	0,77	0,76
71	0,69	0,75
72	0,15	0,37

Faktor 9. Homosexualität

Homosexualität hat einen Index der Faktorenähnlichkeit von nur 0,60, aber wiederum ist die Bedeutung unmißverständlich. Items mit hohen und kongruenten Ladungen sind »Homosexualität ist für manche Leute das Normale«, »Ich habe Verständnis für Homosexuelle«, »Leute meines eigenen Geschlechts ziehen mich oft an«, »Ich war im Zwiespalt mit meinen sexuellen Gefühlen für eine Person meines eigenen Geschlechts«, »Es ist mir peinlich, über Sex zu sprechen«. Items sind in Tabelle 2.9 angeführt.

Tabelle 2.9 *Ladungen – Homosexualität*

Frage	männlich	weiblich
27	0,00	0,30
30	0,54	0,27
35	–0,07	–0,42
36	0,36	0,00
40	0,54	0,73
57	0,09	–0,33
61	–0,32	–0,12
66	0,39	0,28
78	0,64	0,76

Faktor 10. Zensur

Zensur hat einen Index der Faktorenähnlichkeit von 0,52, ist aber wiederum nicht schwer zu interpretieren. Items mit hohen und kongruenten Ladungen sind »Es sollte eine Sex-Zensur bei Theaterstücken und Filmen geben«, »Im Fernsehen gibt es zu viele unmoralische Stücke«, »Prostitution sollte nicht gesetzlich zugelassen sein«, »Die Publizierung von pornographischen Schriften sollte nicht gestattet sein«, »Junge Leute sollten nicht abends ausgehen dürfen, ohne genau kontrolliert zu werden«, »Die Pille sollte nicht überall erhältlich sein«, »Es ist widerwärtig, auf der Straße Tiere beim Coitus zu sehen«. Details über die Ladungen sind in Tabelle 2.10 angegeben.

Tabelle 2.10 *Ladungen – Zensur*

Frage	männlich	weiblich
12	0,61	0,19
14	–0,35	0,10
61	–0,18	–0,45
72	–0,35	–0,29
74	0,54	0,12
84	–0,47	–0,65
85	–0,33	–0,41
86	0,12	–0,37
87	0,54	0,45
91	–0,50	–0,65

Faktor 11. Promiskuität

Der Index der Faktorenähnlichkeit für Promiskuität ist 0,50; dennoch ist die Interpretation nicht allzu schwierig. Items mit hohen und kongruenten Ladungen sind »Sex ohne Liebe (unpersönlicher Sex) ist nicht höchst befriedigend«, »Ich muß eine Frau (einen Mann) nicht respektieren oder lieben, um *petting* und Geschlechtsverkehr mit ihr (ihm) zu genießen«, »Der Gedanke an eine Sexorgie ist mir nicht widerlich«, »Es ist mein Grundsatz, mein Vergnügen zu holen, wo ich es finde«, »Ich hatte schon mehr als eine sexuelle Beziehung zur selben Zeit«, »Ich würde mir einen Porno-Film ansehen, ein pornographisches Buch lesen oder an einer Sexorgie teilnehmen«. Details in bezug auf diesen Faktor werden in Tabelle 2.11 angezeigt.

Tabelle 2.11 *Ladungen – Promiskuität*

Frage	männlich	weiblich
Alter	0,38	0,06
2	–0,24	–0,56
13	0,33	0,50
44	–0,76	–0,48
70	0,23	0,50
77	0,10	0,51
92	0,48	0,09
93	0,44	0,06
94	0,70	0,37

Faktor 12. Sexualfeindlichkeit

Sexualfeindlichkeit hat einen Index der Faktorenähnlichkeit von nur 0,48, und seine Interpretation ist nicht sehr bestimmt. Details über die Ladungen sind in Tabelle 2.12 angegeben, Items mit hohen und einigermaßen kongruenten Ladungen sind »Ich habe schon den Wunsch gehabt, meinen Sexualpartner zu erniedrigen«, »Ich hatte feindliche Gefühle gegenüber meinem Sexualpartner«; dies sind die einzigen Items, die sowohl hoch als auch kongruent sind. Zwei weitere Items, mit viel niedrigeren Ladungen, sind »Ich hatte mehr als eine sexuelle Beziehung zur selben Zeit« und »Sexuelle Gefühle sind mir manchmal unangenehm«.

Tabelle 2.12 *Ladungen – Sexualfeindlichkeit*

Frage	männlich	weiblich
7	0,00	0,32
19	0,24	0,33
21	–0,06	–0,47
25	0,11	0,35
60	0,04	0,45
63	–0,05	0,32
73	0,69	0,62
77	0,36	0,20
80	0,74	0,66
83	–0,02	0,38

Faktor 13. Schuldgefühle

Der Faktor Schuldgefühle hat einen Index der Faktorenähnlichkeit von 0,82, schafft aber dennoch bei der Interpretation einige Probleme. Sie sind auf die Tatsache zurückzuführen, daß ein Item verdoppelt wurde (28 und 65), als Versuch, die Sorgfalt, mit der der Fragebogen ausgefüllt wurde, zu überprüfen; die sehr hohe Korrelation zwischen diesen zwei identischen Items (0,78 beziehungsweise 0,82 für männlich und weiblich) weist auf eine beträchtliche Reliabilität hin, erzeugt aber natürlich pseudo-hohe Ladungen für die beiden Versionen dieser Items. Zu Zwecken der Interpretation sollten diese sehr hohen Werte daher nicht beachtet werden. Hohe und kongruente Ladungen findet man an den folgenden Items: »Ich hatte Schuldgefühle auf Grund sexueller Erlebnisse«, »Manchmal hatte ich vor mir selbst Angst, was ich sexuell anstellen könnte«, »Mein Gewissen plagt mich zu sehr«, »Manchmal überwältigen mich sexuelle Gefühle«, »Sexuelle Gedanken machen mich fast verrückt«, »Ich mache mir viele Sorgen wegen Sex«, »Manchmal machen mich Gedanken an Sex sehr nervös«, »Manchmal haben mich perverse Gedanken geplagt«, »Manchmal fällt es mir schwer, meine sexuellen Gefühle zu kontrollieren«. Das allgemeine Bild zeigt deutlich die schuldgeplagten neurotischen Reaktionen auf sexuelle Gedanken und Erfahrungen; Details bezüglich der Ladungen sind in Tabelle 2.13 angegeben.

Tabelle 2.13 *Ladungen – Schuld*

Frage	männlich	weiblich
7	0,49	0,19
19	0,31	0,04
25	0,49	0,31
28	0,70	0,90
29	0,55	0,23
30	0,10	0,64
34	0,35	0,02
35	0,37	0,15
36	0,06	0,30
48	0,45	0,23
50	0,32	0,05
52	0,05	0,32
60	0,41	0,07
63	0,41	0,14
65	0,67	0,92
82	0,32	0,13

Andere Faktoren

Diese dreizehn Faktoren erschöpfen die klar reproduzierten und interpretierbaren Faktoren; die restlichen sind schwer zu interpretieren und haben keine offensichtlichen Duplikate, wenn man männliche und weibliche Faktoren miteinander vergleicht. Ein weiblicher Faktor hat Indices der Faktorenähnlichkeit von 0,71 und 0,69 mit zwei männlichen Faktoren; wir werden diese beiden männlichen Faktoren 14 und 16 nennen. Einer dieser Faktoren kann als *Hemmung* bezeichnet werden (Faktor 14); Items mit hohen und kongruenten Ladungen sind »Der Einfluß meiner Eltern hat mich sexuell gehemmt« (0,25; 0,40), »Ich war schon ziemlich alt, als ich sexuell aufgeklärt wurde« (0,33; 0,34), »Mein Sexualverhalten hat mir schon einige Schwierigkeiten eingetragen« (0,44; 0,18), »Die Umstände müssen genau stimmen, damit ich sexuelle Erregung empfinde« (0,35; 0,14), »Sexuelle Kontakte waren für mich ein Problem« (0,07; 0,38), »Jungfräulichkeit ist der wertvollste Besitz eines Mädchens« (0,32; 0,14), »Selbstbefriedigung ist nicht gefährlich, solange sie auf gesunde Weise geschieht (0,34; 0,03); Faktor 16 ist im wesentlichen ein Paar, das aus den Items 9 und 37 besteht; sie werden nahezu identisch formuliert, mit der Ausnahme, daß der eine negativ, der andere positiv ausgedrückt wird. Daher ist dieser Faktor ein Artefakt ohne Bedeutung. Faktor 15 besteht nur für Frauen und besitzt kein Gegenstück unter den Männern; man kann ihn als Faktor der doppelten Moral bezeichnen, da Item 88 die einzige hohe Ladung hat (0,74). Andere Items, die in diesem Faktor laden, sind »Personen des anderen Geschlechts respektieren Sie mehr, wenn sie mit Ihnen nicht befreundet sind« (0,39), »Es gibt Dinge, die ich mit niemandem tun möchte« (0,37), »Ich habe starke sexuelle Gefühle, aber wenn die Gelegenheit da ist, kann ich mich nicht ausdrücken« (0,31). Dieser Faktor ist nur am Rande von Bedeutung und Interesse.

Die Beziehungen, die sich zwischen diesen Faktoren der Sexualeinstellung einerseits und *P, E* und *N* anderseits ergaben, untersuchte man in zweierlei Hinsicht. Als erstes verwendete man eine Methode, mittels derer die Persönlichkeitsvariablen in den Faktorenraum projiziert wurden, wodurch man die geschätzten Faktorenladungen für die drei Persönlichkeitsvariablen hinsichtlich der vierzehn oben skizzierten Sexualitätsfaktoren erhielt. Die Berechnungen für die Zusatzanalyse benutzten ein FORTRAN Programm FAX[2]. Die Matrix der Ladungen der Zusatzvariablen in den Faktoren wird als das Tripel-Produkt $R_{et}R_{tt}P_{tf}$ berechnet, wobei R_{et} die Matrix der Korrelationen zwischen den Zusatzvariablen und den Variablen oder Tests in der Faktorenanalyse ist; R_{tt} ist die Matrix der Korrelationen zwischen den Variablen oder Tests in der Faktorenanalyse, und P_{tf} ist die Matrix der Primärfaktorenladungen für die Variablen oder Tests in der Faktorenanalyse (diese Analyse nützt die Tatsache aus, daß die Faktorenanalyse »mit Einern in der Hauptdiagonale« durchgeführt wurde und dadurch die Anpassung der Kommunalitäten umgeht).

Zusätzlich wurde eine detaillierte Analyse der Unterschiede zwischen Individuen mit hohen, mittleren und niedrigen Scores in *P, E* und *N* für jedes Item mit einer Ladung über 0,3 in jedem der Faktoren gemacht. Die Endresultate dieser Analysen sind in Tabelle 2.14 aufgenommen, die die erhaltenen Beziehungen durch die Richtung (+ oder –) oder durch die Stärke (Anzahl der +- und –-Zeichen) anzeigt. Eine »0« bedeutet, daß es in keiner Richtung eine Beziehung gibt, einfache +- oder –-Symbole verweisen auf eine schwache Beziehung, und zwei oder drei +- oder –-Zeichen zeigen eine mäßige oder starke Beziehung an. Wir werden sehen, daß Personen, die hohe oder niedrige Punktewerte in irgendeinem der Persönlichkeitsfaktoren erzielen, sich voneinander unterschieden und daß die drei Persönlichkeitsmerkmale ganz verschiedene Muster von Sexualeinstellungen aufweisen. Im großen und ganzen scheinen diese Muster die Erwartungen ganz gut zu bestätigen. Eine zweite Methode zur Analyse der Beziehungen zwischen Persönlichkeit und Einstellung werden wir nach der Betrachtung der Superfaktoren besprechen, die sich aus den Korrelationen zwischen den Primärfaktoren ergeben.

Tabelle 2.14 *Beziehungen zwischen Persönlichkeitstypen* P, E *und* N *und Sexualeinstellungs-Faktoren*

	Faktor	*P*	*E*	*N*
1	Befriedigung	–	+	– – –
2	Erregung	+	+	++
3	Nervosität	0	– – –	++
4	Neugier	++	0	+
5	Vorehelicher Geschlechtsverkehr	++	+	0
6	Repression	–	0	0
7	Prüderie	+	– –	+
8	Experimentieren	+	+	0
9	Homosexualität	+	0	+
10	Zensur	–	–	0
11	Promiskuität	+++	++	0
12	Feindlichkeit	+++	0	+++
13	Schuldgefühle	0	0	+++
14	Hemmung	+	0	+++

+- und –-Zeichen zeigen positive oder negative Beziehungen an, 0 das Fehlen jeglicher Beziehung

Die schiefwinklige Faktorenanalyse führt, wenn man Promax-Rotationsmethoden benützt, zu Faktoren, die selbst korreliert sind und macht es damit möglich, daß die Interkorrelationen zwischen den Faktoren wiederum einer Faktorenanalyse unterzogen werden können. Einige Beispiele mögen das verdeutlichen. Bei Frauen korreliert der Faktor »vorehelicher Geschlechtsverkehr« 0,37 mit »Erregung«, –0,38 mit »Nervosität«, –0,40 mit »Prüderie« und –0,32 mit »Hemmung«. Bei Männern korreliert

Tabelle 2.15 *Korrelationen zwischen den Primärfaktoren für die männliche Stichprobe**

	1	11	13	2	10	4	12	16	3	7	9	5	8	6	14
1	1,00														
(–) 11	–0,01	1,00													
(–) 13	0,26	–0,09	1,00												
2	–0,07	–0,06	–0,08	1,00											
10	–0,10	0,15	–0,20	–0,00	1,00										
4	–0,08	–0,09	–0,06	0,14	–0,22	1,00									
12	0,12	0,06	0,03	0,15	–0,11	0,12	1,00								
16	0,03	–0,05	–0,07	0,18	–0,06	0,20	0,09	1,00							
3	–0,41	0,01	–0,22	0,01	0,14	0,09	–0,21	0,05	1,00						
7	0,23	–0,05	0,28	0,06	–0,06	–0,03	0,03	–0,01	–0,22	1,00					
9	–0,04	0,08	–0,06	0,17	0,06	0,06	0,06	0,19	0,04	0,07	1,00				
5	–0,06	0,16	0,01	–0,09	0,18	–0,07	0,01	–0,28	0,07	0,00	0,03	1,00			
(–) 8	0,13	0,10	0,04	–0,08	0,14	–0,08	–0,22	–0,07	–0,00	0,09	–0,17	–0,04	1,00		
6	–0,12	0,03	–0,25	0,06	0,17	–0,11	–0,16	0,19	0,12	–0,22	0,01	–0,13	0,09	1,00	
14	0,08	0,18	0,04	–0,13	–0,05	–0,05	0,13	–0,41	–0,04	–0,02	–0,05	0,30	–0,08	–0,26	1,00

* Faktoren mit einem Minus-Zeichen wurden mit –1 multipliziert, um die Richtung des Faktors anzugeben, wie sie innerhalb der Arbeit dargelegt wurde.

Tabelle 2.16 *Korrelationen zwischen den Primärfaktoren für die weibliche Stichprobe**

5	1,00														
3	0,38	1,00													
2	–0,37	–0,24	1,00												
(–) 13	–0,03	–0,08	–0,22	1,00											
(–) 4	0,29	–0,07	–0,22	0,12	1,00										
7	–0,40	–0,31	0,09	0,17	–0,07	1,00									
11	–0,03	0,11	–0,07	0,04	–0,01	0,00	1,00								
(–) 10	–0,07	0,08	0,05	–0,21	–0,10	–0,02	–0,07	1,00							
1	–0,19	–0,28	0,07	0,29	0,05	0,25	0,05	–0,24	1,00						
– 14	–0,32	–0,19	0,17	–0,04	–0,11	0,30	–0,17	–0,11	0,08	1,00					
8	–0,05	0,14	–0,12	0,16	–0,21	0,12	–0,06	0,13	0,03	0,03	1,00				
(–) 15	–0,18	–0,29	0,13	–0,02	0,13	0,12	0,05	–0,04	0,05	0,04	–0,32	1,00			
(–) 6	–0,25	–0,11	0,09	0,14	–0,11	0,18	0,17	–0,17	–0,17	–0,13	–0,11	0,32	1,00		
9	–0,20	–0,24	–0,03	0,13	0,08	0,17	0,22	–0,22	0,20	–0,12	–0,22	0,42	0,44	1,00	
12	–0,06	–0,06	0,20	–0,39	0,01	–0,06	–0,16	0,20	–0,20	0,14	–0,23	0,12	–0,06	–0,07	1,00
	5	3	2	13	4	7	11	10	1	14	8	15	6	9	12

* Faktoren mit einem Minus-Zeichen wurden mit –1 multipliziert, um die Richtung des Faktors anzugeben, wie sie innerhalb der Arbeit dargelegt wurde.

»Befriedigung« –0,41 mit »Nervosität« und –0,26 mit »Schuldgefühlen«, »Vorehelicher Geschlechtsverkehr« –0,30 mit »Hemmung«, »Repression« 0,26 mit »Hemmung«. Fünf Faktoren zweiter Ordnung wurden für Männer extrahiert, vier für Frauen; sie ähneln in vieler Hinsicht den Primärfaktoren, aus deren Interkorrelationen sie abgeleitet sind. Für beide Geschlechter ist der erste Faktor einer der *Befriedigung,* der Items der Primärfaktoren 1 und 3 mit umgekehrten Vorzeichen kombiniert. Werden die drei Persönlichkeitsfaktoren auf diesen neuen Sexualfaktor projiziert, so hat *N* die höchsten Ladungen (–0,48 und –0,45 für Männer bzw. für Frauen), wobei *E* ebenfalls ansehnliche Ladungen besitzt (0,38 und 0,35); *P* hat geringe Ladungen von –0,07 und –0,19. Dies kommt nicht unerwartet, da Individuen mit hohen *P*-Scores auch niedrige Scores in »Nervosität« und »Befriedigung« haben; auf diese Weise punkten sie in den zwei Primärfaktoren, die diesen Faktor zweiter Ordnung bilden, in entgegengesetzter Richtung. Der Index der Faktorenähnlichkeit für die zwei Geschlechter ist 0,88.

Tabelle 2.15 liefert die Korrelationen zwischen den Primärfaktoren für die männliche Stichprobe und Tabelle 2.16 die gleichen Daten für die weibliche Stichprobe. Die Faktoren sind in der Reihenfolge der Extraktion dargestellt, sind aber durch die Beziehungen, die in der Art verwendet wurden, identifizierbar. Faktoren mit negativem Vorzeichen wurden mit –1 multipliziert.

Der männliche Faktor 4 und der weibliche Faktor 4 haben einen Index der Faktorenähnlichkeit von 0,87; dieser Faktor stellt eine Kombination von »Erregung« und »Schuldgefühlen« dar. Werden die drei Persönlichkeitsfaktoren auf diesen neuen Faktor projiziert, dann haben *P* (0,22 und 0,21) und *N* (0,20 und 0,49) positive Ladungen, *E* (–0,12 und –0,15) niedrige negative Ladungen. Der männliche Faktor 3 und der weibliche Faktor 2 haben einen Index der Faktorenähnlichkeit von 0,80; dieser Faktor stellt eine Kombination aus »Neugier« und »Promiskuität« dar. Ladungen in den drei Persönlichkeitsfaktoren sind *P* (0,15 und 0,46), *N* (0,17 und 0,23) und *E* (0,05 und 0,04). Extraversion steht also in keiner Beziehung zu diesem Faktor, jedoch ist das sowohl bei *P* als auch bei *N* der Fall.

Der letzte weibliche Faktor findet kein direktes Gegenstück unter den männlichen Faktoren; er ähnelt dem Primärfaktor 6 (Repression). Korrelationen mit den Persönlichkeitsfaktoren sind 0,45 mit *N* und –0,35 mit *E;* mit *P* ist die Korrelation 0,19. Die männlichen Faktoren 2 und 5 sind nicht klar genug definiert, um eine Interpretation sinnvoll zu machen, und daher werden sie hier nicht erörtert. Es ist nicht ungewöhnlich, zu entdecken, daß Primärfaktoren und Faktoren dritter Ordnung mehr Bedeutung besitzen als Faktoren zweiter Ordnung (Eysenck und Eysenck 1969), obgleich der Grund dafür nicht klar ist. Auf jeden Fall wurden die Interkorrelationen zwischen den Faktoren zweiter Ordnung wiederum einer Faktorenanalyse unterzogen, und die Analyse ergab für Männer wie auch für Frauen zwei eindeutige Faktoren. Sie sind für beide Geschlechter nahezu identisch, wobei die Indices der Faktorenähnlichkeit 0,95 bzw. 0,93 sind. Wir halten diese Faktoren für einigermaßen bedeutungsvoll, und diese Erwartung wird auch nicht enttäuscht. Faktor 1 kombiniert in sich alle Aspekte von Pathologie und Deprivation, die in den verschiedenen aufgezählten Primärfaktoren ihren Ausdruck gefunden haben; diesen Faktor kann man als *sexuelle Pathologie* bezeichnen[3]. Der zweite Faktor kombiniert in sich alle Aspekte von Permissivität und aktiver Sexualität, die in mehreren anderen Primärfaktoren gefunden wurden; man kann diesen Faktor *sexuelle Libido* nennen. Beide Faktoren korrelieren weder bei Männern noch bei Frauen miteinander.

Die drei Persönlichkeitsfaktoren wurden in dem Item-Raum des Sexualitätsfragebogens abgebildet, und die Resultate bestätigen, was man aus der genauen Überlegung über die verschiedenen Items, die wir in den vorangegangenen Abschnitten präsentierten, erwarten konnte. Sexuelle Pathologie korreliert vor allem mit *N,* wobei die Korrelationen für Frauen 0,40, für Männer 0,47 betragen. Korrelationen mit *P* sind ebenfalls positiv, aber zu gering, um besonders interessant zu sein; sie sind 0,08 für Frauen und 0,12 für Männer. Korrelationen mit *E* sind, wie erwartet, negativ und nicht sehr groß; die Werte bei Frauen sind –0,23, bei Männern –0,27. Dysthymiker (hohes *N,* niedriges *E*) wären demnach sehr wahrscheinlich Gegenstand der Sexualpathologie. Sexuelle Libido korreliert positiv mit *P,* wobei die Korrelationen eine Höhe von 0,40 für Frauen erreichen und für Männer auf 0,19 fallen; dieser Unterschied mag mit der Tatsache zusammenhängen, daß Männer eben viel höhere *P*-Scores erreichen als Frauen und daß starkes sexuelles Verlangen traditionell eher Männer als Frauen charakterisiert. *N* korreliert auch mit Libido, aber die Korrelation ist für Frauen nur 0,29, für Männer nur 0,06; letztere Korrelation ist eindeutig nicht signifikant. *E* zeigt ebenfalls nur geringe Korrelation mit Libido, 0,13 für Frauen und 0,15 für Männer.

Die hier angegebenen Daten scheinen zu bestätigen, daß verschiedene Persönlichkeitstypen sich sowohl in ihrer Einstellung zu sexuellen Fragen als auch in ihrem Sexualverhalten grundlegend unterscheiden. Solche Unterschiede lassen sich bei den meisten der ungefähr fünfzehn Faktoren beobachten, die aus der Analyse der sexuellen Einstellungen gewonnen wurden. Interessant ist, daß diese Faktoren so deutlich und in so ähnlicher Form sowohl in den männlichen als auch in den weiblichen Stichproben auftraten und daß die Persönlichkeitsunterschiede in der einen Stichprobe zu ihrer Wiederholung in der anderen neigten. Besonders interessant sind vermutlich die zwei wichtigsten Faktoren höherer Ordnung, Pathologie und Libido; sie ergeben ebenso unmittelbar einen Sinn, wie sie auch deutlich aus der Analyse hervorgehen, und die Zusammenhänge mit der Persönlichkeit entsprechen ebenfalls weitgehend der Erwartung. Man wird natürlich erkennen, daß unsere Daten nur auf eine eher begrenzte Stichprobe von unverheirateten jungen Studenten zutreffen und nicht sehr weit über diese Grenze ausgedehnt werden können; spätere Arbeiten mit älteren und besonders mit verheirateten Gruppen haben zu einer Modifizierung von einigen der Schlußfolgerungen geführt, die gegenwärtig angebracht erscheinen. Dennoch, da es sich um eine Erstuntersuchung dieser schwierigen und komplexen Fragen handelt, können unsere Resultate als bemerkenswert angesehen werden; nur eine Wiederholung mit anderen Stichproben wird zeigen, welch restriktive Grenzen der Stichprobe gesetzt waren. Trotz dieser Grenzen gibt es gewisse beruhigende Trends in unseren Daten, die mit der psychiatrischen Erfahrung durchaus übereinstimmen; so mag etwa die Kombination von sexueller Pathologie und starker sexueller Libido bei Individuen mit hohen *N*-Scores für die sexuellen Konflikte verantwortlich sein, die bei neurotischen Patienten so oft zu beobachten sind.

Die Persönlichkeit mittels Faktoren zu Sexualeinstellungen in Beziehung zu setzen ist ein Weg, die sich ergebenden Beziehungen zu beschreiben; ein direkterer Weg ist die Unterteilung der gesamten Stichprobe in Individuen mit hohen, mittleren und niedrigen Scores in jeder der drei Persönlichkeitsvariablen; dann berechnet man den Prozentsatz der »Ja«-Antworten, die von Mitgliedern dieser verschiedenen Gruppen auf jede Frage gegeben wurden. Die Tabellen 2.17, 2.18 und 2.19 liefern diese Information; dort sind auch Korrelationen zwischen Items und dem Score auf der Persönlichkeitsskala (r_p) angegeben. Die Resul-

Tabelle 2.17 *Prozentsatz der »ja«-Antworten für* P+-, P=- *und* P--*Test-personen für 94 Items des Fragebogens, desgleichen die Korrelation zwischen* P *und jedem Item*

	+	P_M	–	r_p	+	P_F	–	r_p
1	35	36	42	–0,06	44	61	67	–0,17
2	27	47	58	–0,17	64	85	85	–0,26
3	21	15	25	–0,05	37	44	45	–0,14
4	29	38	48	–0,13	53	58	65	–0,10
5	11	18	18	–0,10	6	25	33	–0,30
6	1	7	5	–0,06	3	15	16	–0,15
7	51	49	43	0,09	49	48	36	+0,13
8	5	6	9	–0,04	15	23	23	–0,11
9	59	53	53	0,08	55	48	39	+0,09
10	65	59	59	0,05	43	41	31	+0,07
11	32	19	26	0,09	16	6	5	+0,22
12	5	6	5	0,00	7	6	4	–0,01
13	47	49	35	0,12	24	8	8	+0,22
14	66	60	65	0,04	75	77	71	+0,04
15	14	6	11	0,06	3	6	5	–0,06
16	6	1	3	0,10	5	2	1	+0,08
17	29	36	39	–0,08	41	39	43	–0,00
18	13	14	11	0,01	21	18	29	–0,06
19	12	14	8	0,06	16	18	15	–0,01
20	55	51	45	0,07	28	27	23	+0,04
21	38	43	46	–0,08	40	32	37	+0,01
22	45	39	34	0,10	35	27	18	+0,07
23	32	36	38	–0,01	25	29	23	+0,03
24	2	2	2	–0,02	7	4	11	–0,03
25	30	28	29	–0,02	40	43	40	–0,00
26	73	69	63	0,10	92	70	64	+0,23
27	20	14	13	0,10	22	9	11	+0,14
28	36	25	25	0,11	26	14	16	+0,11
29	22	17	19	0,01	33	27	21	+0,13
30	17	15	15	0,02	18	6	7	+0,15
31	67	68	76	–0,04	85	77	81	+0,03
32	24	23	22	0,02	15	15	7	+0,04
33	76	59	66	0,06	32	35	27	+0,10
34	33	32	26	0,07	31	25	20	+0,09
35	15	10	13	0,04	8	7	6	+0,10
36	5	2	3	0,12	3	6	4	+0,04
37	51	48	58	0,12	48	49	46	–0,02
38	95	96	93	0,03	100	96	97	+0,09
39	90	86	89	–0,00	69	72	66	–0,01

	+	P_M	–	r_p	+	P_F	–	r_p
40	52	38	43	0,07	48	31	31	+0,15
41	91	81	82	0,09	66	53	43	+0,19
42	7	6	9	–0,02	6	25	27	–0,23
43	68	51	61	0,04	30	30	21	+0,08
44	11	19	23	–0,17	43	73	69	–0,29
45	5	4	9	–0,08	13	37	35	–0,25
46	32	22	22	0,14	7	2	3	+0,08
47	61	62	60	0,02	15	8	5	+0,20
48	21	16	17	–0,01	24	27	27	–0,02
49	8	5	8	–0,03	11	15	12	–0,06
50	35	34	29	0,08	32	27	23	+0,07
51	27	20	27	–0,02	16	15	13	+0,05
52	13	4	5	0,21	5	0	1	+0,22
53	29	20	25	0,08	23	16	9	+0,18
54	61	72	65	–0,00	80	76	83	–0,07
55	5	1	1	0,10	5	2	3	+0,04
56	15	9	12	–0,01	7	6	5	+0,06
57	23	25	29	–0,05	22	21	27	–0,08
58	25	20	26	–0,01	14	14	18	–0,04
59	93	90	94	–0,03	86	78	74	+0,10
60	30	17	21	0,05	16	13	11	+0,06
61	85	82	85	0,03	78	62	61	+0,14
62	7	10	15	–0,04	33	40	51	–0,12
63	24	13	13	0,08	20	22	19	+0,06
64	55	61	55	0,03	56	58	45	+0,03
65	32	26	23	0,09	28	15	15	+0,13
66	9	7	10	–0,03	8	4	13	–0,04
67	37	34	31	0,07	29	25	18	+0,16
68	91	87	88	0,01	79	65	55	+0,19
69	8	3	3	0,08	20	20	24	–0,08
70	62	42	34	0,25	10	8	5	+0,09
71	56	55	46	0,11	44	42	42	+0,09
72	75	68	64	0,10	55	57	50	+0,04
73	30	23	12	0,21	23	14	3	+0,18
74	5	6	5	–0,06	6	11	9	–0,06
75	79	67	75	0,01	59	59	51	+0,06
76	58	52	61	–0,06	45	51	39	+0,03
77	39	38	22	0,16	23	11	11	+0,17
78	72	78	73	–0,02	74	70	68	+0,08
79	82	75	65	0,18	53	34	26	+0,32
80	43	45	27	0,20	60	42	27	+0,23
81	62	63	63	0,02	21	8	5	+0,27
82	39	45	41	0,01	11	8	7	+0,13
83	49	36	40	0,12	16	13	9	+0,12

	+	P_M	–	r_p	+	P_F	–	r_p
84	69	58	53	0,18	41	30	28	+0,15
85	58	64	64	–0,01	47	36	31	+0,24
86	59	53	46	0,12	55	43	47	+0,07
87	5	4	9	–0,02	3	14	17	–0,14
88	33	33	31	–0,01	31	27	22	+0,00
89	19	7	5	0,23	3	2	1	+0,12
90	9	5	6	0,11	1	5	3	–0,06
91	72	62	57	0,16	57	35	33	+0,22
92	87	82	73	0,20	52	33	31	+0,20
93	82	75	73	0,09	57	37	33	+0,25
94	74	64	51	0,21	7	3	3	+0,18

tate ähneln natürlich im wesentlichen jenen, die in Tabelle 2.14 enthalten sind; dennoch sind sie eine einigermaßen detaillierte Beschreibung wert.

Der erste Persönlichkeitsfaktor, der zur Diskussion steht, ist *P*. Er präsentiert eine interessante Kombination von Promiskuität, vorehelichem Geschlechtsverkehr und Neugierde mit Feindlichkeit und dem Fehlen von Befriedigung; es ist das Bild eines »Herzensbrechers«, der wenig Liebe oder Freundlichkeit für seine Opfer hat und der insgesamt unzufrieden mit seinem Geschlechtsleben ist. Korrelationen einzelner Items sollten im Zusammenhang mit der Anordnung der Faktorenladungen gesehen werden, die in Tabelle 2.14 angegeben sind. Keine der Ladungen von *P* in diesen Sexualfaktoren ist sehr hoch (0,3 bei vorehelichem Sex die höchste, gefolgt von 0,25 für Promiskuität), aber sie bilden ein sinnvolles Gefüge und zeigen Übereinstimmung bei beiden Geschlechtern.

Die einzelnen Items mit den höchsten Ladungen beziehen sich auf fehlendes Interesse an der Jungfräulichkeit (Items 5 und 26), Vorliebe für unpersönlichen Sex (2 und 13), voreheliche Sexualität (42 und 45), Libertinismus (44 und 79), Vorliebe für Pornographie (47, 81 und 84), Vorliebe für Prostitution anstelle der Ehe (85, 89), Abneigung gegen sexuelle Zensur (91, 92, 93 und 94); Promiskuität (77), Voyeurismus (83) und starke sexuelle Erregung (52, 3, 6, 7, 33, 37, 41, 46, 53, 82). Diese Items weisen auf eine intensive Beschäftigung mit Sexualität in ihrem biologischen Aspekt hin; andere Items deuten den krankhaften und tatsäch-

Tabelle 2.18 *Prozentsatz der »ja«-Antworten für* E+-, E=- *und* E--*Testpersonen für 94 Items des Fragebogens, desgleichen die Korrelationen zwischen E und jedem Item*

	+	E_M	–	r	+	E_F	–	r
1	31	38	45	–0,12	50	63	64	–0,15
2	42	54	49	–0,08	77	86	78	–0,09
3	17	23	22	–0,05	40	50	39	–0,07
4	42	42	37	–0,09	58	66	54	0,03
5	14	13	20	–0,04	21	23	27	–0,08
6	3	3	6	–0,03	8	14	16	–0,06
7	45	49	42	0,03	54	44	33	0,18
8	6	7	8	–0,04	23	20	21	–0,01
9	63	55	46	0,13	56	45	38	0,15
10	58	60	64	–0,06	36	42	34	0,02
11	16	24	34	–0,18	8	4	12	–0,13
12	5	7	4	–0,00	5	4	8	–0,09
13	51	40	39	0,09	14	11	11	0,04
14	67	62	63	0,05	75	74	74	–0,01
15	7	6	17	–0,17	4	5	6	–0,18
16	2	1	6	–0,07	1	2	4	–0,09
17	42	35	30	0,07	50	43	31	0,14
18	14	12	12	0,00	20	20	30	–0,12
19	7	9	16	–0,17	14	15	19	–0,11
20	40	47	62	–0,19	23	28	26	–0,05
21	48	40	42	0,00	31	40	37	–0,03
22	33	36	47	–0,11	17	20	32	–0,17
23	23	33	49	–0,27	12	18	46	–0,36
24	2	1	3	–0,01	4	10	7	–0,06
25	25	33	27	0,00	48	35	42	–0,00
26	77	65	62	0,06	80	71	68	0,16
27	14	15	15	0,00	12	11	14	0,00
28	22	28	33	–0,08	14	15	24	–0,15
29	17	19	22	–0,05	30	28	20	–0,08
30	15	15	18	–0,03	11	5	12	–0,04
31	84	76	54	0,29	93	86	62	0,40
32	13	23	31	–0,18	12	11	14	–0,05
33	71	64	65	0,05	37	32	25	0,12
34	23	28	37	–0,09	22	23	29	–0,07
35	3	13	19	0,19	6	5	10	–0,12
36	2	2	7	–0,12	3	7	3	–0,02
37	50	52	56	–0,07	43	54	45	–0,07
38	93	96	94	–0,03	98	95	98	0,01
39	90	85	89	0,02	76	67	64	0,12

	+	E_M	–	r	+	E_F	–	r
40	42	46	43	–0,05	37	38	29	0,08
41	87	82	83	0,01	58	53	45	0,16
42	6	8	8	–0,09	15	22	27	–0,13
43	57	60	63	–0,03	32	28	20	0,18
44	11	20	23	–0,19	53	70	70	–0,19
45	3	4	11	–0,14	21	35	35	–0,14
46	28	26	20	0,13	5	2	4	0,03
47	56	63	62	0,00	8	7	10	–0,04
48	11	20	21	–0,11	29	25	26	0,00
49	7	7	7	0,02	10	16	13	–0,03
50	32	38	25	0,08	32	28	20	0,11
51	10	22	41	–0,29	9	10	25	–0,27
52	6	4	8	–0,07	1	2	2	–0,07
53	20	31	20	0,03	12	14	18	–0,03
54	83	70	47	0,28	87	86	66	0,27
55	0	1	5	–0,15	3	2	4	–0,10
56	2	8	25	–0,34	1	4	12	–0,26
57	15	27	35	–0,17	17	20	33	–0,13
58	17	23	30	–0,11	8	14	24	–0,24
59	96	96	86	0,11	86	80	70	0,21
60	14	21	30	–0,15	15	9	16	–0,05
61	91	79	84	0,01	69	64	62	0,05
62	10	12	12	0,01	39	44	45	–0,03
63	8	19	19	–0,14	15	21	25	–0,09
64	62	58	53	0,07	64	46	48	0,14
65	22	28	29	–0,03	13	15	26	–0,15
66	6	7	13	–0,15	3	5	16	–0,23
67	37	33	31	0,06	26	27	15	0,08
68	91	93	81	0,13	71	62	60	0,10
69	2	4	7	–0,15	15	20	30	–0,20
70	52	44	37	0,14	13	5	3	0,06
71	54	54	47	0,02	47	45	35	0,08
72	70	68	66	0,05	57	57	47	0,08
73	23	21	17	0,04	14	12	10	–0,02
74	6	4	6	–0,00	9	9	10	–0,09
75	70	74	77	–0,05	60	58	49	0,11
76	55	58	58	–0,04	51	44	40	0,07
77	48	30	19	0,22	19	11	12	0,09
78	71	76	75	–0,04	72	71	67	0,02
79	76	71	72	0,03	41	34	30	0,14
80	34	37	40	–0,04	50	35	35	0,04
81	58	65	65	–0,03	10	10	9	0,00
82	40	42	43	–0,01	12	8	6	0,12
83	42	33	49	–0,04	11	14	10	–0,02

	+	E_M	−	r	+	E_F	−	r
84	66	58	52	0,11	33	34	29	0,07
85	68	66	54	0,12	38	31	29	0,09
86	59	49	48	0,05	51	50	40	0,09
87	3	6	9	−0,09	14	11	14	−0,07
88	34	30	32	0,01	25	32	20	0,04
89	10	10	8	0,07	4	1	2	0,04
90	5	6	9	−0,02	6	3	2	0,01
91	73	59	58	0,08	44	38	36	0,10
92	88	79	73	0,14	41	32	38	0,06
93	82	78	68	0,15	41	41	38	0,06
94	75	63	47	0,21	6	3	2	0,09

lich pathologischen Aspekt der Einstellung eines Individuums mit hohem *P*-Score an. Es betrachtet sich selbst als sexuell unbefriedigt (11) und unzufrieden mit seinem Geschlechtsleben (4,22), trotz der Tatsache, daß es mehr sexuelle Erlebnisse hatte als Personen mit niedrigem *P*-Score; es empfindet Feindlichkeit gegenüber seinem Sexualpartner (73, 80), wird von perversen Gedanken geplagt (28, 29) und hat homosexuelle Neigungen (16, 30, 36, 40). Sich sein Vergnügen zu holen, wo es zu finden ist (70), hat es offensichtlich nicht sehr glücklich gemacht; der Libertinismus ist durch einen pathologischen Zug gekennzeichnet, der die klinischen Mitbedeutungen der Etikettierung *P* rechtfertigen mag.

Das Individuum mit hohem *E*-Score ist ebenfalls durch den Promiskuitätsfaktor charakterisiert, aber bei ihm ist er sehr hervorstechend mit fehlender Nervosität und mit Befriedigung verbunden. Die höchsten Ladungen gibt es beim Fehlen von Nervosität (0,35) und bei Promiskuität (0,27); hier handelt es sich anscheinend um einen glücklichen Schürzenjäger, der aus seinem Sexualverhalten Befriedigung erhält. Die einzelnen Items, die die höchsten Ladungen haben, betonen die soziale Gewandtheit des Extravertierten im Umgang mit dem anderen Geschlecht (23, 31, 56, 51, 54, 58, 66, 17), seine Vorliebe für sexuelle Aktivität (59, 69, 9, 18, 19, 32, 41, 55), Zufriedenheit mit seinem Sexualleben (11, 15, 20, 22) und die Tatsache, daß es ihm keine Sorge bereitet (60, 63). Auch er wird leicht sexuell erregt (7, 33, 39, 43, 46) und bejaht vorehelichen Geschlechtsverkehr (26, 42, 45); er betreibt

Tabelle 2.19 *Prozentsatz der »ja«-Antworten für* N+-, N=- *und* N--*Testpersonen für 94 Items des Fragebogens, desgleichen die Korrelationen zwischen* N *und jedem Item*

	+	N_M	–	r_N	+	N_F	–	r_N
1	43	36	36	0,10	60	61	56	0,03
2	50	50	46	0,07	79	82	79	–0,05
3	28	19	16	0,11	47	44	39	0,06
4	25	41	53	–0,27	49	53	77	–0,30
5	17	19	13	0,01	20	28	22	–0,05
6	3	4	6	–0,12	6	15	16	–0,17
7	57	47	34	0,25	53	37	42	0,12
8	8	7	5	0,05	25	20	20	–0,02
9	59	58	48	0,07	48	44	47	0,02
10	64	61	57	0,09	42	39	31	0,14
11	37	22	16	0,25	13	9	2	0,20
12	5	6	5	0,04	8	7	2	0,09
13	45	44	41	0,02	11	13	11	0,00
14	64	61	66	–0,07	71	73	79	–0,05
15	18	5	7	0,15	8	4	3	0,10
16	6	2	1	0,11	4	2	1	0,05
17	28	36	42	–0,16	25	45	52	–0,24
18	14	16	7	0,08	25	26	18	0,07
19	14	10	8	0,11	24	15	10	0,15
20	70	47	34	0,31	35	29	13	0,24
21	39	41	49	–0,08	30	36	41	–0,13
22	53	37	26	0,29	34	26	10	0,28
23	42	36	30	0,12	27	28	22	0,04
24	4	1	1	0,09	9	7	6	0,04
25	38	32	17	0,20	55	39	30	0,23
26	59	66	77	–0,11	79	73	67	0,11
27	22	11	11	0,16	19	10	10	0,11
28	40	29	15	0,25	29	15	10	0,21
29	29	20	9	0,24	35	27	16	0,23
30	23	14	10	0,17	14	7	7	0,09
31	64	73	76	–0,12	79	77	85	–0,05
32	35	22	11	0,26	23	7	6	0,19
33	73	64	62	0,14	38	27	29	0,03
34	39	33	18	0,18	39	22	14	0,27
35	24	11	2	0,33	12	7	2	0,18
36	6	2	2	0,14	6	4	3	0,05
37	55	49	54	0,04	49	48	45	0,02
38	95	95	94	0,01	97	96	98	0,02
39	91	88	85	0,08	60	71	75	–0,15

	+	N_M	–	r_N	+	N_F	–	r_N
40	48	41	41	0,11	41	35	29	0,08
41	90	85	77	0,18	56	50	49	0,05
42	7	9	6	0,01	15	27	21	–0,07
43	65	61	54	0,15	34	23	24	0,05
44	19	21	15	0,05	72	61	63	0,04
45	8	7	4	0,07	28	34	29	–0,03
46	27	21	24	0,04	4	2	4	0,01
47	65	64	54	0,08	13	7	5	0,13
48	30	17	7	0,27	48	21	12	0,33
49	9	9	3	0,14	16	13	10	0,03
50	42	30	26	0,18	34	25	22	0,14
51	41	16	17	0,30	23	15	6	0,21
52	14	2	2	0,27	3	1	0	0,08
53	33	24	16	0,16	23	15	7	0,19
54	53	68	77	–0,21	72	80	87	–0,14
55	4	1	0	0,18	4	3	2	0,04
56	20	7	9	0,22	8	6	3	0,11
57	35	23	20	0,15	34	23	13	0,15
58	32	22	17	0,23	22	15	10	0,11
59	88	95	94	–0,07	78	77	80	0,02
60	44	16	7	0,42	28	11	2	0,32
61	81	84	87	–0,07	66	66	63	0,09
62	9	13	13	–0,08	44	43	41	–0,06
63	30	11	6	0,34	39	15	9	0,33
64	60	59	52	0,06	53	53	52	–0,02
65	36	27	17	0,19	29	16	10	0,20
66	16	4	6	0,18	10	9	5	0,05
67	30	39	32	0,01	30	20	20	0,06
68	85	90	91	–0,10	72	60	63	0,05
69	6	4	3	0,08	27	19	20	0,04
70	47	42	43	0,05	8	7	7	–0,05
71	53	53	49	0,02	45	42	40	0,03
72	74	63	67	0,03	60	49	53	0,05
73	25	21	15	0,18	16	15	5	0,12
74	4	7	4	0,09	9	9	10	–0,03
75	77	71	73	0,06	57	55	55	0,02
76	54	63	55	0,05	52	44	40	0,05
77	35	33	29	0,02	14	16	12	0,02
78	75	72	76	–0,01	72	72	67	0,05
79	71	71	76	–0,06	41	36	28	0,12
80	50	36	26	0,21	53	39	29	0,18
81	65	67	57	0,10	12	9	8	0,05
82	47	46	33	0,16	11	7	8	0,09
83	59	41	33	0,14	16	9	11	0,07

	+	N_M	-	r_N	+	N_F	-	r_N
84	60	56	60	0,01	36	31	29	0,06
85	63	61	63	-0,01	41	28	29	0,12
86	53	49	52	0,02	58	46	39	0,10
87	11	4	3	0,11	9	16	13	-0,06
88	33	32	30	0,02	28	24	26	-0,04
89	9	8	10	0,05	2	2	2	0,01
90	10	4	5	0,09	3	5	2	0,01
91	68	62	59	0,05	45	37	36	0,08
92	83	79	77	0,09	41	36	33	0,02
93	77	76	75	0,00	49	38	34	0,10
94	61	59	64	0,05	3	4	4	0,10

auch Promiskuität (77, 44), aber ihm fehlt das pathologische Element des Individuums mit hohem *P*-Score (28, 35) und seine Vorliebe für Pornographie ist sehr gering (84, 85, 91, 92, 93, 94). Homosexualität (36) ist ihm kein Problem und besitzt für ihn keine Anziehungskraft.

Individuen mit hohen *N*-Scores zeigen eine andere Kombination von Erregung und Bejahung von vorehelichem Sex mit den anderen Faktoren; sie sind durch geringe Befriedigung und starke Schuldgefühle charakterisiert. Die höchsten Ladungen findet man bei Schuldgefühlen (0,30) und Fehlen von Befriedigung (0,25); Erregung zeigt höhere Ladungen bei Männern (0,20). Einzelne Items betonen dieselben Merkmale; besonders hervorstechend sind die mangelnde Befriedigung, die aus der Sexualität gewonnen wird (4, 20, 22), die Schuldgefühle – verbunden mit einem ausgeprägten Gewissen (48, 25), die Sorge, die sexuelle Aktivitäten bereiten (60, 63), das Problem der Kontrollierbarkeit sexueller Gedanken (35, 7, 28, 29) und die Ängste und Schwierigkeiten bei Kontakten mit dem anderen Geschlecht (56, 17, 54, 56, 31). Schuld wird dem hemmenden Einfluß der Eltern (34), der Religion (49) und »schlechten Erlebnissen« (27) gegeben. Das Sexualverhalten wird sowohl als unangenehm (21, 19, 66) als auch abstoßend (11) angesehen, und das Individuum mit hohem *N*-Score betont seine Unfähigkeit, zu Mitgliedern des anderen Geschlechts Kontakt zu finden (15, 23); dennoch hat es starke sexuelle Bedürfnisse (33, 41, 43, 50, 52), die es als für die eigene Person schwer kontrollierbar hält (32, 53). Homosexualität ist ein

Problem (16, 36, 40). Es gibt einige Evidenz für eine Vorliebe für Pornographie (83, 85, 93, 94), aber nicht so erheblich wie beim Individuum mit hohem *P*-Score, sie scheint fast ein Substitut für die unerreichbaren sexuellen Kontakte mit Partnern im wirklichen Leben zu sein. Zuletzt ist da auch noch die Tendenz zur Feindlichkeit gegenüber dem Sexualpartner (80, 73), die aber wiederum im Kontext eine andere Interpretation von Feindlichkeit als bei jener des Individuums mit hohem *P*-Score nahelegt; hier könnte die Feindlichkeit in erster Linie aus dem Versagen resultieren, überhaupt einen Sexualpartner zu bekommen!

In einem Gesamtüberblick könnte man sagen, daß Individuen mit hohen *P*- und *N*-Scores, wie erwartet, ein ausgeprägt pathologisches Muster von sexuellen Reaktionen aufweisen. Beide zeichnen sich durch starken Sexualtrieb aus (erstere weniger als die letzteren), aber während das Individuum mit hohen *P*-Scores seine libidinösen, promiskuösen und perversen Wünsche »ausagiert«, ist dies bei der Person mit hohen *N*-Scores nicht der Fall; statt dessen ist sie mit einer ganzen Reihe von Hemmungen, Sorgen und Schuldgefühlen überhäuft, die sie tatsächlich von der Erfüllung ihrer Wünsche abhalten. Beide Gruppen sind jedoch mit ihrer Schablone des sexuellen Verhaltens nicht zufrieden, wenn auch vermutlich aus unterschiedlichen Gründen; diese Unzufriedenheit stellt den stärksten Beweis für die Hypothese dar, daß beide bis zu einem gewissen Grad »pathologisch« sind (es wäre sicherlich nicht angebracht, diesen Begriff auf Grund statistischer Seltenheit seines Auftretens oder wegen moralischer und ethischer Unerwünschtheit des betreffenden Verhaltens zu rechtfertigen; nur weil beide Gruppen so unzufrieden mit ihrem Verhalten sind, mag man zurecht darauf hinweisen, daß es nicht angepaßt ist). Beide Gruppen sind sich darin ähnlich, daß sie ihre Sexualpartner mit einer gewissen Feindseligkeit betrachten, Pornographie gern mögen und homosexuelle Neigungen haben; aber wie schon betont wurde, legt der unterschiedliche Rahmen, in dem diese Items auftreten, verschiedene Interpretationen der involvierten Motivation nahe, zumindest was die ersten beiden Punkte anbelangt.

Was den *E*-Faktor betrifft, deutet das Material wahrscheinlich darauf hin, daß wir es hier mit den nicht-pathologischen Formen sexueller Anpassung zu tun haben, der extravertierten und der introvertierten, die in sehr bedeutungsvoller Weise entgegengesetzt sind. Der Extravertierte bejaht das »permissive«, sexuell promiskuöse Herangehen an Sex mit häufigem Wechsel des Sexualpartners und einer Menge »gesundem Appetits« auf häufige Sexualkontakte. Der Introvertierte billigt die orthodoxe christliche Auffassung, mit Treue, Betonung der Jungfräulichkeit und weniger rein biologischen Faktoren als die Hauptinhalte. Im Extrem werden diese Auffassungen zu »Libertinismus« bzw. »Puritanismus«, aber wenn sie nicht übertrieben werden, sind beide wahrscheinlich lebensfähige Formen der Anpassung. Der Extravertierte ist anscheinend mit seiner Lebensweise zufriedener, und natürlich kann er zu Mitgliedern des anderen Geschlechts besser Kontakt finden, aber das mag ein Artefakt dieser speziellen Stichprobe sein; unverheiratete Jugendliche haben ganz selbstverständlich einige Schwierigkeiten, nach introvertierten Idealen zu leben. Mit vierzig Jahren mag der glücklich verheiratete Introvertierte eine bessere Anpassung aufweisen als der Extravertierte, der unter dem »verflixten Siebenten Jahr« leidet. Dies ist natürlich reine Spekulation, soll aber dazu dienen, die Einschränkungen zu betonen, die auf Grund der spezifischen Beschaffenheit der untersuchten Stichprobe einer Interpretation auferlegt sind.

Die in den Tabellen 2.17, 2.18 und 2.19 vorgelegten Daten ermöglichen es, einiges über die Konsistenz der Persönlichkeit-Einstellung-Beziehungen zwischen den Geschlechtern zu sagen, ebenso auch über die Ähnlichkeit oder Unähnlichkeit von Einstellungen, die verschiedene Persönlichkeitstypen besitzen. In diesen Tabellen sind sechs Spalten angegeben (r_p, r_E und r_N), jede einmal für Männer und einmal für Frauen), die die Korrelationen von jedem der vierundneunzig Items mit *P, E* und *N* anzeigen. Diese sechs Spalten wurden selbst korreliert, in der Hoffnung, die Resultate würden einiges Licht auf die beiden zuvor erwähnten Probleme werfen. Betrachten wir zuerst die Männer- Frauen-Korrelationen innerhalb des Persönlichkeitstypus, das heißt $P_F = 0,69$; E_M *vs* $E_F = 0,80$, N_M *vs* $N_F = 0,77$. Sie zeigen, daß Korrelationen zwischen Persönlichkeitsskala-Einstellungen und Items, die für das eine Geschlecht hoch sind, es auch für das andere sind. Hier ist deutlich ein beachtliches Maß an Konsistenz vorhanden, besonders für die *E*-Skala, ein bißchen weniger für die *N*-Skala und am wenigsten für die *P*-Skala. Dies kommt nicht unerwartet, da die *P*-Skala am wenigsten reliabel ist und mit ihr viel weniger experimentell gearbeitet wurde als mit den beiden anderen Skalen. Wenn wir uns von diesen Korrelationen innerhalb der Skalen jenen zwischen den Skalen zuwenden, finden wir Resultate, die sich in Form von Tabelle 2.20 darstellen lassen.

Tabelle 2.20 *Korrelationen zwischen den Spalten der Tabellen 2.17, 2.18 und 2.19*

	$P \times E$	$P \times N$	$E \times N$
männlich *vs* männlich	0,28	0,23	–0,61
weiblich *vs* weiblich	0,39	0,38	–0,25
männlich *vs* weiblich	0,22	0,33	–0,39
weiblich *vs* männlich	0,32	0,14	–0,44

Offenkundig sind die sexuellen Einstellungen der Individuen mit hohen *P*-Scores ein wenig wie die jener mit hohen *E*-Scores und auch ein wenig wie die jener mit hohen *N*-Scores; der Grad der Ähnlichkeit beläuft sich nicht auf mehr als 8 oder 9 Prozent der Varianz. Individuen mit hohen *E*-Scores sind etwas deutlicher jenen mit hohen *N*-Scores unähnlich; der Grad der Unähnlichkeit beträgt ungefähr 17 Prozent der Varianz. Die Vergleiche innerhalb der Geschlechter unterscheiden sich insgesamt nicht von den Vergleichen zwischen den Geschlechtern, und alle stehen in guter Übereinstimmung miteinander. Die Korrelationen zwischen den Skalen sind deutlich niedriger als jene innerhalb der Skalen und zeigen damit, daß unsere Resultate quer durch die Geschlechter konsistent sind; insgesamt sind diese Zahlen sehr ermutigend; sie deuten darauf hin, daß unterschiedliche Persönlichkeitstypen tatsächlich unterschiedliche Einstellungen zur Sexualität haben, ungeachtet des Geschlechts des Befragten.

Nachdem wir somit die mit *P, E* und *N* assoziierten sexuellen Einstellungen kurz erörtert haben, mag es der Mühe wert sein, einer Diskussion über die beobachteten Unterschiede zwischen männlichen und weiblichen Einstellungen einige Sätze zu widmen. Jene Items, die die größten Unterschiede aufweisen, sind in Tabelle 2.21 angegeben (Eysenck 1971 b).

Unter den Items, die deutliche Unterschiede zwischen den Geschlechtern anzeigen, heben sich jene besonders stark ab, die mit Pornographie (47, 81, 84, 91, 92, 93), Orgien (44, 94), Voyeurismus (83, 62) und Prostitution (85) zu tun haben, dicht gefolgt von unpersönlichem Sex (2, 13). Sexuelle Erregung ist knapp dahinter (33, 41, 43, 46, 82, 3, 39); darin haben natürlich Männer höhere Zustimmungsraten als Frauen. Voreheliche Sexualität wird ebenfalls mehr von Männern bevorzugt (45, 70, 79, 42), Promiskuität auch (77). Aber Zufriedenheit mit ihrem Geschlechts-

Tabelle 2.21 *Prozentuelle Unterschiede in der Zustimmung zu siebenundzwanzig Items des Sexualitätsfragebogens zwischen Männern und Frauen*

	M-F Unterschiede
Sollte man Sie zur Teilnahme an einer Orgie einladen, würden Sie a) annehmen? b) ablehnen?	57
Ich sehe mir gern Aktphotos an	53
Ich sehe mir gern Sexphotos an	53
Der Gedanke an eine Sexorgie ist mir widerlich	–47
Wären Sie zu einem »Porno«-Film eingeladen, würden Sie a) annehmen? b) ablehnen?	43
Es ist in Ordnung, jemand zu verführen, der alt genug ist, zu wissen, was er tut	38
Es ist mein Grundsatz, mein Vergnügen zu holen, wo ich es finde	37
Sollte Ihnen ein höchst pornographisches Buch angeboten werden, würden Sie es a) annehmen? b) ablehnen?	36
Es braucht nicht viel, um mich sexuell zu erregen	35
Gesäße erregen mich	34
Ich bin sehr leicht sexuell zu erregen	33
Ich denke fast jeden Tag an Sex	32
Jemanden nackt zu sehen, ist für mich nicht interessant	–32
Sex ohne Liebe (»unpersönlicher Sex«) ist höchst unbefriedigend	–31
Ich muß eine Frau nicht respektieren oder lieben, um *petting* oder Geschlechtsverkehr mit ihr zu genießen	31
Prostitution sollte gesetzlich zugelassen sein	–30
Wenn sich Ihnen Gelegenheit böte, Leuten beim Geschlechtsverkehr zuzusehen, ohne selbst gesehen zu werden, würden Sie sie nützen?	29
Die Publikation von pornographischen Schriften sollte gestattet sein	27
Es ist besser, keine sexuellen Beziehungen zu haben, bevor man verheiratet ist	–25
Manchmal sollte die Frau sexuell aggressiv sein	24
Irgend etwas fehlt in meinem Sexualleben	24
Es sollte keine Sex-Zensur bei Theaterstücken und Filmen geben	34
Die Umstände müssen genau stimmen, damit ich sexuelle Erregung empfinde	–22
Ich finde den Gedanken an einen farbigen Sexualpartner besonders aufregend	21
Personen des anderen Geschlechts respektieren Sie mehr, wenn sie mit Ihnen nicht befreundet sind	–21
Im großen und ganzen bin ich mit meinem Sexualleben zufrieden	–20

leben tritt deutlicher unter Frauen auf (4, 20, 11, 22), vermutlich unerwartet. Masturbation gehört eher der männlichen Vergangenheit an (10,8) und Männer sind auch im allgemeinen weniger prüde (18, 68, 69, 59) und hegen weniger Schuldgefühle (25).

Die Mehrzahl dieser Unterschiede kommt nicht unerwartet, obwohl man sie nicht überinterpretieren sollte; manche Antworten repräsentieren vermutlich nichts anderes als eine gedankenlose Bekräftigung von weitverbreiteten Ansichten. Das einzige unerwartete Merkmal dieser Studie ist die offensichtliche Zufriedenheit der Frauen mit ihrem Geschlechtsleben; man pflegte anzunehmen, daß die »permissive« Gesellschaft die Männer begünstigt, wie es in der viktorianischen Ära der Fall war. Möglicherweise liegt der Schlüssel dazu im stärkeren Sexualtrieb, der bei den Männern festzustellen ist, und in den Schwierigkeiten, die ihnen dieser starke Trieb bereiten muß, wenn sie mit der augenfälligen Realität konfrontiert werden, daß mehr als die Hälfte der Frauen in unseren Stichproben noch Jungfrauen waren und anscheinend die Absicht hatten, diesen Status beizubehalten. Auf diesem Verkaufsmarkt haben die Frauen deutlich die Oberhand und können diesen Status genießen; wiederum mag der Charakter unserer Stichprobe für ein Resultat verantwortlich sein, das sich bei älteren Männern und Frauen wahrscheinlich kaum wiederholen würde. Es gibt eine interessante Entdeckung in Schofields Buch (1968), in welchem er zeigte, daß weibliche Jugendliche, die Geschlechtsverkehr gehabt hatten, insgesamt nicht sehr attraktiv waren, junge Männer, die Geschlechtsverkehr gehabt hatten, aber schon; die Erklärung entspricht vermutlich wieder der Marktlage – Männer müssen attraktiv sein, um ein Mädchen zu bekommen, aber ein attraktives Mädchen braucht seine Jungfräulichkeit nicht gegen männliche Aufmerksamkeit einzutauschen. Spezifische Untersuchungen, die einer Klärung dieser Zusammenhänge gewidmet sind, könnten höchst interessant sein. Diagramm 2.1 zeigt die Verteilung der Scores auf einer Skala, die für die am stärksten differierenden männlich-weiblich-Items aufgestellt wurde.

Es ist interessant, festzustellen, daß männlich-weiblich-Unterschiede in unserem Sexualeinstellungsfragebogen ähnlich den Unterschieden zwischen hohem und niedrigem *P* sind, wie in Tabelle 2.17 gezeigt wird. Mit anderen Worten, das Muster der männlich *vs* weiblich-Reaktions-Unterschiede ist ähnlich dem von hohes-*P* männlich *vs* niedriges-*P* männlich, oder dem von hohes-*P* weiblich *vs* niedriges-*P* weiblich. Dies ist nicht uner-

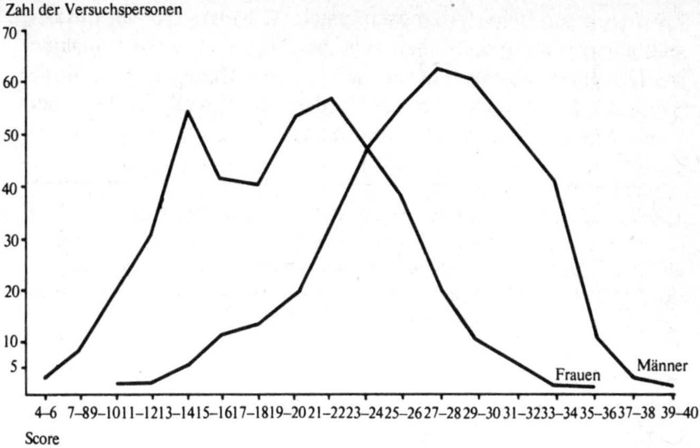

Diagramm 2.1 *Scores von Männern und Frauen für Maskulinität-Feminität im Sexualeinstellungs-Fragebogen*

wartet; in unserer früheren Arbeit mit *P* bemerkten wir, daß Männer viel höhere *P*-Scores haben als Frauen, und daß Kriminelle (die in der Gesellschaft natürlich vorwiegend männlich sind) höhere *P*-Scores haben als Nichtkriminelle. Dieser Hinweis verdient eine Untersuchung und dementsprechend wurden die folgenden Berechnungen durchgeführt.

Zum Zweck einer Analyse wurde der Prozentsatz von »ja«-Antworten auf jede Frage für Männer und Frauen getrennt erhoben, und der für Frauen wurde von dem für Männer subtrahiert; diesen Unterschied-Score werden wir den *M-F*-Score nennen. Dann wurden Produkt-Moment-Korrelationen ermittelt, getrennt für beide Geschlechter, zwischen jeder Persönlichkeitsdimension (*P, E* und *N*) und zwischen jedem der vierundneunzig Items des Fragebogens. Somit gibt es sechs Gruppen von Korrelationen: drei Dimensionen, zwei Geschlechter. Diese sechs Gruppen von Korrelationen wurden wiederum mit dem *M-F*-Score korreliert, wobei wir erwarteten, daß der *M-F*-Score für Männer wie für Frauen positiv und hoch mit *P*-Faktor-Korrelationen korrelieren würde. Angesichts der Tatsache, daß man beobachtet hatte, daß Maskulinität-Feminität positiv mit Extraversion geladen ist, schien es auch wahrscheinlich, daß man positive Korrelationen zwischen dem *M-F*-Score und *E* finden würde.

Für *N* wurden keine Prognosen erstellt. Tabelle 2.22 gibt die tatsächlichen Interkorrelationen zwischen unseren sieben Variablen an. Das Interesse konzentriert sich auf die letzte Spalte, die die Korrelationen des *M-F*-Scores mit den sechs Persönlichkeits-Sexualfragebogen-Korrelationswerten angibt

Tabelle 2.22 *Korrelationen zwischen M-F-Score-Differenzen und den Gruppen von Korrelationen zwischen dem Persönlichkeitsfragebogen-Score und den Sexualfragebogen-Items. Mit einem Sternchen versehene Werte sind signifikant auf < 0,01-Niveau, mit zwei Sternchen versehene Werte signifikant auf p < 0,001-Niveau.*

			2	3	4	5	6	7
P	M	2	0,70**	0,31*	0,23	0,23	0,33*	0,54**
	F	2		0,34**	0,38**	0,14	0,38**	0,74**
E	M	3			0,81**	–0,56**	–0,34**	0,31*
	F	4				–0,45**	–0,24*	0,30*
N	M	5					0,77**	0,10
	F	6						0,21*
M–F		7						

Wie erwartet, sind die Korrelationen des *M-F*-Score mit *P* sehr hoch und positiv für beide Geschlechter. Für *E* sind sie auf dem $p<0,01$-Niveau beträchtlich niedriger, obgleich immer noch signifikant. Für *N* sind die Korrelationen für alle praktischen Zwecke unbedeutend, obwohl beide positiv sind, und die für Frauen ist auf dem $p<0,05$-Niveau signifikant. Es ist klar, daß unsere Hypothese durch diese Daten kräftigst unterstützt wird; männliche Sexualeinstellungen sind, im Vergleich zu den weiblichen, ähnlich jenen der Männer oder Frauen mit hohen *P*-Scores im Vergleich zu Männern oder Frauen mit niedrigen *P*-Scores. Diese Korrelationen sind tatsächlich von derselben Art wie die Korrelationen zwischen männlich und weiblich auf der Psychotizismus-Skala.

Noch ein weiterer interessanter Punkt mag unsere Auffassung unterstützen. Eysenck (1971 c) entdeckte, daß Individuen mit hohen *P*-Scores, im Vergleich zu jenen mit niedrigen *P*-Scores, sich deutlich häufiger kleineren Perversionen hingaben (Fellatio, Cunnilingus, »69«). Dasselbe galt auch für Männer im Vergleich zu Frauen, wenn man bloß Befragte, die bereits Geschlechtsverkehr gehabt hatten, in die Tabelle einbezog. Dennoch ist die Teilnahme an einer Aktivität nicht identisch mit dem Genuß, den sie bereitet, und nach unserer Hypothese ist es wahrscheinlich, daß unter denen, die sich tatsächlich auf solche Perversionen einließen, Männer mehr Vergnügen daran hatten als Frauen. Einige Beweise dafür werden in einer Studie von Kolaszynska-Carr (unveröffentlicht) erbracht, in der männliche und weibliche Versuchspersonen, die sich in diese Perversionen eingelassen hatten (zwischen 40 und 50 von jedem Geschlecht, je nach der befragten Aktivität), über ihren Genuß bei diesen Erfahrungen berichteten. Nimmt man Fellatio als typisch für diese Kategorie von Verhalten an, so sprachen 39 von 41 männlichen, aber nur 24 von 42 weiblichen Versuchspersonen darüber als von einem Vergnügen. Selbst für Items wie manuelle genitale Manipulation, Männer durch Frauen, sind die Prozentsätze ganz unterschiedlich (94 und 64 Prozent); für gegenseitige manuelle genitale Manipulation sind es 96 und 68 Prozent; es hat den Anschein, daß selbst bei nur ein bißchen ungewöhnlichen Praktiken viel weniger Frauen darüber als Vergnügen berichten; keine derartigen Geschlechtsunterschiede wurden für *petting*-Verhalten von etwas unschuldigerer Art festgestellt (Streicheln der weiblichen Brüste, Küssen der Brustwarzen usw). Dieser ganze Bereich von Genuß an sexueller Aktivität verdient eine viel detailliertere Untersuchung.

Interessant ist auch, zu bemerken, daß in einigen unveröffentlichten Forschungsarbeiten Sexualstraftäter im Gefängnis sehr viel höhere Scores auf der *P*-Skala erzielten als andere Gefangene (die natürlich wiederum sehr deutlich höhere Scores auf der *P*-Skala erzielten als andere Gefangene (welche wiederum sehr deutlich höhere Scores auf der *P*-Skala erzielten als parallele Kontrollpersonen außerhalb des Gefängnisses). Der mittlere Wert von *P* war für die Sexualstraftäter 11,07, verglichen mit einem Mittelwert für Gefangene von 6,25; $p < 0{,}01$. Die fraglichen Straftaten umfaßten Vergewaltigung, unzüchtige Handlungen und Sodomie.

So scheint die Sexualität ein Kontinuum zu bilden, das weitgehend denselben Verlauf zeigt wie *P* und Maskulinität; es wäre wohl wichtig, mögliche hormonale und andere biochemische Korrelate von *P* in entsprechend ausgewählten Stichproben zu untersuchen. Aber auch ohne derart eindeutige biologische Prüfungen darf man sagen, daß unsere Daten eine wichtige Unterstützung für den Standpunkt liefern, daß die *P*-Skala anscheinend sehr eng mit der Maskulinität-Feminität-Dimension verbunden ist.[4]

Zwei Fragen des Fragebogens stehen mit sexuellen Reaktionen in Zusammenhang, die man als pathologisch im medizinischen Sinn betrachten könnte, obgleich der Gebrauch dieses Begriffes in diesem Konnex natürlich etwas willkürlich ist. Die Fragen, die sich auf männliche Versuchspersonen beziehen, sind Nummer 95 und 96; sie beschäftigen sich mit Impotenz oder mit *ejaculatio praecox*. Für Frauen beziehen sich diese Fragen statt dessen auf Frigidität (von [a] = nie bis zu [f] = immer) und Orgasmus bei Geschlechtsverkehr (von [a] = sehr oft bis zu [f] = nie). Die tatsächliche Formulierung der möglichen Antworten ([a] bis [f]) ist identisch mit der der männlichen Fragen. Die Formulierung der weiblichen Fragen lautet: »Haben Sie jemals an Frigidität gelitten?« und »Haben Sie beim Geschlechtsverkehr für gewöhnlich Orgasmus?«. Diese Fragen waren nur von Belang für Befragte, die tatsächlich Geschlechtsverkehr hatten und wurden nur von ihnen beantwortet; infolgedessen konnten sie nicht in die Faktorenanalyse einbezogen werden und die Resultate werden in diesem Abschnitt getrennt erörtert.

Die Verteilung der Antworten ist, wie erwartet, sehr asymmetrisch, und um die Verwendung von *t*-Tests zu ermöglichen, wurde der Versuch gemacht, sie an einem Punkt zu trennen, an dem sich Gruppen von möglichst gleicher Größe ergeben; zu diesem Ziel gelangte man, mit eher geringem Erfolg, auf Grund der Aufhäufung von Daten in bestimmten Kategorien, dennoch eignen sich die Resultate für eine statistische Behandlung. Die männlichen Resultate werden zuerst behandelt, gefolgt von den weiblichen. In jedem Fall wurden die *P*-, *E*-und *N*-Scores der Gruppen, die das betreffende pathologische Verhalten zeigten oder nicht zeigten, berechnet und verglichen, wobei die Signifikanz der Unterschiede mit Hilfe der *t*-Technik geschätzt wurde.

1. *Männliche Impotenz.* Die große Mehrzahl der Männer gab die Antwort (a), das heißt »nie« auf diese Frage (n = 164); demzufolge wurden alle anderen Antworten in einer Gruppe zusammengefaßt, um die »pathologische« Gruppe zu bilden ($n = 120$). Mittlere Scores auf *P, E* und *N* sind in Tabelle 2.23 angegeben; es wird sich zeigen, daß impotente Männer um weniges nicht signifikant höher in *P* sind, stärker introvertiert und signifikant ($p <$ 0,05) höher in *N*.

2. *Ejaculatio Praecox.* Die Mehrzahl der Männer gab die Antworten (e) und (f), das heißt nie oder fast nie (n = 152); daraufhin wurden alle anderen Antworten in einer Gruppe zusammengefaßt, um die »pathologische« Gruppe zu bilden (n = 132); mitt-

Tabelle 2.23 *Mittlere P-, E- und N-Scores von Studenten, pathologisch und nicht pathologisch, in bezug auf vier sexuelle Störungen*

1 Männliche Impotenz	Nicht-pathologisch	4,37	13,09	10,58
	Pathologisch	4,82	12,65	11,84
2 Ejaculatio Praecox	Nicht-pathologisch	4,62	13,04	10,54
	Pathologisch	4,48	12,70	11,70
3 Frigidität	Nicht-pathologisch	3,00	12,59	12,05
	Pathologisch	2,80	11,58	13,41
4 Orgasmus	Nicht-pathologisch	3,06	11,87	12,29
	Pathologisch	2,77	11,84	13,75

lere Scores auf *P, E* und *N* sind in Tabelle 2.23 angezeigt; man wird sehen, daß Männer, die irgendwie an *ejaculatio praecox* leiden, ein wenig (nicht signifikant) niedriger auf *P* sind, etwas mehr introvertiert und deutlich höher auf *N*.

3. *Weibliche Frigidität.* Die große Mehrheit der Frauen gab Antwort (b), das heißt ein- bis zweimal; diese wurde mit den Antworten (c) bis (f) zusammengefaßt, um die »pathologische« Gruppe zu bilden, während die Frauen mit der Antwort »nie« (a) die nicht-pathologische Gruppe bildeten. Mittlere Scores in den Persönlichkeitsdimensionen sind in Tabelle 2.23 angegeben; frigide Frauen (wir benutzen diesen Begriff etwas ungenau für unsere »pathologische« Gruppe) sind etwas introvertierter, jedoch nicht signifikant, und haben höhere Scores auf *N*, aber ebenfalls nicht signifikant. Die Anzahl beträgt nur 49 in der nicht-pathologischen Gruppe und 122 in der pathologischen Gruppe; wäre die Anzahl so groß wie die in den männlichen Gruppen gewesen, so hätten diese Unterschiede Signifikanz erreicht. Es bedarf eindeutig einer Wiederholung der Studie mit einer größeren Anzahl.

4. *Orgasmus.* Viele Frauen gaben Antwort (a), das heißt »sehr oft« oder (b), das heißt oft; diese wurden kombiniert, um die nicht-pathologische Gruppe zu bilden ($n = 83$). Die anderen Antworten wurden zur Bildung der »pathologischen« Gruppe kombiniert ($n = 86$). Weder *P* noch *N* scheinen mit der Orgasmushäufigkeit zusammenzuhängen; aber *N* unterscheidet zwischen den zwei Gruppen auf dem 0,05-Niveau der statistischen Signifikanz: höhere *N*-Scores entsprechen einer geringeren Orgasmusfrequenz.

Die Resultate dieser Analyse kommen nicht unerwartet; es

stellte sich heraus, daß die sexuelle Pathologie, wie sie hier definiert wurde, mit Neurotizismus assoziiert ist (in drei von vier Fällen signifikant, und im vierten Fall beinahe signifikant). Introvertierte weisen eine etwas größere Pathologie auf, aber diese Unterschiede erreichen nie Signifikanz. Personen mit hohen *P*-Scores unterscheiden sich nicht deutlich von jenen mit niedrigen *P*-Scores und dürften tatsächlich etwas weniger pathologisch sein, was diese Verhaltensindizes betrifft.

Es ist fast zweifelhaft, ob die als »pathologisch« bezeichneten Verhaltensweisen diese Charakterisierung wirklich verdienen, angesichts der Häufigkeit ihres Auftretens in dieser normalen Gruppe, und es schien einigermaßen interessant, die Persönlichkeits-Korrelate der viel kleineren extremeren Gruppen zu untersuchen, die eindeutigere pathologische Reaktionen lieferten. Fünf Männer gaben zu, oft, öfter als nicht, oder immer, an Impotenz gelitten zu haben; sie zeigten einen merklich erhöhten *P*-Score von 7,00, der signifikant höher als der Durchschnitt liegt. Der *E*-Score dieser Gruppe fiel auf 11,9, und der *N*-Score stieg auf 12,8 an; diese Veränderungen entsprechen der Erwartung, sind aber angesichts der sehr geringen Größe der Stichprobe nicht signifikant. Sechs Frauen gestanden Frigidität als oft, öfter als nicht, oder immer, ein. Ihre *P*-Scores stiegen bis auf 4,58 an, und ihr *N*-Score erreichte den sehr hohen Wert von 17,83; letzterer Wert ist über das 1-Prozent-Niveau hinaus signifikant, aber der erstere unterscheidet sich nicht signifikant vom Durchschnitt.

Die anderen extremen Gruppen tragen nichts Wichtiges zu den bereits vorgelegten Daten bei. Es ist interessant, daß, trotz der geringen Größe der Stichprobe von frigiden Frauen, der höhere Grad der involvierten Pathologie nun die Beziehung zu *N* signifikant gemacht hat. Wir können deshalb folgern, daß alle vier Typen von sexueller Pathologie mit *N* zusammenhängen, daß aber *P* nur bei häufigem Auftreten von Impotenz signifikant beteiligt ist.

Die Erörterung der Resultate wird sich auf zwei Hauptpunkte beschränken:

1. Die Probleme der Stichprobenherstellung und
2. das Problem der wahrheitsgetreuen Beantwortung.

Die hier aufgestellten Korrelationen zwischen Sexualeinstellungen und Persönlichkeitsvariablen sind nur insofern von Bedeutung, als man annehmen kann, daß sie über die besondere Stichprobe hinausgehen, auf Grund derer sie aufgestellt wurden. Korrelationen sind nicht so sehr Stichprobenverzerrungen unterworfen wie Populationsparameter, etwa die Mittelwerte, aber trotzdem bedarf es einiger Beweise, um zu zeigen, daß unsere Stichprobe im Hinblick auf relevante Variablen, nicht so besonders ausgewählt ist, daß man Schlüsse von zweifelhafter Allgemeinheit ziehen würde. Eysenck (1972) hat gezeigt, daß die Stichprobe sehr ähnlich den nicht ausgewählten Populationsstichproben von ähnlichen Altersgruppen ist, bezüglich des prozentuellen Anteils von Männern und Frauen mit Coitus-Erfahrung, und ebenso bezüglich der Scores in *P, E* und *N*. Mit anderen Worten, unsere Stichprobe ist repräsentativ für die Population von unverheirateten Heranwachsenden zwischen achtzehn und zweiundzwanzig Jahren, in bezug auf die beiden wichtigsten Variablen, mit denen wir uns befassen, also sexuelle Erfahrung und Persönlichkeit; es ist unwahrscheinlich, daß unsere Daten vollkommen idiosynkratisch und unrepräsentativ sind. Zweifellos hat eine gewisse Verzerrung der Stichprobe stattgefunden, durch den Akt der Freiwilligkeit und andere damit verbundene Faktoren, die aber wahrscheinlich nicht so schwerwiegend sind, daß sie die Resultate ungültig machen würden.

Was die wahrheitsgetreue Beantwortung betrifft, so haben wir zwei Richtungen der Beweisführung. Die erste bezieht sich auf interne Evidenz; so ergaben verdoppelte Items sehr hoch korrelierte Resultate, was nahelegt, daß die Items nicht wahllos, oder mit der Intention, zu täuschen, ausgefüllt wurden. Die große Zahl der Anmerkungen auf den zurückerstatteten Fragebogen deutete darauf hin, daß die Respondenten ihre Aufgabe sehr ernst nahmen. Das wichtigste ist, daß sinnvolle Faktoren sich im allgemeinen nicht aus einer Analyse von Korrelationen zwischen Items ergeben, die nicht wirklich mit einem gewissen Grad von Ehrlichkeit ausgefüllt wurden. Weiters ist es unwahrscheinlich, daß die höheren Korrelationen zwischen Mustern des Sexualverhaltens und Persönlichkeit bei Männern, die gegenwärtig zur Diskussion stehen, aus gefälschten Daten hervorgegangen wären.

Überzeugender sind vielleicht die verschiedenen Einzelheiten externer Evidenz. Wenn die in dieser Arbeit aufgestellten Beziehungen real sind, dann sollte es möglich sein, in der Literatur Beweise für die tatsächlichen Konsequenzen dieser Beziehungen zu finden. Eysenck (1971a) folgerte zum Beispiel, daß, falls Extravertierte tatsächlich mehr promiskuös sind, Patienten mit Geschlechtskrankheiten und unverheiratete Mütter besonders extravertiert sein müßten; Eysenck (1961) und Wells (1969) fanden Beweise zugunsten dieser Vorhersagen. Geschlechtsunterschiede, die mit unseren Resultaten übereinstimmen, wurden in einer experimentellen Untersuchung von Sigurt und anderen (1970) entdeckt. Psychiater haben wiederholt eine Beziehung zwischen Neurose und sexueller Pathologie gefunden; unsere Daten stimmen sehr gut mit diesen Annahmen überein. Letzten Endes kann es natürlich keinen absoluten Nachweis für den wahrheitsgetreuen Charakter der Antworten geben, aber derartige Belege, wie die zuvor erwähnten, machen es unwahrscheinlich, daß die Daten nicht wirklich die Wahrheit repräsentierten. Schließlich wurde den Befragten Anonymität garantiert, und sie hatten keine Ursache, zu lügen; weiters war eine Menge konzentrierter Arbeit erforderlich, um die verschiedenen Fragebogen ordentlich auszufüllen und zum Autor zurückzuschicken, und wahrscheinlich würden wenige so etwas nur einer Irreführung wegen auf sich nehmen.

Man könnte noch hervorheben, daß andere Autoren, die andere Methoden benutzten, über Resultate berichteten, die den unseren dort ähnelten, wo sie vergleichbar waren. Die Arbeit von Giese und Schmidt wurde bereits erwähnt; gleichfalls zu erwähnen wären die Befragungs-Studien von Schofield (1968) und von Bynner (1969). Es ist also der Anfang gemacht, um eine Sammlung von jenen Ergebnissen aufzubauen, die Persönlichkeitsfaktoren mit Sexualeinstellungen und -verhaltensweisen verbinden, welche zusammenhängend und von Studie zu Studie reproduzierbar erscheinen, selbst wenn es sich um divergente Methoden des Sammelns von Information und um Stichproben von unterschiedlicher Nationalität handelt. Schließlich sollte noch erwähnt werden, daß diese Resultate zum Großteil hervorragend mit Vorhersagen aus der Theorie übereinstimmen; die Befragten können diese Theorien wohl kaum gekannt oder ihre Fragebogen in einer Weise ausgefüllt haben, die den Zweck hatte, die Vorhersage zu bekräftigen.

Als nächstes müssen wir uns den Resultaten unseres Sexualverhalten-Fragebogens zuwenden. Sie sind in Tabelle 2.24 wiedergegeben[5].

Details dieser Studie findet man in Eysencks Werk (1972), wo von einer Faktorenanalyse der Interkorrelationen zwischen den individuellen Items berichtet wird. Faktor 1 hat hohe Ladungen in Items, die mit *petting* (Küssen, Manipulation der weiblichen Brust über und unter den Kleidern, Küssen der weiblichen Brustwarzen) zu tun haben. Faktor 2 hat hohe Ladungen in Items, die mit Geschlechtsverkehr zusammenhängen, und mit manueller

Manipulation der Geschlechtsorgane, die unvermeidlich Teil des Geschlechtsverkehrs wäre. Faktor 3 hat hohe Ladungen in Items, die mit oraler Manipulation der Geschlechtsorgane des Partners

Tabelle 2.24 *Sexualverhalten-Fragebogen*

Hier sind kurze Beschreibungen von Mustern des Sexualverhaltens, denen die Menschen nachhängen. Geben Sie durch ein (×) in Spalte 1 an, *ob Sie sich jemals* in diese Art von Verhalten eingelassen haben.

(Man beachte: *Manuell* = mit der Hand / *Oral* = mit dem Mund)

		(Spalte 1) habe ich schon gemacht
1	Eine Minute Lippenküssen ohne Unterbrechung	____
2	Manuelle Manipulation der männlichen Geschlechtsorgane über der Kleidung, durch die Frau	____
3	Küssen der weiblichen Brustwarzen	____
4	Orale Manipulation der weiblichen Geschlechtsteile	____
5	Geschlechtsverkehr, von Angesicht zu Angesicht	____
6	Manuelle Manipulation der weiblichen Brüste, über der Kleidung	____
7	Orale Manipulation der männlichen Geschlechtsorgane, durch die Frau	____
8	Manuelle Manipulation der männlichen Geschlechtsorgane bis zur Ejakulation, durch die Frau	____
9	Manuelle Manipulation der weiblichen Brüste, unter der Kleidung	____
10	Manuelle Manipulation der männlichen Geschlechtsorgane unter der Kleidung, durch die Frau	____
11	Geschlechtsverkehr, Mann hinter der Frau	____
12	Manuelle Manipulation der weiblichen Geschlechtsorgane, über den Kleidern	____
13	Manuelle Manipulation der weiblichen Geschlechtsorgane bis zu starker Sekretion	____
14	Gegenseitige orale Manipulation der Geschlechtsorgane bis zum gegenseitigen Orgasmus	____
15	Manuelle Manipulation der weiblichen Geschlechtsorgane unter den Kleidern	____
16	Gegenseitige Manipulation der Geschlechtsorgane	____
17	Orale Manipulation der männlichen Geschlechtsorgane bis zur Ejakulation, durch die Frau	____
18	Gegenseitige manuelle Manipulation der Geschlechtsorgane bis zum gegenseitigen Orgasmus	____
19	Gegenseitige orale Manipulation der Geschlechtsorgane	____

verbunden sind (Fellatio und Cunnilingus). Aus Gründen der Bequemlichkeit sollten wir diese Faktoren vielleicht als *petting,* Geschlechtsverkehr und Perversion bezeichnen. Faktorenladungen, für Männer und Frauen getrennt, sind in Tabelle 2.25 angegeben.

Die ersten 8 Spalten in Tabelle 2.25 geben die Korrelationen von *P, E* und *N* und Alter mit den neunzehn Items des Sexualverhalten-Fragebogens für Männer und Frauen getrennt an. Korrelationen von 0,10 sind statistisch signifikant auf dem 5-Prozent-Niveau, Korrelationen von 0,13 auf dem 1-Prozent-Niveau; in diesem Vergleich werden nur zweiseitige Tests verwendet. Bevor wir die drei Persönlichkeitsvariablen diskutieren, scheint es lohnend, das Alter als Faktor zu betrachten; dieses wurde nicht herauspartialisiert, da es innerhalb des engen Rahmens der hier untersuchten Altersstufen nicht mit *P, E* oder *N* korreliert. Es korreliert jedoch mit sexueller Erfahrung; wie man erwarten durfte, sind alle Korrelationen (mit zwei nebensächlichen Ausnahmen) positiv, und die Tendenz geht deutlich dahin, daß die Frauen höhere Werte haben als die Männer. Die höchsten Werte für beide Geschlechter besitzen jene Items, die auf Faktor 2 und 3 laden; Korrelationen des Alters mit Faktor-1-Items sind einheitlich niedrig oder sogar negativ. *Petting* ist in diesen Gruppen vermutlich so allgemein, sogar bei Siebzehn- bis Achtzehnjährigen, daß es wenig Zunahme gibt; es sind die ernsteren Items in den Faktoren 2 und 3, die eine solche Zunahme zeigen. Obwohl das so ist, sind die Werte wahrscheinlich etwas geringer, als man erwarten möchte; das Alter scheint nie mehr als zehn Prozent der Varianz zu erklären.

Korrelationen mit *P* sind nahezu einheitlich positiv; Personen mit hohen *P*-Scores haben mehr Erfahrung in allen Formen sexuellen Verhaltens. Die Werte sind ziemlich durchgehend höher für Frauen als für Männer; der bemerkenswerteste Unterschied besteht in Zusammenhang mit Item 5 (Geschlechtsverkehr), wo die Korrelationen 0,12 und 0,25 sind. Die Korrelationen sind für beide Geschlechter am höchsten in Verbindung mit Items, die auf den Faktoren 2 und 3 laden; sie sind insignifikant für Items, die auf Faktor 1 laden. Daher beeinflußt *P* das sexuelle Verhalten nur, wenn es über einfaches *petting* hinausgeht; nach unserer Theorie scheint es möglich, daß *petting* ein weniger unpersönliches Element der Interaktion involviert, obwohl diese Hypothese ganz unerheblich sein mag. Die Varianz, die durch diese Persönlichkeitsdimension beigetragen wird, ist nicht hoch, aber man

Tabelle 2.25 *Korrelationen von neunzehn sexuellen Verhaltensweisen mit Persönlichkeit und Alter*

Item	P M	P F	E M	E F	N M	N F	Alter M	Alter F	Faktorenladungen (M) 1	Faktorenladungen (M) 2	Faktorenladungen (M) 3	Faktorenladungen (F) 1	Faktorenladungen (F) 2	Faktorenladungen (F) 3	Prozentscores, ausgedrückt als Abweichung von der Normalverteilung M	Prozentscores, ausgedrückt als Abweichung von der Normalverteilung F
1	0,00	0,08	0,23	0,20	–0,08	–0,08	–0,03	0,12	0,94	–0,19	0,03	0,59	0,02	–0,08	–1,60(19)	–1,41(19)
2	0,01	0,17	0,23	0,18	–0,14	0,04	0,11	0,21	0,05	0,85	–0,08	0,08	0,85	–0,06	–0,54(13)	–0,37(11½)
3	–0,01	0,10	0,19	0,18	–0,15	0,04	0,10	0,18	0,41	0,48	0,02	0,84	0,11	–0,02	–0,86(16)	–0,47(14)
4	0,02	0,10	0,11	0,11	–0,03	–0,02	0,20	0,20	0,07	0,08	0,71	0,44	–0,05	0,55	0,41(6)	0,26(7)
5	0,12	0,25	0,25	0,16	–0,07	0,04	0,14	0,29	0,27	0,35	0,21	–0,02	0,48	0,37	–0,48(11)	0,14(8)
6	0,02	0,06	0,30	0,15	–0,13	0,04	–0,01	0,06	0,97	–0,09	0,02	1,05	–0,28	–0,01	–1,37(18)	–0,84(18)
7	0,14	0,14	0,12	0,12	–0,04	–0,02	0,17	0,28	–0,01	0,21	0,68	0,02	0,17	0,75	0,44(5)	0,44(6)
8	0,00	0,19	0,18	0,21	–0,20	0,07	0,11	0,28	–0,21	0,86	0,07	–0,04	0,88	0,01	–0,05(8)	–0,13(10)
9	0,04	0,08	0,32	0,13	–0,12	0,04	0,02	0,10	0,88	0,07	–0,00	0,99	–0,09	–0,03	–1,23(17)	–0,63(17)
10	0,05	0,16	0,18	0,22	–0,10	0,04	0,12	0,32	0,05	0,81	–0,02	0,15	0,88	–0,10	–0,48(11)	–0,49(15)
11	0,04	0,17	0,11	0,11	–0,04	0,03	0,26	0,24	0,10	–0,02	0,64	0,01	0,11	0,65	0,82(4)	0,76(4)
12	0,08	0,08	0,29	0,17	–0,16	–0,00	0,09	0,11	0,41	0,47	–0,04	0,85	0,08	–0,05	–0,69(14)	–0,53(16)
13	0,09	0,13	0,18	0,14	–0,09	–0,02	0,12	0,14	0,01	0,72	–0,00	0,45	0,25	0,19	–0,32(9)	0,10(9)
14	0,08	0,08	0,14	0,07	–0,04	–0,04	0,10	0,16	–0,03	–0,10	0,76	–0,14	–0,10	0,77	1,44(1)	1,60(1)
15	0,03	0,12	0,25	0,15	–0,12	0,03	0,11	0,14	0,28	0,72	–0,12	0,76	0,24	–0,04	–0,79(15)	–0,44(13)
16	0,03	0,14	0,23	0,20	–0,08	0,01	0,15	0,31	0,04	0,82	–0,01	0,08	0,91	–0,06	–0,48(11)	–0,37(11½)
17	0,12	0,16	0,17	0,18	–0,01	–0,05	0,08	0,19	–0,07	0,06	0,74	–0,06	–0,07	0,87	0,91(3)	1,01(2)
18	0,03	0,04	0,16	0,18	–0,13	–0,01	0,16	0,12	–0,30	0,79	0,10	–0,25	0,77	0,11	0,21(7)	0,47(5)
19	0,06	0,12	0,13	0,10	–0,03	–0,02	0,15	0,21	0,03	–0,10	0,89	–0,01	–0,01	0,85	0,95(2)	0,82(3)

Signifikant auf dem 5%-Niveau: 0,10
Signifikant auf dem 1%-Niveau: 0,13

sollte daran denken, daß die Verteilung der *P*-Scores eher J-förmig ist, wobei sehr wenige Studenten hohe Scores haben; dies könnte zu einer Unterschätzung der Bedeutung von *P* führen.

Korrelationen mit *E* sind, wie vorhergesagt, alle positiv, und, ebenfalls wie vorhergesagt, für Männer höher als für Frauen, was die Mehrheit der Items betrifft. Besonders große Unterschiede sind in Zusammenhang mit den Items 5, 6, 9, 12, 14 und 15 zu beobachten; geringfügige Umkehrungen der allgemeinen Regel gibt es bei einigen wenigen Items. Die Items des »Perversion«-Faktors tendieren insgesamt zu niedrigeren Korrelationen mit *E*, sind aber noch positiv; *petting*, Geschlechtsverkehr und manuelle Manipulation der Geschlechtsorgane des Partners ergeben tendenziell höhere Korrelationen. Es ist nicht klar, warum das so sein sollte; möglicherweise ist die geringe Zahl der Versuchspersonen, die sich »perversen« Praktiken dieser Art hingeben, für den beobachteten Sachverhalt verantwortlich.

Korrelationen mit *N* sind, wie vorhergesagt (wenn auch ohne viel Vertrauen), eher negativ – einheitlich für die Männer, weniger einheitlich für die Frauen. Zusätzlich sind die Korrelationen für die Männer insgesamt eher größer als die für die Frauen. Dies ist wiederum angesichts der aktiveren Rolle verständlich, die der Mann auf diesem Gebiet traditionell einnimmt; ein Mann mit hohem *N* dürfte Schwierigkeiten haben, sexuelle Begegnungen und Praktiken zu initiieren, während eine Frau mit hohem *N* weniger Schwierigkeiten haben dürfte, indem sie einfach reagiert. Tatsächlich kann sie Schwierigkeiten haben, nicht zu reagieren – in negativer Weise zu reagieren, kann Angst hervorrufende Selbstbehauptung und Unabhängigkeit erfordern! Der allgemeine Verlauf der Korrelationen ist nicht hoch; sie liegen vorwiegend zwischen jenen für *P* und jenen für *E*, vielleicht etwas näher zu den erstgenannten.

Die bisher beschriebenen Studien befaßten sich nur mit Studenten; würden anders ausgewählte Gruppen der Population ähnliche Muster des Sexualverhaltens und ähnliche Korrelationen mit Persönlichkeit zeigen? In einer anderen Studie (Eysenck 1973 a) wurden die gleichen Fragebogen, mit Ausnahme des Sexualverhaltens-Fragebogens, aber mit Hinzufügung eines Fragebogens über Konservativismus, an 241 männliche Strafgefangene verteilt, die alle erwachsene Freiwillige waren. Man gelangte zu folgender Schlußfolgerung:

». . . diese Studie hat gezeigt, daß die Struktur der Sexualeinstellungen bei Sträflingen ähnlich jener ist, die man in Stichproben von jüngeren Männern höherer sozialer Schicht, Bildung und Intelligenz vorfindet. Weiters waren die Beziehungen, die zwischen den Mustern sexueller Verhaltensweisen und den gemessenen Persönlichkeitsfaktoren beobachtet wurden, in Größe und Richtung sehr ähnlich. Dies scheint die Schlußfolgerung zu rechtfertigen, daß die aus unrepräsentativen Stichproben (Studenten, Sträflinge) gewonnenen Resultate mehr Allgemeinheit besitzen könnten, als man vielleicht dachte; die Tatsache, daß die Resultate sehr gut in die vom Autor entwickelte Persönlichkeitstheorie passen, unterstützt diesen Standpunkt.«

Eine andere Studie legte die Möglichkeit nahe, daß, zusätzlich zu *P, E* und N, eine weitere Persönlichkeitsvariable auf die Einstellungen zur Sexualität Einfluß nehmen könnte. Diese Vermutung ergab sich aus einer von Eysenck und Eysenck (1971c) vorgelegten Studie. Unsere zuvor behandelte Arbeit hatte die Frage der Wahrhaftigkeit der Beantwortung einigermaßen offen gelassen und die betreffende Studie versuchte, diese Frage zu beantworten, indem sie eine Lügenskala verwendete, die dem E.P.I. (Eysenck und Eysenck 1964) entnommen worden war und aus achtzehn Items bestand. Die Hypothese wurde aufgestellt, daß Sexualeinstellungsfragen, wenn sie wahrheitsgetreu beantwortet würden, auf der Lügenskala geringe Ladungen hätten; hohe Ladungen würden auf abwehrendes oder »sich besser machen«-Verhalten hinweisen. Die einer Zufallsstichprobe zur Verfügung stehende Population von 228 männlichen und 263 weiblichen Versuchspersonen füllte den Fragebogen aus; diese Versuchspersonen waren von einer Marktforschungsfirma für andere Zwecke ausgesucht worden und hatten den Fragebogen neben anderen, kommerziellen Verpflichtungen ausgefüllt.

Die Population unterschied sich also stark von der vorher in Anspruch genommenen, die sich aus Universitätsstudenten zusammengesetzt hatte. Abgesehen von der Lügenskala enthielt der Fragebogen 47 Psychotizismus-Items, von ähnlicher Art wie die bei früheren Gelegenheiten verwendeten, und 12 Extraversion- und 12 Neurotizismus-Items, die dem E. P. I. entnommen waren. Das Interesse konzentrierte sich auf die Verwendungsmöglichkeit von Items der Sexualeinstellung als Teil der Psychotizismus-Skala, wie auch in unserer vorangegangenen Studie (Eysenck 1971c) die Korrelationen mit Psychotizismus das hervorstechende Charakteristikum vieler Sexualeinstellung-Items gewesen waren. Viele dieser Items waren zu explizit, um bei einem Zufallspublikum benutzt zu werden, aber die folgenden acht Items wurden in der jetzigen Befragung verwendet:

1. Finden Sie, daß Sex ohne Liebe höchst unbefriedigend ist?
2. Finden Sie, daß Menschen unbedingt verliebt sein müssen, um Vergnügen am Liebesspiel zu haben?
3. Würde es Sie stören, eine Person zu heiraten, die nicht mehr Jungfrau ist?
4. Finden Sie es in Ordnung, jemand zu verführen, der alt genug ist, zu wissen, was er tut?
5. Hätten Sie etwas dagegen, daß die Publizierung von pornographischen Schriften vom Gesetz erlaubt wird?
6. Finden Sie, daß Heiraten altmodisch ist und abgeschafft werden sollte?
7. Mißbilligen Sie die Zensur von Filmen und Theaterstücken?
8. Finden Sie »Partnertausch«-Parties widerwärtig?

Das letzte dieser Items war im ursprünglichen Fragebogen nicht enthalten; einige andere wurden geringfügig umformuliert, so daß die Items 2, 3 und 5 jetzt eine Antwort in die entgegengesetzte Richtung erfordern, um Korrelationen mit Psychotizismus mit den gleichen Zeichen wie zuvor zu liefern. Die Ergebnisse einer Faktorenanalyse (Hauptkomponenten, gefolgt von Promax-Rotation) enthüllten vier klar umrissene Faktoren, die mit Psychotizismus, Extraversion, Neurotizismus und Lüge bezeichnet wurden; die Sexualverhalten-Items hatten beträchtliche Ladungen nur auf Psychotizismus und Lüge, welche in Tabelle 2.26 angegeben sind, zusammen mit den Korrelationen dieser Items in der ursprünglichen Studie mit Psychotizismus (damals wurde keine Lügenskala verwendet, so daß diese Korrelationen nicht vorhanden sind).

Wir werden sehen, daß die Items der Sexualeinstellung Ladungen im Psychotizismus-Faktor haben, die in der Größe ähnlich und im Vorzeichen identisch sind mit den ursprünglich beobachteten Korrelationen zwischen diesen Items und Psychotizismus. Die Nummer der Items in der ursprünglichen Skala sind in Klammer angegeben, so daß der Leser die Details in der ursprünglichen Arbeit kontrollieren kann (Eysenck 1971a). Das Minuszeichen vor den Nummern 13, 36 und 84 soll den Leser daran erinnern, daß diese in der Neuformulierung umgekehrt wurden, so daß die Vorzeichen der Korrelationen für die zwei Stichproben entgegengesetzt sind. Betrachtet man den Unterschied zwischen den beiden Stichproben, so ist die Übereinstimmung zwischen den beiden Korrelationstests annehmbar.

Tabelle 2.26 *Ladungen von acht Sexualeinstellung-Items in* P *und* L

Items	Ursprüngliche *P*-Korrelationen		*P*-Ladungen neue Stichprobe		*L*-Ladungen neue Stichprobe	
	männl.	weibl.	männl.	weibl.	männl.	weibl.
1 (2)	–0,17	–0,26	–0,01	–0,28	0,49	0,53
2 (–13)	0,12	0,22	–0,07	–0,22	0,59	0,56
3 (–26)	0,10	0,23	–0,18	0,03	0,25	0,42
4 (79)	0,18	0,23	0,05	0,14	–0,45	–0,26
5 (–84)	0,18	0,15	–0,12	–0,14	0,45	0,48
6 (–89)	0,23	0,12	0,43	0,24	–0,18	–0,03
7 (91)	0,16	0,22	0,24	0,21	–0,38	–0,17
8 (–)			–0,27	–0,43	0,56	0,42

Die letzten zwei Spalten geben die Ladungen der acht Items auf der Lügenskala an; wir werden sehen, daß fast alle Items sehr hohe Ladungen in dieser Skala haben, und daß diese Ladungen viel höher sind als die Ladung in Psychotizismus. Dies legt nahe, daß Dissimulation (»sich besser machen«) bei der Beantwortung dieser Fragen eine beträchtliche Rolle gespielt hat. Es gibt Gründe, diese Interpretation anzuzweifeln. Tabelle 2.27 gibt die Interkorrelationen zwischen den Faktoren an: wir werden sehen, daß diese durchaus unabhängig sind, und vor allem, daß Neurotizismus- und Lügenskalen orthogonal sind.

Tabelle 2.27 *Interkorrelationen zwischen den Persönlichkeitsfaktoren* N, E, P *und* L *für männliche und weibliche Versuchspersonen*

	NL	*NP*	*NE*	*LP*	*LE*	*PE*
Männer	0,09	0,01	–0,08	–0,00	–0,09	0,02
Frauen	0,03	0,09	–0,12	0,14	–0,15	–0,05

Diese Beobachtung ist für die Frage der Interpretation der Lügenskala relevant. Michaelis und Eysenck (1971) zeigten, daß in derselben Weise, wie die Motivation zu Verstellung in einer Population wächst, auch die Lügen-Scores steigen, die Neurotizismus-Scores fallen und die Korrelation zwischen den beiden stärker negativ wird. Die Tatsache, daß diese Skalen keine so hohe negative Korrelation zeigen, läßt annehmen, daß die Dissimulation eine geringe Rolle im Antwort-Verhalten dieser

Gruppe spielte, und daß die korrekte Interpretation viel eher in der Persönlichkeitsstruktur von Menschen mit hohen Lügen-Scores liegen dürfte, wenn die Motivation zum »sich besser machen« gering ist. Wir vermuteten, daß solche Leute in ihren Anschauungen konformistisch, orthodox und konservativ sind (Eysenck und Eysenck 1976 und Wilson 1973), und es gibt Belege dafür, daß die *L*-Skala in den erwähnten Studien tatsächlich mit Konservativismus korreliert.

Gewisse unmittelbare Evidenz zur Unterstützung dieser Ansicht findet man in den Arbeiten von Joe (1976). Er wendete die Wilson-Konservativismus-Skala auf 66 männliche und 64 weibliche Studenten an, zusammen mit Zuckermanns Heterosexuelle-Erfahrungs-Skala, und fand negative Korrelationen zwischen Konservativismus und heterosexueller Erfahrung ($r = -0{,}44$). »Diese Ergebnisse lassen annehmen, daß sich weniger konservative Versuchspersonen im großen und ganzen auf eine größere Zahl und einen größeren Bereich von sexuellen Erfahrungen einließen, als sehr konservative Versuchspersonen. Männliche wie weibliche niedrig konservative Versuchspersonen sind bis zu coitalen Aktivitäten vorgeschritten, während die Noch-Konservativen nur bis zu Vorspiel-Aktivitäten kamen (zum Beispiel Manipulation der Geschlechtsorgane).« Hoch-Konservative hatten auch weniger Erfahrung mit pornographischen Filmen.

Diese Resultate deuten darauf hin, daß unsere Ergebnisse, wie in Tabelle 2.26 dargelegt, am besten nicht auf Grund von Dissimulation erklärt werden können, sondern auf Grund des konventionellen, konformistischen und konservativen Charakters von Personen mit hohem *L*-Score. Weitere Daten zur Unterstützung dieser Interpretation werden wir im nächsten Kapitel vorlegen.

ANMERKUNGEN

1 Genaugenommen sollte dies »Mangel an oder Fehlen von vorehelicher Sexualität« sein. Zum leichteren Verständnis wurden die Ladungen für spätere Analysen mit –1 multipliziert, so daß dieser Faktor richtig, wie im Text, bezeichnet wird.

2 Das Programm wurde eigens von Dr. O. White geschrieben.

3 Man kann ihn auch, nach seinem umgekehrten Aspekt, »sexuelle Befriedigung« nennen; wir haben diese zweite Bezeichnung in späteren Kapiteln verwendet.

4 Das Verhältnis zwischen der Maskulinität-Feminität-Skala und der Libido-Skala, fände eine einfache Erklärung, wenn es wahr wäre, wie Money (1961a, 1961b), Foss (1951) und andere behaupten, daß die »klinische Evidenz die An-

sicht unterstützt, im Erwachsenenalter sei Androgen das Libidohormon für Männer wie auch für Frauen. Die Androgene der Erotik bei normalen, nicht behandelten Frauen, können ihren Ursprung im Adrenalin haben oder sich metabolisch aus den eng verwandten Progesteronen ableiten« (Money 1956). Jedoch, wie Davidson (1972) betonte, »die Tatsache, daß Testosteron in den in diesen Untersuchungen verabreichten Dosen klitorale Hypotrophie bewirkt, wäre eindeutig supraphysiologisch und tatsächlich mag diese Veränderung für die berichtete Steigerung der »Libido« verantwortlich sein.« Er schließt daraus, daß es »keine adäquaten Belege dafür gibt, daß die Wirkung von Androgenen auf das weibliche Sexualverhalten unter normalen Bedingungen irgendeine wichtige physiologische Funktion darstelle.« Die Möglichkeit, daß irgendeine derartige Beziehung dennoch existieren könnte, muß offen bleiben. Die Beweise sind schlüssiger, was die Bedeutung der Androgene für aggressives Verhalten betrifft (Conner 1972), aber selbst hier gibt es viele Komplikationen, die der Möglichkeit einer klaren Darlegung der Position im Wege stehen.

5 Der Fragebogen basiert auf der Pionierarbeit von Brady und Levitt (1965) und von Bentler (1968).

3
Sexuelle Einstellungen und Sexualverhalten bei Erwachsenen-Populationen

Unserer ersten Untersuchungsreihe, die den achtundneunzig-Item-Fragebogen und eine Studentenpopulation verwendete, folgte eine zweite, mit einem längeren und detaillierteren Fragebogen und einer reiferen Population, aus der viele verheiratet waren oder zusammenlebten. Es schien wahrscheinlich, daß diese Veränderungen im Meßinstrument und in der Population bestimmte kleinere Veränderungen in den Schlußfolgerungen bewirken, aber daß insgesamt wieder ähnliche Ergebnisse auftauchen würden. Dies war zumindest unsere Hoffnung. Von den gesammelten Daten wurde bisher nichts veröffentlicht (im Gegensatz zu den Daten im vorigen Kapitel) und demzufolge wird eine detailliertere Erörterung vorgelegt.

Die Stichprobe für diese Untersuchung der Hauptfaktoren in den Einstellungen der Leute zur Sexualität bestand aus 427 männlichen und 436 weiblichen Versuchspersonen, ihr Alter reichte von achtzehn bis sechzig, mit einem Mittelwert von etwa dreißig Jahren. Die Fragebogen waren für Männer und Frauen nahezu identisch, aber gelegentlich mußten Fragen umformuliert werden, um sie für das andere Geschlecht anwendbar zu machen; etwa die an Männer gerichtete Frage, ob sie bei der Berührung weiblicher Brüste Erregung empfänden, wurde, wenn sie an Frauen gerichtet war, zu der Frage, ob sie Erregung empfänden, wenn Männer ihre Brüste berührten. Den konkret verwendeten Fragebogen bringen wir später (Tabelle 3.1). Wo es Unterschiede zwischen den Fragen an Männer und Frauen gab, ist die männliche Form zuerst angegeben, die weibliche Form als zweite; zusätzlich sind die Buchstaben, »M« und »F« mit der Nummer der Frage verbunden. Es gab 158 Fragen für Männer und ebenso viele für Frauen. Der Prozentsatz von »ja«-Antworten für jede Frage für Männer wie Frauen ist in jedem Fall nach der Frage angegeben. Diese Fragen werden, wenn im Text oder in den Tabellen, welche die bei der Faktorenanalyse extrahierten Faktoren

Tabelle 3.1. *Fragebogen über Einstellungen zur Sexualität, einschließlich des Prozentsatzes der »ja«-Antworten für Männer und Frauen*

ALTER: ______________ GESCHLECHT: ______________

VERHEIRATET / LEDIG / IRGENDEINE FORM
VON PERMANENTER ODER SEMI-PERMANENTER BINDUNG

(Unterstreichen Sie die richtige Antwort)

Dieser Fragebogen ist anonym, um zur Abgabe wahrheitsgetreuer Antworten zu ermutigen.

Lesen Sie jede Feststellung sorgfältig, dann unterstreichen Sie oder machen einen Kreis um die »ja«- oder »nein«-Antworten, je nach Ihrer Meinung. Wenn Sie sich nicht entscheiden können, unterstreichen Sie die »?«-Antwort. Bitte beantworten Sie *jede* Frage. Es gibt keine richtigen oder falschen Antworten. Denken Sie nicht zu lange über jede Frage nach; versuchen Sie, eine spontane Antwort zu geben, die Ihre *Gefühle* in bezug auf jeden Sachverhalt repräsentiert. Einige Fragen sind anderen ähnlich; es gibt gute Gründe dafür, die gleiche Einstellung auf etwas unterschiedlichen Wegen zu ermitteln.

					M	F
1	Personen des anderen Geschlechts respektieren Sie mehr, wenn sie mit Ihnen nicht befreundet sind	ja	?	nein	45	48
2	Sex ohne Liebe (»unpersönlicher Sex«) ist höchst unbefriedigend	stimmt	?	stimmt nicht	43	60
3	Die Umstände müssen genau stimmen, damit ich sexuelle Erregung empfinde	ja	?	nein	15	42
4	Im großen und ganzen bin ich mit meinem Sexualleben zufrieden	ja	?	nein	64	70
5	Jungfräulichkeit ist der wertvollste Besitz eines Mädchens	ja	?	nein	8	12
6	Ich denke nur selten an Sexualität	stimmt	?	stimmt nicht	5	12
7	Manchmal fällt es mir schwer, meine sexuellen Gefühle zu kontrollieren	ja	?	nein	50	38
[8]	Masturbation ist ungesund	ja	?	nein	4	4
9	Wenn ich einen Menschen liebe, könnte ich alles mit ihm tun	ja	?	nein	69	61
10	Ich empfinde es als angenehm, meine Sexualorgane zu berühren	ja	?	nein	81	66
11	Ich bin sexuell vernachlässigt worden	ja	?	nein	22	15
[12]	Es ist widerwärtig, auf der Straße Tiere beim Coitus zu sehen	ja	?	nein	5	6

Nr.	Aussage				M	F
13	(M) Ich muß eine Frau nicht respektieren oder lieben, um *petting* oder Geschlechtsverkehr mit ihr zu genießen	ja	?	nein	43	26
13	(F) Ich muß einen Mann nicht respektieren oder lieben, um *petting* oder Geschlechtsverkehr mit ihm zu genießen	ja	?	nein		
14	Ich bin sexuell eher unattraktiv	ja	?	nein	10	6
15	Offen gesagt, ich ziehe Personen meines eigenen Geschlechtes vor	ja	?	nein	4	3
16	Sexuelle Kontakte waren für mich noch nie ein Problem	richtig	?	falsch	32	49
17	Es stört mich, Leute in der Öffentlichkeit einander liebkosen zu sehen	ja	?	nein	12	13
18	Sexuelle Gefühle sind mir manchmal unangenehm	richtig	?	falsch	6	11
19	Irgend etwas fehlt in meinem Sexualleben	ja	?	nein	35	30
20	Mein Sexualverhalten hat mir niemals Schwierigkeiten eingetragen	richtig	?	falsch	54	57
21	Mein Liebesleben war enttäuschend	ja	?	nein	24	20
22	Ich hatte nie viele Rendezvous	richtig	?	falsch	45	25
23	Ich versuche bewußt, sexuelle Gedanken auszuschalten	ja	?	nein	3	4
24	Ich hatte Schuldgefühle aufgrund meiner sexuellen Erlebnisse	ja	?	nein	34	36
25	Es würde mir nichts ausmachen, eine Person zu heiraten, die keine Jungfrau mehr ist	richtig	?	falsch	78	83
26	Manchmal hatte ich vor mir selbst Angst, was ich sexuell anstellen könnte	ja	?	nein	16	17
[27]	Ich geriet in Zwiespalt mit meinen sexuellen Gefühlen für eine Person meines eigenen Geschlechts	ja	?	nein	20	14
[28]	Ich habe viele Freunde des anderen Geschlechts	ja	?	nein	56	68
29	Ich habe starke sexuelle Gefühle, aber wenn die Gelegenheit da ist, kann ich mich nicht ausdrücken	ja	?	nein	17	19
30	Es braucht nicht viel, mich sexuell zu erregen	richtig	?	falsch	75	44
31	Der Einfluß meiner Eltern hat mich sexuell gehemmt	ja	?	nein	29	35
32	Gedanken über Sexualität regen mich mehr auf, als mir lieb ist	richtig	?	falsch	9	5
[33]	Leute meines eigenen Geschlechts ziehen mich oft an	ja	?	nein	5	10
34	Es gibt einige Dinge, die ich mit niemandem tun möchte	richtig	?	falsch	50	53
[35]	Kinder sollten in der Schule sexuelle Aufklärung erhalten	ja	?	nein	96	97

					M	F
36	Ich habe Verständnis für Homosexuelle	ja	?	nein	57	53
37	Ich denke fast jeden Tag an Sex	ja	?	nein	87	81
38	Man sollte nicht vor der Ehe mit Sex experimentieren	stimmt	?	stimmt nicht	7	8
39	Ich bin sehr leicht sexuell zu erregen	ja	?	nein	68	40
40	Der Gedanke an eine Sexorgie ist mir widerlich	ja	?	nein	15	40
41	Es ist besser, keine sexuellen Beziehungen zu haben, bevor man verheiratet ist	richtig	?	falsch	10	12
42	Ich finde den Gedanken an einen farbigen Sexualpartner besonders aufregend	ja	?	nein	32	11
43	Ich sehe mir gerne Sexphotos an	ja	?	nein	80	45
44	Mein Gewissen plagt mich zu sehr	ja	?	nein	13	20
[45]	Meine religiöse Überzeugung spricht gegen Sex	ja	?	nein	1	4
46	Manchmal überwältigen mich sexuelle Gefühle	ja	?	nein	25	27
47	Ich fühle mich befangen in Gegenwart des anderen Geschlechts	ja	?	nein	20	11
48	Sexuelle Gedanken machen mich fast verrückt	ja	?	nein	7	3
49	Wenn ich erregt werde, kann ich an nichts anderes als an Befriedigung denken	ja	?	nein	24	31
50	Ich fühle mich wohl mit Menschen des anderen Geschlechts	ja	?	nein	76	83
51	Ich lasse mich nicht gerne küssen	richtig	?	falsch	3	5
52	Es fällt mir schwer, mit Menschen des anderen Geschlechts zu reden	ja	?	nein	8	6
53	Ich war schon ziemlich alt, als ich sexuell aufgeklärt wurde	richtig	?	falsch	31	35
[54]	Ich fühle mich wohler in Gesellschaft meiner Geschlechtsgenossen	ja	?	nein	14	10
55	*Petting* bereitet mir Vergnügen	ja	?	nein	95	88
56	Sexprobleme bereiten mir viele Sorgen	ja	?	nein	13	12
57	Die Pille sollte überall erhältlich sein	ja	?	nein	85	81
58	Jemanden nackt zu sehen, ist für mich nicht interessant	richtig	?	falsch	6	28
59	Manchmal machen mich Gedanken an Sex sehr nervös	ja	?	nein	11	11
60	Manchmal haben mich perverse Gedanken geplagt	ja	?	nein	24	15
61	Es ist mir peinlich, über Sex zu sprechen	ja	?	nein	6	6
[62]	Junge Leute sollten aus eigener Erfahrung Sexualität kennenlernen	ja	?	nein	39	31
63	Manchmal sollte die Frau sexuell aggressiv sein	ja	?	nein	95	88
64	Sex-Witze widern mich an	ja	?	nein	7	10
65	Es ist mein Grundsatz, mein Vergnügen zu holen, wo ich es finde	ja	?	nein	34	19

					M	F
[66]	Man sollte die Sexualität allmählich kennenlernen, indem man mit ihr experimentiert	ja	?	nein	58	59
67	Junge Leute sollten abends ausgehen dürfen, ohne allzusehr kontrolliert zu werden	ja	?	nein	69	54
68	Ich hatte manchmal den Wunsch, meinen Sexualpartner zu erniedrigen	ja	?	nein	22	16
69	Ich würde ganz besonders mein Kind vor der Berührung mit Sexualität schützen	ja	?	nein	6	12
[70]	Selbstbefriedigung ist nicht gefährlich, solange sie auf gesunde Weise geschieht	ja	?	nein	84	80
71	(M) Ich werde bei der Berührung weiblicher Brüste sehr erregt	ja	?	nein	74	60
71	(F) Ich werde sehr erregt, wenn ein Mann meine Brüste berührt	ja	?	nein		
72	Ich hatte schon mehr als eine sexuelle Beziehung zur gleichen Zeit	ja	?	nein	42	33
73	Homosexualität ist für manche Leute das Normale	ja	?	nein	87	87
74	Es ist in Ordnung, jemand zu verführen, der alt genug ist, zu wissen, was sie oder er tut	ja	?	nein	67	58
75	Ich hatte manchmal feindliche Gefühle gegenüber meinem Sexualpartner	ja	?	nein	54	59
76	Ich sehe mir gern Aktphotos an	ja	?	nein	84	44
77	Wenn sich mir Gelegenheit böte, Leuten beim Geschlechtsverkehr zuzusehen, ohne gesehen zu werden, würde ich sie nützen	ja	?	nein	67	37
78	Die Publizierung pornographischer Schriften sollte gestattet sein	ja	?	nein	74	55
79	Prostitution sollte gesetzlich zugelassen sein	ja	?	nein	82	63
80	Die Entscheidung über eine Abtreibung sollte niemand anderen etwas angehen als die betroffene Frau	ja	?	nein	56	68
81	Im Fernsehen gibt es zu viele unmoralische Stücke	ja	?	nein	9	11
82	Die doppelte Moral, die den Männern mehr Freiheiten erlaubt, ist etwas Natürliches und sollte aufrechterhalten werden	ja	?	nein	19	14
83	Wir sollten die Ehe völlig abschaffen	ja	?	nein	8	8
84	In meiner Jugend hatte ich einige schlechte Sex-Erlebnisse	ja	?	nein	13	20
85	Es sollte keine Sex-Zensur bei Theaterstücken und Filmen geben	stimmt	?	stimmt nicht	73	53
86	Sex ist mein größtes Vergnügen weit und breit	ja	?	nein	35	26

					M	F
87	Sexuelle Freizügigkeit droht die ganze Grundlage der zivilisierten Gesellschaft zu unterhöhlen	ja	?	nein	9	14
88	Sexualität sollte der Fortpflanzung dienen und nicht dem persönlichen Vergnügen	richtig	?	falsch	0	1
89	Absolute Treue zum Partner ist fast so dumm wie das Zölibat	ja	?	nein	41	28
[90]	Ich bevorzuge Geschlechtsverkehr unter der Decke und bei abgeschaltetem Licht	ja	?	nein	7	13
91	Die gegenwärtige Praxis in unserer Gesellschaft, sich übermäßig mit Sex zu beschäftigen, wurde zum Großteil durch Film, Zeitungen, Fernsehen und Werbung hervorgebracht	richtig	?	falsch	45	54
92	Es würde mir Spaß machen, meinen eigenen Sexpartner beim Geschlechtsverkehr mit jemand anderem zu beobachten	ja	?	nein	18	6
93	Sex-Spiele unter kleinen Kindern sind ganz harmlos	ja	?	nein	78	74
[94]	Frauen haben nicht so starke Sexualbegierden wie Männer	richtig	?	falsch	17	22
95	Ich würde für ein Gesetz stimmen, das Polygamie erlaubt	ja	?	nein	31	11
96	Auch wenn man regelmäßig Geschlechtsverkehr hat, ist Masturbation zur Abwechslung ganz gut	ja	?	nein	55	39
97	Ich hätte gerne jede Nacht einen neuen Sex-Partner	ja	?	nein	7	2
[98]	Ich werde nur nachts sexuell erregt; tagsüber nie	ja	?	nein	1	3
99	Ich bevorzuge Partner, die einige Jahre älter sind als ich	ja	?	nein	6	25
100	Meine sexuellen Phantasien beschäftigen sich oft mit Schlägen	ja	?	nein	9	6
101	Ich mache eine Menge Vokalgeräusche beim Geschlechtsverkehr	ja	?	nein	26	53
102	Sex ist aufregender mit einem Unbekannten	ja	?	nein	21	7
103	Ich könnte nie mit meinen Eltern über Sexualität sprechen	richtig	?	falsch	64	60
104	Manche Dinge tue ich nur, um meinen Sexpartner zu erfreuen	richtig	?	falsch	45	47
105	Ich weiß nicht immer ganz genau, ob ich einen Orgasmus gehabt habe	richtig	?	falsch	3	23
106	Es gibt nur wenige Dinge, die mir wichtiger sind als Sexualität	richtig	?	falsch	44	26
[107]	Ich bin ganz versessen auf Babys	ja	?	nein	29	45
108	Mein Sex-Partner befriedigt vollkommen alle meine physischen Bedürfnisse	ja	?	nein	44	57

					M	F
109	Sex ist für mich nicht so wichtig	richtig	?	falsch	11	19
110	Die meisten Männer sind verrückt nach Sex	richtig	?	falsch	12	16
111	Im Bett gut zu sein, ist für meinen Ehepartner furchtbar wichtig	ja	?	nein	57	60
112	Ich liebe sehr langes sexuelles Vorspiel	ja	?	nein	69	70
113	(M) Es fällt mir leicht, meiner Sexualpartnerin zu sagen, was ich an ihrer Art von Geschlechtsverkehr mag oder nicht mag	ja	?	nein	65	66
113	(F) Es fällt mir leicht, meinem Sexualpartner zu sagen, was ich an seiner Art von Geschlechtsverkehr mag oder nicht mag	ja	?	nein		
114	Ich wünschte, mein Sexualpartner wäre geschickter und erfahrener	ja	?	nein	39	29
[115]	Für mich sind physische Faktoren bei meinem Sexualpartner wichtiger als psychische	ja	?	nein	55	63
116	Manchmal habe ich den Wunsch, meinen Partner während des Geschlechtsverkehrs zu kratzen und zu beißen	ja	?	nein	53	67
117	Niemand vermochte mich jemals sexuell zu befriedigen	richtig	?	falsch	5	7
118	Ich fühle mich sexuell weniger auf der Höhe als meine Freunde	ja	?	nein	11	11
119	Gruppensex gefällt mir	ja	?	nein	33	10
120	Der Gedanke an eine verbotene Beziehung erregt mich	ja	?	nein	52	32
121	Ich habe für gewöhnlich Aggressionen gegen meinen Sexualpartner	ja	?	nein	24	18
122	Ich glaube, meine sexuellen Aktivitäten entsprechen dem Durchschnitt	ja	?	nein	66	72
123	Es verwirrt mich, Sexphotos anzusehen	ja	?	nein	8	10
124	Ich habe Angst vor sexuellen Beziehungen	ja	?	nein	6	7
125	(M) Ich wünsche mir oft, Frauen wären sexuell entgegenkommender	ja	?	nein	69	14
125	(F) Ich wünsche mir oft, Männer wären sexuell weniger anspruchsvoll	ja	?	nein		
126	Ich ertrage nicht, daß Leute mich berühren	richtig	?	falsch	6	7
127	Physischer Sex ist der wichtigste Teil der Ehe	ja	?	nein	21	20
128	Ich habe es lieber, daß mein Partner die Regeln des sexuellen Spiels diktiert	ja	?	nein	9	37
129	Ich finde »unkomplizierten Sex« unbefriedigend	richtig	?	falsch	19	21
[130]	Ich bin beim Geschlechtsverkehr immer nackt	ja	?	nein	38	38
131	Physische Anziehung ist für mich äußerst wichtig	ja	?	nein	63	56

					M	F
132	In einer sexuellen Vereinigung ist Zärtlichkeit die wichtigste Qualität	ja	?	nein	53	58
133	(M) Weibliche Geschlechtsorgane sind vom ästhetischen Standpunkt unschön	stimmt	?	stimmt nicht	13	17
133	(F) Männliche Geschlechtsorgane sind vom ästhetischen Standpunkt unschön	stimmt	?	stimmt nicht		
134	Ich lehne es ab, daß ordinäre Schimpfwörter in gemischter Gesellschaft gebraucht werden	ja	?	nein	41	41
135	Die Idee des »Partnertauschs« finde ich äußerst geschmacklos	richtig	?	falsch	37	63
[136]	Romantische Liebe ist nur eine kindische Illusion	ja	?	nein	16	15
[137]	Die Notwendigkeit der Empfängnisverhütung verdirbt nur den Geschlechtsverkehr, weil alles so kaltblütig und geplant wird	ja	?	nein	16	13
[138]	Ich liebe physischen Kontakt mit Personen des anderen Geschlechts	ja	?	nein	83	58
139	(M) Ich kann sexuelle Probleme nicht mit meiner Frau (oder meinem ständigen Sexualpartner) besprechen	richtig	?	falsch	3	5
139	(F) Ich kann sexuelle Probleme nicht mit meinem Mann (oder meinem ständigen Sexualpartner) besprechen	richtig	?	falsch		
[140]	Leute, die sich »Strip-tease«-Shows ansehen, sind sexuell abnormal	ja	?	nein	5	8
141	Der nackte menschliche Körper ist ein erfreulicher Anblick	ja	?	nein	90	81
[142]	Ich kann mit jemand schlafen und kann es auch bleiben lassen	richtig	?	falsch	41	55
[143]	Ich glaube, die Pille, wie lang auch immer zu nehmen, gefährdet die Gesundheit der Frau	ja	?	nein	26	44
144	(M) Es würde mich nicht übermäßig stören, wenn meine Sexualpartnerin sexuelle Beziehungen zu jemand anderem hätte, solange sie nur zu mir zurückkehrt	richtig	?	falsch	36	32
144	(F) Es würde mich nicht übermäßig stören, wenn mein Sexualpartner sexuelle Beziehungen zu jemand anderem hätte, solange er nur zu mir zurückkehrt	richtig	?	falsch		
145	(M) Männer sind beim Geschlechtsverkehr egoistischer als Frauen	ja	?	nein	55	39
145	(F) Frauen sind beim Geschlechtsverkehr egoistischer als Männer	ja	?	nein		
146	Manche Arten von Geschlechtsverkehr sind mir widerlich	ja	?	nein	15	30
147	Es ist in Ordnung, daß in einer sexuellen Beziehung der Mann dominiert	ja	?	nein	29	43

					M	F
[148]	Frauen benutzen Sex oft, um alle möglichen Vorteile zu erlangen	ja	?	nein	59	68
149	Das Lesen von »Sex«-Magazinen weist auf das Versagen hin, eine reife Einstellung zur Sexualität zu erreichen	ja	?	nein	22	29
150	In sexuellen Angelegenheiten scheinen die Frauen immer den kürzeren zu ziehen	ja	?	nein	20	20

Bitte unterstreichen Sie die richtige Antwort

151 Wenn man Sie zu einem »Porno«-Film einlädt, würden Sie: — M 85, F 72
a) annehmen
b) ablehnen

152 Wenn man Ihnen ein reichlich pornographisches Buch anböte, würden Sie es — M 86, F 72
a) annehmen
b) ablehnen

153 Wenn man Sie einlädt, an einer Orgie teilzunehmen, würden Sie: — M 48, F 17
a) teilnehmen
b) ablehnen

154 Wie oft würden Sie, im Idealfall, Geschlechtsverkehr haben wollen: — M e, F e
a) nie
b) einmal im Monat
c) einmal in der Woche
d) zweimal in der Woche
e) drei- bis fünfmal in der Woche
f) jeden Tag
g) mehr als einmal täglich

155 a (M) Litten Sie jemals an Impotenz:
a) nie
b) ein- bis zweimal
c) mehrere Male
d) oft
e) eher mehr als weniger
f) immer

155 a (F) Litten Sie jemals an Frigidität:
a) nie
b) ein- bis zweimal
c) mehrere Male
d) oft
e) eher mehr als weniger
f) immer

(155 a, M und F zusammen: M b, F b)

155 b (M) Litten Sie jemals an ejaculatio praecox (vorzeitiger Samenerguß): — M d, F –
a) sehr oft
b) oft

	c) mehrere Male d) nicht sehr oft e) fast nie f) nie	d	–
155 b	(F) Bekommen Sie für gewöhnlich beim Geschlechtsverkehr einen Orgasmus: a) sehr oft b) oft c) ziemlich oft d) nicht sehr oft e) fast nie f) nie	–	–
156	In welchem Alter hatten Sie Ihren ersten Geschlechtsverkehr (wenn Jungfrau – frei lassen):	19,84	19,52
157	Schätzen Sie die übliche Stärke Ihres sexuellen Begehrens von 10 (absolut überwältigend und allumfassend) bis 1 (sehr schwach und fast nicht existent):	7,33	6,82
158	Schätzen Sie die Stärke der Einflüsse, die Sie sexuell hemmen (moralische, ästhetische, religiöse, etc.) von 10 (schrecklich stark, vollständig hemmend) bis 1 (sehr schwach und kaum existent):	2,58	2,95

angeben, wiederholt auf sie zurückgegriffen wird, frei wiedergegeben, um Platz zu sparen; die Nummern sind in jedem Fall angeführt, so daß der Bezug auf die tatsächliche Form der im Fragebogen angegebenen Frage möglich ist.

Die Stichprobe von Männern und Frauen ist nicht repräsentativ für die Population, aber sie enthält eine angemessene Anzahl verschiedener Altersstufen, ebenso eine geeignete Auswahl von Menschen verschiedener sozialer Klassen, verschiedener Einkommensgruppen und von unterschiedlichem Bildungsmilieu. Man bemühte sich, Freiwillige auf viele verschiedene Arten heranzuziehen, einschließlich Studentengruppen, man trat an einzelne und Gruppen (etwa die Heilsarmee) persönlich heran, man propagierte die Umfrage und machte allgemein die Tatsache, daß es sie gab, so weit wie möglich bekannt. Die Ergebnisse können klarerweise nicht zur Schätzung von Populationsparametern verwendet werden, aber das ist nicht das Ziel dieser Arbeit; wir befassen uns vielmehr damit, bis zu welchem Grad die Fragen korreliert sind, welche Faktoren sie bewirken und wie weitgehend diese Faktoren mit Persönlichkeitsvariablen korrelieren. Solche Daten sind durch fehlerhafte Stichproben viel weniger gefährdet, und wir haben zusätzlich zwei Sicherungen gegen Fehler, die aus diesem Faktor entstehen könnten.

1. Wir können die erhaltenen Faktoren und Korrelationen mit jenen vergleichen, die wir aus anderen Stichproben gewonnen, nach anderen Grundsätzen ausgewählt hatten; wenn die Faktoren und Korrelationen in groben Zügen übereinstimmen, dann können klarerweise weder die verschiedenen Methoden zur Erlangung der Stichproben große Fehler bewirkt haben, noch können die resultierenden Faktoren bloße Artefakte sein.

2. Wir können ferner die Scores unserer Gruppe im Hinblick auf den verwendeten Persönlichkeitsfragebogen betrachten und die Resultate mit den Populationsschätzungen vergleichen, die wir mit diesen Instrumenten erhalten haben. Wir werden sehen, daß, in bezug auf diese Persönlichkeitsvariablen, unsere Stichprobe jener nicht unähnlich ist, die zur Standardisierung des verwendeten Persönlichkeitsfragebogens benutzt wurde, und daß sie sich demzufolge in einer sehr wichtigen Hinsicht nicht allzu sehr von der allgemeinen Population unterscheidet. Diese Überlegungen ermutigen uns, anzunehmen, daß unsere Ergebnisse eine breitere Anwendbarkeit als nur auf die getestete Stichprobe haben.

Die Zahl der im Fragebogen verwendeten Items war zu groß, um eine Faktorenanalyse auf dem Computer der Universität von London zu ermöglichen, und deshalb wurde eine Teilauswahl von 135 Variablen für die Analyse getroffen. Die Auswahl basierte auf Überlegungen, wie etwa die Vermeidung von Items, die eine Bestätigung von mehr als 90 Prozent oder von weniger als 10 Prozent sowie Doppeldeutigkeiten und hohe Ladungen der Items in früheren Analysen besitzen. Die bei der Analyse ausgelassenen Items sind im Fragebogen in eckige Klammern gesetzt. Phi-Koeffizienten wurden zur Interkorrelation der Items verwendet. Der Gebrauch dieses Koeffizienten wurde im Zusammenhang mit faktorenanalytischer Arbeit kritisiert, weil er von den Randsummenverhältnissen in einem solchen Ausmaß beeinflußt wird, daß sein maximal möglicher Wert beschränkt ist, wenn die Proportionen voneinander abweichen; dieses besondere Phänomen hielt man für die Einführung von unechten »Schwierigkeits«-Faktoren verantwortlich (Cattel 1952, Ferguson 1941. Wherry und Gylord 1944). Tetrachorische Koeffizienten und ein korrigierter Phi-Koeffizient (phi/phi max.) wurden oft bevorzugt. Das ganze Problem wurde von Comrey und Levonian (1958) empirisch untersucht; ihren Feststellungen nach erscheint es vernünftig, zu folgern, daß der Phi-Koeffizient die zu wählende Methode bei der Arbeit mit Punktbiseriellen Korrelationen ist, wo eine Faktorenanalyse anschließen soll. Diese These wurde durch die Tatsache bekräftigt, daß die Anzahl der erhaltenen signifikanten Zentroid-Faktoren mit (phi-durch-phi-max) und dem tetrachorischen *r* mindestens so groß ist wie mit phi. Wenn es daher Pseudofaktoren bei der Faktorenanalyse von Phi-Koeffizienten gibt, dürften sie bei (phi-durch-phi-max) oder tetrachorischen Koeffizienten nicht weniger evident sein.« Es ergaben sich in der Analyse phi-Koeffizienten, die relativ frei von übermäßig hohen Kommunalitäten waren, denen man bei der Verwendung der anderen beiden Typen von Koeffizienten begegnet. Man kann daraus schließen, daß auf Grund der besten vorhandenen Meinung die Verwendung von Phi-Koeffizienten in dieser Studie durch die beste vorhandene Meinung nicht kontraindiziert ist.

Die Analysen wurden mit einer Promax-Rotation von Hauptkomponenten durchgeführt, wobei man die Methode von Hendrickson und White verwendete (1964). Ursprünglich wurden fünfzehn Faktoren extrahiert, obwohl für etwa vierzig Faktoren Eigenwerte über 1 gefunden wurden. Wir fanden jedoch in dieser wie auch in unseren früheren Studien, daß nur etwa ein Dutzend Faktoren mit einem gewissen Vertrauen interpretiert werden konnten, so daß die extrahierte Zahl, wenn überhaupt, dann über der Zahl der »echten« und sinnvollen Faktoren liegt, die in den Matrizen enthalten sind. Ein Faktorenvergleich der fünfzehn männlichen und fünfzehn weiblichen Faktoren wurde durchgeführt, und jene Faktoren, die die höchsten Vergleichskoeffizienten aufwiesen, wurden dann einander angepaßt. Die Methode der Faktorenanpassung war die von Eysenck und Eysenck (1969) beschriebene. Die Faktoren wurden interpretiert und im Sinne der Items benannt, die die höchsten Ladungen hatten; Tabelle 3.2 zeigt die Ergebnisse. Gegeben sind die Extraktionsziffern der Faktoren für Männer und Frauen, der Koeffizient des Faktorenvergleichs und der vorläufige Name jenes Faktors. Man hat natürlich erkannt, daß solche Namen unvermeidlich subjektiv sind, aber sie haben eine nützliche Funktion zu erfüllen, indem sie die Bezugnahme auf einen bestimmten Faktor leichter verfolgbar machen. Auf jeden Fall hat der Leser die Möglichkeit, die Entsprechung der Namensgebung zu überprüfen, indem er die detaillierten Ergebnisse, die für jeden Faktor nachfolgend gegeben werden, betrachtet.

Tabelle 3.2 *Faktorenvergleiche für Männer und Frauen aus dem Sexualitäts-Fragebogen*

männlich (Extraktionsziffer	weiblich des Faktors)	Faktoren-vergleichs-koeffizient	Name des Faktors
1	1	0,93	(1) Permissivität
2	2	0,92	(2) Befriedigung
5	9	0,95	(3) Neurotische Sexualität
6	5	0,97	(4) Unpersönliche Sexualität
4	11	0,91	(5) Pornographie
13	6	0,89	(6) Sexuelle Schüchternheit
7	13	0,76	(7) Prüderie
8	15	0,75	(8) Dominanz-Unterwerfung
15	14	0,71	(9) Sexueller Widerwille
9	3	0,70	(10) Sexuelle Erregung
3	7	0,66	(11) Physischer Sex
11	4	0,52	(12) Aggressiver Sex

Wir fahren nun fort, die tatsächlichen Items mit Ladungen von 0,3 oder mehr anzugeben, die jeden Faktor ausmachen. Faktor 1 heißt Permissivität (und nach den Items erscheint dieser Name ganz passend). Der Index des Faktorenvergleichs ist 0,93, was nahelegt, daß beide Geschlechter in ihrer Interpretation der Items, die diesen Faktor ausmachen, sehr weitgehend übereinstimmen.

Faktor 1: Permissivität

Item männl.	Ladung	Item
5	–0,37	Jungfräulichkeit ist der wertvollste Besitz eines Mädchens
17	–0,45	Es stört, Leute in der Öffentlichkeit einander liebkosen zu sehen
25	0,37	Macht nichts, wenn Person, die ich heirate, nicht Jungfrau ist

Item männl.	Ladung	Item
38	–0,53	Man sollte vor der Ehe nicht mit Sex experimentieren
40	–0,38	Gedanke an Sexorgie ist mir zuwider
41	–0,62	Lieber kein Sex vor der Ehe
57	0,61	»Pille« sollte überall erhältlich sein
64	–0,42	Sex-Witze widern mich an
67	0,54	Keine allzu genaue Kontrolle, wenn junge Leute abends ausgehen
78	0,76	Porno-Schriften sollten gestattet sein
79	0,44	Prostitution sollte gesetzlich erlaubt sein
80	0,35	Abtreibung sollte nur Angelegenheit der betroffenen Frau sein
81	–0,68	Im Fernsehen gibt es zu viele unmoralische Stücke
85	0,72	Es sollte keine Sex-Zensur bei Filmen und Theaterstücken geben
87	–0,70	Sexuelle Freizügigkeit droht Zivilisation zu untergraben
93	0,34	Sex-Spiele unter Kindern sind harmlos
134	–0,49	Ich bin gegen ordinäre Schimpfwörter in gemischter Gesellschaft
157	–0,38	Alter beim ersten Geschlechtsverkehr niedrig
weibl.		
1	–0,46	Personen des anderen Geschlechts respektieren Sie mehr, wenn sie mit Ihnen nicht befreundet sind
5	–0,52	Jungfräulichkeit ist ein wertvoller Besitz
17	–0,51	Störend, Liebkosungen in der Öffentlichkeit zu sehen
25	0,40	Macht nichts, wenn Person, die ich heirate, nicht unberührt ist.
38	–0,68	Man sollte vor der Ehe nicht mit Sex experimentieren
41	–0,74	Lieber kein Sex vor der Ehe
57	0,39	Pille sollte überall erhältlich sein
64	–0,66	Sex-Witze widern mich an
69	0,61	Würde Kinder vor Berührung mit Sex schützen
76	0,30	Sehe mir gern Aktphotos an
78	0,48	Publizierung von Pornoschriften sollte gestattet sein
79	0,38	Prostitution sollte gesetzlich erlaubt sein
81	–0,73	Zu viele unmoralische Stücke im Fernsehen
85	0,38	Keine Zensur aus sexuellen Gründen für Filme und Theaterstücke
87	–0.72	Sexuelle Freizügigkeit untergräbt zivilisierte Gesellschaft

Item weibl.	Ladung	Item
91	–0,36	Überwertung von Sex – hervorgerufen durch TV, Filme, Zeitungen etc.
93	0,37	Sex unter kleinen Kindern ist harmlos
134	–0,44	Bin gegen ordinäre Wörter in gemischter Gesellschaft
149	–0,31	Lesen von Sexmagazinen ist Fehlen einer reifen Einstellung zu Sex
151	0,36	Einladung zu »Porno«-Filmen angenommen

Faktor 2 wird »Befriedigung« genannt, und wieder ist die Bedeutung des Faktors ganz unmißverständlich. Der Index des Faktorenvergleichs ist 0,92, was wiederum auf eine beträchtliche Übereinstimmung zwischen Männern und Frauen hinsichtlich der Struktur der Einstellungen hinweist.

Faktor 2: Befriedigung

Item	Ladung	Item
männl.		
4	0,85	Zufrieden mit Geschlechtsleben
11	–0,48	War sexuell vernachlässigt
16	0,32	Sexuelle Kontakte waren nie ein Problem
19	–0,82	Etwas fehlt in meinem Sexualleben
21	–0,73	Liebesleben war enttäuschend
56	–0,36	Sex bereitet mir viele Sorgen
105	–0,32	Weiß nicht immer genau, ob ich Orgasmus hatte
108	0,54	Partner befriedigt alle physischen Bedürfnisse
113	0,52	Finde es einfach, mit dem Partner über meine Vorlieben und Abneigungen beim Sex zu sprechen
114	–0,45	Hätte den Partner lieber geschickter, erfahrener
118	–0,51	Fühle mich sexuell weniger auf der Höhe als meine Freunde
139	–0,41	Kann sexuelle Angelegenheiten nicht mit meiner Frau/Partnerin besprechen
weibl.		
4	0,78	Zufrieden mit Geschlechtsleben
11	–0,69	War sexuell vernachlässigt
16	0,32	Sexuelle Kontakte waren nie ein Problem
19	–0,84	Etwas fehlt im Geschlechtsleben
20	0,30	Liebesleben hat mir nie Schwierigkeiten eingetragen
21	–0,63	Liebesleben war Enttäuschung

Item weibl.	Ladung	Item
56	–0,36	Sex bereitet mir viele Sorgen
108	0,77	Partner befriedigt alle physischen Bedürfnisse
113	–0,59	Hätte den Partner lieber geschickter, erfahrener
114	0,37	Finde es einfach, mit dem Partner über meine Vorlieben/Abneigungen beim Sex zu sprechen
117	–0,50	Niemand vermochte mich sexuell zu befriedigen
118	–0,36	Sexuell weniger auf der Höhe als meine Freundinnen
147	–0,32	Richtig, daß der Mann der dominante Sex-Partner sein soll
155	–0,33	Litt an Frigidität

Faktor 3 wurde als »neurotischer Sex« bezeichnet, und der sehr hohe Index des Faktorenvergleichs deutet an, daß die Items, die diesen Faktor charakterisieren, für beide Geschlechter sehr ähnlich sind. Ein anderer Name für diesen Faktor wäre »Konflikte wegen Sex«; die Items erinnern an einen Konflikt zwischen starken sexuellen Trieben und Gewissen oder irgendeinem anderen Faktor, der die Person von der Befriedigung ihrer Wünsche abhält.

Faktor 3: Neurotischer Sex

Item männl.	Ladung	Item
7	0,57	Problem, sexuelle Gefühle zu kontrollieren
18	0,54	Sexuelle Gefühle unangenehm
20	–0,43	Sexualverhalten bereitet nie Schwierigkeiten
24	0,57	Schuldgefühle wegen sexueller Erlebnisse
26	0,60	Angst davor, was man sexuell anstellen könnte
32	0,38	Sex verwirrt mehr, als er sollte
44	0,52	Gewissen plagt mich zu sehr
46	0,45	Sexuelle Gefühle überwältigen
56	0,34	Sex macht mir viele Sorgen
60	0,64	Perverse Gedanken plagen mich manchmal
68	0,61	Manchmal Wunsch, den Partner zu erniedrigen
75	0,57	Manchmal feindliche Gefühle gegenüber dem Partner
84	0,37	Hatte einige schlechte Sex-Erlebnisse, als ich jung war

Item	Ladung	Item
männl.		
100	0,32	Sexuelle Phantasie enthält oft Schläge
155	0,33	Litt an Impotenz
weibl.		
7	0,54	Problem, meine sexuellen Gefühle zu kontrollieren
18	0,41	Sexuelle Gefühle manchmal unangenehm
23	0,42	Versuche, Sex aus meinen Gedanken auszuschalten
24	0,47	Schuldgefühle wegen sexueller Erlebnisse
26	0,64	Angst davor, was ich sexuell anstellen könnte
32	0,38	Gedanken an Sex störend
44	0,35	Gewissen plagt zu sehr
46	0,59	Sexuelle Gefühle überwältigen
48	0,40	Gedanken an Sex machen mich verrückt
56	0,32	Mache mir viele Sorgen wegen Sex
59	0,39	An Sex zu denken, macht mich nervös
60	0,33	Manchmal plagen mich perverse Gedanken
84	0,45	Schlechte Erfahrungen mit Sex, als ich jung war

Faktor 4, genannt »unpersönlicher Sex«, ist ebenso klar wie die drei vorangegangenen Faktoren und hat den höchsten Index des Faktorenvergleichs, 0,97. Sehr ähnliche Items laden diesen bei Männern wie Frauen.

Faktor 4: Unpersönlicher Sex

Item	Ladung	Item
männl.		
2	–0,50	»Unpersönlicher Sex« ist höchst unbefriedigend
40	–0,37	Sexorgie widerwärtig
42	0,34	Vorstellung von einem farbigen Partner besonders aufregend
65	0,46	Mein Grundsatz, Vergnügen zu holen, wo ich es finde
83	0,37	Man sollte die Ehe völlig abschaffen
89	0,55	Treue ist fast so dumm wie Zölibat
92	0,75	Macht mir Spaß, den Partner bei Geschlechtsverkehr mit jemand anderem zuzusehen
95	0,57	Würde für ein Gesetz zur Zulassung der Polygamie stimmen
97	0,37	Bevorzuge jede Nacht neue Sexpartnerin
119	0,73	Gruppensex gefällt mir
120	0,45	Verbotene Beziehung aufregend

Item	Ladung	Item
männl.		
135	–0,65	»Partnertausch« geschmacklos
144	0,77	Würde mich nicht stören, wenn mein Partner mit jemand anderem Geschlechtsverkehr hätte
153	0,67	Nehme Einladung zu einer Orgie an
weibl.		
2	–0,35	Sex ohne Liebe unbefriedigend
46	–0,39	Sexuelle Gefühle überwältigen mich
65	0,35	Hole Vergnügen, wo ich es finde
83	0,42	Abschaffung der Ehe
89	0,51	Treue ist ebenso dumm wie Zölibat
92	0,60	Genieße es, Partner beim Geschlechtsverkehr mit jemand anderem zuzusehen
95	0,53	Stimme für ein Gesetz zur Zulassung der Polygamie
102	0,37	Sex aufregender mit einem Unbekannten
119	0,70	Gruppensex gefällt mir
120	0,38	Verbotene Beziehung aufregend
135	–0,67	Partnertausch geschmacklos
144	0,60	Stört nicht übermäßig, wenn Partner Beziehung mit jemand anderem hat
153	0,75	Nehme Einladung zu einer Orgie an

Faktor 5 enthält weitgehend Items, die mit Pornographie zu tun haben, und wurde dementsprechend so bezeichnet. Der Index des Faktorenvergleichs ist 0,91, was ganz zufriedenstellend ist.

Faktor 5: Pornographie

Item	Ladung	Item
männl.		
10	0,30	Angenehme Gefühle bei der Berührung meiner Sexualorgane
43	0,76	Sehe mir gern Sex-Photos an
58	–0,40	Uninteressant, jemand nackt zu sehen
76	0,70	Sehe mir gern Aktphotos an
77	0,54	Böte sich Gelegenheit, Leuten beim Geschlechtsverkehr zuzusehen, würde ich es tun
83	–0,30	Wir sollten die Ehe völlig abschaffen
141	0,32	Nackter Körper ist angenehmer Anblick
151	0,59	Nehme Einladung zu »Porno«-Film an
152	0,61	Nehme angebotenes höchst pornographisches Buch an

Item weibl.	Ladung	Item
10	0,44	Angenehme Gefühle bei Berührung meiner Sexualorgane
13	0,30	Brauche weder zu lieben noch zu respektieren, um *petting* oder Geschlechtsverkehr zu genießen
40	–0,31	Gedanke an Sexorgie widerlich
43	0,77	Mag gern Sex-Photos
58	–0,38	Uninteressant, jemand nackt zu sehen
76	0,72	Mag gern Aktphotos
77	0,69	Würde die Gelegenheit ergreifen, Leuten ungesehen beim Geschlechtsverkehr zuzusehen
96	0,42	Masturbation zur Abwechslung ganz gut
151	0,44	Nehme Einladung zu »Porno«-Film an
152	0,55	Nehme angebotenes pornographisches Buch an

Faktor 6 erklärt sich, wie die vorangegangenen, weitgehend selbst; man bezeichnet ihn als »Sexuelle Schüchternheit«. Der Index des Faktorenvergleichs ist 0,89, was angemessen erscheint.

Faktor 6: Schüchternheit

Item	Ladung	Item
männl.		
22	0,42	Hatte nie viele Rendezvous
29	0,43	Habe starke sexuelle Gefühle, aber kann sie nicht ausdrücken
47	0,81	Fühle mich nervös gegenüber dem anderen Geschlecht
50	–0,83	Fühle mich angenehm in Gegenwart des anderen Geschlechts
52	0,79	Schwierig, mit Personen des anderen Geschlechts zu sprechen
59	0,30	Gedanken an Sex machen mich nervös
61	0,39	Peinlich, über Sex zu sprechen
124	0,35	Angst vor sexuellen Beziehungen
weibl.		
47	0,81	Nervös gegenüber dem anderen Geschlecht
50	–0,87	Fühle mich angenehm in Gegenwart des anderen Geschlechts
52	0,78	Schwierig, mit Personen des anderen Geschlechts zu sprechen

Diese sechs Faktoren bilden so etwas wie das Rückgrat der Analyse; die restlichen haben, obgleich nicht schwer zu interpretieren, etwas niedrigere Indices des Faktorenvergleichs, und es besteht demzufolge die Vermutung, daß Männer und Frauen hinsichtlich des Charakters des fraglichen Faktors nicht völlig übereinstimmen dürften. Dennoch ähneln sie Faktoren, die in früheren Analysen ermittelt worden waren, und sie sind genügend klar umrissen, um ihre Einführung zu erlauben. Faktor 7 wird mit »Prüderie« bezeichnet und hat einen Index des Faktorenvergleichs von 0,76.

Faktor 7: Prüderie

Item	Ladung	Item
männl.		
15	0,41	Bevorzuge Mitglieder meines eigenen Geschlechts
51	0,57	Lasse mich nicht gern küssen
55	–0,48	Mag gern *petting*
58	0,50	Uninteressant, eine nackte Person zu sehen
64	0,31	Sex-Witze widerwärtig
71	–0,33	Werde erregt bei der Berührung weiblicher Brüste
76	–0,30	Sehe mir gern Aktphotos an
124	0,33	Angst vor sexuellen Beziehungen
126	0,55	Ertrage nicht, berührt zu werden
141	–0,43	Nackter Körper ist angenehmer Anblick
weibl.		
51	0,48	Lasse mich nicht gern küssen
55	0,48	Mag gern *petting*
97	–0,34	Bevorzuge jede Nacht einen neuen Sex-Partner
112	–0,41	Genieße ein langes präcoitales Liebesspiel
122	–0,51	Sexuelle Aktivitäten sind durchschnittlich
126	0,41	Ertrage es nicht, berührt zu werden

Faktor 8, genannt »Dominanz-Unterwerfung«, hat einen Index des Faktorenvergleichs von 0,75, aber die Bezeichnung wird nur sehr versuchsweise verwendet; die Items lassen viele andere Interpretationen offen, besonders für den männlichen Faktor.

Faktor 8: Dominanz – Unterwerfung

Item	Ladung	Item
männl.		
31	–0,36	Einfluß der Eltern sexuell hemmend
65	0,30	Mein Grundsatz, Vergnügen dort zu holen, wo ich es finde
93	–0,50	Sex unter Kindern ist harmlos
99	0,61	Bevorzuge um einige Jahre ältere Partner
110	0,31	Die meisten Männer verrückt nach Sex
158	0,33	Stärke des Sexualtriebs
weibl.		
10	0,30	Angenehme Gefühle durch Berührung meiner Sexualorgane
82	–0,39	Doppelte Moral sollte weiterbestehen
128	–0,36	Ziehe vor, daß Partner die Regeln des Sex-Spiels diktiert
147	–0,51	Richtig, daß in sexuellen Beziehungen die Männer dominieren sollten

Faktor 9, genannt »Sexueller Widerwille«, ist viel klarer, wenn auch der Index der Faktorenähnlichkeit nur 0,71 ist. Dennoch sind die Items, die ihn definieren, für beide Geschlechter ähnlich, und ihre Bedeutung ist unmißverständlich

Faktor 9: Sexueller Widerwille

Item	Ladung	Item
männl.		
9	–0,54	Wenn ich jemanden liebe, könnte ich alles mit ihm tun
34	0,58	Manche Dinge möchte ich mit niemandem tun
104	0,37	Manche Dinge tue ich nur, um dem Partner zu gefallen
133	0,33	Weibliche Genitalien sind ästhetisch unschön
146	0,58	Manche Arten von Geschlechtsverkehr sind abstoßend
weibl.		
9	–0,35	Wenn ich jemanden liebe, könnte ich alles mit ihm tun
34	0,31	Manche Dinge möchte ich mit niemandem tun
48	–0,36	Gedanken an Sex machen mich verrückt

Item weibl.	Ladung	Item
105	-0,30	Weiß nicht immer, ob ich Orgasmus hatte
112	-0,33	Genieße präcoitales Liebesspiel
121	-0,37	Fühle mich gewöhnlich dem Partner gegenüber aggressiv
129	-0,47	»Sauberer Sex« unbefriedigend
146	0,35	Manche Formen von Geschlechtsverkehr abstoßend

Faktor 10 ist ebenfalls sehr explizit; er wird »Sexuelle Erregung« genannt, und er hat einen Index des Faktorenvergleichs von 0,07. Es bestehen kaum Zweifel über die Bedeutung dieses Faktors.

Faktor 10: Sexuelle Erregung

Item	Ladung	Item
männl.		
3	-0,61	Umstände müssen stimmen, um mich sexuell zu erregen
30	0,72	Braucht nicht viel, mich sexuell zu erregen
39	0,68	Leicht sexuell erregt
155	-0,36	Litt nicht an Impotenz
158	0,33	Stärke des Sexualtriebs
weibl.		
3	-0,41	Umstände müssen stimmen, damit ich sexuell erregt werde
6	-0,43	Denke selten an Sex
9	0,64	Wenn ich jemanden liebe, könnte ich alles mit ihm tun
18	-0,37	Sexuelle Gefühle manchmal unangenehm
30	0,79	Braucht nicht viel, mich sexuell zu erregen
34	-0,58	Manche Dinge möchte ich mit niemandem tun
37	0,46	Denke jeden Tag an Sex
39	0,78	Leicht sexuell erregt
58	-0,30	Nackte Person interessiert mich nicht
61	-0,32	Peinlich, über Sexualität zu sprechen
71	0,40	Erregt, wenn Männer meine Brüste berühren
86	0,48	Sex ist größtes Vergnügen
109	-0,56	Sex nicht so wichtig
125	-0,33	Ich wünschte, Männer wären sexuell weniger anspruchsvoll

Item weibl.	Ladung	Item
133	–0,53	Männliche Genitalien ästhetisch unschön
141	0,30	Nackter menschlicher Körper angenehm
146	–0,61	Manche Arten von Geschlechtsverkehr abstoßend
154	0,60	Bevorzuge häufigen Geschlechtsverkehr
157	0,64	Stärke des Sexualtriebs beträchtlich

Faktor 11 ist ein Faktor des »Physischen Sex« und hat einen Index des Faktorenvergleichs von 0,66; das ist eher niedrig, doch die Items lassen wenig Zweifel über die Interpretation des Faktors zu.

Faktor 11: Physischer Sex

Item	Ladung	Item
männl.		
48	0,30	Gedanken an Sex machen mich fast verrückt
49	0,36	Wenn erregt, kann ich an nichts anderes als an Befriedigung denken
71	0,32	Werde erregt bei Berührung weiblicher Brüste
72	0,32	Hatte mehr als eine sexuelle Beziehung zur gleichen Zeit
86	0,54	Sex ist größtes Vergnügen
106	0,57	Wenige Dinge wichtiger als Sex
109	–0,32	Sex ist nicht so wichtig
111	0,62	Gut im Bett zu sein ist für Partner äußerst wichtig
121	0,36	Empfinde gewöhnlich Aggressionen gegen Partner
127	0,60	Sex ist der wichtige Teil der Ehe
131	0,52	Physische Anziehung wichtig
145	0,31	Männer beim Geschlechtsverkehr egoistischer als Frauen
158	0,30	Normalerweise starker Sexualtrieb
weibl.		
31	–0,30	Einfluß der Eltern sexuell hemmend
53	0,36	Wurde ziemlich spät aufgeklärt
86	0,46	Sex größtes Vergnügen
103	0,47	Spreche nie mit Eltern über Sex
106	0,62	Wenige Dinge sind wichtiger als Sex
111	0,39	Gut im Bett mit Ehepartner ist wichtig
127	0,66	Sex wichtigster Teil der Ehe
131	0,39	Physische Anziehung wichtig

Faktor 12, der letzte der interpretierbaren Faktoren, wird als »Aggressiver Sex« bezeichnet; er hat einen Index des Faktorenvergleichs von nur 0,52, aber die Items mit den höchsten Ladungen sind ähnlich genug, um die Interpretation zu ermöglichen.

Faktor 12: Aggressiver Sex

Item	Ladung	Item
männl.		
13	0,33	Brauche eine Frau nicht zu respektieren/lieben, um *petting*/Geschlechtsverkehr mit ihr zu genießen
68	0,34	Hatte manchmal den Wunsch, Partner zu erniedrigen
88	0,32	Sex sollte zur Reproduktion dienen
101	0,41	Mache viel Vokalgeräusche beim Geschlechtsverkehr
116	0,50	Möchte manchmal beim Geschlechtsverkehr kratzen und beißen
121	0,44	Empfinde gewöhnlich Aggression gegen Partner
132	–0,33	Beim Sex ist Zärtlichkeit wichtig
weibl.		
68	0,53	Hatte den Wunsch, Partner zu erniedrigen
75	0,54	Hatte feindliche Gefühle gegen den Partner
91	0,41	Übermäßige Beschäftigung mit Sex, herbeigeführt durch TV, Filme und Zeitungen
116	0,46	Möchte Partner kratzen und beißen
121	0,30	Empfinde Aggression gegen Partner
145	0,35	Männer beim Geschlechtsverkehr egoistischer

Diese zwölf obliquen Faktoren sind natürlich nicht unkorreliert und Tabelle 3.3 zeigt die tatsächliche Korrelationen zwischen den Faktoren an – für Männer und Frauen getrennt. Wir werden sehen, daß diese Korrelationen für beide Geschlechter ähnlich, jedoch nicht identisch sind; besonders im Fall der sexuellen Erregung gibt es ganz deutliche Unterschiede zwischen männlich und weiblich im Korrelationsgefüge mit den anderen Faktoren. Es besteht jedoch deutlich eine Tendenz, daß die Korrelationen in der Tabelle in zwei Gruppen zerfallen, die voneinander weitgehend unabhängig sind. Die erste Gruppe, für Männer und Frauen gleich, setzt sich aus den Faktoren Permissivität, Unpersönlicher Sex, Pornographie, Dominanz, Physischer Sex und Aggressiver

Tabelle 3.3 *Korrelationen zwischen zwölf Faktoren für Männer und Frauen getrennt*

	1	2	3	4	5	6	7	8	9	10	11	12	
1 Permissivität	–	–0,06	–0,06	0,43	0,25	–0,03	0,01	0,30	–0,04	0,02	0,15	0,19	
2 Befriedigung	0,09	–	–0,31	–0,18	–0,08	–0,32	–0,25	0,00	–0,05	0,09	–0,01	0,01	
3 Neurotischer Sex	–0,15	–0,29	–	0,02	–0,05	0,38	0,01	–0,04	–0,20	0,10	0,03	–0,19	
4 Unpersönlicher Sex	0,37	–0,01	–0,04	–	0,30	–0,02	–0,06	0,25	–0.02	0,06	0,20	0,25	
5 Pornographie	0,33	0,01	0,14	0,28	–	0,00	–0,04	0,15	–0,06	0,17	0,19	0,26	
6 Sexuelle Schüchternheit	–0,22	–0,26	0,22	–0,11	–0,05	–	0,02	–0,18	–0,18	0,07	–0,12	–0,19	
7 Prüderie	0,10	–0,04	–0,06	0,04	–0,07	–0,01	–	–0,08	0,21	–0,14	0,08	0,00	Männer
8 Dominanz-Unterwerfung	0,07	–0,25	0,10	–0,04	0,14	–0,20	0,18	–	–0,17	0,14	0,24	0,13	
9 Sexueller Widerwille	–0,08	–0,16	0,11	0,01	–0,09	–0,08	0,25	–0,07	–	–0,16	0,02	0,02	
10 Sexuelle Erregung	0,47	0,26	–0,09	0,28	0,28	–0,30	–0,01	–0,08	0,04	–	0,16	0,08	
11 Physischer Sex	–0,08	–0,12	0,21	–0,01	0,08	0,17	–0,09	0,06	0,03	–0,08	–	0,11	
12 Aggressiver Sex	0,09	–0,09	0,05	0,21	–0,06	–0,04	0,03	–0,10	0,12	0,01	0,13	–	

Frauen

Sex zusammen; für die Frauen fällt Sexuelle Erregung ebenfalls in diesen *cluster*. Die zweite Gruppe der Korrelationen vereinigt Unzufriedenheit, Neurotischer Sex, Schüchternheit, Prüderie und Widerwillen; für die Frauen ist wiederum Sexuelle Erregung mit diesem *cluster* (negativ) korreliert. Für die Männer korreliert Sexuelle Erregung mit den anderen Faktoren (in fast derselben Richtung, aber die Korrelationen sind viel geringer). Dies ist der einzige Unterschied zwischen den beiden Geschlechtern, der aus der Analyse deutlich hervortritt; abgesehen davon sind die zwei Strukturen ganz ähnlich.

Als die Faktoren höherer Ordnung auf der nächsten Stufe des Promax-Programms extrahiert wurden, fand man für Männer wie auch für Frauen zwei Endfaktoren, die eine enge Beziehung mit den zwei *clusters* aufweisen, welche durch eine einfache Untersuchung der Matrizen der Faktoren-Interkorrelationen identifiziert worden waren. Wir werden den ersten dieser Faktoren »Sexuelle Libido« und den zweiten »Sexuelle Befriedigung« nennen, wiederum ohne eine Diskussion über die wahre Natur dieser Faktoren vorwegnehmen zu wollen. Ladungen von mehr als 0,3 werden wiederum verwendet, um Items auszusortieren, die die Faktoren am besten charakterisieren; Hemmungen und Ladungen werden unten angeführt.

Superfaktor 1: Sexuelle Libido

Item männl.	Ladung	Item
1	–0,34	Personen des anderen Geschlechts respektieren Sie mehr, wenn nicht mit Ihnen befreundet
2	–0,45	»Unpersönliche Liebe« höchst unbefriedigend
5	–0,34	Jungfräulichkeit ist wertvollster Besitz eines Mädchens
6	–0,32	Denke selten an Sex
10	0,30	Angenehme Gefühle bei Berührung meiner Sexualorgane
17	–0,30	Störend, Liebkosungen in der Öffentlichkeit zu sehen
25	0,38	Macht nichts, wenn geheiratete Person keine Jungfrau ist
30	0,30	Braucht nicht viel, mich sexuell zu erregen
34	–0,35	Manche Dinge würde ich mit niemandem tun

Item männl.	Ladung	Item
37	0,45	Denke fast jeden Tag an Sex
38	–0,48	Man sollte vor der Ehe nicht mit Sex experimentieren
39	0,37	Werde leicht sexuell erregt
40	–0,57	Gedanke an Sexorgie abstoßend
41	–0,62	Besser kein Sex vor der Ehe
42	0,38	Farbiger Sexpartner besonders aufregend
43	0,43	Sehe mir gern Sexphotos an
48	0,40	Gedanken an Sex machen mich fast verrückt
49	0,32	Wenn erregt, kann ich an nichts anderes als an Befriedigung denken
55	0,32	Mag gerne *petting*
57	0,35	»Pille« sollte überall erhältlich sein
64	–0,41	Witze über Sex abstoßend
65	0,55	Mein Grundsatz, mein Vergnügen zu holen, wo ich es finde
72	0,38	Hatte mehr als eine sexuelle Beziehung zur gleichen Zeit
74	0,55	In Ordnung, jemanden zu verführen, der alt genug ist, zu wissen . . .
76	0,33	Sehe mir gern Aktphotos an
77	0,48	Würde Gelegenheit, anderen beim Geschlechtsverkehr zuzusehen, ergreifen
78	0,49	Publizierung von Porno-Schriften sollte gestattet sein
79	0,37	Prostitution sollte gesetzlich zugelassen sein
81	–0,35	Zu viele unmoralische Stücke im Fernsehen
85	0,40	Es sollte keine Zensur aus sexuellen Gründen bei Stücken und Filmen geben
86	0,38	Sex ist größtes Vergnügen weit und breit
87	–0,34	Sexuelle Freizügigkeit droht zivilisierte Gesellschaft zu untergraben
89	0,47	Treue zum Partner ist so dumm wie Zölibat
92	0,32	Beobachte gern Partner beim Geschlechtsverkehr mit jemand anderem
95	0,35	Würde für ein Gesetz zur Freigabe der Polygamie stimmen
96	0,35	Auch bei regelmäßigem Geschlechtsverkehr ist Masturbation zur Abwechslung ganz gut
97	0,31	Bevorzuge jede Nacht neuen Partner
106	0,37	Wenige Dinge wichtiger als Sex
109	–0,31	Sex nicht allzu wichtig
119	0,53	Gruppensex gefällt mir
120	0,45	Gedanke an verbotene Beziehung erregend

Item männl.	Ladung	Item
125	0,39	Wünschte, die Frauen wären sexuell entgegenkommender
127	0,31	Physischer Sex wichtiger Teil der Ehe
134	–0,37	Lehne ordinäre Wörter in gemischter Gesellschaft ab
135	–0,51	»Partnertausch« äußerst geschmacklos
146	–0,37	Manche Formen von Geschlechtsverkehr abstoßend
151	0,54	Nehme Einladung zu »Porno«-Film an
152	0,54	Nehme pornographisches Buch an, wenn angeboten
153	0,60	Nehme Einladung zu Orgie an, wenn angeboten
154	0,40	Bevorzuge häufigen Geschlechtsverkehr
158	0,50	Sexualtrieb sehr stark
weibl.		
1	–0,43	Personen des anderen Geschlechts respektieren Sie, wenn nicht allzu gut befreundet
2	–0,55	Sex ohne Liebe unbefriedigend
3	–0,33	Umstände müssen genau stimmen, um mich sexuell zu erregen
5	–0,41	Junfräulichkeit ist wertvollster Besitz *eines* Mädchens
6	–0,32	Denke selten an Sex
10	0,37	Angenehme Gefühle bei Berührung meiner Sexualorgane
25	–0,44	Stört nicht, wenn geheiratete Person keine Jungfrau
30	0,33	Brauch nicht viel, mich sexuell zu erregen
36	0,31	Habe Verständnis für Homosexuelle
37	0,40	Denke jeden Tag an Sex
38	–0,43	Man sollte nicht vor der Ehe mit Sex experimentieren
39	0,39	Werde leicht sexuell erregt
40	–0,52	Gedanke an Sexorgie abstoßend
41	–0,58	Lieber kein Sex vor der Ehe
42	0,40	Farbiger Partner aufregend
43	0,44	Sehe mir gern Sexphotos an
46	0,31	Sexuelle Gefühle überwältigen mich
58	–0,42	Nackte Person uninteressant
63	0,32	Manchmal sollte eine Frau sexuell aggressiv sein
65	0,53	Mein Grundsatz, Vergnügen zu holen, wo es zu finden ist
69	0,32	Schütze Kinder vor Kontakt mit Sex
72	0,52	Hatte mehr als eine sexuelle Beziehung gleichzeitig
74	0,37	In Ordnung, jemanden zu verführen, der alt genug ist, zu wissen . . .
76	0,40	Sehe mir gern Aktphotos an

Item weibl.	Ladung	Item
77	0,31	Würde Gelegenheit ergreifen, um anderen beim Geschlechtsverkehr zuzusehen
78	0,48	Publikationsfreiheit für pornographische Schriften
79	0,43	Prostitution sollte gesetzlich zugelassen sein
81	–0,32	Zu viele unmoralische Stücke im Fernsehen
83	0,32	Ehe ganz abschaffen
85	0,41	Keine Sex-Zensur bei Theaterstücken und Filmen
87	–0,39	Sexuelle Permissivität droht Zivilisation zu untergraben
89	0,54	Treue zum Partner ist so dumm wie Zölibat
92	0,31	Genieße es, dem Partner beim Geschlechtsverkehr mit jemand anderem zuzusehen
95	0,32	Würde für Gesetz zur Freigabe der Polygamie stimmen
96	0,35	Auch bei regelmäßigem Geschlechtsverkehr ist Masturbation zur Abwechslung ganz gut
108	–0,34	Partner befriedigt alle physischen Bedürfnisse
113	0,30	Wünsche mir Partner geschickter/erfahrener
116	0,34	Möchte Partner kratzen und beißen
119	0,42	Gruppensex gefällt mir
120	0,55	Verbotene Beziehung aufregend
132	–0,37	Beim Sex ist Zärtlichkeit wichtig
134	–0,41	Lehne ordinäre Wörter in gemischter Gesellschaft ab
135	–0,54	Vorstellung von »Partneraustausch« geschmacklos
144	0,45	Stört nicht, wenn Partner mit jemand anderem schläft
151	0,47	Nehme Einladung zu »Porno«-Film an
152	0,45	Nehme pornographisches Buch an, wenn angeboten
153	0,39	Nehme Einladung zu Orgie an
154	0,36	Bevorzuge häufigen Geschlechtsverkehr
158	0,34	Stärke des Sexualtriebes beträchtlich

Superfaktor 2: Sexuelle Befriedigung

Item männl.	Ladung	Item
4	0,52	Zufrieden mit meinem Geschlechtsleben
11	–0,47	Wurde sexuell vernachlässigt
15	–0,32	Bevorzuge Menschen meines eigenen Geschlechts
18	–0,30	Sexuelle Gefühle manchmal unangenehm
19	–0,5	Etwas fehlt in meinem Geschlechtsleben

Item	Ladung	Item
männl.		
21	–0,51	Liebesleben enttäuschend
31	–0,37	Einfluß der Eltern sexuell hemmend
32	–0,31	Gedanken an Sex stören mich mehr, als mir lieb ist
44	–0,31	Gewissen plagt mich mehr, als es sollte
47	–0,43	Fühle mich dem anderen Geschlecht gegenüber nervös
50	0,31	Fühle mich wohl in Gegenwart des anderen Geschlechts
51	–0,32	Lasse mich nicht gerne küssen
56	–0,34	Sex bereitet mir viele Sorgen
58	–0,34	Stört mich nicht, jemanden nackt zu sehen
60	–0,30	Manchmal plagten mich perverse Gedanken
65	–0,30	Mein Grundsatz, Vergnügen zu holen, wo ich es finde
108	0,32	Partner befriedigt alle physischen Bedürfnisse
113	0,33	Leicht, der Partnerin zu sagen, ob mir ihre Art von Sex gefällt/mißfällt
117	–0,37	Niemand hat mich je sexuell befriedigt
118	–0,39	Finde mich sexuell weniger auf der Höhe als meine Freunde
124	–0,35	Angst vor sexuellen Beziehungen
126	–0,37	Ertrage es nicht, berührt zu werden
133	–0,34	Weibliche Genitalien ästhetisch unschön
139	–0,35	Kann sexuelle Angelegenheiten nicht mit Ehefrau besprechen
141	0,30	Nackter Körper ist angenehmer Anblick
149	–0,34	»Sex«-Magazine lassen auf Fehlen von reifer Einstellung schließen
159	–0,34	Hemmende sexuelle Einflüsse
weibl.		
4	0,57	Zufrieden mit Geschlechtsleben
11	–0,51	Wurde sexuell vernachlässigt
15	–0,40	Bevorzuge Menschen meines eigenen Geschlechts
18	–0,32	Sexuelle Gefühle manchmal unangenehm
19	–0,62	Etwas fehlt in meinem Geschlechtsleben
20	0,42	Sexualverhalten trug mir nie Schwierigkeiten ein
21	–0,58	Liebesleben enttäuschend
24	–0,32	Schuldgefühle wegen sexueller Erlebnisse
31	–0,44	Einfluß der Eltern sexuell hemmend
32	–0,36	Gedanken an Sex stören mich mehr, als mir lieb ist
44	–0,32	Gewissen plagt mich zu sehr
55	0,39	Mag gern *petting*
56	–0,34	Sex bereitet mir Sorgen
64	–0,33	Sex-Witze abstoßend

Item weibl.	Ladung	Item
68	–0,31	Wünschte mir manchmal, Partner zu erniedrigen
75	–0,39	Fühlte mich manchmal dem Partner gegenüber feindlich
86	0,34	Sex ist größtes Vergnügen
108	0,57	Partner befriedigt alle physischen Bedürfnisse
109	0,31	Sex ist nicht alles
112	0,34	Genieße langes präcoitales Liebesspiel
113	0,34	Leicht, dem Partner zu sagen, ob mir seine Art von Sex gefällt/mißfällt
114	–0,45	Wünsche mir Partner geschickter/erfahrener
117	–0,33	Niemand hat mich je sexuell befriedigt
118	–0,41	Finde mich sexuell weniger auf der Höhe als meine Freunde
124	–0,33	Angst vor sexuellen Beziehungen
125	–0,37	Wünsche mir die Männer oft sexuell weniger anspruchsvoll
133	–0,47	Männliche Genitalien ästhetisch unschön
144	–0,30	Stört nicht übermäßig, wenn Partner mit jemand anderem schläft
145	–0,39	Männer sind beim Geschlechtsverkehr egoistischer
146	–0,38	Manche Arten von Geschlechtsverkehr abstoßend
150	–0,34	In der Sexualität kommen Frauen schlechter weg
155	–0,54	Litt an Frigidität
157	0,39	Stärke des Sexualtriebs
158	–0,42	Einfluß sexuell hemmend

Wenn es zur Korrelation zwischen den zwei Superfaktoren kommt, gibt es einen großen Unterschied zwischen den Geschlechtern. Für Männer ist die Korrelation sehr gering ($r = 0{,}09$) und im wesentlichen unwichtig; sie kommt auf weniger als 1 Prozent der Varianz. Für die Frauen ist aber die Korrelation viel größer ($r = 0{,}31$) und bestimmt nicht unbedeutend; sie kommt auf 10 Prozent der Varianz. Dieser Unterschied könnte mit der oben erwähnten »Erregungs«-Variablen zusammenhängen; für Frauen sind Befriedigung und Libido viel enger miteinander verbunden als für Männer, für die es praktisch überhaupt keine solche Verbindung gibt. Es hätte keinen Sinn, über die Gründe dieses Unterschieds zu spekulieren; offenbar ist weitere Arbeit nötig, ehe irgendeine sichere Interpretation gegeben werden kann. Wir nehmen hier bloß die Tatsache dieses Unterschieds zur Kenntnis; er ist wichtig, wenn man den Beitrag der genetischen Faktoren zu Libido und Befriedigung einzuschätzen versucht.

Es ist möglich, Skalen zur Messung sowohl der Primärfaktoren als auch der Superfaktoren zu ersinnen. Um die Primärfaktoren als erste zu behandeln, wurden Skalen für elf von den zwölf Primärfaktoren konstruiert; es gab nicht genügend gemeinsame Items für Männer und Frauen auf der Dominanz-Unterwerfungs-Dimension, um die Konstruktion einer Skala zu ermöglichen. Die Items für die Skalen wurden in der Weise ausgesucht, daß sowohl die Größe der Ladung als auch die gemeinsame Ladung für Männer und Frauen als wichtig betrachtet wurden. Die tatsächlichen Items für die verschiedenen Skalen, mit Schlüssel, werden in Anhang A zu diesem Kapitel gegeben. Tabelle 3.4 zeigt die Reliabilitäten der Skalen (Alpha-Koeffizienten) und die Mittelwerte und Standardabweichungen für Männer und Frauen getrennt. Die Hälfte der Skalen hat zu niedrige Reliabilitäten, um ernsthaft in Betracht gezogen zu werden, außer vielleicht für einen Gruppenvergleich. Es ist interessant, zu bemerken, daß die Skalen 1 bis 6, die in Übereinstimmung mit den Faktorenvergleichs-Indizes in diese Reihe gebracht wurden, auch die höchsten Reliabilitäten besitzen; somit haben wir zwei verschiedene

Tabelle 3.4. *Reliabilitäten, Mittelwerte und Standardabweichungen für elf Sexualeinstellungs-Skalen*

	Reliabilität		Mittelwerte	
	m	w	m	w
1 Permissivität	0,84	0,83	11,69±2,66	10,92±2,84
2 Befriedigung	0,82	0,83	8,03±2,90	8,79±2,84
3 Neurotischer Sex	0,74	0,72	2,87±2,35	2,75±2,30
4 Unpersönlicher Sex	0,85	0,81	5,91±3,56	3.43±2,86
5 Pornographie	0,78	0,78	6,82±1,71	5,14±2,25
6 Sexuelle Schüchternheit	0,72	0,66	0,81±1,21	0,61±0,99
7 Prüderie	0,58	0,61	1,09±1,18	1,64±1,43
8 Dominanz-Unterwerfung	–	–	–	–
9 Sexueller Widerwille	0,54	0,65	1,88±1,32	2,20±1,56
10 Sexuelle Erregung	0,66	0,77	7,00±1,69	5,47±2,35
11 Physischer Sex	0,65	0,61	5,23±2,01	4,61±1,97
12 Aggressiver Sex	0,47	0,51	2,36±1,42	2,62±1,40

Gründe, anzunehmen, daß unsere ersten sechs Faktoren besser begründet sind als die zweiten sechs.

Die Mittelwerte der verschiedenen Skalen zeigen interessante Geschlechtsunterschiede. Die Männer haben ganz deutlich höhere Scores bei Permissivität, unpersönlichem Sex, Pornographie, Erregung und physischem Sex; dies entspricht weitgehend dem, was die allgemeine Vorstellung und frühere Untersuchungen hätten erwarten lassen. Frauen haben höhere Scores bei Befriedigung, Widerwillen und Prüderie; auch dies deckt sich mit früheren Arbeiten, obgleich die im Verhältnis zu den Männern hohen Befriedigungsscores der Frauen wahrscheinlich nicht Teil der allgemeinen Vorstellungen sein dürften (Eysenck 1971a).

Auch für die Superfaktoren des sexuellen Bedürfnisses und der sexuellen Befriedigung wurden Skalen konstruiert; die Items und Schlüssel sind in Anhang B angegeben. Noch eine weitere Skala wurde zur Messung der Maskulinität-Feminität konstruiert; sie basiert auf den Items, die die größten Unterschiede zwischen den Geschlechtern aufweisen; diese Skala und der Schlüssel sind in Anhang C angegeben. Die Skala ist einer früheren sehr ähnlich, die auf unserer ursprünglichen Stichprobe von Items basierte (Eysenck 1971b). Wir besprechen die M-F-Skala als erste; in Tabelle 3.5. sind die Mittelwerte und Standardabweichungen der Skala für Männer und Frauen getrennt verzeichnet; wir werden sehen, was ohnehin unvermeidlich war, daß Männer »maskuliner« sind; ihre Scores sind im Durchschnitt beträchtlich mehr als eine Standardabweichung (St.A.) höher als die der Frauen. Die Reliabilität der Skala ist 0,8 für beide Geschlechter; dies ist sehr zufriedenstellend, da doch die Skala mit jenen Items, die die größten Unterschiede zwischen den beiden Geschlechtern aufweisen, konstruiert worden war; es besteht *a priori* kein Grund, warum eine

Tabelle 3.5. *Mittelwerte und Standardabweichungen der Maskulinität-Ferminität-Skala sowie der Persönlichkeits-Skalen* P, E, N *und* L. *In Klammern: Standardisierungsdaten für Persönlichkeits-Skalen*

	Männer	Frauen
Mittelwert; M–F-Skala	32,93±5,93	24,05±6,33
P	2,26±1,77 (2,74)	1,60±1,62 (1,57)
E	10,83±4,46 (12,67)	12,04±3,87 (12,43)
N	9,17±4,92 (9,59)	11,48±4,66 (12,31)
L	5,76±3,66 (6,74)	6,68±3,47 (7,84)

solche Methode eine Skala produzieren sollte, die innerhalb beider Geschlechter zuverlässig ist. In der Tabelle sind auch die Mittelwerte und Standardabweichungen der vier verwendeten Persönlichkeitsskalen angegeben, und zwar Psychotizismus *(P)*, Extraversion *(E)*, Neurotizismus *(N)* und die Lügen- oder Dissimulations-Skala *(L)*. Das verwendete Instrument war eine frühere Form des E. P. Q. und ist in Anhang D zusammen mit einem Schlüssel reproduziert. Die Skala wurde an einer einigermaßen zufälligen Stichprobe der Population standardisiert, die wir von einer Marktforschungsfirma erhalten hatten, und sie unterscheidet sich vermutlich nicht wesentlich von einer echten Stichprobe. Die Reliabilitäten der Persönlichkeitsskalen für die Standardisierungsgruppe waren, für Männer und Frauen getrennt, 0,74 und 0,57 für *P*, 0,79 und 0,78 für *E*, 0,84 und 0,82 für *N* und 0,78 und 0,74 für *L*.

Man wird sehen, daß die mit dem Sexualitäts-Fragebogen getestete Stichprobe sich in bezug auf Persönlichkeit nicht sonderlich von der Standardisierungsstichprobe unterscheidet, obwohl auf Grund der beträchtlichen Größe beider Stichproben fast alle Unterschiede statistisch signifikant sind. Für *P* sind die Unterschiede minimal. Was *E* betrifft, sind die Männer, und in geringerem Maße die Frauen, weniger extravertiert als die Standardisierungsgruppe. Im Falle von *N* sind die Männer, und noch mehr die Frauen, etwas weniger neurotisch als die Standardisierungsgruppe. Im Falle von *L* haben Männer wie auch Frauen geringere Scores als die Standardisierungsgruppe. Unsere experimentelle Gruppe enthält dementsprechend mehr stabile Introvertierte, als man durch Zufall finden würde; ihre Mitglieder scheinen auch etwas weniger zu dissimulieren (oder sie sind konformistischer!). Keiner dieser Unterschiede ist dem absoluten Betrag nach groß.

Tabelle 3.6. zeigt die Korrelationen zwischen der M-F-Skala und den vier Persönlichkeitsskalen. Es wird deutlich, daß diese Korrelationen nicht sehr groß sind. Maskulinität korreliert bei Männern und Frauen mit *P* (0,10 bzw. 0,20). Die Korrelationen mit *E* sind positiv, aber sehr klein, wogegen Korrelationen mit *N* widersprüchlich sind. Maskulinität korreliert negativ mit *L* (–0,15 und –0,18). Das ist interessant im Zusammenhang mit der Tatsache, daß Männer üblicherweise niedrigere *L*-Scores haben als Frauen (siehe Tabelle 3.5.). Die Richtung dieser Korrelationen ist deshalb wie erwartet, wenn auch die Größe der Korrelationen eher gering ist. Die Interkorrelationen zwischen den Persönlichkeitsvariablen sind durchgehend niedrig, obwohl *E* und *P* deutlich eine negative Korrelation zeigen (–0,19 und –0,10), *E* und *N* zeigen ebenso eine negative Korrelation (–0,06 und –0,20), *N* und *P* eine positive (0,07 und 0,11). Die Korrelationen von *L* mit den anderen drei Variablen sind alle negativ. Wiederum sind diese Werte statistisch signifikant, haben jedoch kaum psychologische Bedeutung; es ist die große Zahl der Versuchspersonen, die die statistische Signifikanz bewirkt.

Tabelle 3.6. *Korrelationen zwischen der Maskulinität-Feminität-Skala und den Persönlichkeits-Skalen: Männer oberhalb der Hauptdiagonale, Frauen unterhalb*

	M–F	P	E	N	L
M–F	–	0,10	0,07	0,12	–0,15
P	0,02	–	–0,19	0,07	–0,11
E	0,06	–0,19	–	–0,06	–0,25
N	–0,03	0,11	–0,20	–	–0,11
L	–0,18	0,22	–0,11	–0,12	–

Wir können uns nun der Libido- und der Befriedigungs-Skala zuwenden. Die Reliabilitäten dieser Skalen sind sehr zufriedenstellend: für die Männer sind sie 0,90 und 0,82, für die Frauen 0,89 und 0,81. Die Korrelationen sind –0,11 bzw. 0,03[1]. Die Mittelwerte auf der Libido-Skala sind, wie zu erwarten war, für die Männer höher: 24,47, St. A. 6,82, im Vergleich zu 19,11, St. A. 6,84 für die Frauen. Dieser Unterschied ist natürlich voll signifikant. Bei der Befriedigungs-Skala gibt es keine bedeutenden Unterschiede, obwohl der Score der Frauen ein wenig höher ist: der Mittelwert für die Männer ist 12,40, St. A. 3,06; für die Frauen ist er 12,70, St. A. 3,02. Diese Resultate stimmen sehr gut mit unserer früheren Arbeit überein.

Tabelle 3.7. zeigt die Interkorrelationen von elf unserer zwölf Skalen untereinander (Skala 8 erbrachte, wie man sich erinnern wird, zu wenig Übereinstimmung zwischen Männern und Frauen, um eine korrekte Konstruktion zu ermöglichen) mit der Libido- und der Befriedigungs-Skala an. Wir werden sehen, daß beide Geschlechter sehr ähnliche Resultate liefern und daß das Korrelationsgefüge sehr wohl einen Sinn ergibt. Die Skalen für Permissivität, Pornographie, Unpersönlichen Sex, Erregung, Physischen Sex und Aggressiven Sex korrelieren positiv miteinander und negativ mit Prüderie, Sexuellem Widerwillen und Se-

Tabelle 3.7 *Interkorrelationen zwischen sexuellen Einstellungsskalen: Männer oberhalb der Hauptdiagonale, Frauen unterhalb.*

	1	2	3	4	5	6	7	9	10	11	12	Befriedigung	Libido
	–	–0,08	0,03	0,47	0,45	0,04	–0,22	–0,27	0,28	0,15	0,21	–0,06	0,76
2	0,04	–	–0,48	–0,20	–0,04	–0,46	–0,21	–0,17	0,11	0,01	–0,04	0,91	–0,14
3	0,00	–0,48	–	0,15	0,01	0,29	0,05	0,09	0,03	0,18	0,25	–0,60	0,15
4	0,44	0,14	0,15	–	0,47	0,10	–0,14	–0,20	0,33	0,30	0,26	–0,18	0,84
5	0,51	0,01	0,08	0,39	–	0,01	–0,44	–0,24	0,40	0,28	0,15	0,02	0,71
6	–0,09	–0,37	0,33	0,47	0,02	–	0,18	0,10	0,11	0,03	0,01	–0,52	0,06
7	–0,42	–0,17	0,05	–0,18	–0,48	0,09	–	0,40	–0,45	–0,35	–0,18	–0,28	–0,29
9	–0,34	–0,23	0,10	–0,19	–0,28	0,20	0,50	–	–0,62	–0,27	–0,10	–0,23	–0,31
10	0,42	0,20	0,04	0,24	0,43	–0,16	–0,51	–0,72	–	0,43	0,19	0,16	0,49
11	0,24	0,20	0,06	0,20	0,35	–0,06	–0,39	–0,36	0,51	–	0,24	0,06	0,38
12	0,28	–0,06	0,24	0,27	0,28	0,01	–0,17	–0,18	0,24	0,13	–	–0,07	0,32
Befriedigung	0,08	0,90	–0,58	–0,12	0,06	–0,40	–0,25	–0,34	0,26	0,26	–0,03	–	–0,10
Libido	0,79	–0,02	0,16	0,76	0,78	–0,06	–0,41	–0,37	0,54	0,36	0,38	0,03	–

xueller Scheu und bilden so den Faktor der Libido. Befriedigung, Physischer Sex und Sexuelle Erregung korrelieren positiv miteinander und negativ mit Neurotischem Sex, Sexueller Schüchternheit, Sexuellem Widerwillen und Prüderie, um den Faktor der Befriedigung zu bilden. Diagramm 3.1. zeigt das Korrelationsgefüge dieser elf Skalen mit den zwei Superskalen Libido und Befriedigung. Es ist bemerkenswert, daß die zwei Geschlechter sehr ähnliche Muster aufweisen, ohne irgendwelche deutlichen Unterschiede zwischen den Dimensionen der Skalen in dem zweidimensionalen System. Eine Korrektur für Verdünnung würde sogar noch höhere Korrelationen liefern, jedoch das Muster nicht verändern.

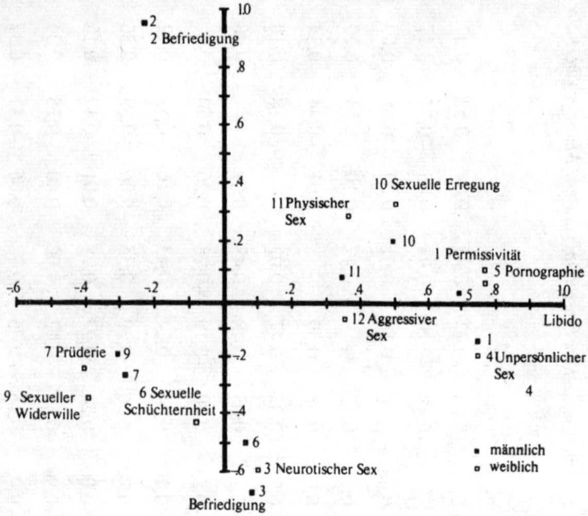

Diagramm 3.1. *Position der primären Sexualeinstellungs-Faktoren-Skalen auf zwei Super-Faktoren: Libido und Befriedigung*

Es gab 239 Paare von Versuchspersonen, die verheiratet waren oder auf einer halb-dauerhaften Basis zusammenlebten. Es schien interessant, den Grad der Homogamie für die 11 Skalen zu untersuchen, die zur Messung der Primärfaktoren konstruiert worden waren, und ebenso für die zwei Skalen, die die zwei Faktoren höherer Ordnung, Libido und Befriedigung, messen. Tabelle 3.8. gibt die Korrelationen der Paare für diese Skalen an. Die Korrelationen der Faktoren-Scores mit den zwei Superfaktoren sind ebenfalls enthalten; dies geschah, um die beobachteten Beziehungen zwischen den Skalen und den Faktoren-Scores vergleichen zu können. Man wird sehen, daß die Faktoren-Scores Information liefern, die der von den Skalen erhaltenen sehr ähnlich ist. Es gibt deutlich einen beträchtlichen Bereich der Partnerwahl auf Grund von Übereinstimmung *(assortative mating)*[2], wobei die Korrelationen zwischen Ehepartnern sich von 0,58 bis zu einem Tiefpunkt von zwischen 0,13 und 0,15 bewegen, auf welchem niedrigen Niveau drei Skalen liegen. Sowohl Befriedigung als auch Libido scheinen ähnliche Grade von Homogamie zu verursachen; es besteht ein geringer Grad an Homogamie für Neurotische Sexualität, Sexuelle Schüchternheit, Prüderie, Sexuellen Widerwillen und Sexuelle Erregung. Diese niedrigen Korrelationen zwischen Ehepartnern könnten für Eheberater interessant sein; sie verursachen wahrscheinlich Schwierigkeiten in einer engen sexuellen Beziehung[3].

Unsere Daten ermöglichen es uns auch, den Grad der Partnerwahl auf Grund von Übereinstimmung hinsichtlich der Persönlichkeit zu bestimmen, den unsere Versuchspersonen aufweisen. Da dieses Merkmal in der genetischen Analyse von großer Bedeutung ist, wollen wir einen kurzen Überblick darüber geben, was über diese Art der Partnerwahl hinsichtlich der Persönlichkeit bekannt ist, ehe wir unsere eigenen Ergebnisse besprechen (siehe Eysenck 1974 für eine detaillierte Analyse). Es gibt zwei hauptsächliche Denkrichtungen, die jeweils durch einige Daten unterstützt werden. Frühere Forscher bevorzugten eine Theorie der Homogamie (Burgess und Wallis 1944). Im Gegensatz dazu arbeitete Winch (1958) eine Theorie der komplementären Bedürfnisse in der ehelichen Beziehung aus. Diese Position der Heterogamie erhielt eine gewisse Unterstützung (Schellenberg und Bee 1960, Gray 1949, Tharp 1963, Roos 1956, Reiter 1970). Die Homogamie-Position erhielt gleichfalls einige Unterstützung; für gewöhnlich deutete sie an, daß »es Homogamie hinsichtlich der Psychopathologie gibt«. Kallman und Mickey (1946), Kreitman (1964, 1968), Murstein (1971) und Yom und andere (1976) kann man hier zitieren. Andere Autoren finden wiederum, daß ihre Daten einer Theorie der Panmixie nicht widersprechen: Udry (1967), Bowerman und Day (1956), Hill (1968) und Gottesman (1965) können in diesem Zusammenhang zitiert werden. Cattell und Nesselroade (1967) sowie Pickford und andere (1967) führen Daten zur Unterstützung der Behauptung an, daß glückliche

Ehen durch Homogamie charakterisiert sind – ein Standpunkt, der interessant, aber für die Partnerwahl auf Grund von Übereinstimmung nicht relevant ist, außer wenn in glücklichen Ehen mehr Kinder zur Welt kommen (Eysenck 1974). Eine Erwägung aller verfügbaren Daten legt keine Abweichung von Panmixie nahe, außer im Hinblick auf Personen, die abnorm im psychischen Sinne sind, wo ein geringes Maß an Homogamie vorhanden zu sein scheint.

Tabelle 3.8. *Interkorrelationen zwischen 239 Ehepaaren für die Scores auf den Sexualitäts-Faktoren-Skalen*

1	0,58	Permissivität
2	0,47	Befriedigung
3	0,22	Neurotischer Sex
4	0,42	Unpersönlicher Sex
5	0,36	Pornographie
6	0,14	Sexuelle Schüchternheit
7	0,13	Prüderie
8	–	Dominanz-Unterwerfung
9	0,15	Sexueller Widerwille
10	0,20	Sexuelle Erregung
11	0,47	Physischer Sex
12	0,40	Aggressiver Sex
Befriedigung	0,46	Befriedigung
Libido	0,51	Libido
F 1	0,50	Faktor Befriedigung
F 2	0,42	Faktor Libido

Untersuchungen mit *P, E, N* und *L* bestätigen im großen und ganzen diese Meinung. In unserem Institut untersuchte Nias (1974) 700 Elternpaare, die 1.200 Kinder hatten, und Insel (1971) machte eine sorgfältige Studie von 98 Familien, die insgesamt 589 Versuchspersonen umfaßte und in jedem Fall drei Generationen einbezog. Die von ihnen gefundenen Korrelationen waren ganz unsignifikant (und in den Vorzeichen tatsächlich gegensätzlich) für *E* (0,06 und –0,10) und *N* (0,12 und –0,09). Für *P* vermelden jedoch beide signifikante positive Korrelationen (0,22 bzw. 0,36). Die Daten der gegenwärtigen Studie sind folgende: *P,* 0,142; *E,* 0,061; *N,* 0,223; *L* 0,174. Die Korrelationen für die zwei psychiatrischen Variablen (*P* und *N*) sind beide signifikant, ebenso wie jene für *L* (*L* korreliert für gewöhnlich negativ mit *P* wie auch mit *N*; dies mag die beobachtete niedrige positive Korrelation erklären). Für *E* ist die Korrelation ganz unsignifikant. Es besteht daher der Hinweis auf einen sehr leichten Grad von Homogamie bei Normalen für *P* und möglicherweise für *N*.

Wir wollen uns nun einer Erörterung der Beziehung zwischen Sexualeinstellungen und Persönlichkeit zuwenden. Im vorigen Kapitel zeigten wir, daß es konsistente und vorhersagbare Unterschiede in Sexualeinstellungen zwischen Versuchspersonen gibt, die gewisse Persönlichkeits-Scores auf den Persönlichkeits-Dimensionen *P* (Psychotizismus), *E* (Extraversion) und *N* (Neurotizismus) haben. Diese Studien wurden, wie auch die deutsche Studie von Giese und Schmidt (1968), an Studenten durchgeführt, von denen viele nur sehr wenig Erfahrung in sexuellen Angelegenheiten hatten; es schien wichtig, in unserer gegenwärtigen älteren und weitaus erfahreneren Stichprobe zu untersuchen, ob ähnliche Resultate wie in der früheren Studie zu finden sind. Die Methode, die in dieser Studie angewendet wurde, unterscheidet sich sehr bedeutend von der vorher angewendeten, wo Faktoren mit Persönlichkeits-Skalen-Scores korreliert worden waren. Der Grund für die Bevorzugung einer anderen Methode in der gegenwärtigen Studie liegt einfach darin, daß infolge der begrenzten Kapazität des Computers nicht alle Items für eine Faktorenanalyse unserer Resultate verwendet werden konnten; infolgedessen hätte es eine beträchtliche Vergeudung von Information gegeben, wenn wir die Faktoren mit den Persönlichkeitsvariablen korreliert hätten; statt dessen wurde jedes Item, für Männer und Frauen getrennt, mit Scores auf den *P*-, *E*-, *N*- und *L*-Variablen des Fragebogens korreliert; auf diese Weise konnten alle Items berücksichtigt werden: Wir korrelierten auch alle Einstellungs-Items mit sozialer Klasse, Beruf, Alter und Familienstand. Auf diese Weise hofften wir, Einstellungsunterschiede zwischen verschiedenen Klassen und Altersgruppen zu entdecken. Die detaillierten Ergebnisse sind in Tabelle 3.9 aufgezeichnet – sie sollte für alle Details herangezogen werden. Aber um eine zusammenhängendere Darstellung der Einstellungsunterschiede zu geben, die für individuelle Persönlichkeitsfaktoren, wie für Alter und soziale Klasse, relevant sind, wird weiter unten eine verbale Beschreibung der höchsten Korrelationen in jeder Spalte geboten. Es wurden keine Korrelationen unter dem Wert von ± 0,12 verwendet, obwohl wir in den Fällen, wo es viele

Items gab, die diesen Wert überschritten, die untere Grenze der Annehmbarkeit leicht erhöhten. Die Korrelationen sind insgesamt niedrig, aber dies ist nicht bemerkenswert angesichts der Tatsache, daß einzelne Items immer ziemlich unzuverlässig sind; sehr hohe Korrelationen konnte man nicht erwarten. Bei der Zahl der beteiligten Versuchspersonen wären fast alle einbezogenen Korrelationen signifikant, wenn auch angesichts der großen Zahl der verwendeten Items normale Maßstäbe der Signifikanz natürlich nicht vernünftig auf einzelne Items angewendet werden können.

Tabelle 3.9 *Korrelationen der Items des Sexualitätsfragebogens mit Persönlichkeit, sozialer Klasse, Beruf, Alter und Familienstand*

Item	Klasse	Beruf	Alter	Familienstand	*P*	*E*	*N*	*L*
männl.								
1	–0,003	–0,059	0,198	0,002	–0,131	0,007	0,036	0,210
2	0,125	–0,149	0,078	0,067	–0,102	–0,076	0,065	0,105
3	–0,030	0,032	0,096	–0,072	–0,010	–0,026	0,089	0,039
4	0,005	–0,016	–0,084	–0,200	0,013	0,017	–0,221	–0,029
5	–0,047	0,015	0,088	0,157	–0,054	0,004	0,169	0,113
6	0,064	0,031	0,115	0,102	0,111	0,018	–0,016	0,064
7	–0,025	0,022	–0,051	–0,004	–0,074	0,149	0,218	–0,169
8	–0,055	0,038	0,118	–0,050	0,039	–0,055	0,093	0,084
9	0,009	0,196	–0,039	–0,079	–0,009	0,011	0,065	0,014
10	–0,039	0,037	–0,151	–0,092	–0,001	0,051	–0,011	–0,212
11	–0,021	–0,055	0,150	0,008	0,144	–0,075	0,173	0,024
12	0,020	0,017	0,003	0,074	–0,169	0,014	0,118	0,020
13	–0,050	–0,100	0,003	–0,068	0,097	0,026	–0,015	–0,142
14	–0,092	0,030	0,030	–0,092	0,080	–0,086	0,133	0,081
15	0,023	–0,011	0,016	0,158	0,088	–0,076	0.007	–0,062
16	–0,028	0,065	–0,062	0,026	–0,038	0,209	–0,071	–0,005
17	0,008	–0,175	0,140	0,125	–0,162	–0,113	0,114	–0,016
18	–0,045	–0,111	0,009	0,048	–0,027	–0,091	0,108	–0,049
19	–0,061	0,001	0,080	0,070	0,027	–0,107	0,230	0,027
20	–0,066	0,181	–0,079	–0,095	–0,049	–0,063	–0,120	0,237
21	–0,056	–0,025	0,129	0,130	0,085	–0,096	0,221	0,015
22	0,013	0,021	0,076	–0,059	0,012	–0,317	0,087	0,264
23	0,009	0,033	0,042	–0,030	–0,079	0,035	0,010	0,087
24	0,017	–0,232	0,105	0,032	–0,028	–0,021	0,238	–0,126
25	0,068	0,023	–0,071	–0,223	0,109	0,015	–0,051	–0,139

Item	Klasse	Beruf	Alter	Familienstand	*P*	*E*	*N*	*L*
männl.								
26	–0,030	0,032	–0,075	–0,033	0,026	0,097	0,261	–0,119
27	0,010	0,006	0,000	0,096	–0,032	0,094	0,014	–0,132
28	–0,082	0,012	0,055	0,078	–0,033	0,297	0,048	–0,124
29	–0,026	0,046	0,063	–0,041	0,115	–0,160	0,094	0,112
30	–0,152	0,030	–0,168	–0,068	–0,010	0,068	0,039	–0,042
31	0,055	–0,105	0,259	0,030	0,110	–0,128	0,185	0,077
32	–0,028	0,001	0,071	–0,079	–0,031	–0,028	0,340	0,085
33	–0,054	0,102	0,083	–0,021	–0,078	0,049	–0,059	–0,128
34	0,019	–0,196	0,124	0,054	–0,020	–0,013	0,062	0,028
35	0,031	0,067	–0,005	–0,120	–0,069	0,112	0,015	0,017
36	0,006	0,058	–0,099	–0,088	–0,034	0,090	0,018	–0,017
37	–0,016	–0,015	–0,233	–0,098	0,010	0,173	0,043	–0,092
38	–0,012	–0,106	0,148	0,129	–0,057	–0,063	–0,012	0,121
39	–0,179	0,033	–0,217	–0,077	–0,055	0,217	0,166	–0,096
40	–0,097	–0,167	0,185	0,214	–0,143	–0,068	–0,059	0,209
41	–0,087	–0,133	0,185	0,132	–0,137	–0,137	–0,026	0,239
42	–0,119	0,218	–0,074	–0,020	0,043	0,059	0,204	–0,048
43	–0,009	0,115	–0,066	–0,118	0,021	–0,099	0,118	–0,110
44	0,021	–0,060	0,027	0,088	–0,060	–0,016	0,275	–0,097
45	0,073	–0,073	0,142	–0,006	0,113	–0,170	0,099	0,130
46	–0,070	0,091	–0,215	–0,038	0,048	0,155	0,267	–0,193
47	0,043	–0,053	–0,035	–0,058	0,129	–0,187	0,233	0,032
48	–0,072	0,071	–0,040	0,020	–0,071	0,013	0,227	0,042
49	–0,057	0,162	–0,051	0,009	–0,024	0,009	0,260	0,011
50	–0,007	–0,018	0,038	–0,031	–0,041	0,199	–0,121	–0,073
51	0,009	0,067	0,120	0,149	0,083	–0,079	0,056	0,093
52	–0,006	0,071	–0,038	0,081	–0,026	–0,200	0,021	0,113
53	0,011	0,032	0,081	–0,055	–0,001	–0,127	0,158	0,005
54	0,003	0,126	–0,017	0,072	–0,001	–0,092	0,075	0,111
55	–0,066	0,066	–0,161	0,006	–0,042	–0,144	0,092	–0,028
56	0,121	–0,003	0,003	0,025	–0,073	–0,044	0,330	0,039
57	0,006	0,163	–0,093	–0,082	0,083	0,017	0,062	–0,136
58	–0,037	0,013	0,136	0,085	0,104	0,051	–0,031	–0,005
59	–0,142	0,174	–0,003	0,055	–0,074	0,059	0,234	–0,068
60	0,020	–0,034	0,027	0,016	0,000	–0,011	0,185	–0,094
61	0,110	–0,103	–0,079	–0,088	–0,021	–0,175	0,029	–0,013
62	–0,106	0,048	–0,120	–0,095	0,066	–0,001	0,053	–0,156
63	–0,061	0,067	–0,081	0,028	0,067	0,056	0,031	–0,157
64	–0,019	–0,079	0,082	0,128	–0,032	–0,065	–0,002	0,102
65	–0,080	0,222	–0,013	–0,158	0,143	0,199	0,177	–0,158
66	–0,077	0,014	–0,018	0,025	0,016	0,024	0,122	–0,090
67	–0,023	0,118	–0,137	–0,149	0,028	0,066	–0,087	–0,161

Item	Klasse	Beruf	Alter	Familienstand	*P*	*E*	*N*	*L*
männl.								
68	0,060	0,051	0,023	0,002	0,011	0,095	0,229	–0,202
69	–0,061	0,089	0,050	0,112	–0,069	0,063	0,171	0,156
70	0,052	–0,154	0,032	–0,082	0,021	–0,047	–0,020	0,067
71	–0,091	0,061	0,060	–0,037	–0,137	0,112	0,118	0,004
72	–0,008	0,049	0,163	–0,056	0,091	0,186	0,086	–0,262
73	–0,015	0,045	–0,044	–0,058	–0,044	0,086	–0,000	–0,056
74	–0,039	0,118	–0,177	–0,107	0,141	0,060	0,108	–0,210
75	0,021	0,000	–0,065	–0,043	–0,000	0,048	0,311	–0,225
76	0,105	–0,037	–0,042	–0,123	0,004	–0,078	0,028	–0,012
77	–0,082	0,113	–0,103	–0,141	0,063	–0,036	0,095	–0,092
78	–0,027	0,090	–0,144	–0,084	0,192	–0,011	0,093	–0,194
79	–0,151	0,092	0,029	–0,073	0,082	0,025	0,039	–0,121
80	0,055	0,200	0,206	0,005	–0,033	–0,026	0,045	–0,002
81	–0,081	–0,115	0,110	0,131	–0,111	0,018	–0,033	0,071
82	–0,127	0,187	–0,079	–0,014	0,011	0,160	0,086	–0,061
83	0,044	–0,033	–0,095	–0,016	0,281	0,117	0,058	–0,092
84	0,062	0,163	–0,019	–0,069	0,106	0,117	0,211	–0,057
85	0,005	0,055	0,027	–0,108	0,107	–0,031	0,030	–0,131
86	–0,156	0,196	–0,025	–0,102	–0,082	0,070	0,251	0,034
87	0,014	–0,024	0,137	0,208	–0,054	–0,060	0,044	0,200
88	–0,092	–0,028	–0,009	–0,024	–0,073	0,045	–0,053	0,044
89	–0,033	0,122	–0,004	–0,079	0,129	0,168	0,094	–0,139
90	–0,035	–0,014	0,013	0,042	0,099	–0,055	0,000	–0,041
91	0,003	–0,025	–0,062	0,045	–0,094	0,031	0,121	0,060
92	–0,065	0,212	0,077	0,000	–0,019	0,046	0,043	–0,025
93	–0,046	–0,013	0,102	–0,044	0,143	–0,028	–0,180	–0,010
94	–0,102	–0,002	0,069	–0,026	–0,024	–0,019	–0,012	0,143
95	0,046	0,099	–0,001	–0,031	0,142	0,097	0,001	–0,055
96	–0,005	0,212	–0,097	0,029	0,036	–0,017	0,094	–0,082
97	–0,007	0,125	–0,002	0,024	–0,006	0,098	0,104	0,047
98	0,000	0,000	0,000	0,000	0,000	0,000	0,000	0,000
99	–0,089	0,250	–0,158	–0,086	0,128	0,072	0,178	–0,012
100	0,018	0,085	0,011	–0,041	–0,086	–0,105	0,141	0,010
101	–0,009	–0,042	0,007	–0,033	–0,090	0,145	0,140	–0,088
102	0,019	0,144	–0,006	–0,027	–0,034	–0,022	0,099	0,000
103	0,005	0,001	0,118	–0,012	–0,022	–0,186	0,129	0,120
104	0,104	–0,149	–0,093	–0,069	0,032	0,099	0,174	–0,055
105	0,000	–0,070	–0,063	–0,097	–0,057	–0,020	0,022	0,058
106	–0,186	0,054	–0,019	–0,070	0,006	0,004	0,183	0,029
107	0,027	0,011	–0,049	0,114	–0,067	0,058	0,107	0,090
108	–0,019	–0,064	–0,030	–0,059	0,040	0,089	–0,142	0,046
109	0,111	–0,021	0,114	0,112	0,108	–0,125	–0,149	0,039

Item	Klasse	Beruf	Alter	Familienstand	*P*	*E*	*N*	*L*
männl.								
110	–0,121	0,060	–0,164	0,002	0,136	0,044	0,083	–0,206
111	0,046	0,103	0,133	0,028	–0,045	0,017	0,092	0,080
112	–0,072	0,116	0,076	0,008	–0,105	0,144	0,101	0,062
113	–0,069	0,088	–0,188	–0,233	0,070	0,120	–0,015	–0,026
114	–0,054	0,112	0,040	0,060	0,078	–0,013	0,048	0,068
115	–0,023	–0,163	–0,093	0,056	–0,012	–0,093	0,009	–0,034
116	0,070	–0,048	–0,249	–0,113	0,041	0,216	0,094	–0,219
117	–0,063	0,082	–0,075	–0,086	0,094	–0,097	0,102	0,030
118	–0,076	0,117	–0,045	–0,089	0,019	–0,006	0,116	–0,008
119	–0,163	0,324	–0,034	–0,060	0,061	0,129	–0,033	–0,132
120	–0,131	0,117	0,048	0,040	0,009	0,025	0,230	–0,083
121	–0,123	0,158	–0,144	–0,086	–0,018	0,250	0,170	–0,151
122	0,037	0,015	0,003	–0,021	–0,066	0,076	–0,021	–0,040
123	0,040	–0,151	0,145	0,128	–0,072	–0,002	0,099	0,049
124	0,006	–0,068	–0,014	0,003	0,048	–0,152	0,153	0,050
125	–0,058	0,138	0,033	0,073	0,083	0,122	0,198	–0,026
126	–0,043	–0,015	0,078	0,026	0,169	–0,159	0,101	–0,016
127	–0,066	0,165	0,074	–0,010	–0,020	–0,013	0,150	0,064
128	–0,074	0,248	–0,136	0,053	0,047	0,085	0,160	0,005
129	–0,109	0,138	–0,067	–0,042	0,061	0,050	0,144	0,063
130	0,057	–0,022	0,119	–0,106	0,082	–0,019	–0,129	0,087
131	0,012	0,041	0,087	0,098	0,020	0,105	0,239	0,029
132	0,003	–0,087	0,076	0,109	–0,132	–0,048	0,101	0,114
133	0,153	–0,112	0,047	–0,069	0,044	–0,115	0,113	0,031
134	–0,100	–0,078	0,075	0,046	–0,194	–0,078	0,001	0,206
135	0,152	–0,196	0,053	0,152	–0,056	–0,017	0,045	0,055
136	–0,040	0,120	0,106	0,010	0,146	–0,038	0,096	0,099
137	0,025	–0,036	0,139	0,208	–0,014	0,013	0,169	0,051
138	–0,022	0,045	–0,035	–0,124	0,071	0,015	0,064	–0,090
139	0,041	–0,088	0,104	–0,012	0,080	–0,036	0,175	0,061
140	0,046	–0,089	0,208	0,083	–0,002	0,032	–0,093	0,039
141	–0,041	0,104	–0,107	–0,071	–0,057	–0,034	0,054	–0,006
142	–0,018	0,028	0,122	–0,001	0,012	0,049	–0,123	0,069
143	–0,059	0,066	0,031	–0,051	–0,073	0,094	0,050	0,001
144	–0,016	0,137	–0,005	–0,041	0,120	–0,014	–0,019	–0,048
145	–0,063	0,011	0,003	–0,032	–0,122	0,087	0,065	0,005
146	0,041	–0,201	0,080	–0,009	0,056	–0,076	0,025	0,003
147	0,080	–0,127	0,155	0,001	–0,088	0,041	–0,098	0,135
148	–0,060	0,121	0,031	–0,044	0,003	0,022	0,202	0,055
149	0,158	–0,172	0,307	0,140	0,064	–0,175	–0,005	0,254
150	–0,075	–0,015	0,091	0,067	0,001	0,014	0,100	0,062
151	0,010	0,093	–0,171	–0,155	0,044	0,028	0,100	–0,186

Item	Klasse	Beruf	Alter	Familienstand	*P*	*E*	*N*	*L*
männl.								
152	–0,008	0,089	–0,196	–0,109	–0,006	–0,001	0,088	–0,177
153	–0,056	0,193	0,016	–0,094	0,108	0,148	0,091	–0,127
154	–0,083	0,065	–0,300	–0,107	0,036	0,121	–0,036	–0,129
155	0,129	–0,064	0,055	0,077	0,103	0,085	0,101	–0,100
156	0,119	–0,239	0,351	0,106	–0,065	–0,310	0,056	0,305
157	–0,168	0,211	–0,265	–0,106	–0,085	0,277	0,212	–0,033
158	0,033	0,091	0,162	0,090	–0,016	–0,058	0,102	0,132
weibl.								
1	0,033	–0,021	0,107	0,066	–0,144	–0,076	0,184	0,180
2	0,010	–0,041	0,201	0,014	–0,109	–0,051	–0,010	0,138
3	0,152	–0,066	0,153	0,042	–0,087	–0,050	0,244	0,152
4	–0,091	0,041	–0,040	–0,130	–0,030	0,025	–0,137	0,084
5	–0,005	0,026	0,252	0,177	–0,177	–0,065	0,062	0,269
6	–0,029	0,061	0,275	0,094	–0,011	–0,004	–0,017	0,101
7	0,043	–0,092	–0,127	–0,053	0,079	0,096	0,104	–0,068
8	0,079	–0,119	0,099	0,023	–0,010	–0,035	0,024	0,060
9	–0,028	–0,018	–0,201	–0,057	0,139	0,156	–0,079	–0,011
10	–0,061	0,115	0,033	0,007	0,044	–0,079	–0,027	–0,051
11	0,055	–0,140	0,244	0,091	0,042	–0,074	0,139	–0,029
12	–0,054	0,116	0,039	0,113	0,107	–0,107	0,173	0,127
13	–0,101	0,134	0,002	0,064	0,015	–0,035	0,051	–0,045
14	0,064	–0,007	0,007	–0,061	0,109	–0,203	0,135	0,084
15	–0,019	0,057	0,069	0,012	0,042	0,008	0,101	–0,031
16	–0,129	0,095	–0,059	0,004	–0,060	0,199	–0,178	0,133
17	–0,045	–0,041	0,140	0,127	0,068	–0,136	0,139	0,010
18	0,047	0,015	–0,042	0,071	0,012	–0,057	0,263	–0,101
19	0,140	–0,085	0,143	0,218	0,039	–0,033	0,192	–0,101
20	–0,087	0,052	–0,056	–0,100	–0,066	0,095	–0,130	0,092
21	0,097	–0,014	0,100	0,032	0,092	–0,092	0,142	–0,049
22	0,094	–0,137	0,072	–0,122	0,028	–0,197	0,040	0,055
23	–0,107	0,045	0,205	0,075	0,034	–0,051	0,101	–0,003
24	–0,024	–0,067	–0,019	0,013	0,137	–0,080	0,208	–0,066
25	–0,024	0,054	–0,180	–0,182	0,179	–0,054	0,126	–0,182
26	0,023	–0,041	–0,097	–0,017	0,100	0,101	0,121	–0,089
27	–0,072	0,017	–0,067	0,021	0,101	–0,028	0,071	–0,074
28	0,014	–0,147	–0,041	0,104	–0,108	0,345	–0,117	–0,044
29	–0,135	0,103	–0,002	0,033	0,047	–0,102	0,260	–0,095
30	–0,064	0,054	–0,159	–0,075	0,076	0,128	0,050	–0,068
31	0,075	–0,148	0,128	–0,068	0,058	–0,171	0,203	0,018
32	–0,099	0,048	0,057	0,005	0,106	–0,048	0,148	0,027
33	–0,044	0,050	–0,096	0,019	0,193	0,021	0,063	0,029

Item	Klasse	Beruf	Alter	Familienstand	*P*	*E*	*N*	*L*
weibl.								
34	–0,007	0,094	0,174	0,073	–0,171	–0,193	0,167	0,050
35	–0,099	0,055	0,090	0,019	–0,009	–0,036	0,018	–0,059
36	–0,140	–0,023	–0,102	–0,114	0,038	0,070	–0,069	–0,153
37	–0,067	0,039	–0,216	–0,014	0,000	0,098	0,010	–0,160
38	0,101	–0,036	0,269	0,164	–0,091	–0,088	0,064	0,080
39	–0,102	0,096	–0,215	–0,034	0,132	0,166	0,082	–0,101
40	0,027	–0,062	0,209	0,045	0,007	–0,054	–0,030	0,195
41	0,049	–0,132	0,331	0,158	–0,163	–0,071	0,075	0,158
42	–0,087	0,182	–0,143	–0,049	0,022	0,057	– 0,036	–0,084
43	–0,152	0,260	–0,195	–0,060	0,043	–0,096	0,156	–0,052
44	–0,003	0,092	0,090	–0,029	0,047	–0,042	0,295	0,065
45	–0,084	0,046	–0,057	–0,003	–0,015	–0,022	0,133	–0,001
46	0,003	0,022	–0,108	–0,123	0,067	0,053	0,100	–0,138
47	0,068	0,109	0,044	–0,015	0,142	–0,170	0,232	–0,032
48	0,094	0,030	–0,139	–0,004	–0,023	0,098	0,089	0,022
49	–0,160	0,112	0,076	0,017	–0,124	0,047	0,200	0,110
50	0,020	–0,169	0,003	–0,012	–0,106	0,176	–0,144	0,066
51	0,026	–0,039	0,064	–0,034	0,114	–0,110	0,095	–0,007
52	–0,034	0,171	–0,017	0,003	0,100	–0,232	0,190	0,037
53	0,063	0,095	0,110	0,068	0,019	–0,096	0,200	0,074
54	–0,092	0,123	0,108	–0,025	0,089	–0,098	0,101	–0,012
55	–0,005	–0,134	–0,190	0,026	–0,024	0,124	–0,033	–0,112
56	0,067	–0,030	–0,030	–0,006	0,008	–0,114	0,246	–0,002
57	–0,006	0,025	–0,069	0,048	0,010	0,027	0,059	–0,135
58	0,103	–0,160	0,171	0,037	–0,070	0,104	–0,050	0,091
59	0,025	–0,015	0,019	0,068	0,066	–0,003	0,272	–0,121
60	0,010	0,060	0,051	0,036	0,097	–0,115	0,181	0,014
61	0,116	0,009	0,153	0,185	0,027	–0,131	0,158	0,014
62	–0,074	–0,039	–0,122	–0,160	0,079	0,122	–0,118	–0,185
63	–0,114	0,032	–0,136	–0,049	–0,068	0,129	–0,090	–0,052
64	0,035	–0,125	0,157	0,086	0,032	–0,130	0,020	0,107
65	–0,135	0,135	–0,143	–0,027	0,109	0,121	–0,014	–0,054
66	–0,102	–0,046	–0,149	–0,025	0,045	0,097	–0,063	–0,120
67	–0,008	0,027	–0,026	0,016	–0,078	0,094	–0,127	0,043
68	0,047	0,037	–0,109	0,055	0,208	–0,058	0,261	0,233
69	–0,005	–0,057	0,228	0,089	–0,067	–0,002	0,065	0,134
70	–0,021	–0,138	–0,046	–0,144	–0,164	0,108	–0,187	0,004
71	–0,034	–0,061	–0,039	0,060	0,049	0,042	0,050	0,002
72	–0,042	0,038	0,047	0,080	0,091	0,069	–0,026	–0,068
73	–0,099	0,007	–0,100	–0,025	–0,036	0,049	0,007	–0,096
74	–0,054	0,032	–0,177	0,021	–0,059	0,076	0,026	–0,049
75	0,070	–0,115	0,018	–0,014	0,111	–0,069	0,250	–0,193

Item	Klasse	Beruf	Alter	Familienstand	*P*	*E*	*N*	*L*
weibl.								
76	–0,148	0,237	–0,118	–0,073	0,003	–0,019	0,105	–0,008
77	–0,132	0,277	–0,220	0,023	0,017	–0,061	0,048	–0,015
78	–0,029	0,033	–0,187	–0,082	0,063	0,053	0,043	–0,248
79	–0,011	–0,073	0,099	–0,058	0,077	0,024	–0,127	–0,119
80	–0,065	0,136	0,103	–0,002	–0,007	–0,008	–0,038	0,167
81	0,076	–0,152	0,288	0,128	–0,041	–0,001	–0,004	0,082
82	–0,003	0,200	–0,015	–0,007	–0,051	–0,068	0,056	0,279
83	–0,038	0,097	–0,050	–0,009	0,385	0,059	0,217	–0,079
84	–0,023	0,087	–0,113	–0,016	0,084	0,007	0,181	–0,152
85	–0,044	0,018	–0,048	–0,042	0,088	–0,029	–0,034	–0,192
86	–0,158	0,099	–0,027	–0,095	–0,057	0,017	–0,034	0,049
87	–0,009	–0,044	0,229	0,101	–0,062	–0,012	0,103	0,169
88	–0,090	–0,026	0,058	0,153	–0,165	–0,032	0,082	–0,036
89	–0,137	0,124	–0,027	0,047	0,088	0,098	0,038	–0,077
90	0,028	–0,051	0,226	0,087	0,010	–0,130	0,040	0,128
91	0,019	–0,028	0,078	0,017	–0,028	–0,048	–0,022	0,069
92	–0,029	0,190	–0,046	0,001	0,046	–0,044	0,012	0,003
93	0,028	–0,003	0,024	–0,069	0,032	0,049	–0,094	0,000
94	–0,006	0,041	0,186	0,047	–0,151	–0,053	0,039	0,243
95	0,083	0,077	–0,048	0,044	0,281	0,046	0,027	–0,178
96	–0,104	0,154	–0,029	–0,038	0,004	–0,024	0,093	–0,061
97	–0,128	0,070	–0,044	–0,045	0,037	0,032	0,119	–0,063
98	–0,013	–0,019	0,181	0,136	–0,014	–0,107	0,070	0,093
99	–0,078	0,111	–0,044	–0,006	0,036	–0,024	0,175	0,027
100	0,047	0,145	–0,039	–0,003	0,052	0,055	0,093	–0,089
101	–0,138	0,013	–0,175	–0,078	0,104	0,139	0,052	–0,131
102	0,009	0,102	–0,031	–0,006	0,063	0,125	0,107	–0,086
103	–0,058	0,000	0,257	–0,021	0,061	–0,114	–0,021	0,133
104	0,024	0,056	0,097	0,084	–0,120	–0,139	0,178	0,140
105	–0,014	0,037	–0,011	0,005	0,040	0,032	0,000	–0,129
106	–0,121	–0,002	–0,061	–0,062	–0,048	0,082	–0,106	0,064
107	0,101	–0,030	0,036	–0,088	–0,170	–0,024	0,005	0,110
108	–0,134	0,115	–0,043	–0,123	–0,073	0,094	–0,115	0,138
109	0,093	–0,052	0,185	0,099	–0,017	–0,050	0,094	0,150
110	0,009	0,132	–0,007	–0,005	0,075	–0,037	0,181	0,048
111	–0,072	0,094	0,169	–0,025	–0,088	0,067	0,095	0,100
112	–0,120	0,018	–0,145	0,047	–0,060	0,095	–0,046	–0,071
113	–0,022	–0,010	–0,018	–0,015	0,029	–0,003	0,118	–0,123
114	–0,078	0,094	–0,185	–0,019	0,043	0,050	–0,143	0,029
115	0,151	–0,266	0,063	–0,075	0,060	–0,044	–0,121	0,005
116	–0,112	0,058	–0,357	–0,164	0,115	0,051	0,142	–0,199
117	0,064	–0,066	–0,009	0,104	0,050	–0,168	0,088	–0,084

Item	Klasse	Beruf	Alter	Fami-lien-stand	*P*	*E*	*N*	*L*
weibl.								
118	0,040	–0,107	0,098	0,045	0,040	–0,246	0,240	0,004
119	0,020	0,114	–0,091	0,070	0,047	0,017	0,032	–0,172
120	–0,137	0,058	–0,105	0,038	0,106	0,135	0,144	–0,136
121	–0,101	0,132	–0,161	–0,081	0,093	–0,071	0,204	–0,095
122	–0,020	–0,122	0,000	0,025	0,013	0,050	0,055	–0,102
123	–0,015	–0,018	0,134	0,204	0,014	–0,020	0,038	0,023
124	–0,024	–0,011	0,060	–0,007	0,108	–0,091	0,191	–0,069
125	0,094	0,101	0,167	0,004	0,025	–0,090	0,225	0,055
126	0,030	–0,038	0,006	0,007	0,053	–0,162	0,113	0,094
127	–0,067	0,047	0,042	–0,152	–0,040	0,000	0,096	0,161
128	–0,021	0,058	0,226	0,011	–0,074	–0,018	0,008	0,097
129	0,006	0,124	–0,110	–0,073	0,089	–0,013	0,143	0,006
130	0,030	–0,013	0,037	0,020	0,032	0,136	–0,046	0,143
131	–0,072	–0,005	–0,025	0,004	–0,020	0,111	0,111	0,045
132	0,014	–0,014	0,106	–0,055	–0,062	0,018	0,161	0,144
133	0,157	–0,019	0,208	0,125	–0,023	–0,046	0,069	0,119
134	0,013	0,185	0,141	0,125	–0,145	–0,090	–0,039	0,249
135	0,002	–0,088	0,101	–0,009	–0,051	–0,063	0,070	0,114
136	–0,069	–0,010	0,083	–0,019	0,216	0,010	0,034	0,097
137	–0,049	0,120	0,143	0,064	0,016	0,118	0,026	0,012
138	–0,068	0,022	–0,036	0,012	–0,022	0,184	0,023	–0,079
139	0,058	0,110	0,151	0,136	0,058	–0,048	0,109	0,010
140	0,111	–0,058	0,251	0,077	0,024	0,011	0,029	0,046
141	–0,061	0,093	–0,041	–0,034	–0,032	0,142	–0,148	0,014
142	0,040	0,048	0,267	0,169	–0,082	0,036	–0,012	0,059
143	0,048	0,042	0,062	0,042	–0,121	–0,041	0,146	0,138
144	–0,025	0,036	–0,032	0,030	0,130	0,061	–0,012	–0,095
145	–0,048	0,054	0,171	0,155	–0,004	–0,029	0,124	0,016
146	0,008	0,034	0,251	0,110	–0,124	–0,100	0,110	0,053
147	0,122	–0,047	0,115	0,039	–0,024	–0,070	0,084	0,129
148	0,144	–0,041	0,106	0,001	0,009	–0,094	0,034	0,052
149	0,113	–0,214	0,278	0,030	0,073	0,012	–0,029	–0,067
150	0,035	0,013	0,192	0,055	–0,009	–0,106	0,209	–0,066
151	–0,069	0,062	–0,143	–0,053	0,105	0,097	–0,005	–0,150
152	–0,110	0,090	–0,126	–0,080	0,115	0,007	0,022	–0,160
153	–0,023	0,093	–0,126	0,034	0,047	0,140	–0,002	–0,064
154	0,015	–0,057	–0,389	–0,098	0,026	0,131	–0,056	–0,163
155	0,133	–0,105	0,101	–0,034	0,150	–0,109	0,255	–0,203
156	0,104	–0,165	0,513	0,139	–0,247	–0,112	–0,180	0,167
157	–0,062	0,109	–0,196	–0,116	–0,066	0,225	–0,015	–0,062
158	0,126	–0,023	0,234	0,022	0,013	–0,073	0,164	0,015

Um zu demonstrieren, daß Korrelationsgefüge bedeutungsvoll sind, wurde die folgende Methode angewandt. Extravertierte Männer und Frauen sollten ähnliche Korrelationsmuster über die Items aufweisen; ebenso introvertierte Männer und Frauen. Dasselbe Argument galt für die anderen Spalten; wenn Männer und Frauen im Item-Korrelationsgefüge übereinstimmten, dann können wir getrost annehmen, daß die Resultate signifikant und vermutlich sinnvoll sind. Dementsprechend wurden Produkt-Moment-Korrelationen zwischen Männern und Frauen für jede der acht Spalten in Tabelle 3.9 durchgeführt, deren Resultate in Tabelle 3.10 angezeigt sind.

Tabelle 3.10 *M-F-Korrelationen für die Persönlichkeits-Skalen, sozialen Klasse, Beruf, Alter und Familienstand über die Spalten in Tabelle 3.9*

	M-F-Korrelation
Soziale Klasse	0,52
Beruf	0,47
Alter	0,71
Familienstand	0,44
Psychotizismus	0,74
Extraversion	0,57
Neurotizismus	0,55
Lügenskala	0,64

Wir werden sehen, daß alle Korrelationskoeffizienten hoch signifikant sind, was darauf hinweist, daß Männer und Frauen einer gegebenen Persönlichkeit ähnliche Einstellungsmuster besitzen. Dies scheint unsere Vorgangsweise zu rechtfertigen, und wir werden als nächstes fortfahren, ein kohärentes Bild der Sexualeinstellungen zu geben, die für verschiedene Persönlichkeitstypen charakteristisch sind. Mit »kohärent« ist in diesem Zusammenhang einfach gemeint, daß der Versuch gemacht wurde, ähnliche Items zusammenzustellen, wenn sie auch nach dem Rang der Korrelation nicht sehr eng zusammenhängen mögen; alle Details sind natürlich in Tabelle 3.9 enthalten, die ernsthaften Lesern zu empfehlen ist. Viele der Schlußfolgerungen werden durch Items unterstützt, deren Korrelationen ein wenig unter dem willkürlichen Wert von 0,12 liegen, der ausgewählt wurde, um Items mit niedrigeren Koeffizienten auszuschließen;

obwohl das Einbeziehen dieser Items unsere Sache bestärkt hatte, wurde nichts unternommen, um das Bild 1 in dieser Weise abzurunden.

Wir wollen als erstes Versuchspersonen mit hohen *P*-Scores betrachten, im Gegensatz zu Versuchspersonen mit niedrigen *P*-Scores. Männer mit hohen Scores sind zuerst einmal deutlich in Opposition zu landläufiger Moral und Sitten. Sie wollen die Ehe abschaffen[4]; sie bevorzugen die Polygamie; sie finden, daß es in Ordnung ist, eine Person zu verführen, die alt genug ist zu wissen, was sie tut; sie betrachten vorehelichen Sex als richtig. Individuen mit hohen Scores haben eine realistische, nicht eine idealistische Auffassung vom Sex. Sie glauben, daß romantische Liebe eine Illusion ist; sie finden es nicht abstoßend, Tiere beim Geschlechtsverkehr zu beobachten; es ist ihr Grundsatz, sich ihr Vergnügen zu holen, wo sie es finden; sie glauben, daß Zärtlichkeit in der Sexualität keine Rolle spielt und daß Treue in der Ehe dumm ist; es würde sie nicht stören, wenn ihr Sexualpartner mit jemand anderem schläft. Sie sind sehr freizügig. Sie finden, daß Pornographie gesetzlich zugelassen sein sollte; sie haben nichts gegen die Verwendung ordinärer Schimpfwörter in gemischter Gesellschaft, es stört sie nicht, Liebkosungen in der Öffentlichkeit zuzusehen; sie halten Sexorgien nicht für widerwärtig; sie erachten Sexspiele unter Kindern für harmlos; sie glauben nicht, daß eine Person des anderen Geschlechts jemanden, den sie nicht so gut kennt, mehr respektieren würde; sie glauben nicht daran, daß Männer beim Geschlechtsverkehr egoistischer sind als Frauen – obwohl sie auch glauben, daß die meisten Männer verrückt nach Sex sind. Sobald es sich aber um die eigene Sache und die eigenen Gefühle handelt, ergibt sich ein sonderbarer Kontrast zu dieser *toughminded*-Fassade*. Männer mit hohem Scores ertragen es nicht, von Menschen angefaßt zu werden; sie behaupten, sexuell vernachlässigt zu sein; sie bevorzugen Sexpartner, die einige Jahre älter sind als sie; sie werden nervös in Gegenwart des anderen Geschlechts.

Frauen weisen ähnliche Strukturen auf. Auch sie wollen die Ehe abschaffen, entscheiden sich für Polygamie und sehen vorehelichen Sex als richtig an. Auch sie glauben, daß romantische Liebe eine Illusion ist, haben nichts gegen die Verwendung von ordinären Schimpfworten in gemischter Gesellschaft, und es stört

* Den Eysenckschen Begriffen »toughmindedness« und »tendermindedness« entsprechen etwa »robuste Mentalität« und »sensible Mentalität«.

sie nicht, wenn ihr Sexpartner mit jemand anderem schläft; sie glauben nicht, daß das andere Geschlecht jemanden mehr respektieren würde, wenn es ihn nicht so genau kennt. Darüber hinaus haben sie noch bestimmte andere Meinungen, die das Bild abrunden helfen. Sie halten Jungfräulichkeit nicht für wichtig; sie sind nicht besonders interessiert an Babys; sie hatten sehr früh ihren ersten Geschlechtsverkehr; sie meinen, daß Sex dem persönlichen Vergnügen und nicht nur der Reproduktion dient und daß Frauen ebenso starke sexuelle Triebe haben wie Männer; sie werden sehr leicht sexuell erregt. Diese Items beziehen sich alle auf unpersönliche, physische sexuelle Befriedigung. In Übereinstimmung mit dieser Vorliebe ist ihre Zustimmung zu sogenannten »perversen« Praktiken. Es gibt nichts, was sie mit niemandem tun würden; sie könnten mit der Person, die sie lieben, alles tun; es gibt nichts, daß sie nur tun, um dem Sexualpartner zu gefallen; keine Art von Geschlechtsverkehr ist abstoßend für sie. Interessanterweise demütigen solche Frauen gerne ihre Sexpartner und fühlen sich von Gleichgeschlechtlichen angezogen. Sie haben nicht unter Frigidität gelitten, hatten aber Schuldgefühle auf Grund sexueller Erlebnisse und sind, in Gegenwart des anderen Geschlechts nervös; hier finden wir wiederum diesen merkwürdigen Widerspruch zwischen freizügiger Sexualität und persönlichem Gefühl. Alles in allem erweisen sich Frauen mit hohen *P*-Scores als Befürworter unpersönlicher, freizügiger Sexualpraktiken, sie treten für die Abschaffung gesellschaftlicher Normen und Gesetze hinsichtlich der Ehe und anderer Aspekte von Sexualverhalten auf und haben eine Einstellung von »in der Liebe und im Krieg ist alles erlaubt«; man wäre versucht, dies als Don-Juan-Syndrom zu bezeichnen. Erwähnenswert ist das Fehlen von Items, die Befriedigung kennzeichnen; wenn überhaupt, dann gibt es einige Anzeichen für Nervosität und sogar Schuldgefühle. Das Gesamtbild ist jenem sehr ähnlich, das wir in unserer früheren Untersuchung fanden, und erhärtet die Resultate, über die wir dort in bezug auf eine ganz ähnliche Stichprobe berichteten.

Als nächstes wenden wir uns den Einstellungen zu, die von männlichen Extravertierten befürwortet werden, im Gegensatz zu den Introvertierten. Vor allem sind sie deutlich in der Lage, mit dem anderen Geschlecht gut auszukommen. Extravertierte haben viele Rendezvous; sie haben viele Freunde des anderen Geschlechts; sexuelle Kontakte waren ihnen nie ein Problem; sie fühlen sich wohl in Gesellschaft des anderen Geschlechts und halten es nicht für schwierig, mit Frauen zu sprechen; sie sind in Gegenwart des anderen Geschlechts nicht beunruhigt. Extravertierte sind höchst sexualisiert. Sie hatten schon früh Geschlechtsverkehr, haben starke sexuelle Bedürfnisse; sie werden sehr leicht sexuell erregt, denken fast jeden Tag an Sex, werden manchmal von sexuellen Gefühlen überwältigt; sie haben keine Angst vor sexuellen Beziehungen und es fällt ihnen nicht schwer, starke sexuelle Gefühle auszudrücken. Die sexuelle Einstellung der Extravertieren ist eher aggressiv und offen. Sie haben für gewöhnlich Aggressionen gegenüber ihrem Sexualpartner, haben manchmal den Wunsch, den Partner zu kratzen und zu beißen; sie hatten schon mehr als eine sexuelle Beziehung zur gleichen Zeit, sie betrachten die doppelte Moral als natürlich; sie finden absolute Treue in der Ehe dumm und würden an einer Orgie teilnehmen, wenn man sie dazu einlädt; hedonistisch bis zum Exzeß, ist es ihr Prinzip, ihr Vergnügen zu holen, wo es zu finden ist. Ihre sexuelle Entwicklung war ganz deutlich gesünder als die von Leuten mit hohem *P*-Scores. Sie diskutierten mit ihren Eltern über Sex, es ist ihnen nicht peinlich, über Sex zu sprechen; ihre religiöse Überzeugung richtet sich nicht gegen Sex, sie haben nichts dagegen, von anderen berührt zu werden; sie halten das Lesen von »Sex«-Magazinen nicht für ein Zeichen von Mangel an reifer sexueller Einstellung.

Weibliche Extravertierte weisen ähnliche Strukturen auf. Sie haben starke sexuelle Bedürfnisse, fühlen sich sexuell nicht weniger auf der Höhe als ihre Freunde; sie betrachten sich als sexuell attraktiv; sie hatten viele Rendezvous, viele Freunde männlichen Geschlechts, und sexuelle Kontakte waren ihnen nie ein Problem. Sie lieben physischen Kontakt mit Leuten des anderen Geschlechts, fühlen sich wohl in deren Gegenwart, und es gibt nichts, das sie mit niemandem tun würden. Sie werden sehr leicht sexuell erregt, wurden nicht durch ihre Eltern gehemmt, sind gegenüber dem anderen Geschlecht nicht nervös, haben nichts dagegen, von anderen berührt zu werden und tun nichts nur aus dem Grund, dem Partner zu gefallen. Extravertierte Frauen haben deutlich keine Hemmungen; sie sind immer nackt beim Geschlechtsverkehr, betrachten den menschlichen Körper als angenehmen Anblick, würden an einer Orgie teilnehmen, bevorzugen häufigen Geschlechtsverkehr, geben viele Laute von sich; es stört sie nicht, Leute in der Öffentlichkeit liebkosen zu sehen, und sie könnten mit einer Person, die sie lieben, alles tun. Es ist ihnen nicht peinlich, über Sex zu sprechen, sie halten

Witze über Sex nicht für abstoßend, finden, daß eine Frau manchmal sexuell aggressiv sein sollte, und ziehen Geschlechtsverkehr bei Licht und nicht unter der Bettdecke vor. Extravertierte Frauen wie auch Männer sind eindeutig der »gesunde animalische« Typus, ungeniert und ungehemmt, aber ohne die soziale, etwas abnormale, konfliktgeladene Beimischung, die bei Individuen mit hohen *P*-Scores zu bemerken ist.

Wenn wir uns den Männern mit hohen *N*-Scores zuwenden, finden wir deutliche Beweise von beträchtlicher Abnormität und Störung. Sie empfinden Gedanken an Sex als störend, Sex bereitet ihnen viele Sorgen, sie sind in Gegenwart des anderen Geschlechts nervös, haben Schuldgefühle wegen sexueller Erlebnisse und können sexuelle Angelegenheiten nicht mit ihren Ehefrauen besprechen. Sie sind jedoch höchst sexualisiert. Sie bekennen sich zu starken sexuellen Wünschen, erklären, daß sie manchmal von sexuellen Gefühlen überwältigt werden, hatten manchmal Angst vor sich selbst, was sie sexuell anstellen könnten, vermögen, wenn sie sexuell erregt sind, an nichts anderes als an Befriedigung zu denken und betrachten Sex als ihr größtes Vergnügen weit und breit. Physische Attraktion ist für sie äußerst wichtig, Gedanken an Sex machen sie fast verrückt, und es macht sie sehr nervös, an praktizierten Sex zu denken. Sie werden sehr leicht sexuell erregt, halten sich an den Grundsatz, ihr Vergnügen zu holen, wo sie es finden und halten nur wenige Dinge für wichtiger als Sex. Dennoch besteht eine beachtliche Unzufriedenheit mit ihrem Liebesleben. Das Gewissen plagt sie zu sehr; sie sind mit ihrem Sexualleben nicht zufrieden; irgend etwas fehlt in ihrem Sexualleben, ihr Liebesleben war eine Enttäuschung, sie hatten einige schlechte sexuelle Erlebnisse; der Einfluß der Eltern hat sie sexuell gehemmt, sie wurden sexuell vernachlässigt. Ihre Wünsche sind von einer Aura der Abnormität umgeben. Sie empfanden manchmal Feindseligkeit gegenüber ihrem Sexualpartner, sie werden durch den Gedanken an eine verbotene Beziehung erregt, hatten manchmal den Wunsch, ihren Sexualpartner zu erniedrigen; es ist ihnen häufig ein Problem, ihre Gefühle zu kontrollieren; den Gedanken an einen farbigen Sexualpartner finden sie besonders erregend; sie wurden von perversen Gedanken geplagt, bevorzugen um etliche Jahre ältere Sexualpartner; für gewöhnlich haben sie Aggressionen gegen ihren Partner, finden, daß die Notwendigkeit der Geburtenkontrolle den Geschlechtsverkehr beeinträchtigt, weil dadurch alles so kaltblütig und planmäßig vor sich geht. Weiters glauben sie, daß Frauen oft Sex dazu verwenden, um alle möglichen Vorteile zu erlangen, sie wünschen sich, daß Frauen sexuell entgegenkommender wären; sie würden Kinder vor der Berührung mit Sex schützen, betrachten Jungfräulichkeit als den wichtigsten Besitz eines Mädchens und tun manche Dinge nur, um dem Geschlechtspartner zu gefallen.

Frauen zeigen ein sehr ähnliches Muster des Konflikts zwischen starken sexuellen Wünschen und ebenso starken Hemmungen. Das Gewissen plagt sie zu sehr; an Sex zu denken, macht sie nervös, sie haben starke sexuelle Gefühle, können sie aber nicht entsprechend zum Ausdruck bringen; sexuelle Gefühle sind ihnen manchmal unangenehm und sie wünschen sich oft, die Männer wären sexuell weniger anspruchsvoll. Doch wenn sie erregt sind, denken sie an nichts anderes als an Befriedigung; sie halten physische Sexualität für den wichtigsten Teil der Ehe, sehen sich gerne Sexphotos an. Sie finden »sauberen Sex« unbefriedigend, haben manchmal den Wunsch, ihren Sexualpartner zu erniedrigen, empfinden Feindseligkeit gegenüber ihrem Sexualpartner und für gewöhnlich Aggressionen; sie halten die meisten Männer für sexbesessen, bevorzugen einen um mehrere Jahre älteren Partner, werden von perversen Gedanken geplagt; es ist ihnen peinlich, über Sex zu sprechen, sie finden Gedanken an Sex störend und betrachten den nackten menschlichen Körper nicht als angenehmen Anblick. Sie haben Angst vor sexuellen Beziehungen, ziehen es vor, sich vom Partner die Regeln des sexuellen Spiels diktieren zu lassen; sie hatten einige schlechte sexuelle Erlebnisse in ihrer Jugend, litten an Frigidität, hatten Schuldgefühle wegen sexueller Erlebnisse; sie wurden durch den Einfluß der Eltern gehemmt und erst sehr spät aufgeklärt. Sexualität bereitet ihnen viele Sorgen, in Gegenwart des anderen Geschlechts sind sie nervös, fühlen sich sexuell weniger auf der Höhe als ihre Freunde, haben Angst vor sexuellen Beziehungen, finden es schwierig, mit Leuten des anderen Geschlechts zu sprechen und bekennen, daß sie starken, hemmenden Einflüssen unterliegen. Etwas fehlt in ihrem Sexualleben, sexuelle Kontakte sind ihnen für gewöhnlich ein Problem; es gibt einige Dinge, die sie mit niemandem tun würden, und einige, die sie nur tun, um ihren Sexpartnern zu gefallen. Sie wurden erst in relativ hohem Alter aufgeklärt. Es ist ihnen widerwärtig, Tieren auf der Straße beim Coitus zuzusehen; sie halten Selbstbefriedigung für gefährlich, Zärtlichkeit für die wichtigste Qualität in der Sexualität und sie meinen, daß Frauen in sexuellen Dingen wohl immer den kürzeren ziehen dürften. Die Bezeichnung, die einem bei der Charakterisierung von Leuten mit hohen *N*-Scores in den Sinn kommt, ist »verrückte verwirrte Kinder« – obwohl sie natürlich keine Kinder sind, sondern Erwachsene, die ihre Konflikte und Komplexe zeigen.

Man weiß wenig über die Persönlichkeitsstrukturen, die mit Menschen mit hohen beziehungsweise niedrigen *L*-Scores zusammengehen, obgleich man erwarten würde, daß Leute mit hohen *L*-Scores sehr orthodoxe, sozial akzeptierte Meinungen und Einstellungen haben und jeden Gedanken an perverse Praktiken und andere von der Gesellschaft nicht erwünschte Gewohnheiten ablehnen. Wenn wir uns zunächst mit den Männern mit hohen *L*-Scores befassen, finden wir, daß sie genau das kundtun. Sie sind nicht von sexuellen Gefühlen überwältigt, ihre sexuellen Gefühle zu kontrollieren ist ihnen kein Problem; sie halten nichts davon, sich ihr Vergnügen zu holen, wo es zu finden ist, es würde sie stören, wenn die Frau, die sie heiraten, keine Jungfrau wäre; sie hatten ihren ersten Geschlechtsverkehr spät, sie hatten niemals mehr als eine sexuelle Beziehung gleichzeitig; sie hatten nie viele Rendezvous und ihr sexuelles Verhalten brachte sie nie in irgendwelche Schwierigkeiten; hemmende Einflüsse wirken sehr stark auf sie. Sie hatten nie den Wunsch, ihre Sexualpartner zu erniedrigen, empfanden ihnen gegenüber nie Feindseligkeit, hatten niemals den Wunsch, den Partner während des Geschlechtsverkehrs zu kratzen und zu beißen; sie litten nie unter Impotenz; sie empfinden keine angenehmen Gefühle bei der Berührung ihrer Sexualorgane. Sie würden sich weigern, einen pornographischen Film anzusehen, ein pornographisches Buch zu lesen oder an einer Orgie teilzunehmen; sie lehnen auch die Benutzung von ordinären Schimpfwörtern in gemischter Gesellschaft ab. Sie sind gegen vorehelichen Geschlechtsverkehr, meinen, daß pornographische Schriften zensuriert gehören, daß junge Leute Sexualität nicht durch eigene Erfahrung kennenlernen, daß Frauen nicht sexuell aggressiv sein sollten, und daß junge Leute nicht die ganz Nacht ausbleiben dürfen, ohne genau kontrolliert zu werden. Sie würden ihre Kinder vor der Berührung mit Sexualität schützen, betrachten absolute Treue in der Ehe nicht als dumm, glauben nicht, daß Frauen ebenso starke sexuelle Wünsche haben wie Männer, und finden es richtig, daß der Mann der dominante Partner in einer sexuellen Beziehung sein soll. Sie müßten eine Frau lieben, um mit ihr zu schlafen, finden, daß das Lesen von

»Sex«-Magazinen auf einen Mangel an reifer Einstellung zur Sexualität hinweist und daß man mit Sexualität nicht vor der Ehe experimentieren sollte. Sie finden den Gedanken an eine Sexorgie widerlich, halten es nicht für richtig, eine Person zu verführen, die alt genug ist, um zu wissen, was sie tut, und glauben, daß sexuelle Permissivität die Grundlagen der Gesellschaft zu unterminieren droht. Sie glauben nicht, daß die meisten Männer auf Sex versessen sind und sind nicht damit einverstanden, daß die Pille überall erhältlich sein soll.

Die Frauen weisen dieselbe äußerst konservative Struktur ihrer Einstellung auf, Frauen mit hohen *L*-Scores akzeptieren die »Doppelte Moral« in der Sexualität; sie meinen, Jungfräulichkeit sei der wertvollste Besitz eines Mädchens; sie würden pornographische Schriften verbieten; sie lehnen die Verwendung ordinärer Schimpfwörter in gemischter Gesellschaft ab. Sie bestreiten, daß Frauen einen ebenso starken Sexualtrieb besitzen wie Männer, finden den Gedanken an eine Sexorgie widerlich und sind der Meinung, daß es eine Zensur für Theaterstücke und Filme geben sollte. Sie finden, daß Personen des anderen Geschlechts einen nicht respektieren, wenn man mit ihnen näher befreundet ist; es würde sie stören, wenn die Person, die sie heiraten, nicht unberührt wäre, und sie würden sich gegen ein Gesetz zugunsten der Polygamie stellen. Für Gruppensex haben sie nichts übrig, und sie finden, daß sexuelle Freizügigkeit die Grundlagen der zivilisierten Gesellschaft unterhöhlt. Sie würden ein äußerst pornographisches Buch ablehnen, sich weigern, einen »Porno«-Film zu sehen, und die Pille sollte nicht allgemein erhältlich sein. Sex ohne Liebe wird als höchst unbefriedigend betrachtet; sie haben kein Verständnis für Homosexuelle; der Gedanke an eine verbotene Beziehung regt sie nicht auf. Sie hatten nie den Wunsch, ihren Sexualpartner zu erniedrigen, und auch nicht, ihn zu kratzen und zu beißen; sie waren nie frigide; empfinden nie Feindseligkeit gegen ihren Sexualpartner; hatten ihren ersten Geschlechtsverkehr im späteren Alter, denken nicht jeden Tag an Sex. Sie glauben nicht, daß physische Sexualität der wichtigste Teil der Ehe sei; sie ziehen es vor, nur selten Geschlechtsverkehr zu haben, finden Sex nicht allzu wichtig; sie hatten keine schlechten sexuellen Erlebnisse in ihrer Jugend; sie werden nicht von sexuellen Gefühlen überwältigt, und die Umstände müssen ganz genau stimmen, damit sie sexuell erregt werden. Ihre Sexualpartner befriedigen vollständig alle ihre physischen Bedürfnisse, und sie tun einige Dinge nur, um ihrem Partner zu gefallen. Zärtlichkeit ist für sie die wichtigste Qualität in einer sexuellen Beziehung, und sie meinen, daß es besser ist, vor der Ehe keine sexuellen Beziehungen zu haben. Diese Ansichten sind sehr konservativ und dies stimmt völlig überein mit der Tatsache, die Wilson (1973) von positiven Korrelationen zwischen Konservativismus und *L*-Scores berichtete. Er fand auch eine positive Korrelation zwischen *L*-Scores und *»tendermindedness«*, und die oben zusammengefaßten Einstellungen stimmen ebenfalls mit dieser Feststellung überein. Im sexuellen Bereich sind Leute mit hohen *L*-Scores *»tenderminded«* und konservativ, was sie in den religiösen Quadranten* stellt (Leute mit positiver religiöser Überzeugung neigen dazu, sich in diesem Quadranten zusammenzufinden). In Übereinstimmung damit fand Wilson die höchste Korrelation mit *L* bei seinem religiös-puritanischen Faktor.

Betrachtet man diese kurzen und illustrierten Beschreibungen der wichtigsten Ergebnisse dieser Studie, so sollte man nicht vergessen, daß die angegebenen Erklärungen relativer und nicht absoluter Natur sind. Wenn man sagt, »Extravertierte meinen . . .«, so heißt das einfach, daß mehr Extravertierte als Introvertierte diese Ansicht haben. Es ist gut möglich, daß die Ansicht tatsächlich nicht von der Mehrzahl der Extravertierten geteilt wird. Wenn daher 25 Prozent der Extravertierten und 10 Prozent der Introvertierten finden, daß Frauen mit großen Brüsten attraktiver sind, so wäre diese Auffassung als charakteristisch für Extravertierte zitiert worden, obwohl in Wirklichkeit nur einer von vier Extravertierten dieser Auffassung sein mag. Deshalb ist diese Art, die Ergebnisse zu beschreiben, streng genommen ungenau, aber sie umgeht eine beträchtliche Komplexität der Beschreibung, die sonst notwendig wäre, und diese Warnung wird, zusammen mit den tatsächlichen Daten, die in Tabelle 3.9 gegeben werden, hoffentlich etwaige Mißverständnisse unwahrscheinlicher machen.

Abgesehen von der Korrelation der vier Persönlichkeitsskalen mit jedem einzelnen Item im Fragebogen, wurden Korrelationen zwischen diesen Items und dem Alter der Versuchspersonen, ihrem Familienstand, ihrer sozialen Klasse (Arbeiterklasse gegenüber Mittelklasse) und ihrem Beruf berechnet. Die Versuchspersonen wurden gefragt, ob ihre Familie zur Arbeiterklasse oder zur Mittelklasse zählt, und sie wurden aufgefordert, ihren Beruf an-

* Bezieht sich auf ein Achsensystem mit 4 Quadranten, wobei eine der Achsen tough-/tenderminded ist.

zugeben (Hausfrauen den Beruf ihres Ehemannes), weiters wurden sie ersucht, den Beruf zu klassifizieren als: höherer Verwaltungsbeamter, niedrigerer Verwaltungsbeamter, Privatangestellter, Facharbeiter, angelernter Arbeiter oder ungelernter Arbeiter. Eine positive Korrelation in der Tabelle zeigt an, daß die »ja«-Antwort auf einen Item positiv mit höherem Alter, mit Ehestand, Mittelklasse und niedrigerem Berufsstand verbunden ist. Infolgedessen stehen die Zeichen der Korrelationen für soziale Klassen und für Berufsstand gegensätzlich zueinander; das sollte nicht zu einer Verwirrung führen, da in der Tabelle die Überschrift jeder Spalte die Richtung der Korrelation anzeigt . . .

Die Korrelationen sind nicht hoch, sie gehen selten über 0,5 hinaus; dies ist natürlich auf Grund der geringen Reliabilität von einzelnen Fragen nur zu erwarten. Statistische Signifikanz hilft da nicht sehr viel angesichts der Tatsache, daß die Anzahl der Versuchspersonen so groß ist, daß sie sogar ganz kleine Werte von Koeffizienten signifikant macht, und dazu kommt noch, daß, wenn so viele Items mit so vielen sozialen Indikatoren korreliert sind, die Gesamtzahl der Korrelationen so groß ist, daß viele offenbar durch Zufall »signifikant« werden. Wir werden, wie zuvor, die Betonung auf die Kongruenz der Werte von verschiedenen Items legen, die dieselbe allgemeine Einstellung berühren. Außerdem haben wir die verschiedenen Spalten in Tabelle 3.9 korreliert. Die Resultate dieser Berechnung sind in Tabelle 3.11 angegeben, wobei die Resultate für Männer oberhalb der Hauptdiagonale angegeben sind und die für Frauen unterhalb. Die Hauptdiagonale selbst setzt sich aus den Korrelationen für jeden Indikator zwischen Männern und Frauen zusammen; diese Anordnung von Daten zeigt, in welchem Ausmaß hohe Korrelationen für ein gegebenes Item und einen bestimmten Indikator durch Männer und Frauen produziert und in welchem Ausmaß niedrige Korrelationen durch beide Geschlechter erzeugt werden (diese Korrelationen wurden bereits in Tabelle 3.10 abstrahiert). Die Tabelle wurde ausgeweitet, um dasselbe für unsere vier Persönlichkeitsskalen zu leisten.

Wir wollen als erstes die Hauptdiagonale betrachten. Die Werte für Männer und Frauen korrelieren beträchtlich hoch miteinander; mit anderen Worten, was für Männer stimmt, stimmt meistens auch für Frauen. Die höchsten Werte unter den Persönlichkeitsmerkmalen werden von der *P*-Skala erreicht, bei den sozialen Indikatoren vom Alter. Familienstand, Beruf und soziale Klasse liefern weniger klar umrissene Evidenz für männlich-

Tabelle 3.11 *Korrelationen zwischen den Spalten in Tabelle 3.9 für vier soziale Indikatoren und vier Persönlichkeitsmerkmale: Werte oberhalb der Hauptdiagonale sind für Männer, Werte darunter für Frauen; Werte in der Hauptdiagonale (in Kursivschrift) sind Korrelationen zwischen korrespondierenden Spalten für Männer und Frauen*

	1	2	3	4	5	6	7	8
1 Arbeiter	*0,52*	–0,53	0,36	0,22	0,03	–0,35	–0,14	0,20
2 Angestellte	–0,55	*0,47*	–0,43	–0,38	0,20	0,39	0,18	–0,24
3 Alter	0,50	–0,35	*0,71*	0,58	–0,14	–0,44	0,10	0,59
4 Familienstand	0,35	–0,14	0,61	*0,44*	–0,28	–0,26	0,06	0,45
5 *P*	–0,07	0,14	–0,38	–0,24	*0,74*	–0,02	–0,02	–0,35
6 *E*	–0,37	0,04	–0,49	–0,28	–0,03	*0,57*	0,03	–0,55
7 *N*	0,20	0,15	0,11	0,22	0,27	–0,52	*0,55*	–0,15
8 *L*	0,20	–0,04	0,60	0,30	–0,56	–0,28	–0,09	*0,64*

weibliche Übereinstimmung, aber die anderen drei Persönlichkeitsskalen zeigen eine annehmbar hohe männlich-weibliche Übereinstimmung. Was die Werte in der Gesamtheit der Tabelle betrifft, so haben wir sie in vier Quadranten aufgeteilt. Zwei davon repräsentieren die jeweiligen Interkorrelationen zwischen den sozialen Indikatoren oder zwischen den Persönlichkeitsskalen; die anderen beiden repräsentieren die kreuzweisen Korrelationen zwischen Indikatoren und Skalen für Männer oder für Frauen. Betrachten wir die Persönlichkeitsskala zuerst, so können wir sehen, daß *P* und *E* entgegengesetzte Strukturen aufweisen, und zwar bei beiden Geschlechtern; dasselbe gilt für *E* und *N* bei den Frauen, aber nicht bei den Männern. *L* und *E* zeigen entgegengesetzte Strukturen bei beiden Geschlechtern, aber in stärkerem Maß bei den Männern. Wenn wir uns den Indikatoren zuwenden, finden wir das erwartete negative Verhältnis zwischen Klasse und Beruf, was auf die entgegengesetzte Bezeichnung der beiden Spalten zurückzuführen ist. Höhere soziale Schicht ist mit höherem Alter verbunden und ein wenig mit Familienstand. Alter und Familienstand korrelieren natürlich auch ziemlich hoch.

Betrachtet man die kreuzweisen Korrelationen, so findet man, daß *E* eine ähnliche Struktur der Beantwortung aufweist wie die der Arbeiterklasse und die der jungen Leute. Auch *P* zeigt die Tendenz zu ähnlicher Beantwortung wie von jungen Leuten. *N* zeigt keine beachtenswerten Korrelationen, aber *L* bringt ganz deutlich ähnliche Antworten wie die der älteren und verheirateten Leute. Diese Resultate kommen nicht unerwartet. Scores auf *E* und *P* nehmen mit dem Alter ab, während Scores auf *L* zunehmen (Eysenck und Eysenck 1975); soweit sind die Resultate in unserer Tabelle vorhersagbar. Jedoch nimmt *N* im allgemeinen ebenfalls mit zunehmendem Alter ab; die Korrelationen mit dem Alter in der Tabelle, obgleich sehr niedrig, sind dennoch positiv statt negativ. Diese Tabelle demonstriert die Komplexität der Verflechtung von kausalen Faktoren bei der Erzeugung von Einstellungen zur Sexualität; bei der Interpretation unserer Daten müssen wir stets diese Komplexität bedenken.

Wir werden uns nun der Besprechung der Einstellungen zuwenden, die die älteren Versuchspersonen, im Unterschied zu den jungen, die Versuchspersonen aus der Arbeiterklasse, im Unterschied zu denen aus der Mittelklasse, und verheiratete, im Unterschied zu ledigen Versuchspersonen charakterisiert. Bei dieser Diskussion sollte man immer bedenken, daß wir es mit den Resultaten von Korrelationsprozeduren zu tun haben, so daß Vergleiche streng relativ sind. Wenn wir sagen, daß alte Leute weniger häufigen Geschlechtsverkehr bevorzugen, so ist diese Feststellung nur im Vergleich mit den jüngeren Gruppen dieser Studie richtig (und bedeutungsvoll). Auf einer absoluten Skala könnten ältere Versuchspersonen immer noch recht häufigen Geschlechtsverkehr bevorzugen; nur dadurch, daß wir sie mit den jüngeren Leuten vergleichen, die noch häufigeren Geschlechtsverkehr haben wollen, gelangen wir zu dieser Schlußfolgerung. In ähnlicher Weise bedeutet die Tatsache, daß ältere Versuchspersonen Orgien eher »widerwärtig« finden als jüngere, nicht, daß eine Mehrheit der älteren Versuchspersonen dieser Ansicht ist; es kann auch einfach bedeuten, daß unter den älteren Versuchspersonen eine größere Minderheit als unter den jüngeren zu finden ist.

Eingedenk dieses Vorbehalts, werden wir zuerst die Einstellungen der älteren Versuchspersonen, im Vergleich zu den jüngeren, betrachten. Man sollte annehmen, daß die Libido bei älteren Versuchspersonen, Männer wie Frauen, schwächer ist als bei den jüngeren Versuchspersonen, und dies ist tatsächlich der Fall. Sie ziehen es vor, weniger häufigen Geschlechtsverkehr zu haben; ihr habituelles sexuelles Verlangen ist schwächer; sie denken nicht jeden Tag an Sexualität; sie werden nicht sehr leicht sexuell erregt, werden nicht von sexuellen Gefühlen überwältigt; sie haben nicht den Wunsch, ihren Partner beim Geschlechtsverkehr zu kratzen und zu beißen; es braucht viel, um sie sexuell zu erregen; sie haben *petting* nicht so gern; sie können sich sexuell betätigen, aber es ebensogut bleiben lassen; sie denken nur selten an Sexualität. Außerdem würden wir erwarten, daß ältere Leute weniger freizügige, eher konservative, »altmodische« Ansichten über Moral und Sexualverhalten haben; auch das fanden wir vor. Ältere Versuchspersonen mißbilligen pornographische Filme und Bücher und finden Orgien widerwärtig; sie halten das Lesen von »Sex«-Magazinen für ein Zeichen von Mangel an reifen Einstellungen zur Sexualität. In ähnlicher Weise werden auch Leute, die »Strip-tease«-Shows besuchen, von ihnen als sexuell abnormal betrachtet. Sie mißbilligen vorehelichen Sex, finden es richtig, daß der Mann der dominante Partner in der sexuellen Beziehung sein sollte, glauben, daß es im Fernsehen zu viele unmoralische Stücke gibt, betrachten Jungfräulichkeit als den wertvollsten Besitz eines Mädchens, glauben, daß sexuelle Freizügigkeit alle Grundlagen der zivilisierten Gesellschaft unterhöhlt, betrachten unpersönliche Sexualität als höchst unbefriedigend, halten es nicht für richtig, eine Person zu verführen, die alt genug ist, zu wissen, was er oder sie tut, und glauben, daß Frauen nicht so starke sexuelle Wünsche haben wie Männer. Es kommt hinzu, daß ältere Leute »gehemmter« zu sein scheinen als jüngere. Sie waren beim ersten Geschlechtsverkehr älter, meinen, daß der Einfluß ihrer Eltern sie gehemmt habe, finden es nicht leicht, ihrem sexuellen Partner zu sagen, was sie an seinem Verhalten beim Geschlechtsverkehr mögen oder nicht mögen; sie gestehen starke Hemmungen ein, finden manche Formen von Geschlechtsverkehr abstoßend, bevorzugen Geschlechtsverkehr unter der Bettdecke und bei abgeschaltetem Licht, glauben nicht, daß sie alles mit einem Menschen tun könnten, selbst wenn sie ihn lieben, versuchen bewußt, Gedanken an Sexualität aus ihrem Denken auszuschalten, betrachten nicht gern Sexphotos, würden ihre Kinder vor der Berührung mit Sexualität besonders schützen, werden nur nachts, aber niemals am Tag sexuell erregt und machen beim Geschlechtsverkehr nicht viel Geräusche. Sex ist ihnen nicht allzu wichtig; sie glauben, daß Personen des anderen Geschlechts einen mehr respektieren, wenn sie nicht allzu gut mit einem befreundet sind; sie haben das Gefühl, daß sie sexuell vernachlässigt wurden. Die Männer bevorzugen nicht eine um mehrere Jahre ältere Sexualpartnerin und sind nicht der Ansicht, daß die meisten Männer verrückt nach Sex sind. Frauen finden männliche Genitalien ästhetisch unschön, ziehen es vor, daß der

Partner die Regeln des sexuellen Spiels diktiert, wünschen, die Männer wären sexuell weniger anspruchsvoll, meinen, daß Männer beim Geschlechtsverkehr egoistischer sind als Frauen und daß die Frauen in sexuellen Angelegenheiten wohl immer den kürzeren ziehen dürften. Die meisten dieser Einstellungen passen sehr gut in das Stereotyp des »spießigen«, gehemmten, nicht wirklich lockeren Typus von Mensch, wie sich die jungen »Lockeren« ihre Eltern vorstellen; es ist jedoch bemerkenswert, daß es wenig Hinweise auf geringere Zufriedenheit mit ihrem Geschlechtsleben unter den älteren Versuchspersonen gibt. Es wäre interessant, herauszufinden, ob die Generationsunterschiede auf das Alter allein zurückzuführen sind, das heißt, ob die Einstellungen der älteren Versuchspersonen sich tatsächlich verändert haben, während sie älter wurden, oder ob die Einstellungen der älteren Versuchspersonen einfach die Erziehungsmuster einer anderen Generation reflektieren. Wenn die erstere Hypothese stimmt, dann wäre zu erwarten, daß die »jungen« Versuchspersonen in unserem Experiment im Lauf der Zeit in die typischen Einstellungsmuster unserer »alten« Versuchspersonen hineinwachsen. Wenn die letztere Hypothese stimmt, dann wäre keine Veränderung zu erwarten. Nur eine Längsschnittuntersuchung kann Fragen dieser Art beantworten.

Verheiratete Leute (im Unterschied zu Unverheirateten, die nicht mit irgendeiner bestimmten Person zusammenleben, aber sexuelle Erfahrungen gemacht haben) unterscheiden sich nicht in sehr vielen Items von unverheirateten Leuten, und die wenigen Items, die signifikante Korrelationen zeigen, bilden kaum ein sehr klares Muster, außer einer Wiederholung von einigen Merkmalen des Vergleichs zwischen alten und jungen Versuchspersonen. Es ist für sie nicht leicht, ihrem Sexualpartner zu sagen, was sie an dessen Art des Geschlechtsverkehrs mögen oder nicht mögen, und sie können sexuelle Angelegenheiten mit dem Ehepartner nicht besprechen; den Frauen ist es peinlich, über Sexualität zu sprechen. Die Notwendigkeit der Geburtenkontrolle beeinträchtigt ihren Geschlechtsverkehr, aber sie betrachten physische Sexualität nicht als wichtigsten Teil der Ehe. Die Männer sind nicht zufrieden mit ihrem Geschlechtsleben, und die Frauen fühlen, daß in ihrem Geschlechtsleben irgend etwas fehlt – das klänge wie ein Mißtrauensvotum gegen die Institution der Ehe, bliebe nicht die Tatsache bestehen, daß die zur Frage stehenden Korrelationen nicht sehr groß sind. Verheiratete Leute sind nicht-permissiv, lehnen Orgien, Partnertausch,

»Porno«-Filme, Voyeurismus, Sexphotos, vorehelichen Geschlechtsverkehr und Masturbation ab, desgleichen, daß junge Leute Sexualität aus eigener Erfahrung kennenlernen sollen. Jungfräulichkeit ist wichtig, und Sexualität sollte der Reproduktion dienen und nicht dem persönlichen Vergnügen. Da die Ehe eine traditionelle Institution ist, kommt es nicht unerwartet, daß jene, die verheiratet sind, zu traditionellen Werten und Einstellungen neigen; etwas unerwartet ist vielleicht, daß die vorgefundenen Korrelationen nicht größer und zahlreicher sind.

Die Klassen- und Berufsvergleiche zeigen die Gruppen aus der Arbeiterklasse als eher »lebensnah« und die Gruppen aus dem Mittelstand eher »moralisch« in ihren Einstellungen, was vermutlich nicht überrascht, angesichts der allgemeinen Feststellung eines größeren Maßes an *»toughmindedness«* bei Arbeiterklasse-Gruppen und an *»tendermindedness«* bei Mittelstandsgruppen (Eysenck 1954, Wilson 1973). Arbeiterklasse-Gruppen haben keine Abneigung gegen Gruppensex, Partnertausch, Masturbation, Perversionen, Orgien; sie betrachten physische Sexualität als den wichtigsten Teil der Ehe. Es würde ihnen nichts ausmachen, wenn der Sexpartner sexuelle Beziehungen mit jemand anderem hätte, sie finden Geschlechtsverkehr mit Fremden aufregender, halten Sexualität für das größte Vergnügen weit und breit und glauben, daß physische Faktoren bei ihren Sexualpartnern weit wichtiger sind als psychische. Sie haben einen stark entwickelten Sexualtrieb, machen es sich zum Prinzip, sich ihr Vergnügen zu holen, wo es zu finden ist, mögen gern Pornographie, würden anderen beim Geschlechtsverkehr zusehen, haben nichts gegen den Gebrauch von ordinären Schimpfwörtern in gemischter Gesellschaft, würden einen farbigen Sexpartner besonders aufregend finden, haben sexuelle Phantasien, die auch das Schlagen einschließen; Liebkosungen in der Öffentlichkeit zuzusehen, macht ihnen nichts aus, und sie würden gern ihren ständigen Partner beim Geschlechtsverkehr mit jemand anderem beobachten. Freizügigkeit ist ganz deutlich keine Erfindung des Mittelstands, obgleich man bedenken sollte, daß viele dieser Items eine sehr geringe Verbreitung haben, so daß unsere Warnung in bezug auf die Interpretation von Korrelationen als rein relativistische Indikatoren besondere Gültigkeit hat im Zusammenhang mit Items, wie die Beobachtung des ständigen Sexualpartners beim Geschlechtsverkehr mit jemand anderem oder daß man einen farbigen Sexualpartner besonders aufregend findet.

Damit beschließen wir unsere Erörterung der Korrelationen

zwischen Sexualeinstellungen und unseren verschiedenen sozialen Indikatoren. In der Literatur gibt es wenig, womit wir unsere Ergebnisse vergleichen könnten. In Kinseys Arbeit gibt es Daten über das Auftreten von gewissen Typen des Verhaltens im Verhältnis zu Alter und Klasse, aber Kinsey beschäftigt sich nicht mit den Einstellungen als solchen, und Einstellungen können etwas ganz anderes sein als das *tatsächliche* Verhalten. Frauen können bei Fellatio mitmachen, aber es kann sein, daß sie es überhaupt nicht genießen und sehr negative Einstellungen zu derartigen Praktiken haben (Eysenck 1971b); in solchen Fällen bringt die bloße Kenntnis der Einstellungen oder des tatsächlichen Verhaltens eine im wesentlichen einseitige Information, und Informationen dieser Art sollten durch die Kenntnis jener Aspekte der Gesamtsituation vervollständigt werden, die eine andere Kategorie von Komponenten anreißen. Unsere Daten bedeuten einen Anfang von Information auf diesem komplexen und schwierigen Gebiet. Die Daten tendieren dazu, sinnvolle Strukturen zu bilden, und wir haben aufzuzeigen versucht, welche Arten von Strukturen durch die Daten in der Tabelle nahegelegt werden. Diese Muster überschneiden sich mit jenen, die in Verbindung mit den Persönlichkeitsvariablen erörtert wurden, und um ein allgemeineres Bild zu erhalten, sollte man beide Gruppen von Daten im Sinn behalten. Die auf diese Weise enthüllten Tatsachen können zukünftige Arbeiten auf diesem Gebiet auf überprüfbare Hypothesen hinweisen, die ein einfaches Muster zulassen, um ihre Angemessenheit oder irgend etwas anderes zu testen. Obwohl mehrere Hypothesen präsentiert wurden, um in dieser Studie geprüft zu werden, ist das ganze Gebiet so neu, daß man diese »Hypothesen« vielleicht eher »Ahnungen« nennen sollte, als etwas, das sich aus einer wohletablierten Theorie ableitet, die quantitative Schlüsse zuläßt.

Eine weitere Skala wurde an dieselbe Population verteilt, nämlich die Reiss'sche Permissivitätsskala. Diese Skala zur Messung vorehelicher sexueller Permissivität, von Reiss (1967) konstruiert, hat die Eigenschaften einer Guttman-Skala und besteht aus 12 Items. In der vorliegenden Studie verwenden wir die kürzere Fünf-Item-»Universal-Skala«, die aus den Items 5, 7, 10, 11 und 12 besteht; aus der ursprünglichen Fassung wird klar, daß bei einer derartigen Kürzung der Skala wenig verlorengeht. Die Items behandeln der Reihe nach die folgenden Fragen, die die Versuchsperson nach einer Sechspunkte-Skala beantworten soll, von starker Zustimmung (1) über mittlere (2) und geringe Zustimmung (3) zu leichter (4) und mittlerer Ablehnung (5) bis zu starker Ablehnung (6). Item 1 sagt aus, daß *petting* vor der Ehe erlaubt ist, wenn die Versuchsperson verlobt ist; Item 2 sagt aus, daß *petting* annehmbar ist, wenn die Versuchsperson starke Zuneigung zum Partner empfindet; Item 3 sagt, daß sexuelle Beziehungen vor der Ehe annehmbar sind, wenn die Versuchsperson verliebt ist; Item 4 stellt fest, daß sexuelle Beziehungen vor der Ehe annehmbar sind, wenn die Versuchsperson starke Zuneigung zum Partner empfindet; Item 5 sagt, daß sexuelle Beziehungen vor der Ehe selbst dann annehmbar sind, wenn die Versuchsperson keine besondere Zuneigung zum Partner empfindet. Jede Versuchsperson beantwortet die Skala nur für sich selbst und nicht, wie in der ursprünglichen Studie von Reiss, sowohl vom männlichen als auch vom weiblichen Standpunkt aus.

Tabelle 3.12 zeigt die Mittelwerte und Standardabweichungen, getrennt nach männlichen und weiblichen Versuchspersonen, für die fünf Permissivitäts-Skalen und die vier Persönlichkeitsskalen an. Entsprechend der Art der Skala würde man erwarten, daß die Scores monoton steigen, was impliziert, daß die Nichtübereinstimmung mit der permissiven Formulierung der Frage vom ersten bis zum fünften Item zunehmen sollte, und dies ist tatsächlich der Fall. Wir können erwarten, daß Männer freizügiger sind als Frauen, und wiederum ist dies für alle Items der Fall; der ganze Vergleich zeigt Unterschiede, die statistisch äußerst signifikant sind. Frauen sind in diesem Fragebogen deutlich weniger freizügig als Männer. (Frauen scheinen auch in ihren Meinungen weniger übereinzustimmen; die Standardabweichungen der Frauen sind bei allen Items, abgesehen vom letzten, bedeutend größer als die Standardabweichungen der Männer. Dies mag ein Artefakt der verschiedenen Skalenpositionen sein; die Werte um die Positionen 3 und 4 haben wahrscheinlich größere Standardabweichungen.)

Tabelle 3.12 *Mittelwerte und Standardabweichungen von fünf Permissivitäts-Skalen aus dem »Reiss-Courtship«-Fragebogen*

Item	Männer	Frauen
1	1,17 ± 0,53	1,38 ± 1,00
2	1,28 ± 0,74	1,51 ± 1,10
3	1,49 ± 1,23	1,71 ± 1,41
4	1,79 ± 1,41	2,41 ± 1,67
5	2,82 ± 1,80	4,01 ± 1,83

Die Korrelationen zwischen den fünf Items der Reiss'schen Skala sind in Tabelle 3.13 angegeben, ebenso auch ihre Korrelationen mit *P, E, N* und *L*. Wie erwartet, folgen die Interkorrelationen der fünf Reiss'schen Items der Supradiagonalform, das heißt, die Korrelationen nehmen ab, je weiter sie von der Hauptdiagonale entfernt sind. Dies gilt für Männer wie für Frauen und ist ein notwendiges Merkmal einer Skala mit Guttman-Eigenschaften. Alle Interkorrelationen sind natürlich statistisch signifikant. Die Korrelationen mit den Persönlichkeitsskalen sind für Männer und Frauen ähnlich und geben ein klares Bild. *P* korreliert positiv mit Permissivität, wobei die Korrelationen für Fragen in bezug auf vorehelichen Geschlechtsverkehr viel höher sind; die zitierten Korrelationen sind negativ, weil hohe Scores auf den Skalen Widerspruch zum permissiven Inhalt der Items anzeigen. *L* korreliert negativ mit Permissivität, mit viel höheren Korrelationen für die Fragen, die sich auf vorehelichen Geschlechtsverkehr beziehen. *N* zeigt fast gar keine Korrelationen und Korrelationen mit *E* sind gering, zeigen jedoch insgesamt eine permissive Einstellung an. Alle diese Korrelationen stimmen sehr gut mit Prognosen überein, die aus unserer früheren Arbeit abgeleitet werden können.

Von den befragten Versuchspersonen waren 241 miteinander verheiratet oder lebten in einer Reihe von Fällen miteinander, ohne verheiratet zu sein. Die Existenz dieser Paare ermöglicht es

Tabelle 3.13 *Interkorrelationen von fünf »courtship«-Skalen und Korrelationen mit vier Persönlichkeits-Skalen. Ein einzelnes Sternchen zeigt statistische Signifikanz auf dem 5-Prozent-Niveau, ein Doppelsternchen Signifikanz auf dem 1-Prozent-Niveau*

	Frauen								
	1	2	3	4	5	*P*	*E*	*N*	*L*
Männer									
1	–	0,69	0,32	0,32	0,26	–0,07	0,03	–0,01	0,06
2	0,71	–	0,56	0,54	0,36	–0,09*	0,01	–0,04	0,14**
3	0,48	0,58	–	0,85	0,51	–0,15**	–0,09*	–0,05	0,19**
4	0,39	0,59	0,78	–	0,66	–0,21**	–0,11*	–0,06	0,20**
5	0,26	0,38	0,47	0,65	–	–0,20**	–0,11*	–0,05	0,18**
P	–0,03	–0,05	–0,22**	–0,23**	–0,25**				
E	–0,09	–0,09*	–0,01	–0,04	–0,08				
N	0,10*	0,02	–0,02	–0,02	–0,02				
L	0,08	0,13**	0,22**	0,19**	0,17**				

uns, einige Beweise für oder gegen Partnerwahl auf Grund von Übereinstimmung zu liefern. Es ist wohlbekannt, daß eine solche Partnerwahl in bezug auf Intelligenz ziemlich ausgeprägt ist, ungefähr in Höhe einer Korrelation von 0,6 zwischen Ehepartnern; in Hinblick auf die Persönlichkeit deutet das Material auf wenig oder gar keine Partner-Angleichung hin, mit Ausnahme von Ehepaaren mit einem gewissen Maß an psychiatrischer Beeinträchtigung (Eysenck 1975 a). Es gibt wenig Material in bezug auf Einstellungen, aber, da Einstellungen leichter zu verändern sind als weitgehend angeborene Persönlichkeitsqualitäten, könnte man vermuten, daß höhere Korrelationen zwischen Ehepartnern im Hinblick auf sexuelle Permissivität vorhanden sind, obwohl natürlich nicht klar ist, ob diese Korrelationen auf die Wahl des Partners zurückzuführen sind oder auf eine Tendenz zur Übereinstimmung, als Konsequenz einer Ehe. Die Korrelationen zwischen Ehepartnern sind für die fünf Permissivitätsskalen wie folgt: 0,11, 0,22, 0,44, 0,27; mit Ausnahme der ersten sind alle signifikant auf dem < 0,01-Niveau. Hier gibt es klare Beweise für Homogamie, wobei die Items 3 und 4 die höchsten Zahlen liefern.

Außer der Sexuellen-Einstellungsskala und der Permissivitätsskala wurde auch noch eine Sexualverhaltensskala auf die Versuchspersonen des Experiments angewendet. Diese Skala wird weiter unten wiedergegeben; sie unterscheidet sich von einer früheren Version (Eysenck 1972), die mehr Sexualverhalten-Items von »geringeren Graden« enthielt, da in dieser Stichprobe alle Versuchspersonen Erfahrung mit Geschlechtsverkehr hatten und sich deshalb nicht durch diese Items voneinander unterschieden hätten. Die zwölf darin enthaltenen Items scheinen nicht in aufsteigender Reihenfolge auf: diese Anordnung war beabsichtigt, da eine aufsteigende Folge eine künstliche Konformität mit dem Aufbau der Skala bewirken könnte. Die abgedruckte Skala ist die für Frauen; die für Männer erfordert eine entsprechende Abänderung.

Tabelle 3.14 gibt die Resultate der Studie an; sie zeigt Mittelwerte und Standardabweichungen für die drei Teile der Skala, für Männer und Frauen getrennt, und ebenso die Korrelationen der Scores der drei Teile mit den elf Sexualeinstellung-Faktoren, mit den zwei Sexualeinstellung-Superfaktoren, mit Maskulinität-Feminität und mit den Persönlichkeitsskalen *(P, E, N, L)*. Der Mittelwert der „Habe ich getan und hat mir gefallen"-Spalte ist ein wenig höher für Männer als für Frauen.

Sexualverhalten-Skala

Hier sind kurze Beschreibungen von sexuellen Verhaltensmustern, denen die Leute unterliegen. Für jeden Item gibt es drei mögliche Antworten; bitte machen Sie ein Kreuz (×) in die entsprechende Spalte.

Spalte 1 bedeutet: »Ich habe das getan und es gefiel mir«

Spalte 2 bedeutet: »Ich habe das getan und es gefiel mir nicht«

Spalte 3 bedeutet: »Ich habe das nie getan, würde es aber gern tun«

Wenn Sie *keine* dieser drei Kategorien billigen, dann nehmen wir an, es bedeutet, daß Sie das *nicht* getan haben und daß sie *nicht* denken, es würde Ihnen gefallen.

	Habe ich getan und hat mir gefallen	Habe ich getan und gefiel mir nicht	Habe ich nicht getan, würde es aber gern tun
1 Eine Minute ununterbrochenes Lippenküssen	______	______	______
2 Meine Genitalien von einem Mann geküßt	______	______	______
3 Geschlechtsverkehr Mann über der Frau	______	______	______
4 Die nackten Brüste gestreichelt bekommen	______	______	______
5 Männliche Genitalien küssen	______	______	______
6 Geschlechtsverkehr, Mann hinter der Frau	______	______	______
7 Die Brustwarzen von einem Mann geküßt oder gebissen bekommen	______	______	______
8 Gegenseitiges Spielen mit Genitalien	______	______	______
9 Gegenseitiges Küssen der Genitalien (»69«)	______	______	______
10 Geschlechtsverkehr in anderen Positionen als 3 oder 6	______	______	______
11 Geschlechtsverkehr in Anwesenheit von mehr als einer Person	______	______	______
12 Geschlechtsverkehr in Anwesenheit von mehreren Leuten (»Gruppensex«)	______	______	______

Tabelle 3.14 *Mittelwerte und Standardabweichungen der Sexualverhaltens-Skala für Männer und Frauen; ebenso die Korrelationen mit der Sexualeinstellungs-Skala*

	Habe ich getan und hat mir gefallen (1)		Habe ich getan und gefiel mir nicht (2)		Habe ich nicht getan, würde es aber gern tun (3)	
	M	F	M	F	M	F
1 Permissivität	0,18	0,36	–0,04	–0,20	0,10	0,08
2 Befriedigung	0,31	0,33	–0,06	–0,20	–0,33	–0,20
3 Neurotische Sexualität	–0,15	–0,03	–0,02	0,03	0,22	0,04
4 Unpersönliche Sexualität	0,26	0,23	–0,09	–0,02	0,19	0,20
5 Pornographie	0,33	0,40	–0,18	–0,17	0,08	0,10
6 Sexuelle Schüchternheit	–0,26	–0,20	0,09	0,10	0,25	0,18
7 Prüderie	–0,39	–0,44	0,20	0,31	0,06	–0,02
9 Widerwille	–0,36	–0,51	0,24	0,44	0,02	0,04
10 Erregung	0,40	0,51	–0,28	–0,38	0,02	0,01
11 Physische Sexualität	0,29	0,36	–0,11	–0,23	0,00	0,01
12 Aggressive Sexualität	0,21	0,32	–0,04	–0,15	–0,03	–0,04
SF1 Libido	0,38	0,45	–0,14	–0,24	0,16	0,13
SP2 Befriedigung	0,49	0,52	–0,17	–0,39	–0,32	–0,15
Maskulinität-Feminität	0,32	0,38	–0,17	–0,17	0,20	0,17
P	–0,04	0,09	0,06	–0,02	–0,12	0,08
E	0,18	0,09	–0,01	–0,05	0,10	–0,01
N	–0,03	–0,06	0,01	0,08	0,02	0,03
L	–0,14	–0,06	0,03	0,08	0,20	–0,07
Mittelwerte						
Männer	8,92±2,16		0,21±0,60		1,37±1,71	
Frauen	8,53±2,13		0,76±1,21		0,56±1,08	

Diagramm 3.2 gibt die tatsächlichen Prozentwerte für Männer und Frauen für die Items in der »Habe ich getan und hat mir gefallen«-Spalte an. Die Items 1, 3, 4, 7 und 8 liegen alle um das 95-Prozent-Niveau, und es erschien wenig sinnvoll, sie getrennt darzustellen; keiner der Unterschiede ist statistisch signifikant. Demzufolge wurden sie als »Basisniveau-Geschlechtsverkehr« bezeichnet und auf dem 95-Prozent-Niveau für Männer und Frauen zusammengefaßt (bei diesen Items gibt es keine bedeutenden Geschlechtsunterschiede). Interessant an den in Diagramm 3.2 gezeigten Kurven sind die Geschlechtsunterschiede für spätere Items, die, obwohl absolut betrachtet nicht hoch, doch ziemlich bedeutungsvoll und meist statistisch signifikant sind. So scheint es, daß Frauen Cunnilingus häufiger vollzogen und genossen haben als Fellatio, während das Verhältnis für Männer

umgekehrt ist. Es ist wahrscheinlich nicht überraschend, daß passive orale Aktivität angenehmer ist als aktive, obgleich auch andere Erklärungen dieser Ergebnisse möglich sind. Für alle späteren Items (6, 9, 11, 12) haben Männer einen höheren Prozentsatz als Frauen; auch das ist wahrscheinlich kaum eine Überraschung. Diese Zahlen sind vor allem aus zwei Gründen interessant. Sie erweitern frühere Arbeiten, die sich hauptsächlich auf Studenten und andere heranwachsende und sehr junge Gruppen konzentriert hatten, auf erwachsene Männer und Frauen. Und zweitens charakterisieren sie unsere Stichprobe durch die sexuelle Aktivität; diese deskriptive Funktion hat ihren Platz neben der bereits durch die Persönlichkeit gegebenen Beschreibung.

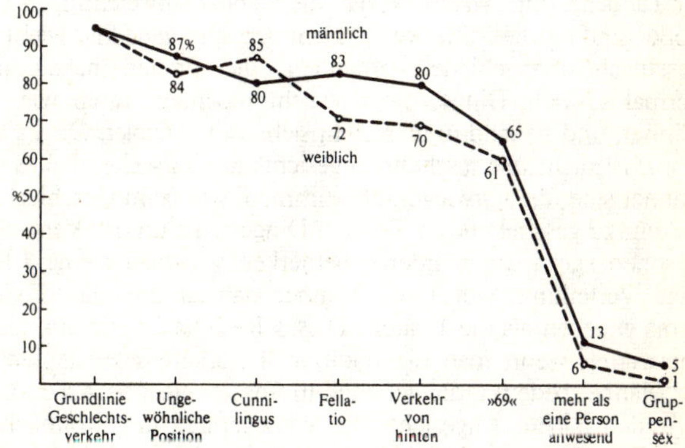

Diagramm 3.2. *Frequenz verschiedener sexueller Verhaltensweisen bei männlichen und weiblichen Teilnehmern an der experimentellen Studie*

Es gibt keine englischen Normen, mit denen dieses Diagramm verglichen werden könnte. Wenn die Zufallsstichprobe der französischen Erwachsenen von Simon (1972) als ungefährer Anhaltspunkt für europäische Erwachsene von heute benutzt werden kann, und wenn wir die Wahrhaftigkeit ihrer Antworten annehmen können, dann liefert unsere Stichprobe recht ähnliche Antworten wie die der französischen Gruppe. Gegenseitiges Küssen der Genitalien beantworten 60 beziehungsweise 55 Prozent der französischen Männer und Frauen mit »ja«, im Vergleich zu unseren 65 und 61 Prozent (dies gilt nur für jene Befragten der französischen Stichprobe, die tatsächlich die Fragen beantworteten; wenn die Annahme berechtigt ist, daß der Großteil jener, die eine Antwort verweigerten, mit diesem Typus von Verhalten keine Erfahrungen gemacht haben, wären die »wirklichen« Zahlen etwas niedriger). Die Frage nach dem Geschlechtsverkehr in Gegenwart anderer bejahten 10 Prozent der Männer und 1 Prozent der Frauen, wiederum nur von jenen, die die Frage überhaupt beantworteten. Geht man davon aus, daß es bei so einem Vergleich viele Schwierigkeiten gibt, so wird dennoch klar, daß die Zahlen jenen in unserer eigenen Befragung ziemlich ähnlich sind.

Was die Aktivitäten betrifft, die unsere Versuchspersonen »getan haben und die ihnen nicht gefielen«, so ist die Verteilung sehr abnorm und tatsächlich J-förmig; dies kommt deutlich in der Tatsache zum Ausdruck, daß die Standardabweichungen viel größer sind als die Mittelwerte. Dennoch sind ganz klar wichtige Geschlechtsunterschiede vorhanden; die Frauen haben fast viermal so viele Dinge, die sie nicht mochten, getan wie die Männer; und sie sind in dieser Hinsicht viel variabler. Dieses Ergebnis ist nicht überraschend angesichts der Tatsache, daß es die Männer sind, die vorwiegend bestimmen, was beim Geschlechtsverkehr zu geschehen hat. Bei den Dingen, die unsere Versuchspersonen »gern tun würden«, bemerken wir wieder eine J-förmige Verteilung, wobei die Männer nahezu dreimal so viele Items angeben als die Frauen. Dieses Resultat ist für uns nicht unerwartet, wenn man die traditionell stärkere sexuelle Libido der Männer bedenkt, die wir auch in unserer eigenen Arbeit vorgefunden haben. Angesichts der vorliegenden ungewöhnlichen Verteilung könnten statistische Signifikanzprüfungen irreführend sein; interessehalber können wir jedoch erwähnen, daß die Unterschiede zwischen Männern und Frauen auf allen drei Skalen statistisch signifikant sind[5].

Wenden wir uns den Korrelationen der drei Skalen (die wir mit $V.S._1$, $V.S._2$ und $V.S._3$ – V.S. für Verhaltensskala – bezeichnen werden) mit Persönlichkeit zu, so finden wir nur niedrige Korrelationen (Tabelle 3.14). $V.S._1$ korreliert positiv mit *E*, negativ mit *N* und *L;* diese Korrelationen sind für beide Geschlechter übereinstimmend und können deshalb, trotz der niedrigen Werte der Koeffizienten, eine gewisse tatsächliche Beziehung repräsentieren. $V.S._2$ zeigt keine bedeutungsvollen Korrelationen mit den Persönlichkeits-Skalen. $V.S._3$ hat eine positive Korrelation mit *L,* aber nur für die Männer; für die Frauen ist die Korrelation sehr niedrig und negativ. Dies könnte einen echten Geschlechtsunterschied darstellen oder ansonsten ein statistisches Artefakt. Auch für *P* haben die Koeffizienten der beiden Geschlechter entgegengesetzte Vorzeichen; sie sind vermutlich zu niedrig, um eine Interpretation erforderlich zu machen. Alles in allem gibt es daher wenig Hinweise für irgendeine Relevanz der Persönlichkeit für das sexuelle Verhalten, wie es hier registriert wurde.

Korrelationen der drei Skalen mit den Einstellungsskalen sind für beide Geschlechter kongruent und erreichen ziemlich beträchtliche Werte. Betrachten wir $V.S._1$ als erstes, so finden wir, daß es (positiv) mit Permissivität, Befriedigung, Unpersönlicher Sexualität, Pornographie, Erregung, Physischer Sexualität, Aggressiver Sexualität, Libido, Befriedigung und Maskulinität (bei beiden Geschlechtern!) korreliert. Es gibt negative Korrelationen mit Neurotischer Sexualität, Sexueller Schüchternheit, Prüderie und Widerwillen. Diese Korrelationen sind insgesamt äußerst sinnvoll, wenn wir eine allgemeine Form von Sexualtrieb postulieren, der, wenn er stark ist, zu vielfältigem sexuellem Verhalten wie auch zu Einstellungen führt, die verschiedene Formen von sexuellem Ausdruck begünstigen. Die Ergebnisse widersprechen einer oft geäußerten Hypothese, daß eine Vorliebe für Pornographie ein Ventil für sexuelles Verlangen repräsentiert, welches anstelle einer direkten sexuellen Aktivität gewählt wird; unsere Resultate deuten darauf hin, daß Pornographie ein solches Ventil *zusätzlich* zu einer direkteren sexuellen Aktivität darstellt.

$V.S._2$ produziert viel niedrigere Korrelationen; dies kann man zum Teil auf die kleine Zahl von positiven Bekräftigungen in dieser Skala zurückführen. Es erscheint jedoch so, daß Abneigung gegen manche sexuelle Aktivitäten, denen man sich hingab, positiv mit Sexueller Schüchternheit, Prüderie und Widerwillen korreliert ist; negative Korrelationen treten bei Erregung, Physischer Sexualität, Libido, Befriedigung, Maskulinität, Pornographie, Unpersönlicher Sexualität und Permissivität auf. Wieder sind diese Korrelationen leicht zu verstehen

$V.S._3$ zeigt wenig auch nur mittelgroße Korrelationen. Am bemerkenswertesten ist vermutlich eine negative Korrelation mit Sexueller Befriedigung und eine positive mit Sexueller Schüchternheit; es gibt auch eine positive Korrelation mit Unpersönlicher Sexualität und eine weitere mit Maskulinität. Im großen und ganzen zeigen Leute, die mit ihrem Sexualleben zufrieden sind, keine Hemmungen bezüglich der Dinge, die sie gern tun würden, während das bei schüchternen Leuten doch der Fall ist. Auch hier scheinen die Ergebnisse nicht im Widerspruch zum gesunden Menschenverstand zu stehen.

Man sollte noch beachten, daß die Korrelationen zwischen sexuellen Einstellungen und sexuellem Verhalten eher nicht durch Persönlichkeitseigenschaften verursacht sein dürften; die Korrelationen zwischen Persönlichkeit und Sexualverhalten sind, wie wir schon erwähnten, einheitlich niedrig und gewiß viel niedriger als jene zwischen Einstellungen und Verhalten. Selbst wenn man die Persönlichkeit aus den Korrelationen zwischen Einstellungen und Verhalten herauspartialisiert, würden sich die resultierenden partiellen Korrelationen nur wenig von den tatsächlich gefundenen unterscheiden.

Es ist interessant, die Beziehung zwischen Sexualverhalten und den zwei unabhängigen Superfaktoren zu beobachten, die wir in unserer Analyse der Einstellungsskalen fanden. Libido und Befriedigung sind unkorreliert, aber Versuchspersonen, die überdurchschnittlich viele der in unserer Verhaltensskala erwähnten Aktivitäten vollzogen und genossen hatten, besaßen hohe Scores auf Libido und Befriedigung. Im Gegensatz dazu haben jene, die einige der beschriebenen Dinge getan, aber nicht genossen haben, niedrige Scores auf Libido wie auch auf den Befriedigungs-Skalen – bei den Frauen ist das deutlicher als bei den Männern. Nur in bezug auf Dinge, die die Versuchspersonen nicht getan hatten, jedoch gern tun würden, trennen sich Libido und Befriedigung; Versuchspersonen mit hohen Libido-Scores würden sich diesen Aktivitäten gern, jene mit hohen Befriedigungs-Scores nicht gern hingeben.

Eine spezielle Analyse wurde von den »perversen« Einstellungen zur Sexualität (11 und/oder 12) gemacht, die sich auf »Gruppensex« beziehen (Eysenck 1976). Die Teilnahme von Versuchspersonen an solchen perversen Praktiken korrelierte signifikant mit *P* bei Frauen und mit *E* bei Männern; es gab auch eine signifikante Korrelation mit *L* (negativ) bei Männern (alle oben erwähnten beobachteten Unterschiede waren signifikant mit $p < 0{,}01$. Alle anderen Vergleiche ergaben nicht-signifikante Unterschiede zwischen Perversen und Nichtperversen). Die Teilnahme an perversen Praktiken korrelierte auch mit dem Libido-Faktor ($P < 0{,}001$) und mit dem Maskulinitäts-Faktor ($p < 0{,}001$) bei Männern und Frauen, aber nicht mit Befriedigung. Es gab auch eine signifikante Korrelation mit *»toughmindedness«* (0,05 und 0,01 für Männer beziehungsweise Frauen). (Die Bedeutung dieses Begriffs wird im nächsten Kapitel ziemlich ausführlich erklärt.)

Die bedeutendste Entdeckung bezieht sich auf die Persönlichkeitsvariablen. Es ist keineswegs überraschend, daß Perversion bei Frauen mit *P*, bei Männern jedoch mit *E* in Beziehung steht; derartige Praktiken werden im allgemeinen eher als »typisch männlich« angesehen; eine Frau müßte schon einigermaßen »abnorm« (hohes *P*) sein, um sich in einer Weise zu verhalten, die als unfeminin betrachtet wird. Bei Männern, wo ein solches Verhalten als eher fast normal angesehen wird, würde die Ausübung nur ein gewisses Maß an Extraversion erfordern. Es gibt Beweise von anderen Verhaltenstypen (bei Kriminalität, Geschlechtskrankheiten usw.), daß Frauen, die sich in »maskuliner« Weise verhalten, zu besonders hohen *P*-Scores neigen (Eysenck 1976).

1. Man beachte: während die *Faktoren* von Libido und Befriedigung bei Frauen signifikant korrelieren, gilt dies für die *Skalen* nicht. Wir werden die Skalen-Interkorrelationen ernster nehmen wegen statistischer Zweifel über die Genauigkeit von Inter-Faktoren-Korrelationsschätzungen (Guilford 1975).

2. Dies ist möglicherweise der falsche Begriff; zur Zeit der Partnerwahl könnten die Scores anders gewesen sein als nach einer jahrelangen Beziehung.

3. Byrne (1971) überprüfte die Beweislage für Ehemann-Ehefrau-Ähnlichkeit und kam zu dem Schluß, daß Ehepartner in einer großen Vielfalt von Idealen und Einstellungen Übereinstimmung aufweisen. Byrne und andere (1973) berichten auch von einer Studie, die für unsere Diskussion unmittelbar relevant ist. Sie bedienten sich zweiundvierzig verheirateter Paare, setzten ihre Versuchspersonen einer Vielfalt von erotischen Reizen aus (bildlichen, verbalen und Vorstellungsreizen) und machten Aufzeichnungen über ihre Reaktionen. Gesamt-Scores für Erregung korrelierten 0,47 zwischen Ehepartnern; pornographische Urteile (das heißt der Grad der Pornographie, der für jeden Stimulus beurteilt wurde) korrelierten 0,32. Restriktivitäts-Scores wurden durch die Summierung von Pro-Zensur-Antworten auf Fragen erreicht, die ein Verbot des fraglichen sexuellen Materials für verschiedene Gruppen befürworteten; die Korrelation für diesen Index war 0,39. Man erhielt auch Autoritarismus-Scores und sie zeigten eine starke Korrelation ($r = 0{,}64$). Dazu kam, daß autoritäre Persönlichkeiten größere Erregung berichteten und stärkere Restriktivität befürworteten. Diese Ergebnisse sind für unsere eigene Arbeit relevant, wie wir in einem späteren Kapitel anführen werden, das sich mit sozialen Einstellungen befaßt. Autoritäres Verhalten korreliert positiv sowohl mit »toughmindedness« als auch mit Konservativismus, und es wird sich zeigen, daß die von

Byrne und anderen berichteten Beziehungen jenen ähnlich sind, die auch wir fanden.

4. Dieses Item scheint auch in der *P*-Skala auf, und seine hohe Korrelation mit dieser Skala hat deshalb teilweise Pseudocharakter. Es ist jedoch nur eines von zwanzig Items, und daher ist nur ein kleiner Teil der Korrelation auf diese Überschneidung zurückzuführen. Die gleiche Vorsicht gilt auch später für ein bis zwei *E*-Items.

5. Die statistische Hypothese, die den *t*-Tests zugrunde liegt, ist natürlich wohlbekannt, desgleichen die Folgen der Abweichungen von diesen Hypothesen. Boneau (1959), Havlicek und Peterson (1974) und Welch (1937) haben die Ergebnisse solcher Abweichungen untersucht, und alles in allem ist das Abgehen von den Bedingungen, für welche die *t*-Tests angemessen sind, nicht solcher Art, daß der Gebrauch des Tests hier kontraindiziert wäre. Insbesondere scheint es bei Stichproben von zwei nichtnormalen Verteilungen für den Gebrauch von *t* wichtig zu sein, daß *beide Gruppen von Scores in dieselbe Richtung schief verteilt sein sollten* und *daß Varianzen nicht zu unähnlich sein sollten.* Da die in den hier durchgeführten Vergleichen erreichten *t*-Werte *p*-Werte von $< 0{,}01$ und $< 0{,}001$ haben, scheint kaum ein Zweifel zu bestehen, daß die Unterschiede tatsächlich reproduzierbar sind.

Anhang A

Items und Schlüssel für die Primärfaktoren-Skalen

1 Permissivität	2 Befriedigung	3 Neurotische Sexualität	4 Unpersönliche Sexualität
5–	4+	7+	2–
17–	11–	18+	40–
25+	16+	20–	65+
38–	19–	23+	83+
41–	20+	24+	89+
57+	21–	26+	92+
64–	56–	32+	95+
78+	108+	44+	97+
79+	113+	46+	102+
81–	114–	56+	119+
85+	118–	59+	120+
87–	139–	60+	135–
93+		84+	144+
134–			153–

5 Pornographie	6 Sexuelle Schüchternheit	7 Prüderie
10+	47+	51+
43+	50–	55–
58–	52+	58+
76+	59+	64+
77+	61+	71–
141+	124+	112–
151–		122–
152–		126+
		141–

9 Sexueller Widerwille	10 Sexuelle Erregung	11 Physische Sexualität	12 Aggressive Sexualität
9–	3–	31–	68+
34+	6–	48+	75+
104+	9+	49+	101+
112–	30+	71+	116+
133+	34–	86+	121+
146+	37+	106+	132–
	39+	109–	
	71+	111+	
	146–	127+	
		131+	

Anhang B

Items und Schlüssel für die Superfaktoren-Skala

Sexuelle Befriedigung				Sexuelle Libido	
Item	Schlüssel	Item	Schlüssel	Item	Schlüssel
4	+	1	–	76	+
11	–	2	–	77	+
15	–	5	–	78	+
18	–	6	–	79	+
19	–	10	+	81	–
20	+	25	+	85	+
21	–	37	+	87	–
31	–	38	–	89	+
32	–	39	+	92	+
44	–	40	–	95	+
56	–	41	–	96	+
108	+	42	+	119	+
117	–	43	+	120	+
118	–	46	+	134	–
124	–	65	+	135	–
133	–	72	+	151	+a
		74	+	152	+a
				153	+a
				154	+efg

Anhang C

Schlüssel zur Maskulinität-Feminität-Skala

Item	Schlüssel	Item	Schlüssel	Item	Schlüssel
2	–	64	–	96	+
3	–	65	+	97	+
7	+	67	+	101	–
10	+	69	–	102	+
13	+	76	+	106	+
16	–	77	+	109	–
18	–	78	+	113	+
22	+	79	+	114	–
30	+	80	–	116	–
37	+	84	–	119	+
39	+	85	+	120	+
40	–	86	+	128	–
42	+	89	+	135	–
43	+	91	–	145	+
44	–	92	+	146	–
55	+	95	+	147	–
58	–				
63	+				

Anhang D

Persönlichkeits-Fragebogen

INSTRUKTIONEN

Bitte beantworten Sie jede Frage, indem Sie einen Kreis um das »Ja« oder das »Nein« nach jeder Frage machen. Es gibt keine richtigen oder falschen Antworten und keine Fangfragen. Arbeiten Sie schnell und denken Sie nicht zu lange über die genaue Bedeutung jeder Frage nach.

Vergessen sie nicht, jede Frage zu beantworten

1	Sehnen Sie sich oft nach Erregung?	ja	nein
2	Sind Ihre Stimmungen oft schwankend?	ja	nein
3	Würde Ihnen Fallschirmspringen gefallen?	ja	nein
4	Haben Sie sich jemals etwas als Verdienst angerechnet, von dem Sie wußten, daß es in Wirklichkeit jemand anderer getan hat?	ja	nein
5	Sind Sie ein gesprächiger Mensch?	ja	nein
6	Fühlen Sie sich manchmal ohne Grund einfach unglücklich?	ja	nein
7	Haben für Sie die meisten Dinge den gleichen Geschmack?	ja	nein
8	Waren Sie jemals so gierig, sich mehr anzueignen als Ihnen zustand?	ja	nein
9	Sind Sie im allgemeinen sorgenfrei?	ja	nein
10	Machen Sie sich oft Sorgen über Dinge, die Sie nicht hätten tun oder sagen sollen?	ja	nein
11	Würde es Sie sehr aus der Fassung bringen, ein Kind oder ein Tier leiden zu sehen?	ja	nein
12	Wenn Sie sagen, daß Sie etwas tun werden, halten Sie dann immer Ihr Versprechen, so lästig es Ihnen auch sein mag?	ja	nein
13	Können Sie sich im allgemeinen auf einer lustigen Party gehen lassen und sich amüsieren?	ja	nein
14	Sind Sie in Ihren Gefühlen eher leicht verletzlich?	ja	nein
15	Denken Sie, daß die Ehe altmodisch ist und eher abgeschaft werden sollte?	ja	nein
16	Haben Sie jemals jemandem für etwas die Schuld gegeben, wenn Sie wußten, daß es in Wirklichkeit Ihr Fehler war?	ja	nein
17	Sind Sie ein reizbarer Mensch?	ja	nein

18	Haben Sie viele verschiedene Hobbys?	ja	nein
19	Lieben Sie Ihre Mutter?	ja	nein
20	Sind *alle* Ihre Gewohnheiten gut und wünschenswert?	ja	nein
21	Tun Sie oft Dinge auf Grund einer momentanen Eingebung?	ja	nein
22	Sind Sie oft von Schuldgefühlen geplagt?	ja	nein
23	Sind für Sie schnelle Karussels und Schaukeln auf Rummelplätzen aufregend?	ja	nein
24	Haben Sie jemals etwas genommen (und sei es eine Stecknadel oder ein Knopf), das Ihnen nicht gehört?	ja	nein
25	Gehen Sie gern viel aus?	ja	nein
26	Würden Sie sich als »überspannt« oder »überempfindlich« bezeichnen?	ja	nein
27	Lesen Sie jeden Tag die Bibel?	ja	nein
28	Sprechen Sie manchmal über Dinge, über die Sie gar nichts wissen?	ja	nein
29	Haben Sie viele Freunde?	ja	nein
30	Machen Sie sich Sorgen um schreckliche Dinge, die passieren könnten?	ja	nein
31	Macht es Ihnen Spaß, Menschen weh zu tun, die Sie lieben?	ja	nein
32	Entschuldigen Sie sich immer, wenn Sie grob gewesen sind?	ja	nein
33	Hassen Sie es, mit Menschen zusammen zu sein, die sich gegenseitig harmlose Streiche spielen?	ja	nein
34	Würden Sie sich als nervösen Menschen bezeichnen?	ja	nein
35	Vermögen Sie leicht mit Menschen mitzuempfinden, wenn sie Ihnen von Ihren Sorgen erzählen?	ja	nein
36	Machten Sie als Kind das, was Ihnen gesagt wurde, sofort und ohne zu murren?	ja	nein
37	Sprechen Sie gern über Sexualität?	ja	nein
38	Sorgen Sie sich um Ihre Gesundheit?	ja	nein
39	Würden Sie gern lernen, ein Flugzeug zu steuern?	ja	nein
40	Haben Sie jemals etwas zerbrochen oder verloren, das jemand anderem gehörte?	ja	nein
41	Wenn Sie irgend etwas wissen wollen, würden Sie lieber in einem Buch nachsehen, als mit jemandem darüber zu sprechen?	ja	nein
42	Leiden Sie an Schlaflosigkeit?	ja	nein
43	Mögen Sie den Gedanken, daß andere Leute sich vor Ihnen fürchten?	ja	nein
44	Sind Sie immer still, wenn andere Leute sprechen?	ja	nein
45	Sind Sie ziemlich lebhaft?	ja	nein
46	Wird Ihnen schnell langweilig?	ja	nein
47	Hätten Sie gern, daß blutige Sportarten, wie Fuchsjagden, verboten wären, weil sie grausam sind?	ja	nein

48 Werfen Sie Abfallpapier auf den Fußboden, wenn kein Papierkorb zur Hand ist? ja nein
49 Fällt es Ihnen leicht, etwas Leben in eine langweilige Party zu bringen? ja nein
50 Schmollen Sie manchmal? ja nein
51 Finden Sie es schwierig, jemandem zu vertrauen? ja nein
52 Prahlen Sie manchmal ein bißchen? ja nein
53 Tun Sie gern Dinge, bei denen es auf rasches Handeln ankommt? ja nein
54 Finden Sie oft, daß das Leben sehr langweilig ist? ja nein
55 Würden Sie Drogen nehmen, die seltsame oder gefährliche Auswirkungen haben könnten? ja nein
56 Haben Sie jemals Ihren Namen in ein Schul- oder Bibliotheksbuch eingetragen? ja nein
57 Lesen Sie lieber, anstatt sich mit Leuten zu treffen? ja nein
58 Fühlen Sie sich oft ohne Grund lustlos und müde? ja nein
59 Notieren Sie im allgemeinen die Nummer eines Autos, wenn Sie glauben, daß es zu schnell gefahren ist, und melden Sie es der Polizei? ja nein
60 Haben Sie jemals etwas Böses oder Häßliches über irgend jemanden gesagt? ja nein
61 Sind Sie meistens still in Gegenwart von anderen Leuten? ja nein
62 Haben Sie oft »die Nase voll?« ja nein
63 Haben Sie Spaß an Streichen, die Leuten manchmal wirklich weh tun können? ja nein
64 Waren Sie als Kind jemals frech zu Ihren Eltern? ja nein
65 Lieben Sie es, am Telefon lange zu plaudern? ja nein
66 Sind Sie in manchen Dingen reizbar? ja nein
67 Sind Sie langsam und gemächlich in Ihren Bewegungen? ja nein
68 Waschen Sie sich vor jeder Mahlzeit? ja nein
69 Würden Sie lieber Dinge planen, als sie tun? ja nein
70 Sind Sie manchmal voller Energie und manchmal sehr träge?. ja nein
71 Geben Sie jedem Bettler etwas, den Sie sehen? ja nein
72 Haben Sie jemals in einem Spiel geschwindelt? ja nein
73 Nehmen Sie oft mehr Aktivitäten auf sich, als Sie Zeit haben? ja nein
74 Leiden Sie zu lange nach einem unangenehmen Erlebnis? ja nein
75 Ist Ihre Mutter ein guter Mensch? ja nein
76 Haben Sie sich jemals »krank gestellt«, um sich aus irgendeiner Sache herauszuhalten? ja nein
77 Meinen Sie, daß Sie ziemlich selbstbewußt sind? ja nein
78 Waren Sie immer als Einzelgänger bekannt? ja nein

79	Werden Sie an Orten, wie Fahrstühle, Züge oder Tunnels, nervös?	ja	nein
80	Haben Sie jemals jemanden ausgenützt?	ja	nein
81	Reißen Sie gern Witze und erzählen Sie gern Ihren Freunden lustige Geschichten?	ja	nein
82	Zerbrechen Ihre Freundschaften leicht, ohne daß dies Ihr Fehler wäre?	ja	nein
83	Verkehren Sie gern mit Leuten?	ja	nein
84	Leiden Sie an Nervosität?	ja	nein
85	Sind Sie immer höflich, auch zu unangenehmen Leuten?	ja	nein
86	Würde Ihnen ein Tier leid tun, das in eine Falle geraten ist?	ja	nein
87	Sind Sie schlagfertig im Gespräch mit Leuten?	ja	nein
88	Haben Sie viele Tagträume?	ja	nein
89	Sind Sie immer besonders vorsichtig mit Dingen, die anderen Leuten gehören?	ja	nein
90	Bestehen Sie stets darauf, Ihren eigenen Willen durchzusetzen?	ja	nein
91	Würden Sie sich als unbekümmert bezeichnen?	ja	nein
92	Haben Sie viele Alpträume?	ja	nein
93	Wenn Sie sich in einer Menschenmenge befinden, haben Sie dann Angst vor einer Ansteckung durch Bazillen?	ja	nein
94	Würden Sie sich davor drücken, Steuern zu zahlen, wenn Sie sicher wären, daß man Sie nie ertappen wird?	ja	nein
95	Würde es Ihnen etwas ausmachen, für einen guten Zweck Dinge zu verkaufen oder Leute um Geld zu bitten?	ja	nein
96	Bemühen Sie sich, nicht grob zu Leuten zu sein?	ja	nein
97	Haben Sie jemals absichtlich etwas gesagt, um jemandem weh zu tun?	ja	nein
98	Sind Sie gleich gekränkt, wenn Leute Sie oder Ihre Arbeit kritisieren?	ja	nein
99	Wären Sie lieber auf einer einsamen Insel als inmitten einer geschäftigen Großstadtmenge?	ja	nein
100	Werden Sie manchmal ärgerlich?	ja	nein
101	Finden Sie das Leben manchmal einfach nicht lebenswert?	ja	nein
102	Fragen Sie im allgemeinen jemanden um Rat, ehe Sie Entscheidungen treffen?	ja	nein
103	Praktizieren Sie immer das, was Sie predigen?	ja	nein
104	Bleiben Sie immer heiter, auch wenn etwas schief geht?	ja	nein
105	Werden Sie von Schmerzen geplagt?	ja	nein

106 Haben Sie jemals gelogen? ja nein

107 Ist es Ihnen lieber, wenige, aber ganz besondere Freunde zu haben? ja nein

108 Sind gutes Benehmen und Sauberkeit wichtig für Sie? ja nein

109 Holen Sie sich lieber die Dinge, die Sie haben möchten, anstatt darauf zu warten, daß sie zu Ihnen kommen? ja nein

110 Haben Sie diesen Fragebogen ungern ausgefüllt? ja nein

Schlüssel zur Persönlichkeitsskala

P	*E*	*N*	*L*
7	5	2	4
–11	13	6	–8
15	18	10	12
–19	21	14	–16
31	25	17	20
–35	29	22	–24
43	–33	26	–28
–75	45	30	32
55	49	34	–40
63	–57	38	–52
78	–61	42	–60
82	65	50	–64
–86	–69	54	68
–89	73	58	–72
93	81	62	–80
–96	83	66	85
–100	87	70	–90
–106	91	74	–94
–108	–95	84	–97
110	–107	98	103

4
Soziale Einstellungen und Sexualverhalten

Außer den bereits erwähnten ausführlicher erörterten Fragebogen (Sexuelle Einstellungen, Sexualverhalten, Permissivität, Persönlichkeit) wurde an die Versuchspersonen unserer Hauptbefragung, wie in Kapitel 3 beschrieben, auch noch ein Fragebogen über die soziale Einstellung verteilt. Zweck dieser zusätzlichen Erhebung war natürlich, zu sehen, in welchem Ausmaß soziale Einstellungen mit sexuellen Einstellungen und Verhaltensweisen verbunden sein könnten. Der Fragebogen war eine Revision und eine Erweiterung jenes Fragebogens, der in *The Psychology of Politics* (Eysenck 1954) verwendet worden war. Er enthält achtundachtzig Items und auch Fragen bezüglich der sozialen Schicht und der Wählerabsichten der Versuchsperson. Man erwartete, daß die sich aus diesem Fragebogen ergebenden Hauptfaktoren Konservativismus und *»toughmindedness«* sein würden; diese zwei Hauptfaktoren zeigten sich ursprünglich in der Analyse, von der wir in *The Psychology of Politics* berichtet haben, und sind seither mehrfach bestätigt worden (vgl. Wilson 1973). Vor kurzem fanden wir heraus, daß ein dritter Faktor, Kapitalismus *vs.* Sozialismus, isoliert werden konnte; dieser Faktor war genügend unabhängig vom Konservativismus, um eine getrennte Messung zu verdienen, und demzufolge enthielt der hier verwendete Fragebogen etwas mehr Fragen über Sozialismus und Kapitalismus als der ursprüngliche. Unsere Erwartung, Beziehungen zwischen sozialen und sexuellen Einstellungen zu finden, war recht hoch angesichts dessen, daß

1. es einen starken genetischen Faktor in der Ursächlichkeit sozialer Einstellungen gibt,
2. soziale Einstellungen mit Persönlichkeitsfaktoren zusammenhängen,
3. diese Beziehungen selbst eher eine genetische als eine umweltbestimmte Basis haben (Eysenck und Eysenck 1974).

Die Erblichkeit des Konservativismus-Radikalismus-Faktors war 0,65, und die der *»toughmindedness«* 0,54; *»toughmindedness«* war signifikant mit den Persönlichkeitsfaktoren *E* und *P* auf einer genetischen Basis verbunden. In dieser Studie wurde kein eigener Faktor »Kapitalismus-Sozialismus« gesucht oder gefunden, da der ursprüngliche Fragebogen über soziale Einstellungen verwendet wurde (Eysenck 1954). Eine spätere Studie (Eysenck 1975 b) war geplant, um festzustellen, ob dies möglicherweise ein zusätzlicher, dritter Hauptfaktor auf dem Gebiet der sozialen Einstellungen sein könnte. Die Wahl der Items dieser Studie ähnelte jener der hier behandelten und mag darum wert sein, besprochen zu werden.

Als erstes wurde eine sorgfältige Überprüfung der veröffentlichten Artikel und Bücher durchgeführt, die sich mit sozialen Einstellungen befassen, und jedes Item registriert, das in irgendeiner Weise mit den drei mutmaßlichen Faktoren Konservativismus, Kapitalismus oder *»toughmindedness«* in Zusammenhang stand. Wiederholt aufscheinende und einander ähnliche Items wurden eliminiert, und die verbleibenden 176 Items wurden nach Zufall einer von zwei Gruppen, A und B, zugeteilt. Eine davon bildet die vorliegende Gruppe von Items, während die andere in der veröffentlichten Studie verwendet wurde. Man kann natürlich nicht behaupten, daß es uns auf diese Weise gelungen ist, eine echte Zufallsstichprobe aus allen relevanten sozialen Einstellung-Aussagen oder -Fragen herbeizuführen, aber diese Vorgangsweise scheint die Subjektivität auf ein gewisses Minimum zu reduzieren. Der Fragebogen wurde an eine recht zufällige Auswahl von Versuchspersonen verteilt ($n = 368$) und einer Faktorenanalyse unterzogen; drei wirklich unabhängige Faktoren, die mit Konservativismus, Kapitalismus und *»toughmindedness«* korrespondieren, wurden extrahiert (Eysenck 1975 b). Dieses Resultat legte nahe, daß sich ähnliche Faktoren aus der vorliegenden Studie, in der die zweite Gruppe von Items verwendet wurde, ergeben würden.

Der Fragebogen über die Öffentliche Meinung *(Public Opinion Inventory)* ist unten angegeben (Tabelle 4.1), zusammen mit den Instruktionen. Nach jeder Frage ist der Prozentsatz von Männern und Frauen angegeben, die die jeweilige Frage positiv beantworteten. Wir werden sehen, daß die Unterschiede zwischen Männern und Frauen, obwohl sie sich in vielen Items unterscheiden, insgesamt viel kleiner sind als beim Sexualeinstellung-Fragebogen. Es scheint, daß Männer und Frauen, insbesondere in Hinblick auf sexuelle Fragen, nicht übereinstimmen, während ihre Meinungsverschiedenheiten in Hinblick auf soziale Einstellungen eher gedämpft bleiben.

Tabelle 4.1 *Fragebogen der Öffentlichen Meinung (Public Opinion Inventory) und Prozentsatz der »ja«-Anworten von Männern und Frauen*

Geschlecht ______________________ Alter ______________________

Name ____________________________________ (freiwillig)

Wir hoffen, daß Sie für diese Untersuchung der öffentlichen Meinung Interesse finden. Weiter unten sind 88 Aussagen angegeben, die weit verbreitete Meinungen über verschiedene soziale Fragen repräsentieren, ausgewählt aus Büchern, Zeitungen und anderen Quellen. Sie wurden so ausgewählt, daß die meisten Leute sehr wahrscheinlich mit einigen von ihnen übereinstimmen und mit anderen nicht übereinstimmen werden.

Wir bitten Sie, nach jeder Aussage Ihre persönliche Meinung anzugeben. Verwenden Sie bitte folgendes System der Bezeichnungen:
++ wenn Sie mit der Aussage voll übereinstimmen,
\+ wenn Sie im großen und ganzen übereinstimmen,
0 wenn Sie sich nicht dafür oder dagegen entscheiden können, oder wenn Sie meinen, die Frage sei so formuliert, daß Sie keine Antwort geben können,
– wenn Sie mehr oder weniger nicht übereinstimmen,
–– wenn Sie überhaupt nicht übereinstimmen.

Bitte antworten Sie aufrichtig. Bedenken Sie, daß dies kein Test ist, daß es keine »richtigen« oder »falschen« Antworten gibt. Die erforderliche Antwort ist Ihre eigene persönliche Meinung. Passen Sie auf, daß Sie keine Frage auslassen.

Fragen Sie niemanden um Rat, während Sie Ihre Antworten geben.

	Meinungs-Feststellungen	Ihre Meinung	Soz. Einstellungen % der »ja«-Antworten M	F
1	Wir behandeln die Kriminellen zu hart; wir sollten versuchen, sie zu heilen, nicht sie zu bestrafen.	______	58	61
2	Es wird immer ein paar starke, fähige Leute geben müssen, die in Wirklichkeit über alles entscheiden.	______	72	78
3	Die Organisation der Vereinten Nationen ist unnütz und verdient nicht unsere Unterstützung.	______	9	9

			M	F
4	Pazifismus ist einfach keine anwendbare Philosophie in der Welt von heute.	______	39	28
5	Die Vorstellung von Gott ist eine Erfindung des menschlichen Geistes.	______	63	44
6	Wir sollten die Einwanderung in dieses Land nicht so beschränken, wie wir es in der Vergangenheit getan haben.	______	30	26
7	Privater Profit ist das Hauptmotiv für harte Arbeit.	______	61	60
8	In der heutigen Jugend findet man wenig Disziplin.	______	36	39
9	Es ist die moralische Verantwortung von starken Nationen, schwächere und ärmere Nationen zu schützen und ihnen bei ihrer Entwicklung zu helfen.	______	75	75
10	Sexualverbrechen, wie zum Beispiel Vergewaltigung oder Überfälle auf Kinder, verdienen mehr als bloße Gefängnisstrafe; solche Kriminelle sollten verprügelt oder noch härter bestraft werden.	______	25	31
11	Kommunisten sollten zum Staatsdienst nicht zugelassen werden.	______	33	31
12	Wir geben zu wenig Geld für Auslandshilfe aus.	______	39	33
13	Eine Besetzung durch eine fremde Macht ist besser als Krieg.	______	28	32
14	Der Durchschnittsmensch kommt auch ohne Religion gut zurecht.	______	82	77
15	In kapitalistischen Ländern besteht ein unvermeidlicher Konflikt zwischen Arbeitern und Unternehmern.	______	72	68
16	Großer Reichtum sollte viel mehr verteilt werden, als das heute der Fall ist.	______	71	67
17	Eine Notlüge ist oft eine gute Sache.	______	79	85
18	Die große Zunahme des Drogenkonsums bei Jugendlichen ist ein weiteres Beispiel dafür, wie verdorben unsere Gesellschaft ist.	______	31	37
19	Die Todesstrafe ist barbarisch, und ihre Abschaffung ist richtig und angebracht.	______	64	61
20	Die Polizei sollte das Recht haben, bei der Untersuchung eines Verbrechens private Telefongespräche abzuhören.	______	32	32
21	Der sogenannte Unterprivilegierte verdient kaum das Mitleid oder die Hilfe der Erfolgreichen.	______	13	12

			M	F
22	Als Nation haben wir niemals einen ungerechten Krieg geführt.	______	11	14
23	Wir sollten, ohne etwas in Frage zu stellen, alles glauben, was uns die Kirche lehrt.	______	2	3
24	In diesem Land steigen die Fähigsten zur Spitze auf.	______	36	37
25	Ein Unternehmen sollte das produzieren, was am profitabelsten ist, und nicht, was nach Meinung der Regierung im nationalen Interesse liegt.	______	32	23
26	Der praktische Mensch ist für die Gesellschaft nützlicher als der Denker.	______	18	20
27	Auch wenn sich die Massen manchmal recht dumm verhalten, habe ich großes Vertrauen zum gesunden Menschenverstand des Durchschnittsmenschen.	______	59	68
28	Die Erhaltung der inneren Ordnung in einer Nation ist wichtiger als die Garantie der vollen Freiheit für alle.	______	53	43
29	Armut, Geisteskrankheit und andere Probleme gehören zur Verantwortung der ganzen Gesellschaft.	______	95	95
30	Der Abwurf der ersten Atombombe auf eine japanische Stadt, die Tausende unschuldige Frauen und Kinder tötete, war moralisch falsch und unvereinbar mit unserer Zivilisationsform.	______	56	72
31	Das Leben von heute ist nicht vollkommen, aber es ist viel besser als früher.	______	82	77
32	Die Sonntagsmesse ist altmodisch und sollte aufhören, unser Verhalten zu bestimmen.	______	77	71
33	Kapitalismus ist unmoralisch, weil er den Arbeiter ausbeutet, indem er ihm nicht den vollen Wert seiner produktiven Arbeit ersetzt.	______	34	35
34	Heutzutage stecken immer mehr Leute ihre Nase in Dinge, die sie nichts angehen.	______	51	49
35	Es hat große Vorteile, wenn ein König (oder eine Königin) das Land regiert, vorausgesetzt, sie haben nicht zu viel Macht.	______	56	56
36	Der Großteil der modernen Kunst ist anmaßender Unsinn.	______	32	26
37	Der »Wohlfahrtsstaat« neigt dazu, die individuelle Initiative zu zerstören.	______	39	34
38	Der Mensch sollte die Freiheit haben, sich das Leben zu nehmen, wenn er will – ohne irgendeine Einmischung der Gesellschaft.	______	62	65

			M	F
39	Im großen und ganzen werden die Arbeiter in diesem Land von den Unternehmern gerecht behandelt.	______	62	69
40	Fängt man an, die Dinge allzu sehr zu verändern, dann macht man sie für gewöhnlich schlimmer.	______	19	20
41	Christus war göttlich, ganz oder zum Teil, in gewisser Weise anders als die anderen Menschen.	______	29	40
42	Die Verstaatlichung der Großindustrie wird sehr wahrscheinlich zu Ineffizienz, Bürokratie und Stagnation führen.	______	56	51
43	Die Menschen sollten erkennen, daß ihre größte Verpflichtung gegenüber ihrer Familie besteht.	______	49	49
44	Wettbewerb zwischen Unternehmern ist notwendig für den nationalen Wohlstand.	______		
45	Die meisten Streiks werden durch schlechtes Management verursacht.	______	36	36
46	Wir sollten eine Weltregierung haben, um das Wohlergehen aller Nationen zu sichern, ungeachtet der Rechte jeglicher Nation.	______	50	46
47	Außereheliche sexuelle Beziehungen sind immer falsch.	______	5	7
48	Die Art, in der Reichtum zurzeit verteilt ist, ist falsch und ungerecht.	______	57	56
49	Es ist immer eine gute Idee, zu überlegen, wie man die Dinge im Leben neu anpacken könnte.	______	96	93
50	Es gibt nicht so etwas wie »übernatürliche Kräfte«.	______	37	22
51	Wirtschaftliche Sicherheit für alle ist im Kapitalismus unmöglich.	______	37	36
52	Je weniger vom Staat kontrolliert wird, um so besser.	______	33	22
53	Für viele verantwortungsvolle Posten sind Frauen ungeeignet, so etwa für das Richteramt, Ministerposten und hohe Stellungen in Bankwesen und Industrie.	______	18	12
54	Gewerkschaften schaden dem industriellen Fortschritt mehr, als sie ihm nützen.	______	30	37
55	Ich würde mein Land sogar gegen meine Überzeugung unterstützen.	______	17	19
56	Freie Liebe zwischen Männern und Frauen sollte als Weg zu geistiger und körperlicher Gesundheit ermutigt werden.	______	46	39

			M	F
57	Wissenschaftliche Erfindungen haben uns zu schnell und zu weit vorangebracht; wir sollten uns nun eine Ruhepause gönnen.	______	26	33
58	Der Staat ist heutzutage zu sehr zentralisiert.	______	55	52
59	Negern wird oft die Möglichkeit eines guten Postens und einer Beförderung versagt, die den Weißen offen steht.	______	82	86
60	Unsere Nation ist demokratischer als irgendeine andere.	______	37	37
61	Wohnungen werden nie adäquat sein, solange nicht der Staat den gesamten Grundbesitz erwirbt.	______	19	12
62	Es ist ungerecht, daß die Gesellschaft den Männern größere sexuelle Freiheit gewährt als den Frauen.	______	77	81
63	Die Regierung sollte viel mehr tun, um die Aktivität der Gewerkschaften zu kontrollieren.	______	52	49
64	Im Falle einer Teilnahme an irgendeiner Form von Weltorganisation müßte dieses Land sicherstellen, daß nichts von seiner Unabhängigkeit und Macht verlorengeht.	______	36	50
65	Eine Politik der Geburtenkontrolle sollte verhindert werden.	______	2	2
66	Moderne Jugendliche sind um nichts unmoralischer als ihre Eltern oder Großeltern in diesem Alter gewesen sind.	______	77	73
67	Es mag ein paar Ausnahmen geben, aber im allgemeinen sind alle Juden so ziemlich gleich.	______	20	21
68	Arbeiter sollten an der Leitung der Unternehmen teilnehmen, in denen sie beschäftigt sind.	______	71	69
69	Frauen sind den Männern nicht wirklich ebenbürtig und werden es niemals sein.	______	24	28
70	Lehrern steht nicht zu, eine aktive Rolle in der Politik zu spielen.	______	17	14
71	Zensur an Büchern und Filmen sollte vollständig abgeschafft werden.	______	74	57
72	Ein nationaler Gesundheitsdienst gibt den Ärzten nicht Gelegenheit, das beste für ihre Patienten zu tun.	______	25	33
73	Den meisten Politikern kann man zutrauen, daß sie tun, was ihrer Meinung nach das beste für ihr Land ist.	______	37	34
74	Kriegsdienstverweigerer sind Verräter ihres Landes und sollten dementsprechend behandelt werden.	______	5	6

			M	F
75	Das Gesetz, das die Abtreibung einschränkt, sollte abgeschafft werden.	______	63	66
76	Die freizügigen modernen Formen der Kindererziehung sind besser als die älteren Methoden.	______	69	68
77	Alle Arten der Diskriminierung von Farbigen, Juden usw., sollten verboten und schwer bestraft werden.	______	65	70
78	Demokratie beruht im wesentlichen auf der Existenz eines freien Unternehmertums.	______	36	42
79	Wirtschaftskrisen und Arbeitslosigkeit sind die unvermeidlichen Folgen des Kapitalismus.	______	33	28
80	Die Regierung muß in erster Linie sicherstellen, daß die Arbeitslosenquote niedrig bleibt.	______	28	36
81	Das Schulentlassungsalter sollte so hoch wie möglich festgesetzt werden, egal ob die jungen Leute in der Schule bleiben wollen oder nicht.	______	27	21
82	Mir scheint, daß alles, wen immer man wählt, in ziemlich gleicher Weise weitergeht.	______	64	66
83	Dieses Land ist genauso egoistisch wie irgendeine andere Nation.	______	77	77
84	Im Interesse des Friedens muß die private Produktion von Waffen und Munition abgeschafft werden.	______	50	60
85	Die Nation ist zum Nutzen des einzelnen da, nicht der einzelne zum Nutzen der Nation.	______	62	61
86	Sobald es sich um die Dinge handelt, die wirklich zählen, sind ganz gewiß nicht alle Rassen ebenbürtig.	______	43	42
87	Stabiler Friede wird nur in einer sozialistischen Welt möglich sein.	______	20	23
88	Mit der Moral steht es in diesem Land ziemlich schlecht, und es wird immer schlechter.	______	14	18

Wenn Sie die Wahl hätten, wen würden Sie wählen?

89 Einen konservativen Kandidaten ______
90 Einen Labour-Kandidaten ______
91 Einen liberalen Kandidaten ______
92 Andere (genauer angeben) ______

Zu welcher Schicht würden Sie Ihre Familie zählen:

93 Zur Arbeiterklasse ______
94 Zum Mittelstand ______
95 Anderes (genauer angeben) ______

Was ist Ihr Beruf? (Hausfrauen, bitte den Beruf
des Ehemannes angeben)
Würden Sie ihn bezeichnen als:
Höheren Verwaltungsbeamten __________
Niederen Verwaltungsbeamten __________
Büroangestellten ________ / Facharbeiter ________
Angelernten Arbeiter _______ / Ungelernten Arbeiter _______

Frühere Arbeiten (Eysenck 1954) hatten gezeigt, daß Frauen weniger *»toughminded«* und konservativer sind; die wenigen Unterschiede in unserer Tabelle, die zehn Punkte überschreiten, bestätigen dies. Frauen sind mehr für den Pazifismus, gegen Waffenproduktion und halten den Abwurf der Atombombe für unmoralisch; sie sind religiöser, betonen den Glauben an Gott, die Göttlichkeit von Christus und das Bestehen übernatürlicher Kräfte. Sie unterstützen den Staat, die Zensur und eine Weltorganisation, die gegen den Nationalismus wäre; mit anderen Worten, sie sind auf der Seite von Gesetz und Ordnung, selbst im internationalen Bereich. Keiner dieser Unterschiede ist groß, und sie bewegen sich alle in der erwarteten Richtung. Es hätte wenig Sinn, eine Maskulinität-Feminität-Skala aus diesen Items zu konstruieren, wie wir es mit unserem Sexualeinstellungs-Fragebogen getan haben; es gibt auf dem Gebiet der allgemeinen Einstellungen einfach zu wenig Unterschiede zwischen Männern und Frauen, als daß dies möglich wäre.

Tabelle 4.2 gibt die Hauptresultate einer Faktoren-Analyse der Interkorrelationen (Produkt-Moment) der achtundachtzig Items des Fragebogens der Öffentlichen Meinung an. Drei Faktoren wurden aus der Interkorrelationsmatrix extrahiert und nach dem Promax-Verfahren auf schiefwinkelige Einfachstruktur rotiert; die Tabelle gibt die Ladungen an, die sich aus dieser Analyse ergeben; sie wurde für Männer und Frauen getrennt durchgeführt. Die resultierenden Faktoren sind für beide Geschlechter sehr ähnlich und werden identifiziert als

1. Konservativismus
2. Kapitalismus
3. *toughmindedness*.

Tabelle 4.3 zeigt die Interkorrelationen zwischen den drei Faktoren; Kapitalismus und Konservativismus zeigen eine mäßige bis hohe Korrelation, und beide korrelieren negativ und keineswegs hoch mit *»toughmindedness«*. Für alle praktischen Zwecke ist *»toughmindedness«* unabhängig von Kapitalismus wie von Konservativismus.

Tabelle 4.2 *Faktorenladungen der Items in Konservativismus, Kapitalismus und Toughmindedness*

	Konservativismus		Kapitalismus		Toughmindedness	
	M	F	M	F	M	F
1	–0,57	–0,58	–0,25	–0,20	0,01	0,00
2	0,33	0,42	0,30	0,11	0,00	0,01
3	0,53	0,37	–0,01	–0,12	0,28	0,16
4	0,31	0,37	0,12	0,16	0,07	0,04
5	–0,07	0,04	–0,05	–0,11	0,63	0,72
6	–0,42	–0,36	–0,25	–0,35	–0,04	0,07
7	0,61	0,45	0,04	0,08	0,15	0,23
8	0,57	0,53	–0,09	–0,06	–0,07	–0,08
9	–0,15	–0,28	–0,34	–0,21	–0,30	–0,25
10	0,67	0,74	–0,05	–0,12	–0,04	0,01
11	0,46	0,48	0,18	0,17	–0,12	–0,15
12	–0,57	–0,34	–0,24	–0,31	–0,26	–0,14
13	–0,22	–0,02	–0,19	–0,24	–0,01	0,10
14	0,16	0,15	–0,11	–0,09	0,65	0,71
15	0,25	0,16	–0,57	–0,47	0,14	0,16
16	–0,17	–0,09	–0,60	–0,69	–0,03	–0,09
17	0,15	0,24	0,10	0,06	0,28	0,41
18	0,54	0,44	–0,14	–0,13	–0,29	–0,34
19	–0,56	–0,61	–0,22	–0,19	–0,04	–0,17
20	0,18	0,30	0,14	0,09	–0,12	–0,02
21	0,40	0,45	0,09	0,08	0,14	0,16
22	0,52	0,57	–0,02	–0,15	–0,14	0,08
23	0,34	0,36	–0,23	–0,16	–0,38	–0,38
24	0,20	0,35	0,20	0,18	–0,09	0,05
25	0,37	0,43	0,25	0,21	0,08	0,03
26	0,50	0,54	–0,26	–0,19	0,04	0,03
27	0,30	0,17	–0,35	–0,19	–0,32	–0,14
28	0,19	0,42	0,30	0,06	–0,20	–0,02
29	–0,29	–0,30	–0,24	–0,21	–0,07	–0,08
30	–0,24	–0,28	–0,35	–0,32	–0,12	–0,17
31	–0,03	0,09	0,09	0,04	0,08	0,18
32	–0,02	0,06	0,07	–0,08	0,67	0,67
33	0,07	0,25	–0,82	–0,84	0,06	0,07
34	0,44	0,40	–0,28	–0,17	0,09	0,05
35	0,03	0,18	0,40	0,22	–0,21	–0,23
36	0,56	0,51	–0,02	–0,11	0,01	–0,07
37	0,42	0,40	0,19	0,22	0,02	0,03
38	0,13	0,12	–0,08	–0,09	0,45	0,44
39	0,15	0,10	0,57	0,55	–0,06	–0,10
40	0,45	0,55	–0,14	–0,09	–0,05	–0,01

	Konservativismus		Kapitalismus		Toughmindedness	
	M	F	M	F	M	F
41	0,01	–0,02	0,05	0,06	–0,68	–0,70
42	0,34	0,25	0,45	0,46	0,06	–0,04
43	0,46	0,45	–0,09	–0,08	–0,18	–0,09
44	0,38	0,32	0,46	0,42	–0,06	–0,07
45	0,06	0,10	–0,49	–0,51	–0,09	0,12
46	–0,22	–0,12	–0,22	–0,41	–0,02	0,03
47	–0,04	0,24	–0,07	–0,20	–0,62	–0,56
48	–0,23	–0,13	–0,58	–0,59	–0,01	–0,06
49	–0,02	–0,11	0,02	0,01	0,29	0,13
50	–0,02	0,02	–0,17	–0,15	0,38	0,39
51	0,13	0,17	–0,68	–0,67	0,12	0,11
52	0,11	0,20	–0,05	–0,11	0,11	0,24
53	0,54	0,43	–0,04	–0,11	–0,03	–0,12
54	0,47	0,50	0,18	0,21	0,01	0,04
55	0,46	0,51	0,06	0,02	–0,13	–0,08
56	0,25	0,14	–0,31	–0,16	0,52	0,63
57	0,18	0,18	–0,32	–0,27	–0,17	–0,20
58	0,16	0,11	–0,15	–0,24	–0,05	–0,02
59	–0,24	–0,25	–0,18	–0,19	0,10	0,02
60	0,27	0,28	0,09	0,03	–0,12	0,00
61	0,07	0,04	–0,71	–0,61	0,03	0,02
62	–0,34	–0,14	0,04	–0,16	0,12	0,17
63	0,35	0,35	0,44	0,43	–0,06	–0,04
64	0,73	0,59	–0,06	0,08	–0,02	–0,05
65	0,15	0,25	–0,15	–0,21	–0,32	–0,25
66	–0,15	–0,25	0,14	0,11	0,30	0,23
67	0,57	0,62	–0,21	–0,21	–0,03	0,04
68	–0,21	–0,26	–0,46	–0,45	–0,15	–0,04
69	0,47	0,51	–0,07	–0,05	–0,10	0,00
70	0,50	0,58	0,02	–0,03	0,01	0,02
71	0,05	–0,07	–0,13	–0,07	0,58	0,50
72	0,41	0,40	0,11	0,07	0,06	–0,02
73	–0,04	0,19	0,20	0,20	–0,25	–0,09
74	0,52	0,70	–0,02	–0,14	–0,03	0,01
75	0,02	–0,05	–0,06	–0,08	0,60	0,50
76	–0,18	–0,18	–0,08	–0,22	0,45	0,29
77	–0,20	–0,28	–0,17	–0,23	0,05	–0,05
78	0,51	0,40	0,21	0,28	–0,07	–0,10
79	0,10	0,19	–0,75	–0,72	0,06	0,04
80	0,49	0,39	–0,65	–0,58	–0,07	–0,06
81	0,08	0,26	–0,34	–0,35	–0,02	–0,09
82	0,42	0,32	–0,20	–0,18	0,14	0,11
83	–0,08	–0,16	–0,03	–0,03	0,18	0,13
84	–0,12	–0,13	–0,45	–0,43	–0,02	–0,11

	Konservativismus		Kapitalismus		Toughmindedness	
	M	F	M	F	M	F
85	–0,26	–0,21	0,11	0,06	0,11	0,04
86	0,49	0,47	0,15	0,12	0,06	0,04
87	0,05	0,00	–0,74	–0,74	0,09	0,01
88	0,32	0,35	–0,10	–0,16	–0,45	–0,43

Tabelle 4.3 *Interkorrelationen der drei Super-Faktoren für Männer (oberhalb der Diagonale) und Frauen (unterhalb der Diagonale): in Klammern die Interkorrelationen zwischen korrespondierenden Skalen*

	Konservativismus	Kapitalismus	Toughmindedness
Konservativismus	–	0,48 (0,49)	–0,19 (–0,17)
Kapitalismus	0,43 (0,40)	–	–0,16 (–0,19)
Toughmindedness	–0,27 (–0,30)	–0,16 (–0,22)	–

Items mit hohen Ladungen (über 0,35) identifizieren deutlich diese drei Faktoren. Der am klarsten umrissene Faktor von allen ist wahrscheinlich Kapitalismus *vs* Sozialismus; die Hauptitems mit hohen Ladungen in diesem Faktor sind folgende: Kapitalismus bedeutet nicht Konflikt zwischen den Klassen (Item 15); großer Reichtum sollte nicht verteilt werden (16); wenig Vertrauen zum kleinen Mann (27); Kapitalismus ist nicht unmoralisch (33); Monarchie ist für das Land ein Vorteil (35); Arbeiter werden gerecht behandelt (39); Verstaatlichung ist nicht effizient (42); Wettbewerb zwischen Unternehmern ist notwendig (44); Streiks werden nicht durch schlechtes Management verursacht (45); Verteilung des Reichtums ist nicht ungerecht (48); wirtschaftliche Sicherheit ist im Kapitalismus nicht unmöglich (51); Wohnungen werden auch ohne Verstaatlichung des Bodens adäquat sein (61); die Regierung sollte die Gewerkschaften kontrollieren (63); Arbeiter sollten keinen Anteil an der Leitung des Unternehmens haben (68); Krise und Arbeitslosigkeit sind nicht die unvermeidlichen Folgen des Kapitalismus (79); niedrige Arbeitslosenquote ist nicht dringliche Aufgabe der Regierung (80); private Waffenproduktion braucht nicht abgeschafft zu werden (84);

stabiler Friede ist nicht nur im Sozialismus möglich (87). Dies sind die Hauptitems für Männer; ihnen sollte man die folgenden von Frauen hinzufügen: Einwanderung sollte beschränkt bleiben (6); wir sollten keine Weltregierung haben (46); das Pflichtschulalter sollte nicht gehoben werden (81). Die Art dieser Items, und im besonderen der am höchsten ladenden Items, läßt keinen Zweifel am Charakter dieses Faktors übrig.

Der Konservativismus-Faktor ist durch die folgenden Items, die Ladungen über 0,35 besitzen, charakterisiert: Kriminelle werden nicht zu hart behandelt (1); Vereinte Nationen sind unnütz (3); Einwanderung sollte beschränkt sein (6); privater Profit ist das Hauptmotiv für Arbeit (7); es gibt wenig Disziplin bei der modernen Jugend (8); Sexualverbrecher verdienen Prügelstrafe (10); Kommunisten sollten kein Amt bekleiden dürfen (11); Auslandshilfe ist nicht zu gering (12); Drogenkonsum ist Zeichen des gesellschaftlichen Verfalls (18); Todesstrafe ist nicht barbarisch (19); der Unterprivilegierte verdient wenig Sympathie (21); unsere Nation hat nie einen ungerechten Krieg geführt (22); Unternehmen sollten profitabel sein (25); der praktische Mensch ist mehr wert als der Denker (26); mehr Leute stecken ihre Nase in fremde Dinge (34); moderne Kunst ist Unsinn (36); der Wohlfahrtsstaat zerstört Initiative (37); Veränderungen machen alles schlimmer (40); die größte Verpflichtung hat man gegenüber der Familie (43); Wettbewerb zwischen Unternehmern ist notwendig für Wohlergehen der Nation (44); Frauen sind für viele Positionen ungeeignet (53); Gewerkschaften richten Schaden an (54); man sollte sein Land immer unterstützen (55); Regierung sollte Gewerkschaften kontrollieren (63); nationale Unabhängigkeit bewahren (64); Juden sind sich alle ziemlich gleich (67); Frauen sind den Männern nicht ebenbürtig (69); Lehrer sollten sich aus der Politik heraushalten (70); nationaler Gesundheitsdienst ist schlecht (72); Kriegsdienstverweigerer sind Verräter (74); Demokratie beruht auf freiem Unternehmertum (78); niedrige Arbeitslosenquote nicht Hauptanliegen, wählen ist sinnlos (82), nicht alle Rassen sind ebenbürtig (86). Dem fügten die Frauen folgende Items hinzu: einige starke, fähige Leute sollten alles bestimmen (2); Pazifismus ist nicht praktizierbar (4); alles glauben, was uns die Kirche predigt (23); die Fähigsten steigen zur Spitze auf (24); Ordnung wichtiger als vollständige Freiheit (28); Moral ist in diesem Land ziemlich schlecht und wird immer schlechter (88).

Der dritte Faktor, *»toughmindedness«,* tritt weniger klar hervor als die beiden anderen, möglicherweise, weil die Wahl der

Items mehr darauf gerichtet war, Kapitalismus und Konservativismus näher zu identifizieren. Dennoch überschneiden sich die Items sehr beträchtlich mit jenen, die bisher für gewöhnlich diesen Faktor definierten. Das sind: Gott ist eine Erfindung des menschlichen Geistes (5); der Durchschnittsmensch kann auch ohne Religion ein gutes Leben führen (14); wir sollten nicht alles glauben, was uns die Kirche sagt (23); Sonntagsmesse ist altmodisch (32); Euthanasie ist eine gute Sache (38); Christus war nicht göttlich (41); stimme nicht zu, daß Sexualität außerhalb der Ehe falsch ist (47); es gibt keine übernatürlichen Kräfte (50); freie Liebe sollte unterstützt werden (56); Zensur sollte abgeschafft werden (71); Abtreibungsgesetz sollte abgeschafft werden (75); freizügige Kindererziehung ist gut (76); Moral von heute ist nicht schlecht (88). Die Frauen fügen folgendes hinzu: Eine Notlüge ist manchmal eine gute Sache (17); der wachsende Drogenkonsum ist kein Zeichen des gesellschaftlichen Zerfalls (18). Es wäre durchaus möglich, diesen Faktor so zu betrachten, als stünden Religion gegen Toleranz, ethische gegen hedonistische Ideale oder Idealismus gegen Realismus. Es hat jedoch wenig Sinn, über den Namen des Faktors lange zu diskutieren, wenn sein Charakter einigermaßen klar ist. Wir werden ihn hier weiterhin als *»toughmindedness«* bezeichnen, aber daran denken, daß die Items, die diesen Faktor ausmachen, kaum mehr als ein Skelett der größeren Anzahl darstellen, die ursprünglich verwendet wurde, um diesen Faktor zu definieren.

Drei Skalen wurden aufgestellt, um diese drei Faktoren zu messen; die Items, die in diesen Skalen enthalten sind, sowie ihre Schlüssel sind in Anhang E angegeben. Die Reliabilitäten dieser Skalen (Alpha-Koeffizienten) stellten sich wie folgt dar (Männer zuerst, Frauen als zweite); Kapitalismus: 0,84, 0,82; Konservativismus: 0,89, 0,89; *toughmindedness:* 0,76, 0,76. Sie sind für unsere Zwecke ausreichend.

Geschlechtsunterschiede auf diesen Skalen sind geringfügig oder überhaupt nicht vorhanden für Konservativismus und Kapitalismus, für *»toughmindedness«* jedoch bemerkenswert. Für Konservativismus sind die Scores bei Männern und Frauen $14{,}09 \pm 7{,}08$ und $14{,}55 \pm 7{,}00$; für Kapitalismus sind es $11{,}32 \pm 4{,}50$ und $10{,}85 \pm 4{,}12$. Keiner dieser Unterschiede ist signifikant. Für *»toughmindedness«* sind die Scores $12{,}40 \pm 2{,}89$ und $11{,}60 \pm 2{,}95$; dieser Unterschied ist signifikant auf dem 0,001-Niveau. Das Ergebnis, das stärkere *»toughmindedness«* bei Männern zeigt, stimmt mit früheren Arbeiten völlig überein. Der

Unterschied im Fall des Konservativismus ist, obwohl die Richtung, entsprechend früheren Arbeiten, stimmt, viel zu geringfügig, um irgendeine praktische Bedeutung zu haben.

Neben der eben beschriebenen Drei-Faktoren-Lösung, die uns im wesentlichen die Hauptfaktoren oder Faktoren höherer Ordnung angibt, hielten wir es auch für interessant, eine Primärfaktorenanalyse zu machen, indem wir zwölf Faktoren verwendeten und sie mittels des Promax-Verfahrens in einfache schiefwinkelige Struktur rotierten. Sieben dieser Faktoren ließen sich einfach und klar interpretieren; Ladungen in den Items über 0,35 sind unten angegeben, zusammen mit einer kurzen Erörterung jedes einzelnen Faktors. Faktor 1 ist ganz eindeutig »Kapitalismus« und in seinem Wesen der Drei-Faktoren-Lösung sehr ähnlich.

Faktor 1: Kapitalismus

Item männl.	Ladung	Item
2	0,51	Einige starke, fähige Leute sollten über alles entscheiden
15	–0,52	Im Kapitalismus besteht Konflikt zwischen Arbeitern und Unternehmern
16	–0,63	Reichtum verteilen
24	0,35	Die Fähigsten steigen zur Spitze auf
33	–0,80	Kapitalismus ist unmoralisch
35	–0,52	Monarchie ist ein Vorteil
39	0,63	Arbeiter werden gerecht behandelt
42	0,55	Verstaatlichung ist ineffizient
44	0,63	Wettbewerb zwischen Unternehmern notwendig
48	–0,56	Verteilung des Reichtums nicht gerecht
51	–0,72	Wirtschaftliche Sicherheit im Kapitalismus ist unmöglich
61	–0,69	Wohnungen nicht adäquat, ehe Bodenbesitz nicht verstaatlicht ist
63	0,47	Gewerkschaften sollten kontrolliert werden
68	–0,35	Arbeiter sollen an Leitung des Unternehmens teilnehmen
78	0,39	Demokratie beruht auf freiem Unternehmertum
79	–0,77	Wirtschaftskrise ist Ergebnis des Kapitalismus
80	–0,59	Regierung muß Arbeitslosenquote niedrig halten
87	–0,79	Stabiler Friede nur in sozialistischer Welt möglich

Item weibl.	Ladung	Item
6	–0,36	Einwanderung beschränken
15	–0,60	Im Kapitalismus besteht Konflikt zwischen Arbeiter und Unternehmer
16	–0,65	Reichtum verteilen
33	–0,82	Kapitalismus ist unmoralisch
37	0,35	Wohlfahrtsstaat zerstört Initiative
39	0,64	Arbeiter werden gerecht behandelt
42	0,41	Verstaatlichung ist ineffizient
44	0,40	Wettbewerb zwischen Unternehmern notwendig
48	–0,58	Falsche Verteilung des Reichtums
51	–0,71	Wirtschaftliche Sicherheit im Kapitalismus ist unmöglich
61	–0,56	Verstaatlichung des Bodens
63	–0,49	Regierungskontrolle der Gewerkschaften
79	–0,80	Wirtschaftskrise ist Ergebnis des Kapitalismus
80	–0,44	Arbeitslosenquote muß niedrig gehalten werden
87	–0,69	Friede ist nur in sozialistischer Welt möglich

Faktor 2 ist, zumindest für die Männer, ähnlich dem bereits besprochenen Faktor *»toughmindedness«;* bei den Frauen ist der religiöse Anteil dieses Faktors überwältigend stark, so daß man ihn für sie besser als »Anti-Religions-Faktor« oder ähnlich neu benennen sollte.

Faktor 2: »Toughmindedness«

Item männl.	Ladung	Item
5	0,70	Gott ist Erfindung des menschlichen Geistes
14	0,70	Gutes Leben auch ohne Religion
32	0,57	Sonntagsmesse ist altmodisch
38	0,36	Euthanasie
41	–0,72	Christus ist göttlich
47	–0,56	Sexualität außerhalb der Ehe ist falsch
50	0,56	Keine übernatürlichen Kräfte
56	0,47	Freie Liebe ist gut
71	0,53	Zensur abschaffen
75	0,55	Abtreibung abschaffen
76	0,45	Freizügige Erziehung ist gut
88	–0,43	Moral in diesem Land ist schlecht

Item weibl.	Ladung	Item
5	0,79	Gott ist Erfindung des menschlichen Geistes
14	0,72	Man kann ohne Religion leben
23	–0,41	Glaube alles, was uns die Kirche lehrt
32	0,54	Sonntagsmesse ist altmodisch
41	–0,82	Christus ist göttlich
50	0,68	Keine übernatürlichen Kräfte

Faktor 3 scheint sich mit Problemen der Diskriminierung, im besonderen der Diskriminierung von Frauen, zu befassen; er wird dementsprechend »Diskriminierung« genannt.

Faktor 3: Diskriminierung

Item	Ladung	Item
männl.		
53	0,65	Frauen für verantwortliche Positionen ungeeignet
62	0,61	Männer sollten nicht größere sexuelle Freiheit haben
67	0,36	Juden sind sich alle ziemlich gleich
69	0,70	Frauen sind den Männern nicht ebenbürtig
70	0,35	Lehrer sollten sich nicht mit Politik befassen
77	–0,38	Diskriminierung ist ungesetzlich
weibl.		
53	0,71	Frauen für verantwortliche Positionen ungeeignet
62	–0,49	Falsch, daß Männer größere sexuelle Freiheit haben sollten
65	0,53	Geburtenkontrolle verhindern
69	0,72	Frauen sind den Männern nicht ebenbürtig
70	0,40	Lehrer sollten sich nicht mit Politik befassen
74	0,42	Kriegsdienstverweigerer sind Verräter

Faktor 4 befaßt sich mit Pazifismus (strenggenommen mit Antipazifismus); alle Items sind im Einklang mit dieser Interpretation.

Faktor 4: Antipazifismus

Item	Ladung	Item
männl.		
4	0,62	Pazifismus ist nicht praktizierbar
13	–0,66	Besetzung durch ausländische Macht ist besser als Krieg
46	–0,41	Weltregierung
84	–0,36	Abschaffung der privaten Waffenproduktion
weibl.		
4	0,51	Pazifismus ist nicht gut
13	–0,68	Besetzung durch ausländische Macht ist besser als Krieg
55	0,37	Würde mein Land gegen meine Überzeugung unterstützen
60	0,47	Unsere Nation ist demokratischer als andere
82	–0,42	Wen du auch wählst, Dinge bleiben immer gleich
83	–0,61	Dieses Land ist ebenso egoistisch wie andere

Faktor 5 ist sehr gut definiert; es ist der Konservativismus-Faktor, dem wir bereits begegnet sind.

Faktor 5: Konservativismus

Item	Ladung	Item
männl.		
1	–0,42	Behandlung von Kriminellen ist zu hart
8	0,48	Wenig Disziplin bei der heutigen Jugend
10	0,46	Prügelstrafe für Sexualverbrecher
18	0,69	Drogenkonsum ist schlecht
19	–0,50	Todesstrafe ist barbarisch
20	0,49	Polizei hat recht, Telefon abzuhören
36	0,67	Moderne Kunst ist anmaßender Unsinn
37	0,48	Wohlfahrtsstaat zerstört Initiative
54	0,42	Gewerkschaften richten Unheil an
63	0,45	Regierung sollte Gewerkschaften kontrollieren
74	0,39	Kriegsdienstverweigerer sind Verräter
88	0,50	Moral in diesem Land ist schlecht
weibl.		
7	0,65	Privater Profit ist Motiv für Arbeit
8	0,43	Wenig Disziplin bei der heutigen Jugend
24	0,42	Die Fähigsten steigen zur Spitze auf

Item weibl.	Ladung	Item
34	0,62	Nase in anderer Leute Angelegenheit stecken
35	0,52	Monarchie hat Vorteile
40	0,69	Veränderung der Dinge macht alles nur schlechter
42	0,43	Verstaatlichung ist ineffizient
54	0,42	Gewerkschaften richten Unheil an
60	0,43	Unsere Nation ist demokratischer als andere
64	0,39	In Weltorganisation sollte man nicht die Unabhängigkeit verlieren
72	0,50	Nationaler Gesundheitsdienst ist nicht gut
78	0,46	Demokratie beruht auf freiem Unternehmertum
82	0,48	Wen du auch wählst, Dinge bleiben immer gleich

Faktor 6 könnte man als »Idealismus« bezeichnen; die Items weisen deutlich darauf hin, daß eine derartige Einstellung dahintersteht.

Faktor 6: Idealismus

Item männl.	Ladung	Item
9	–0,56	Moralische Verantwortung von starken Nationen
21	0,45	Unterprivilegierter verdient wenig Sympathie
29	–0,60	Armut ist Verantwortung des ganzen Landes
46	–0,47	Weltregierung
49	–0,44	Überlegen, wie Dinge im Leben neu anzupacken wären
68	–0,51	Arbeiter sollten an der Leitung von Unternehmen teilnehmen
weibl.		
1	0,37	Behandlung von Kriminellen ist zu hart
3	–0,38	Vereinte Nationen sind unnütz
4	–0,41	Pazifismus ist nicht gut
9	0,62	Starke Nationen beschützen die Schwächeren
10	–0,38	Prügelstrafe
12	0,36	Zu wenig Ausgaben für Auslandshilfe
19	0,39	Todesstrafe ist barbarisch
29	0,63	Armut ist Verantwortung der Gemeinschaft
30	0,45	Atombombe ist unmoralisch
49	0,41	Die Dinge im Leben neu anpacken
77	0,41	Diskriminierung ist ungesetzlich
84	0,38	Verstaatlichung der Waffenindustrie

Faktor 7 könnte man als »regierungsfreundlich« in dem Sinne bezeichnen, daß der Regierung nicht mißtraut wird und keine Abneigung gegen sie besteht.

Faktor 7: Regierungsfreundlich

Item	Ladung	Item
männl.		
28	0,36	Innere Ordnung ist wichtiger als Freiheit
34	–0,47	Leute stecken ihre Nase in fremde Angelegenheiten
52	–0,76	Je weniger der Staat eingreift, desto besser
58	–0,65	Staat ist zu zentralisiert
weibl.		
3	0,45	Vereinte Nationen sind unnütz
52	–0,56	Je weniger der Staat eingreift, desto besser
57	–0,58	Zu viele wissenschaftliche Erfindungen
58	–0,61	Staat ist zu zentralisiert
73	0,41	Politikern kann man vertrauen

Die verbleibenden Faktoren sind schwer oder unmöglich zu identifizieren und werden nicht angeführt.

Tabelle 4.4 zeigt die Korrelationen zwischen den Primär-Faktoren und Super-Faktoren im Bereich der sozialen Einstellungen auf der einen und den Persönlichkeits-Faktoren, sozialer Schicht und Altersstufe, auf der anderen Seite. Signifikante Korrelationen werden in Kursivschrift hervorgehoben; man sollte sie nur dann in Betracht ziehen, wenn eine Übereinstimmung zwischen Männern und Frauen besteht, zumindest hinsichtlich der Richtung der gefundenen Korrelation. Es mag nützlich sein, die wichtigsten Ergebnisse in Form einer Betrachtung der Variablen in jeder Spalte zu diskutieren. Fangen wir bei *P* an, so finden wir, daß Leute mit hohen *P*-Scores vorwiegend *»toughminded«* und im allgemeinen *»antiminded«* (gegen alles) sind; sie sind gegen Konservativismus, gegen die Regierung, gegen Kapitalismus, gegen Idealismus und gegen Pazifismus; der Großteil dieser Korrelationen ist ziemlich niedrig, mit Ausnahme jener, die *P* mit *»toughmindedness«* verbinden. Dieses Resultat ist nicht überraschend; im *Manual of the E. P. Q.– Eysenck Personality Questionnaire* (Eysenck und Eysenck 1975) haben wir bereits den Begriff *»toughminded«* als alternative Bezeichnung für *P* vorgeschlagen.

Tabelle 4.4 *Korrelationen der Primär- und Super-Faktoren im Bereich der sozialen Einstellung mit Persönlichkeit, Klasse und Alter. Durch Kursivschrift hervorgehobene Korrelationen sind signifikant auf dem p* < 0,05-Niveau

	P		E		N		L		Mittelstand		Alter	
	M	F	M	F	M	F	M	F	M	F	M	F
Kapitalismus	*–0,13*	*–0,24*	0,05	0,03	–0,08	–0,07	*0,10*	0,09	*0,11*	0,08	–0,01	0,09
Toughmindedness	0,27	0,16	–0,04	–0,04	0,02	0,07	*–0,13*	–0,08	0,02	0,05	–0,10	–0,01
Diskriminierung	0,05	*–0,12*	–0,04	–0,02	0,07	0,06	0,07	*0,23*	–0,03	0,01	0,04	0,22
Anti-Pazifismus	0,08	*0,26*	0,06	0,04	*–0,15*	–0,02	–0,02	*0,22*	0,05	–0,02	0,08	0,08
Konservativismus	0,03	–0,14	–0,06	–0,01	0,02	*0,25*	*0,20*	*0,14*	0,04	–0,03	*0,21*	0,05
Anti-Idealismus	*0,18*	0,06	–0,03	*–0,10*	0,05	–0,06	–0,02	0,00	–0,01	–0,04	–0,09	–0,03
regierungsfreundlich	–0,09	–0,08	–0,08	0,07	*–0,12*	*–0,12*	*0,16*	0,03	0,04	0,04	0,06	–0,03
Konservativismus	–0,02	*–0,18*	0,04	–0,04	0,06	*0,18*	*0,12*	*0,20*	–0,08	–0,08	0,06	0,07
Kapitalismus	–0,08	*–0,19*	0,02	–0,00	*–0,15*	–0,06	0,09	0,05	*0,13*	0,09	0,01	0,01
Toughmindedness	*0,33*	*0,31*	–0,01	0,02	0,01	–0,03	*–0,21*	*–0,20*	0,02	–0,04	*–0,18*	*–0,19*

Der Persönlichkeitsfaktor *F* hat kaum irgendwelche signifikanten Korrelationen mit den sozialen Einstellungen und scheint mit keiner der hier berücksichtigten Variablen verbunden zu sein. *N* zeigt eine gewisse leichte Korrelation mit Konservativismus (besonders unter den Frauen), aber diese Korrelation ist zu klein und unbestimmt, um ohne weiteres so interpretiert werden zu können. *L* steht ganz deutlich in einem gewissen Gegensatz zu *»toughmindedness«* und ist positiv mit Konservativismus korreliert. Diese Korrelationen sind nicht groß, und man sollte sie nicht überinterpretieren.

Korrelationen von Klasse und Alter sind durchwegs klein. Befragte des Mittelstands sind für den Kapitalismus und ein wenig gegen Konservativismus; dies ist nicht unerwartet (Eysenck 1975 b). Möglicherweise sind die Korrelationen auf Grund der Schwierigkeiten, die soziale Schicht aus den Antworten eines Fragebogens zu bestimmen, nicht größer; es besteht eine beträchtliche Ungenauigkeit, und es ist möglich, daß die Unzuverlässigkeit bewirkte, daß die beobachteten Korrelationen kleiner sind, als sie es sonst gewesen wären (besonders für Frauen).

Alter korreliert geringfügig mit Konservativismus, aber vermutlich viel weniger, als zu erwarten war. Es scheint auch, daß die Jugend in stärkerem Maße *»toughminded«* ist; dies stimmt mit der Beobachtung überein, daß *P*-Scores mit dem Alter abnehmen und daß *P* mit *»toughmindedness«* korreliert.

Wir wollen uns nun einer Betrachtung der Wechselbeziehungen (soweit vorhanden) zwischen den Sozialeinstellungs-Variablen und den Sexualeinstellungs-Variablen zuwenden. Wir erwarten nicht viel an Beziehungen für den Kapitalismus-Faktor; vom Konservativismus könnte man erwarten, daß er einige Korrelationen mit sexuellen Faktoren wie zum Beispiel Permissivität aufweist, aber im großen und ganzen zeigt auch der Konservativismus wahrscheinlich kaum irgendeine besonders enge Beziehung. Unsere Haupterwartungen müssen sich also auf *»toughmindedness«* richten; *»toughminded«*-Personen sind, wie wir gesehen haben, Leute mit hohen *P*-Scores, und das enge Verhältnis zwischen *P* und verschiedenen anderen Sexualitäts-Skalen wurde bereits aufgezeigt.

Wir wollen als erstes die primären Sozialeinstellungs-Faktoren betrachten. Konservativismus korreliert tatsächlich, wie erwartet, negativ mit Permissivität ($r = -0{,}22$) und ebenso mit Physischer Sexualität ($r = -0{,}20$). *»Toughmindedness«* korreliert 0,70 mit Permissivität, 0,28 mit Pornographie, 0,40 mit Unpersönlicher Sexualität, 0,20 mit Aggressiver Sexualität und 0,55 mit dem Libido-Superfaktor. Kapitalismus weist nur mit Permissivität eine Korrelation ($r = -0{,}22$) auf; Pazifismus korreliert mit Physischer Sexualität ($r = -0{,}22$) und mit Dominanz ($r = -0{,}37$). Für die Sozialeinstellungs-Superfaktoren sind die Beziehungen ähnlich. Kapitalismus korreliert nur mit Permissivität ($r = -0{,}22$); Konservativismus korreliert mit Permissivität ($r = -0{,}22$), Physischer Sexualität ($r = -0{,}23$) und Dominanz ($r = -0{,}28$). *»Toughmindedness«* korreliert mit Permissivität ($r = 0{,}74$), Pornographie ($r = 0{,}24$), Unpersönlicher Sexualität ($r = 0{,}41$) und dem Libido-Superfaktor ($r = 0{,}56$). Dies sind die Werte für die Männer; die Werte für Frauen sind ähnlich.

Bei Frauen korreliert der Primärfaktor Konservativismus mit Permissivität ($r = 0{,}23$), Physischer Sexualität ($r = -0{,}22$) und Dominanz ($r = -0{,}33$). *»Toughmindedness«* korreliert mit Permissivität ($r = -0{,}38$) Unpersönlicher Sexualität ($r = 0{,}20$ und dem Libido-Superfaktor ($r = 0{,}31$). Diskriminierung korreliert mit Permissivität ($r = 0{,}32$), Physischer Sexualität ($r = 0{,}23$) und Dominanz ($r = 0{,}30$). Pazifismus korreliert mit Permissivität ($r = -0{,}24$) und Dominanz ($r = -0{,}24$). Der Anti-Regierungs-Faktor korreliert mit Aggressiver Sexualität ($r = 0{,}20$). Wenn wir uns nun den Super-Faktoren zuwenden, so beginnen wir mit Konservativismus; er korreliert mit Permissivität ($r = -0{,}34$), Sexueller Erregung ($r = -0{,}22$), Schüchternheit ($r = 0{,}35$), Pornographie ($r = -0{,}25$), Neurotischer Sexualität ($r = 0{,}42$) und dem Libido-Superfaktor ($r = -0{,}28$)[1]. Kapitalismus korreliert mit Physischer Sexualität ($r = -0{,}25$) und Dominanz ($r = 0{,}42$). *»Toughmindedness«* korreliert mit Permissivität ($r = 0{,}67$) und mit Erregung ($r = 0{,}25$); die Korrelation mit dem Libido-Superfaktor ist 0,58. Die meisten dieser Korrelationen, wenn nicht alle, ergeben einen Sinn, so wie sie sind, und erfordern nicht viel Diskussion.

Man wird sich erinnern, daß fast die Hälfte der Stichprobe aus zusammengehörenden Paaren bestand, das heißt Männer und Frauen waren entweder verheiratet oder lebten auf halbwegs dauerhafter Basis zusammen. Interessant ist, festzustellen, in welchem Maße tatsächlich eine Partnerwahl auf Grund von Übereinstimmung in diesem Bereich stattfindet. Tabelle 4.5 zeigt die Resultate; man wird bemerken, daß Partnerwahl auf Grund von Übereinstimmung für die drei Super-Faktoren ziemlich stark, und für die Primär-Faktoren eher weniger stark ist. Man darf natürlich nicht vergessen, daß die in dieser Tabelle angegebenen

Werte genaugenommen keinen Beweis für Partnerwahl auf Grund von Übereinstimmung darstellen; die Einstellungen des Paares können sich in Richtung größerer Konformität verändert haben, nachdem sie begonnen hatten, zusammenzuleben. Es ist eine Streitfrage, ob diese Tatsache es ausschließt, daß die Werte in der Tabelle als Beweis für Partnerwahl auf Grund von Übereinstimmung betrachtet werden; in *einem* Sinn des Begriffs wäre die interessanteste Zeit nicht der Anfang der Verbindung, sondern vielmehr dann, wenn der Nachwuchs kommt. Wir besitzen keine Daten, auf die sich so ein Vergleich stützen könnte[2].

Tabelle 4.5 *Partnerwahl auf Grund von Übereinstimmung: Korrelationen zwischen Männern und Frauen, die verheiratet sind oder zusammenleben*

1 Kapitalismus	0,59
2 Toughmindedness	0,50
3 Konservativismus	0,42
4 Anti-Idealismus	0,36
5 Anti-Pazifismus	0,28
6 Regierungsfreundlich	0,21
7 Diskriminierung	0,18
SF1 Konservativismus	0,67
SF2 Kapitalismus	0,65
SF3 Toughmindedness	0,60
Soziale Schicht	0,40
Alter	0,88

Ebenfalls in Tabelle 4.5 angegeben sind die Werte, die mit sozialer Schicht und Alter etwas zu tun haben. Wir werden sehen, daß für das Alter Homogamie sehr deutlich ist; das war nur zu erwarten. Die Korrelation für soziale Schicht ist viel niedriger; dies mag zum Teil auf die Schwierigkeiten zurückgehen, die soziale Schicht überhaupt zu bestimmen, insbesondere bei Frauen. Die angegebene Zahl ist wahrscheinlich eine untere Grenze. Der wahre Wert liegt wohl darüber. Die Tabelle als Ganzes ermöglicht es uns, zu sagen, daß, wie im Fall der Intelligenz und anders als im Fall der Persönlichkeit, Vorliebe sich mit Vorliebe paart, was die sozialen Einstellungen betrifft; dies war auch im Fall von sexuellen Einstellungen unsere Schlußfolgerung.

Einen letzten Vergleich haben wir noch zu machen, nämlich den zwischen Leuten, die aussagen, sie hätten eine der Hauptparteien (Konservative, Labour, Liberale) oder irgendeine andere

Tabelle 4.6. *Sozialeinstellungs-Mittelwerte für Konservative-, Labour-, Liberale- und »andere«-Wähler: Männer*

Männer		Konservative-Wähler (126)	Labour-Wähler (149)	Liberale-Wähler (98)	Andere (48)	*p*
P		2,02± 1,77	2,27± 1,85	2,10± 1,63	3,23± 1,55	0,001
E		11,28± 4,31	10,67± 4,37	10,57± 4,74	10,91± 4,56	N.S.
N		8,60± 4,70	9,81± 5,16	9,33± 4,76	8,16± 4,88	N.S.
L		6,18± 3,30	5,44± 3,55	5,97± 3,48	5,18± 3,90	N.S.
Konservativismus		112,26±18,43	88,34±21,95	94,51±17,58	83,83±20,95	0,001
Kapitalismus		76,63± 8,18	56,72±10,35	67,29± 9,00	54,15±16,14	0,001
Toughmindedness		62,14± 9,42	64,72± 9,53	61,44± 9,72	67,99± 6,40	0,001
Permissivität		11,25± 2,74	11,92± 2,47	11,45± 2,87	12,74± 1,77	0,01
Befriedigung		8,45± 2,79	7,92± 2,94	7,48± 3,04	8,12± 3,02	N.S.
Neurotische Sexualität		5,47± 1,90	5,28± 2,05	4,87± 2,09	5,04± 1,98	N.S.
Unpersönliche Sexualität		6,99± 1,62	6,78± 1,75	6,62± 1,81	6,79± 1,68	N.S.
Pornographie		2,52± 2,21	3,11± 2,47	3,06± 2,50	2,88± 2,06	N.S.
Schüchternheit		5,70± 3,65	5,87± 3,52	5,82± 3,47	6,54± 3,66	N.S.
Prüderie		1,05± 1,31	1,03± 0,95	1,27± 1,37	1,27± 1,55	N.S.
Widerwille		7,20± 1,72	7,01± 1,57	6,62± 1,87	6,98± 1,68	N.S.
Erregung		1,82± 1,42	1,81± 1,26	2,15± 1,47	2.00± 1,36	N.S.
Physische Sexualität		2,31± 1,56	2,53± 1,45	2,26± 1,26	2,21± 1,18	N.S.
Aggressive Sexualität		1,02± 0,80	1,02± 0,78	1,18± 0,77	1,28± 0,93	N.S.
Sexualverhalten 1		9,15± 1,86	8,93± 2,09	8,20± 2,77	9,42± 1,80	0,01
Sexualverhalten 2		0,16± 0,46	0,17± 0,51	0,32± 0,78	0,70± 0,84	0,05
Sexualverhalten 3		1,20± 1,38	1,48± 1,74	1,70± 2,21	0,73± 0,84	0,01
Befriedigung	Super-	12,91± 2,94	12,23± 3,11	11,80± 3,26	12,34± 3,32	N.S.
Libido	faktoren	24,13± 7,16	29,76± 6,69	23,58± 6,94	26,00± 5,58	N.S.

Partei gewählt (was im Zusammenhang mit der betreffenden Stichprobe praktisch die Kommunistische Partei oder irgendeine andere linksgerichtete extremistische Gruppe bedeutet). (In Schottland oder in Wales oder in Nordirland würde der Begriff »andere« natürlich in der Mehrzahl der Fälle auf nationalistische Kandidaten hinweisen, da aber unsere Stichprobe ausschließlich aus Engländern bestand, stellt sich diese Frage nicht. Es mögen ein oder zwei Sympathisierende mit der Nationalen Front in der »anderen« Gruppe dabeigewesen sein, aber Bemerkungen und Kommentare, die in den Fragebogen hineingeschrieben wurden, weisen darauf hin, daß diese Möglichkeit, was die Mehrzahl der Befragten betrifft, nicht wahrscheinlich ist.) Es ist interessant und beruhigend im Hinblick auf die Repräsentativität der Stichprobe, daß die Anzahl der »Stimmen« für jede Partei ungefähr im gleichen Verhältnis steht wie bei den zwei allgemeinen Wahlen 1974. Die tatsächlichen Zahlen waren (Zahlen für Männer sind vor den Zahlen für Frauen angegeben): Konservative, 126 und 134; Labour, 149 und 157; Liberale, 98 und 110; andere, 48 und 28. Einige Versuchspersonen, die die Informationen über Wählerverhalten nicht angaben, wurden ausgelassen.

Mittelwert-Scores und Standardabweichungen von Wählern für diese vier Parteien wurden für die folgenden Scores berechnet: *P, E, N* und *L;* Konservativismus, Kapitalismus und *»toughmindedness«,* die elf primären Sexual-Faktoren (unter Verwendung der Fragebogen –, nicht der Faktoren-Scores); die drei Sexualverhalten-Scores und die zwei sexuellen Superfaktoren, Libido und Befriedigung. Die tatsächlich erlangten Scores sind in den Tabellen 4.6 und 4.7 angegeben; ebenso auch die *p*-Werte, die sich aus Varianzanalysen für jeden Score ergeben. Die Zahlen sollten für sich selbst sprechen, aber eine kurze Besprechung dürfte wertvoll sein. In dieser Besprechung haben wir uns auf Themen konzentriert, die von Bedeutung sind, und wo die Signifikanzwerte und die Übereinstimmung zwischen Männern und Frauen nahelegt, daß die Resultate reproduzierbar sind.

Was die Persönlichkeits-Skalen betrifft, so scheinen die folgenden Punkte erwähnenswert. Bei *P* sind, für Männer wie für Frauen, »andere«-Wähler deutlich höher als Wähler der orthodoxen Parteien; dies paßt sehr gut zu den Befunden von Eaves und Eysenck (1974), daß es genetische Bindeglieder zwischen *»toughmindedness«* und *P* gibt, und zu Eysencks Erkenntnis (1954), daß extremistische Parteien (Faschisten und Kommunisten) hohe Werte hinsichtlich *»toughmindedness«* haben. In Über-

Tabelle 4.7 *Sozialeinstellungs-Mittelwerte für Konservative-, Labour-, Liberale- und »andere«-Wähler: Frauen*

Frauen	Konservative-Wähler (134)	Labour-Wähler (157)	Liberale-Wähler (110)	Andere (28)	*p*
P	1,31± 1,35	1,51± 1,57	1,71± 1,59	2,52± 1,96	0,01
E	12,50± 3,50	12,06± 4,19	11,32± 3,74	12,79± 3,50	0,05
N	11,64± 4,53	10,81± 4,65	12,37± 4,79	11,43± 4,40	0,05
L	6,97± 3,84	6,68± 3,34	6,70± 3,26	5,02± 2,68	N.S.
Konservativismus	112,40±16,57	88,33±19,00	97,65±18,42	82,82±25,68	0,001
Kapitalismus	72,81± 8,11	57,38± 9,83	62,71± 8,36	55,50±17,83	0,001
Toughmindedness	57,60± 9,68	62,25± 9,54	60,67± 9,16	64,89± 6,14	0,001
Permissivität	10,25± 3,01	11,39± 2,68	10,67± 2,94	11,91± 2,04	0,01
Befriedigung	9,03± 2,77	9,04± 2,79	8,21± 2,92	8,00± 3,23	0,05
Neurotische Sexualität	4,66± 2,15	4,78± 1,81	4,34± 2,01	4,34± 1,57	N.S.
Unpersönliche Sexualität	4,94± 2,28	5,39± 2,17	5,02± 2,39	4,64± 2,02	N.S.
Pornographie	2,88± 2,28	2,40± 2,32	3,20± 2,42	2,84± 2,06	0,05
Schüchternheit	2,90± 2,82	3,58± 2,69	3,62± 3,00	4,43± 3,14	0,05
Prüderie	1,84± 1,37	1,33± 1,26	2,05± 1,79	1,30± 1,18	0,001
Widerwille	5,25± 2,35	5,82± 2,24	5,06± 2,51	5,54± 2,17	0,05
Erregung	2,38± 1,59	1,89± 1,53	2,60± 1,06	1,86± 1,12	0,001
Physische Sexualität	2,59± 1,52	2,71± 1,29	2,43± 1,41	2,91± 1,43	N.S.
Aggressive Sexualität	1,01± 0,67	1,14± 0,84	1,18± 0,79	1,20± 0,81	N.S.
Sexualverhalten 1	8,32± 2,37	8,86± 1,83	8,01± 2,55	8,82± 1,61	0,05
Sexualverhalten 2	0,90± 1,19	0,57± 1,10	1,09± 1,70	0,46± 0,69	0,01
Sexualverhalten 3	0,51± 1,11	0,62± 1,09	0,53± 1,07	0,61± 1,03	N.S.
Befriedigung	12,89± 3,14	13,08± 2,87	11,81± 3,25	12,11± 3,11	0,001
Libido	17,93± 7,18	20,11± 6,23	18,75± 7,35	19,70± 6,39	0,05

einstimmung damit finden wir, daß in unserer gegenwärtigen Studie auch »andere«-Wähler höhere *»toughmindedness«*-Scores haben, sowohl in der männlichen als auch in der weiblichen Stichprobe: Eaves und Eysenck (1974) fanden auch, daß *E* mit toughmindedness genetisch verbunden ist; in der vorliegenden Studie haben »andere«-Wähler hohe *E*-Scores in beiden Stichproben, aber konservative Wähler ebenfalls hohe *E*-Scores und sind weniger *»toughminded«* als »andere«- oder Labour-Wähler. Es ist möglich, daß diese Korrelationen auf unterschiedlichen Aspekten von Extraversion beruhen; vielleicht ist die Korrelation mit konservativer Wahl verbunden mit Soziabilität, und die mit »andere«-Wahl verbunden mit Impulsivität. Nur weitere Untersuchung kann in diesem Punkt entscheiden. Für *N* ergeben beide Geschlechter widersprüchliche Resultate, aber für *L* haben die Konservativen ganz deutlich die höchsten und »andere«-Wähler die niedrigsten Scores.

Das erste dieser beiden Resultate steht in guter Übereinstimmung mit den Ergebnissen von Wilson und Brazendale (1973), die eine Korrelation von 0,26 zwischen Konservativismus und *L* fanden; sie fanden auch eine Korrelation von –0,26 zwischen *L* und Realismus, welches ihre Bezeichnung für *»toughmindedness«* ist (Wilson 1973). Wilson und Brazendale fanden andere Korrelationen, die nicht mit unseren Entdeckungen übereinstimmen, zum Beispiel eine signifikante Korrelation zwischen *P* und Konservativismus und eine negative Korrelation zwischen *E* und Konservativismus. Sie fanden auch eine positive Korrelation zwischen *E* und Realismus-*»toughmindedness«*, die mit unseren allgemeinen Entdeckungen übereinstimmt. Ihre Ergebnisse basierten auf siebenundneunzig weiblichen Lehramtsstudenten, und es ist möglich, daß in solchen kleinen und eher nicht-repräsentativen Gruppen die Populationstrends umgekehrt sind; so neigen Studentengruppen dazu, außergewöhnlich »progressiv« zu sein, und man wird ein hohes *P* brauchen, um sich zu konservativen Neigungen zu bekennen! Auf ähnliche Weise mag auch die starke Popularität von »progressiven« Ideen die Konservativen weniger populär (niedriges *E)* und Leute mit hohen »Realismus«-Scores populärer machen (hohes *E).* Die Beziehung zwischen Persönlichkeit und sozialen Einstellungen erfordert klarerweise viele weitere Untersuchungen. Man sollte vielleicht hinzufügen, daß die Korrelation zwischen *L* und konservativer Wahl wahrscheinlich eher im Sinne des Konventionalität-Konformität-Aspektes dieser Skala als auf Grund ihrer Dissimulation messenden Eigenschaften zu erklären ist; die Korrelation zwischen *L* und *N* ist bei Konservativen nicht höher als bei anderen Gruppen, und wie Michaelis und Eysenck (1971) zeigten, weist gerade diese Korrelation auf Dissimulation hin.

Die Beziehung zwischen Wahlverhalten und den Sozialeinstellungsvariablen entspricht stark den Erwartungen, wobei konservative, liberale, Labour- und »andere« Wähler Scores auf Konservativismus und Kapitalismus besitzen, die in dieser Reihenfolge abnehmen. Wir haben uns bereits über die hohen *»toughmindedness«*-Scores bei »andere«-Wählern geäußert: am *»tendermindedness«*-Pol finden wir Liberale (was mit Eysencks Entdeckung von 1954 übereinstimmt) und bei den Frauen Konservative; es ist nicht klar, warum Frauen in dieser Hinsicht anders sein sollten als Männer. Abgesehen von dieser einen Ausnahme jedoch unterstützen die Resultate die ursprüngliche, von Eysenck aufgestellte Hypothese (1954) mit dem Ergebnis, daß politische Parteien in der Form eines Hufeisens im zweidimensionalen Raum angeordnet werden können, der durch die Konservativismus-Realismus- und *»toughmindedness-tendermindedness«*-Faktoren erzeugt wird, wobei die Liberalen im Mittelbereich des ersten Faktors und am äußersten Ende von *»tenderminded«* bei letzterem Faktor liegen, Konservative und Faschisten sich nach oben in Richtung *»toughmindedness«* und nach rechts in Richtung Konservativismus verteilen, und Labour-Wähler und Kommunisten nach oben in Richtung *»toughmindedness«* und nach links in Richtung Radikalismus divergieren.

Wenn wir uns als nächstes den Sexualeinstellungs-Variablen zuwenden, so finden wir geringere Unterschiede zwischen den Wählern der verschiedenen Parteien; dies ist natürlich nicht überraschend angesichts der Tatsache, daß die Programme der politischen Parteien selten oder niemals Vorschläge enthalten, die in diesem Bereich relevant sind. Auf Permissivität haben die Konservativen die niedrigsten Scores, die »anderen«-Wähler die höchsten; dies ist nicht überraschend. Bei Befriedigung kommen die Konservativen auf die höchsten Scores; dies kann einfach eine Ausbreitung konventioneller Gefühlsregungen sein, oder es mag die befriedigendere Natur von altmodischen, in der Familie begründeten Sitten enthüllen. Unsere Daten ermöglichen es uns nicht, diese Frage zu beantworten. Bei Neurotischer Sexualität ist es schwierig, irgendeine Struktur in den Antworten der beiden Geschlechter zu erkennen; dasselbe gilt für Unpersönliche Sexualität. Pornographie wird insgesamt von den liberalen Wählern am wenigsten ungünstig beurteilt. Sexuelle Schüchternheit ist am geringsten unter den Konservativen, am stärksten unter den »anderen«-Wählern; dies könnte mit dem hohen Maß an Extraversion bei Konservativen (Soziabilität?) verknüpft sein, aber es paßt nicht gut zu dem hohen Maß an Extraversion der »anderen«-Wähler (es sei denn, wir nehmen an, daß dies durch irgendeine andere Sub-Eigenschaft von *E* anstelle von Soziabilität hervorgerufen wird). Prüderie, Widerwille und Erregung liefern kein sehr unterschiedliches Bild für die Wähler der verschiedenen Parteien; so ist es auch mit Physischer Sexualität. Aggressive Sexualität zeigt einen leichten Trend zu hohen Scores bei »anderen«-Wählern; dies stimmt mit Eysencks und Coulters (1972) Entdeckung einer stärkeren Aggressivität bei Kommunisten und Faschisten überein[3]. Bei den Superfaktoren-Scores von Befriedigung und Libido bemerken wir abermals, daß Konservative zu den höheren Befriedigung-Scores neigen, obgleich dieses Ergebnis nicht ausreichend ist, um als gesichert zu gelten, ehe es sich wiederholt hat. Bei Libido sind die Ergebnisse für die beiden Geschlechter zu widersprüchlich, um irgendwelche Schlußfolgerungen zu ermöglichen. Keiner dieser Sexualverhaltens-Unterschiede ist sehr groß oder zwingend, und die Ergebnisse dürfen natürlich angesichts der geringen Größe und der nicht vollkommen repräsentativen Natur der Stichprobe nur mit besonderer Vorsicht aufgenommen werden.

Die Sexualverhaltens-Daten sind ebenfalls schwer zu interpretieren. Bei Sexualverhalten 1 (Habe ich getan . . .) ist das einzige konsistente Ergebnis die niedrige Position der Liberalen; auch im Zusammenhang mit den Libido-Superfaktor-Scores besteht eine Tendenz in diese Richtung. Dieses Verhaltenssyndrom läßt sich wiederum mit den *»tenderminded«*-Einstellungen der Liberalen, das heißt, mit ihrer idealistischen Weltanschauung, in Verbindung bringen. So gesehen, ergeben die Resultate (die natürlich einer Bestätigung bedürfen) möglicherweise einen gewissen Sinn. Sie werden zum Teil durch die hohen Scores der Liberalen auf Sexualverhalten 2 (Habe ich getan und hat mir nicht gefallen) bestätigt; so macht das Gewissen Feiglinge aus uns allen. Bei Sexualverhalten 3 (Habe ich nicht getan, würde es aber gern . . .) sind die Ergebnisse überhaupt nicht klar und für die beiden Geschlechter nicht übereinstimmend; vermutlich ist es das Beste, man versucht nicht, die Ergebnisse zu interpretieren.

Alles in allem, können wir wohl sagen, daß solche Ergebnisse, wie sie im Zusammenhang mit der Bevorzugung von politischen

Parteien aufgetreten sind, überhaupt keine starke Beziehung zu sexuellen Einstellungen und Verhaltensweisen zeigen, und daß die eher schwachen Verbindungen, die wir beobachten konnten, mit dem gesunden Menschenverstand und mit theoretischen Prognosen, die auf früheren Arbeiten beruhen, übereinstimmen. Natürlich wird noch eine Menge weiterer Arbeit notwendig sein, um das Ausmaß festzusetzen, in dem wir diesen Verallgemeinerungen Vertrauen schenken können; bestenfalls dienen sie dazu, detailliertere Hypothesen zur Überprüfung zu formulieren. Dieselbe Vorsicht sollte man auch bei der Interpretation der auftretenden Tendenzen bei Frauen, eine engere und signifikantere Beziehung zwischen Wählerverhalten und sexuellen Einstellungen zu zeigen, anwenden. Vielleicht stimmt es, was manchmal gesagt wird, daß Frauen alles vom Standpunkt der Sexualität betrachten, aber diese Daten reichen kaum aus, um die Wahrheit dieses alten Sprichworts zu beweisen.

ANMERKUNGEN

1 Diese Resultate ähneln sehr jenen, die von Thomas (1975) in einer Studie über 114 männliche und 223 weibliche Studenten berichtet wurden. Unter Verwendung der Wilson-Patterson-Skala über Konservativismus fand er eine Korrelation zwischen K und sexueller Erfahrung von −0,41. K korrelierte −0,58 mit Einstellungen zu vorehelicher Sexualität; Korrelationen von K mit Kirchenbesuch waren positiv ($r = 0{,}49$ für Männer, $r = 0{,}58$ für Frauen); und Kirchenbesuch korrelierte negativ mit sexueller Erfahrung ($r = -0{,}29$ beziehungsweise −0,48). Diese Korrelation erhielt man in Neuseeland.

2 Homogamie in bezug auf Einstellungen wurde umfassend in Arbeiten wie etwa jene von Kirkpatrick und Stone (1935), Morgan und Remmers (1935), Newcomb und Svehla (1937), Schiller (1932), Schooley (1936) und Schuster und Elterton (1906) dokumentiert. Alle fanden beträchtliche Korrelationen, die mit den hier vorgelegten vergleichbar sind.

3 Siehe auch die Arbeit von Jaffe und anderen (1974), die eine Verbindung zwischen sexueller Erregung und Aggressivität veranschaulicht.

Anhang E

Schlüssel für die Konservativismus-, Kapitalismus- und Toughmindedness-Skalen

Konservativismus		Kapitalismus	Toughmindedness
–1	53	–13	5
2	54	–15	9
3	55	–16	14
–6	64	–27	17
7	67	–30	32
8	69	–33	38
10	70	35	–41
11	72	39	–47
–12	74	42	49
18	78	44	50
–19	82	–45	56
20	86	–48	–65
21		–51	66
22		–57	71
23		–61	75
24		–68	76
25		–79	–88
26		–80	
28		–81	
34		–84	
36		–87	
37			
40			
43			

5
Sexuelle Einstellungen und Sexualverhalten bei psychiatrischen Patienten

Es schien interessant, die Einstellungs- und Verhaltensskalen, die wir in unserer Studie über normale Männer und Frauen verwendeten, auf eine besonders abnorme Stichprobe anzuwenden, um zu sehen, in welchem Maß die Beziehungen zwischen Faktoren und Persönlichkeit, und gar die eigentliche Natur der Faktoren, reproduziert werden könnten. Gerade die Abnormität der Stichprobe von geistesgestörten kriminellen Männern, die in Broadmoor getestet wurde, macht wahrscheinlich, daß, sollten sich unsere wichtigsten Ergebnisse bei ihnen wiederholen, nicht irgendein Mangel an Zufälligkeit in der Auswahl der ursprünglichen normalen Stichprobe für die Erzielung der beobachteten Ergebnisse verantwortlich sein konnte. Demzufolge wurden einer Stichprobe von 186 Broadmoor-Patienten die Persönlichkeits-Fragebogen, der Sexualeinstellungs-Fragenbogen und die in Kapitel 4 beschriebene Sexualverhaltens-Skala vorgelegt. Die Patienten gehören einer Population an, die von Tennent und anderen (1974) einigermaßen detailliert beschrieben wurde; sie waren durchwegs männlich, mit etwas höherem Durchschnittsalter als das unserer normalen Gruppe, und alle wurden als ausreichend intelligent beurteilt, um die Fragen zu verstehen, und als nicht zu sehr gestört, daß sie nicht der Situation entsprechend reagieren konnten. Jeder Test wurde persönlich von Frl. Gloria Bragança (1972) durchgeführt, die eine detaillierte Beschreibung der Stichprobe und der Testmethode gibt. Die Stichprobe unterscheidet sich nicht in signifikanter Weise von der Gesamtgruppe der Patienten hinsichtlich des Merkmals Straffälligkeit: 16 Prozent sind Sexualstraftäter; 11 Prozent waren wegen Brandstiftung eingewiesen worden; 26 Prozent wegen Mord und Totschlag; 28 Prozent wegen versuchten Mordes und Körperverletzung; 16 Prozent wegen anderer Gewalttätigkeiten, wegen tätlichen Angriffs und Eigentumsdelikten; und 3 Prozent waren aufgenommen worden nach der *Mental-Health*-Verordnung. Die Patienten unterzogen sich dem Test freiwillig, aber von allen, an die man herangetreten war, füllten über dreißig den Fragebogen nicht vollständig aus.

Tabelle 5.1 verzeichnet den Prozentsatz von »ja«-Antworten der Patienten und gibt außerdem zu Vergleichszwecken den Prozentsatz von »ja«-Antworten unserer normalen Stichprobe an, zitiert aus dem vorangegangenen Kapitel. Die Fragen 115 und 159 wurden von zu vielen Patienten ausgelassen, um sie in irgendeine unserer Analysen einschließen zu können.

Bei Betrachtung der Zahlen wird klar, daß die Broadmoor-Patienten insgesamt sexuell viel gehemmter sind als die »normale« Gruppe. Deshalb werden sie sexuell viel weniger leicht erregt; die Umstände müssen genau stimmen; sie denken nur selten an Sexualität; sie versuchen bewußt, sexuelle Gedanken auszuschalten; wenn sie starke sexuelle Gefühle haben, können sie sich nicht ausdrücken; sie denken nicht fast jeden Tag an Sexualität; sie sagen, daß sie nicht sehr leicht sexuell erregt werden; sie betrachten Sexualität als etwas, was nur der Reproduktion und nicht dem Vergnügen dient; Sexualität ist ihnen nicht allzu wichtig; der Gedanke an eine unerlaubte Beziehung erregt sie nicht; sie können sich mit Sexualität befassen oder es bleiben lassen. Sie ziehen scharfe Grenzen zwischen dem, was im sexuellen Verhalten richtig ist und was nicht; sie finden es widerwärtig, Tiere beim Geschlechtsverkehr zu beobachten; es gibt einige Dinge, die sie mit niemanden tun würden; sie finden den Gedanken an eine Sexorgie widerwärtig; sie meinen nicht, daß eine Frau manchmal sexuell aggressiv sein sollte; sie bevorzugen Geschlechtsverkehr unter der Bettdecke und im Dunkeln; sie haben nicht den Wunsch, ihre sexuellen Partner zu kratzen und zu beißen; sie lehnen ordinäre Schimpfwörter in gemischter Gesellschaft ab; sie finden Partnertausch geschmacklos; und sie finden manche Formen von Geschlechtsverkehr abstoßend. In sexuellen Angelegenheiten haben sie eher konservative Ansichten: Jungfräulichkeit ist der wertvollste Besitz eines Mädchens; es interessiert sie nicht, jemanden nackt zu sehen; sie würden ihre Kinder vor der Berührung mit Sexualität schützen; sie würden nicht die Gelegenheit nützen, Leute beim Geschlechtsverkehr zu beobachten; sie sind dagegen, daß die Veröffentlichung pornographischer Schriften gestattet wird; sie glauben an eine sexuelle Zensur; sie sind nicht für die doppelte Moral; sie glauben, daß sexuelle Freizügigkeit die Grundlagen der Gesellschaft unterhöhlt; sie halten sexuelle Spiele unter Kindern nicht für harmlos; und sie halten es für richtig, daß der Mann in der Partnerschaft dominieren soll.

Sie finden, daß ihr Leben nicht erfolgreich gewesen ist; sie fühlen, daß sie sexuell vernachlässigt wurden; ihr Liebesleben war eine Enttäuschung; sie finden es schwierig, mit Menschen des anderen Geschlechts zu sprechen; und sie fühlen sich wohler in Gegenwart von Gleichgeschlechtlichen. Wie wir gesehen haben, korreliert die Zufriedenheit mit dem eigenen Liebesleben negativ mit den Persönlichkeitsfaktoren *P* (Psychotizismus) und *N* (Neurotizismus); in dieser psychiatrisch abnormalen Gruppe ist es daher nicht erstaunlich, eine derartige Unzufriedenheit mit dem eigenen Liebesleben vorzufinden.

Die Persönlichkeits-Skalen-Scores der Patienten sind in Tabelle 5.2 angegeben, zusammen mit den normativen Scores einer Stichprobe von 1000 normalen Männern ähnlicher Altersstufe und sozialer Klasse. Die Patienten sind ganz deutlich introvertierter, neurotischer und ein wenig höher in *P*. Dieser geringe Unterschied in *P* mag in einer Stichprobe von geisteskranken Menschen zunächst seltsam erscheinen, aber er findet in dem extrem hohen *L*-Score dieser Gruppe seine Erklärung, der beträchtlich mehr als doppelt so hoch ist wie jener der normalen Standardisierungs-Gruppe. Es kommt oft vor, daß Psychotiker hohe *L*-Scores liefern und damit eine Tendenz zur Dissimulation zeigen, die tatsächlich ihre *P*-und *N*-Scores, manchmal sehr deutlich, herabsetzt (Eysenck und Eysenck 1976). Wären die Antworten ehrlich, so wären die *P*- und *N*-Scores ohne Zweifel beträchtlich höher gewesen. Diese hohen *L*-Scores müssen natürlich einige Zweifel an der Genauigkeit und Aufrichtigkeit der Antworten, die auf die Sexualfragebogen gegeben wurden aufkommen lassen.

Tabelle 5.1 *Prozentsatz der »ja«-Antworten von Broadmoor-Patienten und normalen Männern auf Sexual-Fragebogen-Items. Items mit Sternchen wurden von der Faktorenanalyse ausgenommen*

Frage	Broadmoor	Normale	Frage	Broadmoor	Normale
1	60	49	78	55	74
2	58	43	79	69	82
3	52	15	80	57	56
4	49	64	81	23	9
5	51	8	82	51	19
6	37	5	83	12	8

Frage	Broadmoor	Normale	Frage	Broadmoor	Normale
7	48	50	84	25	13
*8	18	4	85	53	73
9	60	69	86	27	35
10	60	81	87	37	9
11	44	22	88	13	0
*12	20	5	89	35	41
13	37	43	*90	36	7
14	18	10	91	58	45
15	18	4	92	12	18
16	50	32	93	57	78
17	19	12	94	18	17
18	13	6	95	18	31
19	51	35	96	49	55
20	54	54	97	16	7
21	46	24	*98	12	1
22	47	45	99	18	6
23	29	3	100	10	9
24	31	34	101	12	26
25	79	78	102	32	21
26	25	16	103	56	64
*27	34	20	104	60	45
*28	46	56	105	11	3
29	39	17	106	33	44
30	59	75	*107	66	29
31	24	29	108	56	44
32	16	9	109	40	11
*33	22	5	110	32	12
34	70	50	111	50	57
*35	85	96	112	65	69
36	60	57	113	56	65
37	46	87	114	52	39
38	17	7	*115	40	55
39	48	68	116	26	53
40	38	15	117	18	5
41	23	10	118	23	11
42	30	32	119	23	33
43	72	80	120	32	52
44	21	13	121	18	24
*45	9	1	122	73	66
46	26	25	123	11	8
47	35	20	124	12	6
48	9	7	125	59	69
49	32	24	126	17	6
50	66	76	127	34	21

Frage	Broadmoor	Normale	Frage	Broadmoor	Normale
51	10	3	128	20	9
52	25	8	129	24	19
53	34	31	*130	30	38
*54	34	14	131	63	63
55	82	95	132	68	53
56	18	13	133	18	13
57	70	85	134	63	41
58	25	6	135	64	37
59	22	11	*136	24	16
60	37	24	*137	24	16
61	19	6	*138	74	83
*62	48	39	139	18	3
63	59	95	*140	13	5
64	17	7	141	79	90
65	47	34	*142	68	41
*66	52	58	*143	53	26
67	58	69	144	32	36
68	19	22	145	55	55
69	34	6	146	47	15
*70	81	84	147	49	29
71	62	74	*148	65	59
72	40	42	149	30	22
73	73	87	150	33	20
74	70	67	151	77	85
75	26	54	152	74	86
76	74	84	153	38	48
77	35	67			

Der Sexualeinstellungs-Fragebogen wurde einer Faktorenanalyse unterzogen, aber wie im Fall der normalen Stichprobe war es unmöglich, alle Fragen zu verwenden, da der Computer nicht mehr als 135 Items zu bearbeiten vermochte. Es wurde entschieden, 131 Items auszuwählen, die vorwiegend, aber nicht völlig identisch mit den kurz zuvor in unserer normalen Stichprobe verwendeten Items waren, und die *P*-, *E*-, *N*- und *L*-Skalen in die Analyse einzubeziehen. Die Items, die aus dem Sexualeinstellungs-Fragebogen ausgelassen wurden, sind in Tabelle 5.1 durch Sternchen gekennzeichnet, um eine Identifizierung zu ermöglichen.

Eine Faktorenanalyse der Korrelation zwischen den 131 Items

Tabelle 5.2 *Persönlichkeits-Skalen-Scores der Broadmoor-Patienten und der Standardisierung-Stichprobe*

	Broadmoor	Standardisierung
P	2,69±2,36	2,50±2,71
E	11,45±3,89	12,75±4,11
N	9,52±5,33	7,33±4,37
L	8,03±4,68	3,64±2,34

und den vier Persönlichkeits-Skalen ergab zehn interpretierbare Faktoren. Sie sind weiter unten angegeben; in jedem Fall ist der Faktor bezeichnet, und die Items mit den höchsten Sättigungen sind angegeben, zusammen mit den Ladungen und der Item-Nummer im tatsächlich verwendeten Fragebogen. Dies dient dazu, dem Leser die Überprüfung der Formulierung des Items zu ermöglichen; die Formulierung in den unten angegebenen Tabellen wurde aus dem Original frei wiedergegeben, um allzu lange Aussagen zu vermeiden. Die tatsächlichen Faktoren sind jenen sehr ähnlich, die wir aus unserer normalen Gruppe erhielten, obwohl die in die Analyse aufgenommenen Items nicht in jedem Fall dieselben waren; dies mag die gelegentlichen Unterschiede erklären. So wurden in diese Analyse Items eingeschlossen, die sich auf Homosexualität bezogen und einen Faktor der Homosexualität ergaben, während diese Items in der Analyse unserer normalen Stichprobe zum Großteil ausgeschlossen worden waren und somit keinen derartigen Faktor ergaben. Die Benennung der Faktoren ist natürlich etwas subjektiv; wir folgten dem Benennungsvorgang der korrespondierenden Faktoren in der normalen Gruppe.

Weiter unten sind die Details in bezug auf Faktor 1, Permissivität, dargelegt. Die Aussagen sind in derselben Richtung formuliert wie im Fragebogen; wenn vor der Ladung ein Minuszeichen steht, sollte die Aussage natürlich umgekehrt lauten. Folglich denken die Leute mit hohen Werten im Permissivitäts-Faktor *nicht* nur selten an Sexualität. Wir werden sehen, daß Personen mit hohen *L*-Scores nicht permissiv sind, während das bei Personen mit hohen *E*-Scores der Fall ist, ebenso bei Personen mit hohen *P*-Scores.

Faktor 1: Permissivität

Frage	Ladung	
6	–0,44	Denke nur selten an Sexualität
17	–0,51	Störend, *petting* in der Öffentlichkeit zu sehen
23	–0,43	Versuche, sexuelle Gedanken auszuschalten
30	–0,37	Es braucht nicht viel, um mich sexuell zu erregen
37	0,31	Denke fast jeden Tag an Sexualität
38	–0,46	Man sollte nicht vor der Ehe mit Sex experimentieren
39	0,36	Werde leicht sexuell erregt
41	–0,34	Besser kein Geschlechtsverkehr vor der Ehe
51	–0,63	Lasse mich nicht gern küssen
55	0,57	*Petting* bereitet mir Vergnügen
58	–0,59	Interessiert mich nicht, jemanden nackt zu sehen
63	0,37	Eine Frau sollte manchmal sexuell aggressiv sein
82	–0,30	Die doppelte Moral, die Männern größere Freiheiten gewährt, ist natürlich
88	–0,61	Sexualität sollte der Reproduktion dienen, nicht dem Vergnügen
109	–0,53	Sexualität ist nicht so wichtig
110	–0,38	Die meisten Männer sind verrückt nach Sex
112	0,42	Genieße langes Coitus-Vorspiel
116	0,32	Kratze und beiße Partner manchmal gern beim Geschlechtsverkehr
141	0,41	Nackter Körper ist mir angenehm
154	0,38	Bevorzuge häufigen Geschlechtsverkehr
P	0,24	
E	0,31	
N	–0,06	
L	–0,39	

Faktor 2 steht in Verbindung mit Befriedigung. Dieser Faktor korreliert positiv mit *E*, negativ mit *P* und *N*. Es gibt keine Korrelation mit *L*.

Faktor 2: Befriedigung[1])

Frage	Ladung	
4	0,61	Bin zufrieden mit meinem Geschlechtsleben
11	–0,68	Wurde sexuell vernachlässigt
14	–0,33	Sexuell eher unattraktiv
19	–0,52	Etwas fehlt in meinem Geschlechtsleben
21	–0,33	Liebesleben war eine Enttäuschung
75	–0,35	Hatte manchmal feindliche Gefühle gegen meinen Partner
111	–0,34	Gut im Bett zu sein, ist wichtig bei Ehepartnern

Frage	Ladung	
112	0,30	Glaube, daß meine sexuellen Aktivitäten durchschnittlich sind
126	–0,36	Ertrage es nicht, daß mich jemand berührt
P	–0,14	
E	0,29	
N	–0,22	
L	–0,01	

Faktor 3 hat mit Neurotischer Sexualität zu tun. Es überrascht nicht, daß *N* eine hohe Korrelation mit diesem Faktor hat ($r=0{,}51$). Auch *P* ist positiv mit diesem Faktor korreliert, während *E* negativ korreliert ist. Die *L*-Skala zeigt wiederum keine bemerkenswerte Beziehung mit dem Faktor.

Faktor 3: Neurotische Sexualität

Frage	Ladung	
14	0,35	Bin sexuell unattraktiv
18	0,47	Sexuelle Gefühle sind manchmal unangenehm
23	0,32	Versuche bewußt, sexuelle Gedanken auszuschalten
24	0,42	Hatte Schuldgefühle wegen sexueller Erlebnisse
26	0,51	Habe Angst, was ich sexuell anstellen könnte
31	0,35	Einfluß der Eltern hat mich sexuell gehemmt
32	0,70	Sexuelle Gedanken stören mich mehr, als sie sollten
44	0,70	Gewissen plagt mich zu sehr
46	0,43	Sexuelle Gefühle überwältigen mich
48	0,74	Sexuelle Gedanken machen mich fast verrückt
56	0,66	Mache mir viel Sorgen um Sexualität
59	0,78	Manchmal machen mich Gedanken an Sexualität nervös
60	0,48	Manchmal haben mich perverse Gedanken geplagt
68	0,41	Hatte manchmal den Wunsch, Sexualpartner zu erniedrigen
84	0,42	Hatte einige unangenehme sexuelle Erlebnisse in meiner Jugend
111	–0,48	Gut im Bett zu sein, ist wichtig bei Ehepartnern
117	0,33	Niemand hat mich bisher sexuell befriedigt
124	0,51	Habe Angst vor sexueller Beziehung
139	0,42	Kann sexuelle Angelegenheiten nicht mit meiner Frau besprechen
P	0,25	
E	–0,31	
N	0,51	
L	–0,10	

Faktor 4 hat mit Ursprünglicher Sexualität zu tun. Hier hat *L* eine hohe negative Ladung, während *P* und *E* kleine positive Ladungen besitzen.

Faktor 4: Unpersönliche Sexualität

Frage	Ladung	
13	0,39	Brauche Partner nicht zu respektieren oder zu lieben, um *petting*/Geschlechtsverkehr zu genießen
34	–0,39	Manche Dinge würde ich mit niemandem tun
72	0,41	Hatte mehr als eine sexuelle Beziehung zur gleichen Zeit
77	0,35	Wenn ich Gelegenheit hätte, Leute beim Geschlechtsverkehr zu beobachten, würde ich sie nützen
97	0,47	Bevorzuge jede Nacht einen anderen Sexualpartner
102	0,38	Geschlechtsverkehr mit Fremdem aufregender
108	–0,34	Sexualpartner befriedigt meine physischen Bedürfnisse
119	0,70	Gruppensex gefällt mir
120	0,49	Gedanke an heimliche Beziehung erregt mich
146	–0,34	Einige Formen von Geschlechtsverkehr finde ich abstoßend
152	0,31	Würde ein angebotenes hochpornographisches Buch annehmen
153	0,77	Würde Einladung zu Orgie annehmen
P	0,18	
E	0,18	
N	0,07	
L	–0,31	

Faktor 5 hat eindeutig mit Pornographie zu tun. Es ist interessant zu bemerken, daß eine Vorliebe für Pornographie positiv mit Extraversion und negativ mit dem *L*-Score korreliert ist.

Faktor 5: Pornographie

Frage	Ladung	
25	0,39	Würde mich nicht stören, wenn Person, die ich heirate, keine Jungfrau wäre
36	0,35	Verständnis für Homosexuelle
43	0,79	Sehe mir gern Sexfotos an
61	–0,32	Peinlich, über Sexualität zu sprechen
64	–0,40	Witze über Sexualität widerwärtig
73	0,50	Homosexualität ist für manche Leute normal
76	0,76	Sehe mir gern Aktfotos an
78	0,37	Veröffentlichung pornographischer Schriften sollte gestattet sein
81	–0,67	Zu viele unmoralische Stücke im Fernsehen
82	0,38	Doppelte Moral ist natürlich und sollte aufrechterhalten bleiben.
87	–0,52	Sexuelle Freizügigkeit unterhöhlt zivilisierte Gesellschaft
91	–0,40	Überbewertung der Sexualität wird durch Medien verursacht
123	–0,62	Es verwirrt mich, Sexfotos anzusehen
149	–0,45	Lesen von Sexmagazinen zeigt unreife Einstellung zur Sexualität
151	0,56	Würde mir »Porno«-Filme ansehen
152	0,46	Würde pornographisches Buch annehmen
P	–0,01	
E	0,31	
N	–0,11	
L	–0,34	

Faktor 6 hat eindeutig mit Sexueller Nervosität zu tun. Dieser Faktor korreliert negativ mit Extraversion und positiv mit Neurotizismus.

Faktor 6: Sexuelle Nervosität

Frage	Ladung	
4	–0,44	Bin zufrieden mit meinem Geschlechtsleben
7	0,39	Kontrolle von sexuellen Gefühlen war mir ein Problem
16	–0,41	Sexuelle Kontakte waren mir nie ein Problem
19	0,40	Etwas fehlt in meinem Geschlechtsleben
20	–0,39	Mein sexuelles Verhalten hat mir nie Schwierigkeiten eingebracht

Frage	Ladung	
21	0,46	Liebesleben war eine Enttäuschung
22	0,43	Hatte nie viele Rendezvous
29	0,57	Habe starke sexuelle Gefühle, kann sie aber, bei Gelegenheit, nicht ausdrücken
47	0,76	Bin in Gegenwart des anderen Geschlechts nervös
50	–0,75	Fühle mich wohl in Gegenwart des anderen Geschlechts
52	0,81	Schwierig, mit dem anderen Geschlecht zu sprechen
53	0,41	War schon ziemlich alt, als ich aufgeklärt wurde
61	0,38	Peinlich, über Sexualität zu sprechen
72	–0,40	Hatte mehr als eine sexuelle Beziehung zur gleichen Zeit
113	–0,31	Finde es leicht, dem Partner zu sagen, was ich beim Geschlechtsverkehr mag oder nicht mag
118	0,33	Fühle mich sexuell weniger auf der Höhe als meine Freunde
P	0,10	
E	–0,28	
N	0,31	
L	–0,14	

Faktor 7 hat mit Sexueller Erregung zu tun. Dieser Faktor hat nur eine niedrige Ladung in Extraversion.

Faktor 7: Erregung

Frage	Ladung	
30	0,38	Es braucht nicht viel, mich sexuell zu erregen
39	0,32	Werde sehr leicht sexuell erregt
65	0,31	Mein Grundsatz, mein Vergnügen zu holen, wo es zu finden ist
80	0,34	Entscheidung für Abtreibung sollte ganz allein Sache der Frau sein
82	0,37	Doppelte Moral gibt Männern größere Freiheit
91	0,32	Überbewertung der Sexualität wird durch Film, Fernsehen, Werbung verursacht
99	–0,38	Bevorzuge um mehrere Jahre ältere Partner
132	–0,43	Zärtlichkeit ist wichtigste Qualität
147	0,67	Richtig, daß der Mann in der sexuellen Beziehung dominant sein soll
P	–0,07	
E	0,15	
N	0,05	
L	0,06	

Faktor 8 beschäftigt sich mit Physischer Sexualität. Er hat positive Ladungen in Psychotizismus und Neurotizismus.

Faktor 8: Physische Sexualität

Frage	Ladung	
39	0,40	Werde sehr leicht sexuell erregt
42	0,36	Farbiger Sexualpartner besonders erregend
79	0,56	Wenn erregt, kann ich an nichts anderes als an Befriedigung denken
86	0,63	Sexualität ist mein größtes Vergnügen weit und breit
106	0,56	Wenig Dinge sind wichtiger als Sexualität
110	0,57	Die meisten Männer sind verrückt nach Sex
127	0,46	Physische Sexualität ist wichtigster Teil der Ehe
P	0,25	
E	0,02	
N	0,20	
L	0,01	

Faktor 9 hat mit Sexueller Aggressivität zu tun. Er hat positive Ladungen in Psychotizismus und negative Ladungen in *L*.

Faktor 9: Aggressivität

Frage	Ladung	
100	0,55	Sexuelle Phantasien beinhalten oft Schlagen
101	0,61	Mache Vokalgeräusche beim Geschlechtsverkehr
113	0,30	Finde es leicht, dem Partner zu sagen, was ich beim Geschlechtsverkehr mag/nicht mag
116	0,52	Habe den Wunsch, Partner beim Geschlechtsverkehr zu kratzen und zu beißen
121	0,55	Habe gewöhnlich Aggression gegen Partner
123	0,31	Es verwirrt mich, Sexfotos anzusehen
132	–0,38	Zärtlichkeit ist wichtigste Qualität
135	–0,35	Partnertausch ist äußerst geschmacklos
P	0,29	
E	0,02	
N	0,08	
L	–0,24	

Faktor 10 ist ein Faktor der Homosexualität. Neurotizismus lädt in diesem Faktor positiv, *L* lädt in ihm negativ.

Faktor 10: Homosexualität

Frage	Ladung	
36	0,41	Verstehe Homosexuelle
60	0,31	Manchmal plagen mich perverse Gedanken
73	0,34	Homosexualität ist für manche Leute normal
84	0,44	Hatte in meiner Jugend unangenehme Erlebnisse
104	0,64	Tue manche Dinge nur, um Partner zu gefallen
145	0,33	Männer sind beim Geschlechtsverkehr egoistischer als Frauen
P	-0,12	
E	0,06	
N	0,20	
L	-0,21	

Diese Faktoren sind nicht unabhängig voneinander, und ihre Korrelationen können wiederum faktorenanalysiert werden, um Faktoren höherer Ordnung (Super-Faktoren) zu produzieren. Zwei davon gehen aus der Analyse hervor und sind in den Tabellen 5.3 und 5.4 weiter unten angegeben. Tabelle 5.3 zeigt die Ladungen auf Super-Faktor 1 (Sexuelle Libido), während Tabelle 5.4 die Ladungen auf Super-Faktor 2 (Sexuelle Befriedigung) zeigt. Diese beiden Faktoren sind den zwei Super-Faktoren sehr ähnlich, die wir in unserer früheren Arbeit (Eysenck 1971a) aus der Analyse der Daten extrahiert haben, und auch aus der Analyse der Daten, die wir von normalen Versuchspersonen, die den hier verwendeten Fragebogen ausfüllten, gesammelt haben. Wie in unserer früheren Arbeit ist die Korrelation zwischen diesen zwei Super-Faktoren ganz unsignifikant ($r = -0{,}03$); mit anderen Worten, die Zufriedenheit eines Menschen mit seinem Geschlechtsleben hängt in keiner Weise vom Grad oder von der Stärke seiner Libido ab.

Tabelle 5.3 *Faktorenladungen in Super-Faktor 1 (Sexuelle Libido)*

Frage	Ladung	
1	-0,31	Personen des anderen Geschlechts werden Sie mehr respektieren, wenn Sie nicht befreundet sind
6	-0,42	Denke nur selten an Sexualität
9	0,42	Wenn ich jemanden liebe, könnte ich alles tun

Frage	Ladung	
10	0,40	Angenehme Gefühle beim Berühren der Sexualorgane
17	–0,44	Stört mich, Liebkosungen in der Öffentlichkeit zu sehen
22	–0,30	Hatte nie viele Rendezvous
23	–0,37	Versuche bewußt, sexuelle Gedanken auszuschalten
30	0,39	Es braucht nicht viel, um mich sexuell zu erregen
34	–0,35	Manche Dinge würde ich mit niemandem tun
36	0,46	Verständnis für Homosexuelle
37	0,32	Denke fast jeden Tag an Sexualität
38	–0,47	Man sollte nicht vor der Ehe mit Sexualität experimentieren
39	0,42	Werde sehr leicht sexuell erregt
40	–0,58	Gedanke an Sexorgie abstoßend
41	–0,54	Besser kein Geschlechtsverkehr vor der Ehe
42	0,43	Gedanke an farbigen Partner besonders erregend
43	0,59	Sehe mir gern Sexfotos an
53	–0,35	Wurde erst ziemlich spät aufgeklärt
55	0,49	Mag gern *Petting*
57	0,33	Pille sollte allgemein erhältlich sein
58	–0,41	Interessiert mich nicht, jemanden nackt zu sehen
61	–0,39	Ist mir peinlich, über Sexualität zu sprechen
63	0,30	Frauen sollten machmal sexuell aggressiv sein
64	–0,48	Witze über Sex stoßen mich ab
65	0,45	Mein Grundsatz, mein Vergnügen zu holen, wo ich es finde
69	–0,40	Würde Kinder vor der Berührung mit Sexualität schützen
72	0,48	Hatte mehr als eine Beziehung zur gleichen Zeit
73	0,41	Homosexualität ist für manche Leute normal
74	0,47	In Ordnung, jemanden zu verführen, der alt genug ist, zu wissen, was er tut
76	0,58	Sehe mir gern Aktfotos an
77	0,48	Wenn ich Gelegenheit hätte, Leuten beim Geschlechtsverkehr zuzusehen, würde ich sie nützen
78	0,69	Pornographie sollte zugelassen werden
79	0,40	Prostitution sollte gesetzlich erlaubt sein
80	0,38	Entscheidungen über Abtreibung sollten allein Sache der Frau sein
81	–0,42	Zu viele unmoralische Stücke im Fernsehen
85	0,47	Keine Zensur aus sexuellen Gründen an Theaterstücken und Filmen
87	–0,47	Sexuelle Freizügigkeit droht die zivilisierte Gesellschaft zu unterhöhlen

Frage	Ladung	
88	–0,30	Sexualität dient der Reproduktion, nicht dem Vergnügen
89	0,41	Absolute Treue zum Partner ist so dumm wie das Zölibat
93	0,36	Sexuelle Spiele unter Kindern harmlos
95	0,38	Würde für Gesetz zur Freigabe der Polygamie stimmen
96	0,51	Trotz regelmäßigem Geschlechtsverkehr ist Masturbation zur Abwechslung ganz gut
97	0,36	Bevorzuge jede Nacht einen anderen Sexualpartner
102	0,39	Sexualität mit einem Fremden aufregender
103	–0,32	Sprach nie mit meinen Eltern über Sexualität
109	–0,40	Sexualität ist nicht allzu wichtig
112	0,42	Genieße Coitus mit langem Vorspiel
116	0,46	Wünsche mir manchmal, den Partner beim Geschlechtsverkehr zu kratzen und zu beißen
119	0,53	Gruppensex gefällt mir
120	0,42	Gedanke an heimliche Beziehung erregt mich
123	–0,39	Verwirrt mich, Sexfotos zu betrachten
124	–0,42	Habe Angst vor sexuellen Beziehungen
125	0,30	Wünschte, die Frauen wären sexuell entgegenkommender
126	–0,32	Ertrage es nicht, daß Leute mich berühren
134	–0,35	Lehne ordinäre Schimpfwörter in gemischter Gesellschaft ab
135	–0,47	Idee des »Partnertauschs« äußerst geschmacklos
139	–0,36	Kann sexuelle Angelegenheiten nicht mit Ehefrau besprechen
141	0,37	Nackter Körper ist ein angenehmer Anblick
144	0,37	Würde micht nicht stören, wenn Partnerin mit jemand anderem schläft, solange sie zu mir zurückkommt
146	–0,46	Manche Formen von Geschlechtsverkehr sind abstoßend
151	0,56	Würde Einladung zu »Porno«-Film annehmen
152	0,58	Würde angebotenes pornographisches Buch annehmen
153	0,56	Würde Einladung zur Orgie annehmen
154	0,43	Bevorzuge häufigen Geschlechtsverkehr

Tabelle 5.4 *Faktorenladungen in Super-Faktor 2 (Sexuelle Befriedigung)*

Frage	Ladung	
4	0,41	Bin zufrieden mit meinem Geschlechtsleben
7	–0,53	Ist mir manchmal ein Problem, sexuelle Gefühle zu kontrollieren
11	–0,42	Wurde sexuell vernachlässigt
18	–0,40	Sexuelle Gefühle manchmal unangenehm
19	–0,44	Irgend etwas fehlt in meinem Geschlechtsleben
20	0,36	Mein sexuelles Verhalten trug mir nie Schwierigkeiten ein
21	–0,49	Mein Liebesleben war eine Enttäuschung
22	–0,42	Hatte nie viele Rendezvous
23	–0,45	Versuche bewußt, sexuelle Gedanken auszuschalten
24	–0,47	Hatte Schuldgefühle wegen sexueller Erlebnisse
26	–0,39	Hatte Angst davor, was ich sexuell anstellen könnte
29	–0,54	Habe starke sexuelle Gefühle, kann sie aber bei gegebener Gelegenheit nicht ausdrücken
31	–0,33	Einfluß der Eltern hat mich sexuell gehemmt
32	–0,56	Gedanken an Sexualität störten mich mehr, als mir lieb war
37	–0,31	Denke fast jeden Tag an Sexualität
39	–0,35	Werde leicht sexuell erregt
42	–0,35	Gedanke an farbigen Partner besonders erregend
44	–0,44	Gewissen plagt mich zu sehr
46	–0,60	Sexuelle Gefühle überwältigen mich
47	–0,36	Bin nervös in Gegenwart des anderen Geschlechts
48	–0,51	Gedanken an Sexualität machen mich verrückt
49	–0,45	Wenn ich erregt bin, kann ich an nichts anderes als an Befriedigung denken
50	0,38	Fühle mich wohl in Gegenwart des anderen Geschlechts
52	–0,36	Schwierig, mit dem anderen Geschlecht zu sprechen
56	–0,52	Sexualität bereitet mir viel Sorgen
59	–0,53	Gedanken an Sexualität machen mich nervös
60	–0,42	Manchmal plagen mich perverse Gedanken
61	–0,49	Ist mir peinlich, über Sexualität zu reden
65	–0,30	Mein Grundsatz, mein Vergnügen zu holen, wo es zu finden ist
68	–0,48	Hatte manchmal den Wunsch, Sexualpartner zu erniedrigen
75	–0,43	Hatte manchmal Aggressionen gegen den Partner
84	–0,34	Hatte in meiner Jugend einige unangenehme sexuelle Erlebnisse
86	0,30	Sexualität ist größtes Vergnügen

Frage	Ladung	
92	–0,31	Macht mir Spaß, wenn Partner mit jemand anderem schläft
97	–0,30	Bevorzuge jede Nacht einen anderen Partner
100	–0,37	Sexuelle Phantasien beinhalten oft Schlagen
102	–0,36	Geschlechtsverkehr mit einem Fremden aufregender
103	–0,32	Sprach mit meinen Eltern nie über Sexualität
105	–0,44	Weiß nicht immer, ob ich Orgasmus hatte
110	–0,35	Die meisten Männer sind verrückt nach Sex
114	–0,33	Wünsche mir Partner etwas geschickter und erfahrener
117	–0,45	Keiner vermochte mich sexuell zu befriedigen
118	–0,47	Fühle mich sexuell weniger auf der Höhe als meine Freunde
121	–0,38	Habe gewöhnlich Aggressionen gegen Partner
122	0,31	Meine sexuellen Aktivitäten sind durchschnittlich
124	–0,44	Habe Angst vor sexuellen Beziehungen
125	–0,35	Ertrage es nicht, daß Leute mich berühren
128	–0,41	Ziehe vor, daß Partner die Spielregeln diktiert
129	–0,34	Finde »unkomplizierten« Sex unbefriedigend
133	–0,31	Weibliche Genitalien sind ästhetisch, angenehm
139	–0,43	Kann sexuelle Angelegenheiten nicht mit meiner Frau besprechen
150	–0,32	In sexuellen Dingen ziehen Frauen immer den Kürzeren

Diese Super-Faktoren sind auch mit Persönlichkeit korreliert. Super-Faktor 1 (Libido) korreliert positiv mit E ($r = 0{,}38$) und negativ mit L ($r = -0{,}39$). Super-Faktor 2 (Befriedigung) korreliert negativ mit P ($r = -0{,}43$) und N ($r = -0{,}52$) und positiv mit E ($r = 0{,}36$). Die beiden psychiatrischen Faktoren (P und N) sind deutlich mit entschiedener Unzufriedenheit der Person mit dem Geschlechtsleben verknüpft, während Extraversion sowohl mit einem glücklichen Geschlechtsleben als auch mit starken libidinösen Tendenzen verbunden ist. Leute mit hohen *L*-Scores zeigen, obwohl sie eine schwache Libido besitzen (oder zumindest vorgeben), einen schwachen Grad von Zufriedenheit mit ihrem Geschlechtsleben ($r = 0{,}12$). Diese Zahlen stimmen im großen und ganzen sehr gut mit unserer früheren Arbeit überein, die ebenfalls zu der Einschätzung neigte, daß P und N die normale Freude an Sexualität herabsetzen, währen E sie erhöht. Die ganze Gruppe von Korrelationen ist in Tabelle 5.5 angegeben.

Tabelle 5.5 *Korrelationen zwischen Libido, Befriedigung und den vier Persönlichkeitsvariablen*

	P	*E*	*N*	*L*	
S.F.1.	0,04	0,38	–0,10	–0,39	Libido
S.F.2	–0,43	0,36	–0,52	0,10	Befriedigung

Auch der Sexualverhaltens-Fragebogen wurde den Patienten vorgelegt; ihre Mittelwerte sind in Tabelle 5.6 angegeben. Diese Tabelle liefert auch die Korrelationen mit den Persönlichkeitsvariablen. In Klammern sind die Vergleichs-Scores aus unserer normalen männlichen Stichprobe angegeben. Wir werden sehen, daß die Gefangenen (wenn man ihnen glauben darf) im Durchschnitt um mehr als zwei Stufen der Skala weniger fortgeschritten waren in ihren Techniken des Geschlechtsverkehrs als die normalen Männer; dies ist ein recht großer Unterschied. Bei ihnen gibt es mehr Dinge, die sie gern getan hätten, und mehr Dinge, die sie getan haben und die ihnen nicht gefielen. Diese Daten stimmen sehr gut mit den Unterschieden überein, die für den Einstellungsfragebogen bereits vorhanden sind; sie erweisen sich als gehemmter und weniger erfolgreich und zufrieden. Auch dies paßt zu ihrer stärkeren Introversion und ihrem (wahrscheinlich) größeren Neurotizismus und Psychotizismus (unter der Annahme, daß die erhaltenen Scores wegen Dissimulation korreliert werden müssen).

Tabelle 5.6 *Scores auf den Sexualverhaltens-Skalen von Gefangenen und Korrelationen der Skalen mit Persönlichkeitsvariablen*

	Gefangene	Normale Kontrolle	*P*	*E*	*N*	*L*
Habe ich getan und hat mir gefallen	6,75±3,34	8,92±2,16	–0,07	0,39	–0,10	–0,19
Habe ich getan und hat mir nicht gefallen	0,70±1,33	0,21±0,60	0,00	–0,09	–0,01	–0,01
Hätte ich gern getan	2,03±2,63	1,37±0,71	0,16	–0,12	0,15	–0,05

6
Genetische Faktoren im Sexualverhalten[1]

N. G. Martin und H. J. Eysenck

Es dürften wenig Zweifel daran bestehen, daß genetische Faktoren sehr wahrscheinlich für viele der individuellen Unterschiede in den sexuellen Einstellungen und im Verhalten verantwortlich sind, die wir auf den vorangegangenen Seiten dargelegt haben; dennoch gibt es selbst für genetische Ursachen von männlich-weiblich-Unterschieden wenig wissenschaftliche Beweise, außer jenen, die direkt mit physischen Merkmalen verbunden sind. Sogar bei Tieren wurden individuelle Unterschiede nicht umfassend in einem genetischen Kontext geprüft; ein so umfassender Text wie zum Beispiel der von Scott und Fuller (1965) erwähnt derartige Faktoren nicht, und das Lehrbuch über Verhaltensgenetik *(Behaviour Genetics)* von Fuller und Thompson (1960) tut dies ebensowenig. Das vorliegende Kapitel kann man daher als vorbereitende Erforschung noch unbekannter Gewässer betrachten, die vermutlich keine definitiven Resultate liefern wird, aber vielleicht imstande ist, geeignete Schlußfolgerungen vorzuschlagen. Unsere Hauptintention ist es hier, die Möglichkeiten zu prüfen, unseren Daten ein relativ einfaches genetisches Modell anzupassen; die Resultate könnten als Richtlinien für zukünftige, detailliertere Untersuchungen nützlich sein.

Ehe wir uns unseren Daten zuwenden, könnte es notwendig sein, gewisse Punkte hervorzuheben, die für Psychologen und Psychiater nicht immer selbstverständlich sind; sie gehen an den genetischen Bereich mit der Annahme heran, daß das hauptsächliche oder sogar einzige Interesse der Genetiker die Entdeckung eines einzeln dastehenden Erblichkeits-Index ist, der zur Teilung der gesamten Varianz in einem »vererbten« Anteil und in einen anderen Anteil, der auf »Umwelt« zurückzuführen ist, verwendet werden könnte. Ein solcher Index mag für Viehzüchter interessant sein, hätte aber wenig wissenschaftliche Bedeutung. Die wohlbekannten Diskussionen über die Vererbung von Intelligenz haben das Konzept der Erblichkeit betont, um andere, gleich wichtige Überlegungen, auszuschließen.

Es ist wichtig, sich die Komplexität der Aufgabe zu vergegenwärtigen und die Zahl der Variablen, die in jedes vernünftige Modell genetischer und umweltbedingter Aktion und Interaktion eingehen, zu erkennen.

Wenn all die genetischen und umweltbedingten Einflüsse, die auf eine Eigenschaft einwirken, rein additiv und unabhängig sind, dann kann die gesamte Varianz der Eigenschaft in der Population in die folgenden vier Komponenten aufgeteilt werden:

E_1 innerfamiliäre umweltbedingte Komponente
G_1 innerfamiliäre genetische Komponente
E_2 zwischenfamiliäre umweltbedingte Komponente
G_2 zwischenfamiliäre genetische Komponente.

Beachten Sie, daß wir unterscheiden zwischen: E_1, das die Varianz auf Grund von umweltbedingten, für ein Individuum spezifischen, Einflüssen und von Meßfehlern einschließt, und E_2, das kulturelle und soziale Einflüsse einschließt, die für Mitglieder derselben Familien jedoch differieren. Die Komponenten G_1 und G_2 werden sich entsprechend der Art und Weise unterscheiden, in der die Gene agieren. Aus diesem Grund ist es für gewöhnlich aufschlußreicher, direkt von Ursprüngen genetischer Variation zu sprechen. Wenn die Gene, die eine Eigenschaft beeinflussen, in rein additiver Weise agieren, dann ist die einzige Quelle der Variation D_R, die additive genetische Komponente. Wenn aber einige Gene über andere dominieren, so wird dies eine dominante genetische Komponente H_R schaffen, obwohl dies in der Praxis notorisch schwer festzustellen ist.

Eine weitere Komplikation tritt auf, wenn eine Korrelation zwischen Ehepaaren in bezug auf eine Eigenschaft vorhanden ist, die ein gewisses Maß an genetischer Determiniertheit aufweist. Dieses Phänomen, daß Gleiche sich mit Gleichen verheiraten, ist als *»assortative mating«* – Partnerwahl auf Grund von Übereinstimmung – bekannt und hat die Tendenz, die additive genetische Varianz zwischen den Familien aufzublähen. Aus diesem Grunde wird es bei Zwillingsstudien automatisch mit einer Schätzung von E_2 verwechselt, und wenn wir eine solche Komponente entdecken, wie etwa weiter unten für Radikalismus, können wir nicht sagen, bis zu welchem Grad sie auf kulturelle Unterschiede zwischen Familien oder auf Partnerwahl auf Grund von Übereinstimmung zurückzuführen ist. Wenn wir unabhängige Beweise für eine Korrelation zwischen Ehemann und Ehefrau besitzen, wie das etwa beim Radikalismus der Fall ist, so würde dies nahelegen, daß zumindest ein Teil unseres augenscheinlichen E_2 tatsächlich extraadditive Varianz ist, die auf Partnerwahl auf Grund von Übereinstimmung zurückzuführen ist.

Das Maß, in dem E_1, E_2, D_R, H_R und Partnerwahl auf Grund Übereinstimmung zu den mittleren Quadraten aus einer Varianzanalyse von E. Z. (eineiige) und Z. Z. (zweieiige) Zwillings-Scores beitragen, wird im folgenden Grundmodell aufgezeigt.

Grundmodell für mittlere Quadrate von gemeinsam aufgewachsenen Zwillingen

	E_1*	E_2**	D_R†	H_R††
E .Z. zwischen	1	2	$1 + \frac{A}{1-A}$ §	$^1/_2$
innerhalb	1	–	–	–
Z. Z. zwischen	1	2	$^3/_4 + \frac{A}{1-A}$	$^5/_{16}$
innerhalb	1	–	$^1/_4$	$^3/_{16}$

*E_1 = innerfamiliäre umweltbedingte Varianz
**E_2 = zwischenfamiliäre umweltbedingte Varianz
†D_R = additive genetische Varianz
††H_R = dominante Varianz
§A = Fisher's *»assortative mating«* (Partnerwahl auf Grund von Übereinstimmung)-Parameter; Korrelation zwischen den additiven Abweichungen von Ehepartnern.

Wir haben die Situation beschrieben, in der die verschiedenen umweltbedingten und genetischen Einflüsse auf eine Eigenschaft additiv und unabhängig wirken. Es gibt jedoch zwei Typen von Wirkung, die den einfachen Zusammenbruch der totalen phänotypischen Varianz komplizieren können, die wir oben beschrieben haben, nämlich Genotypus-Umwelt-Interaktion ($G + U$) und Genotypus-Umwelt-Kovariation (KOV_{GU}).

Wenn ein gegebener Umweltreiz einen größeren Effekt auf das Verhalten eines Genotypus im Vergleich zu einem anderen hat, dann ist dies als Genotypus-Umwelt-Interaktion bekannt. Zum Beispiel nimmt man an, daß Glutaminsäure den I. Q. bei schwerfälligen und geistig gestörten Kindern hebt, jedoch nicht bei durchschnittlichen oder intelligenten Kindern (Eysenck 1973 b). Unsere Zwillingsstudie liefert einen einfachen Text für einen solchen Typus von Interaktion, der weiter unten beschrieben wird. Interaktion kann aber auch als ein Artefakt der Meßskala hervorgerufen werden, und in diesem Fall kann man es oft durch eine Neuskalierung der Daten beseitigen, ehe man eine normale additive Analyse durchführt. Dies geschah erfolgreich bei einigen Faktoren in dieser Studie.

Genotypus-Umwelt-Kovariation tritt dann auf, wenn genetische und Umwelt-Abweichungen korreliert sind. Eaves (1976) hat drei Typen von KOV_{GU} unterschieden:

1. Ein Genotypus sucht eine Umwelt aus, die mit den durch die Gene gegebenen Vorteilen und Begrenzungen am besten im Einklang ist. So wird ein Mensch, der zum Lesen neigt, Bibliotheken aufsuchen, und ein für Musik, aber nicht für Sport, prädisponiertes Kind wird lieber dasitzen und eine Platte anhören, anstatt hinauszugehen und zu spielen. Es ist schwierig, sich ein Experiment mit Menschen vorzustellen, in dem dieser Typus von KOV_{GU} von den genetischen Effekten als solchen unterschieden werden kann.

2. Intelligente Eltern haben oft aufgeweckte Kinder, die nicht nur die Gene ihrer Eltern, sondern auch von deren Umwelt erben, wohlversorgt mit guten Büchern und Zeitschriften und einer Atmosphäre, die dem Lernen förderlich ist. Diese kulturellen Effekte (die selbst eine genetische Komponente haben) werden mit den direkten Einflüssen der Gene des Kinder kovariieren. Aber dieser Typus von KOV_{GU}, der bei Vorhandensein kultureller Transmission hervorgebracht wird, kann nur durch Vergleich von gemeinsam und getrennt aufgezogenen Verwandten festgestellt werden, und wird in der einfachen Zwillingsstudie, die hier vorliegt, mit E_2 und Partnerwahl auf Grund von Übereinstimmung verwechselt werden.

3. Gemeinsam aufgezogene Brüder und Schwestern werden verschiedene Einflüsse aufeinander ausüben, entsprechend ihren Genotypen. Diese Einflüsse werden mit den direkten Einflüssen der Gene auf das Kind selbst kovariieren, und je größer das Ausmaß der genetischen Ähnlichkeit zwischen zwei Geschwi-

stern ist, desto größer wird die Kovarianz sein. Somit wird die Kovarianz zwischen E. Z. (eineiigen Zwillingen) größer sein als zwischen Z. Z. (zweieiigen Zwillingen), und dies wird die Struktur der mittleren Quadrate in einer Weise beeinflussen, die es uns erlaubt, diese Quelle von KOV_{GU} festzustellen, wie wir später im Falle der sexuellen Befriedigung bei Frauen sehen werden.

Die Methoden, mit deren Hilfe wir zu Daten gelangen, die in ein derart komplexes Modell hineinpassen, werden im Detail von Mather und Jinks (1971) erörtert; ausgearbeitete Beispiele, die die Anwendung derartiger Modelle auf Persönlichkeitsdaten von Menschen illustrieren, wurden von Jinks und Fulker (1970) und von Eaves und Eysenck (1975) geliefert. Die Ergebnisse der Anwendung genetischer Methoden auf die menschliche Persönlichkeit wurden einigermaßen detailliert von Eysenck (1975 a) zusammengefaßt. Ganz kurz gesagt, es scheint, daß die wichtigsten Persönlichkeitsfaktoren *P*, *E* und *N* ein wenig Evidenz für nicht additive genetische Faktoren liefern, was in diesem Zusammenhang in erster Linie bedeutet, daß Dominanz und Partnerwahl auf Grund von Übereinstimmung beide nur in einem ganz geringen Ausmaß vorhanden sind oder ganz fehlen. Ein einfaches Modell, das additive genetische Varianz und innerfamiliäre umweltbedingte Varianz involviert, scheint den Daten zu genügen. Es gibt keinen Beweis für irgendeine zwischenfamiliäre umweltbedingte Varianz, was stark darauf hinweist, daß psychoanalytische oder andere Theorien der Determinierung von Persönlichkeitsunterschieden durch mütterliches oder väterliches Verhalten sich im Irrtum befinden. Für alle drei Persönlichkeitsmerkmale liegt der Wert von h^2, nach Korrektur der Skalen wegen mangelnder Reliabilität, zwischen 50 und 80 Prozent; diese Werte besitzen natürlich keine große Präzision, aber sie deuten den Bereich an, innerhalb dessen die wahren Werte sehr wahrscheinlich liegen. Man sollte – angesichts eines Teils der weiter unten vorgelegten Ergebnisse – auch festhalten, daß soziale Einstellungen, das heißt Radikalismus-Konservativismus, *»toughmindedness-tendermindedness«* und Emphase (Tendenz bei manchen Leuten, extreme Antworten im Sozialeinstellungs-Fragebogen zu betonen) alle auf der Grundlage eines ähnlich einfachen Modells eine vermittelte Erblichkeit aufweisen; abgesehen davon fand man heraus, daß »toughmindedness« mit *P* und *E* genetisch assoziiert war; Emphase war in ähnlicher Weise mit *P* assoziiert (Eaves und Eysenck 1974)

In der Literatur liegt eine einzige Arbeit vor, in der versucht wurde, die Frage der genetischen Determiniertheit des sexuellen Verhaltens zu untersuchen, und diese Studie war, nach eigenem Eingeständnis, nur eine Versuchsstudie mit einer sehr kleinen Anzahl von Versuchspersonen (zehn eineiige – E. Z. und sechs zweieiige – Z. Z., gleichgeschlechtliche Zwillingspaare). In jeder Gruppe gab es die gleiche Anzahl von männlichen und weiblichen Zwillingen, mit einem Durchschnittsalter von sechsundzwanzig und siebenundzwanzig Jahren für eineiige beziehungsweise zweieiige Zwillingspaare (Zygosity). Die Ein- oder Zweieiigkeit wurde durch einen Blutprobentest festgestellt, wobei man acht unabhängige Blutgruppen verwendete; die Daten wurden mit Hilfe von Interview, Persönlichkeits-Fragebogen und Körpermessungen ermittelt (der verwendete Persönlichkeits-Fragebogen war der E. P. I.). Information wurde gesucht über maximal autosexuelle Ventile (die maximale Anzahl von Masturbation bis zum Orgasmus innerhalb eines Tages); Alter zur Zeit der Menarche; Alter zur Zeit der ersten Ejakulation; Alter, als regelmäßige Masturbation begann; Alter zur Zeit des ersten Orgasmus; Alter zur Zeit der ersten aktiven genitalen Stimulation; Alter beim ersten Geschlechtsverkehr.

Hereditäten wurden mit Hilfe von Holzingers Formel geschätzt:

$$H = (V^{ZZ} - V^{EZ}) \,/\, V^{ZZ}$$

und Signifikanz mit Hilfe der Formel $F = V^{ZZ} \,/\, V^{EZ}$ (Chilton 1972). Diese Formel ist von zweifelhaftem Wert für die Bestimmung der Erblichkeit, kann aber für die speziell zu untersuchende Eigenschaft als Indikator für die Signifikanz der größeren Ähnlichkeit von E. Z.- zum Unterschied von Z. Z.-Zwillingen verwendet werden. Die Methodologie dieser Studie ist, vom Standpunkt der modernen biometrischen Genetik betrachtet, eindeutig fehlerhaft, und es wäre vorteilhaft, sie den adäquateren Methoden, die wir in unserer eigenen Untersuchung illustrierten, gegenüberzustellen. Jinks und Fulker (1970) haben die Unbrauchbarkeit von Holzingers Formel und des verwendeten Schätzwerts von F nachgewiesen.

Die Resultate könnten jedoch durch den Vergleich der vorgefundenen Erblichkeiten mit bestimmten Kennwerten von Interesse sein. Demzufolge war die Erblichkeit für Körpergröße 0,90, die für Gewicht 0,97, die für den Körperbau 0,88. Tabelle 6.1 zeigt die wichtigsten Ergebnisse für die verschiedenen Sexualverhaltensvariablen.

Tabelle 6.1 *Erblichkeit für sexuelle Verhaltensweisen nach Holzinger; Sternchen bedeuten statistische Signifikanz von P <0,05*

	H		
	männlich	weiblich	gesamt
Maximales autosexuelles Ventil	0,89*	0,65	0,80*
Alter bei Menarche	–	0,61	–
Alter bei erster			
Ejakulation	0,69	–	–
Masturbation	0,80	0,76	0,78*
Orgasmus	0,70	0,85	0,81*
bei passiver genitaler Stimulation	0,87	0,46	0,80*
aktiver genitaler Stimulation	0,90*	0,00	0,69
Geschlechtsverkehr	0,81	0,00	0,61

Angesichts der geringen Zahl von Zwillingen ist es überraschend, daß irgendeiner der Werte statistisch signifikant ist; es ist weniger überraschend, daß praktisch alle Werte ein gutes Stück über Null liegen. Die zwei Ausnahmen beziehen sich auf das Alter der Frauen zur Zeit der ersten aktiven genitalen Stimulation und des ersten Geschlechtsverkehrs; es ist möglich, daß diese weitgehend von den aktiveren Männern abhängig sind, deren Verhalten in unserer Gesellschaft in sexuellen Dingen mehr dem eigenen freien Willen entspringt. Der Autor faßt diese Resultate wie folgt zusammen.

Der sexuelle Trieb ist nichts Einheitliches – so wie das Bedürfnis und der Appetit auf Nahrung von einem Individuum zum anderen variiert, so ist es auch mit dem sexuellen Trieb und der sexuellen Kapazität... Die Resultate aus dieser Versuchsstudie weisen darauf hin, daß genetische Faktoren bei der Determinierung dieser Variation eine Rolle spielen, daß das Alter, in dem ein Individuum seine Sexualität zu entwickeln und zu erforschen beginnt, nicht einfach eine Funktion von Umwelterfahrungen, sondern ebenso zum Teil ein Ausdruck seines Genotyps ist.

Es ist erwähnenswert, daß das Alter der Menarche mit einem *H* von 0,61 in bezug auf genetische Determinierung unsignifikant war; andere hatten diese Determination früher voll signifikant gefunden (zum Beispiel Tisserand-Perrier 1953). Dies legt nahe, daß die anderen beinahe signifikanten *H*-Werte wahrscheinlich auch einen Mangel an Signifikanz aufweisen, ganz einfach auf Grund der geringen Zahl der involvierten Fälle. Aus demselben Grund ist es auch wahrscheinlich, daß die Persönlichkeitsskalen-Scores nicht signifikant sind. Interessant ist jedoch, daß ein deutlicher Zusammenhang zwischen Introversion und Neurotizismus auf der einen Seite, und ektomorphem Körperbau auf der anderen Seite bestand[2]); Dies entspricht sehr gut der Erwartung (Eysenck 1970 a, Rees 1973). Ein hohes ektomorphes Rating war mit späterer sexueller Entwicklung verbunden; und Ektomorphe neigten besonders dazu, den ersten Coitus später zu erleben als Mesomorphe oder Endomorphe. Dieses Ergebnis wird von McNeill und Livson (1963) unterstützt, die zeigten, daß Ektomorphe die Menarche später erreichten als Individuen mit einem niedrigeren Gewichtsindex. Diese Ergebnisse stimmen sehr gut mit unseren eigenen überein, was Persönlichkeit und ihre Beziehung zu sexuellem Verhalten betrifft.

Die vorliegende Studie wurde an 153 männlichen Zwillingen und 339 weiblichen Zwillingen vom *Institute of Psychiatry Twin Register* durchgeführt[3]. Man hatte sich an viel mehr Zwillinge gewandt, aber der sexuelle Charakter des Fragebogens stieß viele Zwillinge ab, die an vorangegangenen Untersuchungen teilgenommen hatten. Ungefähr ein Drittel von denen, an die man herangetreten war, füllte die Fragebögen anonym aus. Dennoch unterschieden sich die Mittelwerte derer auf der Persönlichkeits-Skala, die die Sexualitäts-Fragebogen ausfüllten, nicht sehr von jenen der gesamten Zwillings-Stichprobe; es scheint, daß die Gruppe aus unserer gesamten Zwillings-Stichprobe, die unsere gegenwärtige Sub-Stichprobe bildet, nicht völlig unrepräsentativ war. Die Fragebogen, die dieser Sub-Stichprobe vorgegeben wurden, waren der in Kapitel 3 besprochene Fragebogen über sexuelle Einstellungen, der in Kapitel 4 besprochene Fragebogen über soziale Einstellungen, und die *P*-, *E*-, *N*- und *L*-Skalen des E. P. Q. (Eysenck und Eysenck 1975). Nur die wichtigsten sexuellen Einstellungs-Skalen (Befriedigung, Libido, Maskulinität-Feminität) wurden aus dem Sexualitäts-Fragebogen analysiert; *R, T* und Emphase wurden aus dem Sozialeinstellungs-Fragebogen analysiert. Somit verwendeten wir insgesamt zehn Skalen, nämlich die oben erwähnten sechs Skalen und die vier Persönlichkeitsskalen. Tabelle 6.2 gibt uns die Mittelwerte und Standardabweichungen der Zwillingsgruppen auf diesen Skalen an.

Tabelle 6.2 *Mittelwerte und Standardabweichung für die Zwilling – Stichprobe*

	weiblich (N=339)	männlich (N=153)
Befriedigung	12,40± 3,22	12,45± 3,43
Libido	12,56± 5,95	19,99± 6,27
Maskulinität	19,15± 5,02	28,23± 6,16
Radikalismus	145,61±21,01	147,08±24,60
Toughmindedness	45,94± 7,85	49,67± 8,20
Emphase	95,50±18,16	100,53±18,90
Psychotizismus	1,05± 1,32	1,77± 1,62
Extraversion	11,59± 4,07	12,61± 4,06
Neurotizismus	11,47± 4,61	8,99± 5,00
Lüge	8,11± 3,89	6,74± 3,81

Tabelle 6.3 zeigt die Interkorrelationen der zehn betreffenden Skalen für Männer und Frauen getrennt. Wir werden sehen, daß sich die Grundzüge unserer vorangegangenen Arbeit mit anderen Stichproben mit einem beachtlichen Maß an Genauigkeit wiederholen.

1. Sexuelle Befriedigung und Libido sind unkorreliert.

2. Maskulinität und Feminität korrelieren mit Libido, aber nicht mit Befriedigung.

3. Libido und Maskulinität korrelieren mit *»toughmindedness«*, aber Befriedigung nicht.

4. Sexuelle Befriedigung korreliert negativ mit den pathologischen Skalen *P* und *N*.

5. Sexuelle Befriedigung korreliert positiv mit *E*.

6. Libido korreliert positiv mit *P, E* und *N,* wobei die Korrelation mit *E* die höchste für Männer und die niedrigste für Frauen ist.

7. *L* korreliert positiv mit Befriedigung und negativ mit Libido und Maskulinität.

8. *P* korreliert mit *»toughmindedness«* und Emphase.

9. *P, E, N,* und *L* zeigen nur geringe Korrelationen und sind im wesentlichen unabhängig.

10. Die Beziehungen für Männer sind denen für Frauen sehr ähnlich, obwohl die unterschiedliche Anzahl von Versuchspersonen in der männlichen und der weiblichen Stichprobe das Muster der signifikanten Korrelationen etwas unterschiedlich macht.

Tabelle 6.3 *Zwilling-Korrelation zwischen sexuellen Einstellungs- sozialen Einstellungs-, und Persönlichkeits-Skalen; Männer oberhalb der Hauptdiagonale, Frauen darunter. Sternchen weisen auf Signifikanz-Niveau hin (0,05, 0,01 und 0,01)*

	Befriedigung	Libido	M-F	Radikalismus	Tough-mindedness	Emphase	*P*	*E*	*N*	*L*
1 Sexuelle Befriedigung	–	–0,17*	–0,22**	–0,25**	–0,12	0,09	–0,27**	0,34**	–0,52***	0,19*
2 Sexuelle Libido	–0,01	–	0,87***	0,30	0,52***	0,10*	0,18*	0,23**	0,17*	–0,30**
3 Maskulinität-Feminität	–0,01	0,81***	–	0,22**	0,39**	0,08	0,16*	0,16*	0,17*	–0,21**
4 Radikalismus	0,03	0,30*	0,23*	–	0,33**	0,20*	0,28**	–0,10	0,16*	–0,26*
5 Toughmindedness	–0,04	0,56**	0,43*	0,29*	–	0,19*	0,40**	0,04	0,11	–0,31**
6 Emphase	–0,14*	0,04	–0,02	0,04	–0,02	–	0,17*	0,07	0,07	0,05
7 *P*	–0,21*	0,21*	0,17*	0,17*	0,29*	0,12*	–	–0,17*	0,15	–0,16*
8 *E*	0,15*	0,07	0,00	–0,09	–0,05	0,01	–0,14*	–	–0,24**	–0,06
9 *N*	–0,30*	0,13*	0,10	–0,10	0,05	0,12*	0,18*	–0,14*	–	–0,13
10 *L*	0,10	–0,23*	–0,14*	–0,25*	–0,20*	0,01	–0,21	–0,10	–0,09	–

Wir können schließen, daß unsere Zwillings-Stichprobe im wesentlichen in allen wichtigen Beziehungen den verschiedenen zuvor untersuchten Stichproben ähnelt, so daß die daraus erlangten Ergebnisse über Erblichkeit mit einigem Vertrauen auf Nicht-Zwillings-Stichproben übertragen werden können. (Es gibt Unterschiede in den Mittelwerten bei den einzelnen Stichproben, aber das ist im Falle einer genetischen Analyse, wo wir uns hauptsächlich mit *Varianzen* und *Kovarianzen* befassen, vermutlich weniger wichtig.)

Analysen von genetischen Modellen für unsere zehn Skalen wurden sowohl mit den Rohdaten als auch mit den hinsichtlich Alter korrigierten, neu skalierten Daten durchgeführt. Skalen mit Rohdaten (»roh« bedeutet, daß die Scores auf den Skalen nicht mathematisch transformiert sind) produzieren bei psychologischen Messungen oft Artefakte in den genetischen Analysen, die die Form einer scheinbaren Genotypus-Umwelt-Interaktion annehmen können; solche Artefakte vermag man mit Hilfe des Summen-Differenz-Regressions-Tests für E. Z.-Zwillinge (Jinks und Fulker 1970) festzustellen. Es ist absolut gerechtfertigt, Daten neu zu skalieren, zwecks Minimierung dieser Interaktion zwischen Paarsummen, die den genotypischen Wert eines Paares (G_1) darstellen können, und Paarunterschieden, die sich auf Umwelteinflüsse zurückführen lassen, welche für das Individuum spezifisch sind (E_1). Bartle (1947) führte eine Liste von brauchbaren Transformationen an, die man anwenden kann, wenn unterschiedliche Verhältnisse zwischen Mittelwerten und Varianz vorliegen. Bei vielen Beispielen ist es offenkundig, daß diese Beziehungen durch die Verteilung der Merkmale verursacht wurden. Wenn daher Individuen an dem einen Ende der Skala besser diskriminiert werden als am anderen, so wird dies eine sehr schiefe Verteilung der Scores produzieren, was sich in einer monotonen Regressionskurve äußert, mit positiver Steilheit, wenn die Schiefe positiv ist, und mit negativer, wenn die Schiefe negativ ist. Ist die Schiefe positiv, so kann sie oft durch Quadratwurzeln oder Logarithmen beseitigt werden; weibliche Radikalismus-Scores zeigen eine solche Verteilung. Wo die Schiefe negativ ist, kann man irgendeine Variante der Antilog-Transformation (für jede Zahl auf den Skalen mit Rohdaten wird deren *Antilogarithmus* genommen, um eine sehr abnorme Verteilung der Skalen mit Rohdaten, wenn nötig, zu korrigieren) verwenden. Andere Transformationen, die auf diese Daten angewandt wurden, sind Winkel und normale Gewichte; es wäre hier unangebracht, in Details zu gehen, insbesondere da die unkorrigierten Resultate jenen auffallend ähnlich sind, die mühsam durch Alters- und Skalenkorrektur erreicht wurden; obwohl wir den eher geringen Diskriminierungseffekt, den wir in dieser Stichprobe haben, erkennen, spricht diese Ähnlichkeit durchaus für die Robustheit der Daten und Ergebnisse. Mit der Herstellung und Zusammenpassung von genetischen Modellen wollen wir für gewöhnlich die sparsamste Beschreibung der Daten liefern und Parameter nur dort hinzufügen, wo einfachere Modelle versagen. Routinemäßig setzen wir die folgenden fünf Modelle zu einer Gruppe von Daten zusammen:

1. E_1 Dieses Modell testet, ob nach der Beseitigung von Fehlern und individueller umweltbedingter (innerfamiliärer) Varianz eine Residualvarianz vorhanden ist
2. E_1E_2 Einfaches Umwelt-Modell
3. E_1D_R Einfaches genetisches Modell (D_R kennzeichnet additive genetische Varianz)
4. $E_1E_2D_R$
5. $E_1D_RH_R$ (H_R bezieht sich auf die Dominanz-Varianz).

Eaves und Eysenck (1975) haben die Annahmen und die Technik der Aufstellung genetischer Modelle zur Gewinnung von Zwillingsdaten nach diesen Grundsätzen im Detail besprochen. Wir greifen im allgemeinen auf die Interpretation mit drei Parametern nur dann zurück, wenn die einfacheren Modelle versagen. Wenn aber Evidenz für die Wichtigkeit eines dritten Parameters da ist, wenn wir insbesondere einen Parameter ohne Rücksicht auf seine Signifikanz schätzen wollen, wenn die Schätzung eines dritten Parameters eine signifikante Reduktion des residualen chi-Quadrats verursacht, dann kann die Anwendung von Drei-Parameter-Modellen lohnend sein. Insbesondere das $E_1E_2D_R$-Modell mag manchmal helfen, eine Situation zu erklären, in der beide Zwei-Parameter-Modelle entsprechen.

Diese fünf Modelle wurden in die folgenden Datenkombinationen aus den fünf Zwillingsgruppen (gleichgeschlechtliche männliche und weibliche, E. Z. und Z. Z., und ungleichgeschlechtliche Zwillinge) eingepaßt. Man beachte, zum Beispiel, daß wir für Frauen zwischen – und innerhalb – mittleren Quadraten sowohl für E. Z. als auch für Z. Z.-Zwillinge haben, die insgesamt vier Statistiken ergeben:

1. Frauen	4 Statistiken
2. Männer	4 Statistiken
3. Gleichgeschlechtliche Paare	8 Statistiken
4. Gleichgeschlechtliche und ungleichgeschlechtliche Paare	10 Statistiken

Bevor wir ein Modell für alle gleichgeschlechtlichen Paare gemeinsam aufstellen, müssen wir entscheiden, ob dieselbe Gruppe von Parametern für Männer und Frauen zugleich passend ist. Wenn wir die restlichen chi-Quadrate, die wir nach der Aufstellung eines Modells für männliche und weibliche Daten getrennt erhielten, summieren und dies von dem restlichen chi-Quadrat subtrahieren, nachdem wir das Modell an alle acht Statistiken zusammen angepaßt haben, erhalten wir ein chi-Quadrat, das die Heterogenität der Übereinstimmung des Modells über die Geschlechter testet. Wenn das Heterogenität-chi-Quadrat verdächtig groß ist, dann müssen wir verschiedene Parameter, vielleicht sogar verschiedene Modelle, für jedes Geschlecht getrennt, anpassen. Wenn irgendeine Art von sexueller Begrenzung oder sexueller Koppelung besteht, wird das Heterogenität-chi-Quadrat nicht unbedingt signifikant sein, aber das mittlere Quadrat bei Verschiedengeschlechtlichkeit wird sich von mittleren Quadraten bei gleichgeschlechtlichen Z. Z. unterscheiden, und es sollten offensichtlich verschiedene Parameter an die zwei Geschlechter angepaßt werden. Wenn keine dieser Komplikationen vorhanden ist, dann können wir dasselbe Modell gefahrlos für alle zehn Statistiken anwenden.

Schätzungen der Parameter und der Erblichkeit sind, wo es angebracht erscheint, für die aufschlußreichsten Fälle in der Tabelle 6.4 angegeben. Die residualen chi-Quadrate, die Signifikanz der Parameter (einseitige Normalabweichung) und chi-Quadrat sind ebenfalls angezeigt. Für das E_1D_R-Modell ist die Erblichkeit wie folgt berechnet:

$$h^2 = \frac{{}^1/_2\hat{D}_R}{{}^1/_2\hat{D}_R + \hat{E}_1}$$

und für das $E_1E_2D_R$-Modell

$$h^2 = \frac{{}^1/_2\hat{D}_R}{{}^1/_2\hat{D}_R + \hat{E}_1 + \hat{E}_2}$$

und ihre Standardabweichungen sind berechnet als Varianz einer Wurzel, wie bei Eaves 1970 gezeigt.

Tabelle 6.4 *Parameter-Schätzungen aus ausgewählten Fällen der Modell-Anpassung an verschiedene Gruppen von normal skalierten, Alters-korrigierten Daten. Schätzungen der Erblichkeit, angegeben, wo angemessen (+ = 0,05 < p 0,10)*

Faktor	Daten Gruppe	Modell	E_1	E_2	D_R	H_R	x^2	*df*	h^2
Befriedigung	F	2	189,38***	34,79*	–	–	8,77*	2	
		3	164,29***	–	121,97**	–	5,75+	2	0,27±0,09
		4	148,83***	–103,59+	360,33*	–	1,78	1	
		5	148,83***	–	–261,22	828,73+	1,78	1	
	M	2	139,30***	68,81*	–	–	1,12	2	
		3	124,32***	–	167,72**	–	0,06	2	0,40±0,13
		4	122,67***	– 22,42	215,28	–	0,00	1	
Libido	F	2	115,99***	91,20***	–	–	1,18	2	
		3	113,08***	–	182,97***	–	4,63+	2	0,45±0,08
		4	121,83***	121,26**	– 70,78	–	0,71	1	
	M	2	111,91***	122,85**	–	–	2,01	2	
		3	92,23***	–	282,86***	–	0,02	2	0,61±0,10
		4	92,93***	16,09	250,51	–	0,00	1	0,53±0,45
Maskulinität	F	2	126,53***	87,42***	–	–	0,61	2	
		3	120,35***	–	185,82***	–	4,50	2	0,44±0,08
		4	130,37***	103,09*	– 39,38	–	0,48	1	

	M	2	142,43***	65,92*	–	–	1,75	2	
		3	124,59***	–	169,26**	–	0,34	2	0,40±0,13
		4	121,68***	– 35,12	244,54	–	0,18	1	
Radikalismus	F	2	75,76***	136,00***	–	–	4,74+	2	
		3	59,23***	–	299,07***	–	4,03	2	0,72±0,05
		4	62,26***	80,02*	141,21*	–	0,62	1	0,33±0,19
	M	2	59,28***	136,50***	–	–	2,20	2	
		3	47,36***	–	283,24***	–	0,94	2	0,75±0,07
		4	48,88***	74,21	142,95	–	0,13	1	0,37±0,31
	10	4	58,57***	60,73*	189,57*	–	3,26	6	0,44±0,14
Toughmindedness	F	2	96,03***	119,51***	–	–	6,57*	2	
		3	76,76***	–	270,66***	–	1,42	2	0,64±0,06
		4	77,70***	22,11	226,74*	–	1,24	1	0,53±0,24
	M	2	84,12***	176,21***	–	–	1,47	2	
		3	85,71***	–	332,35***	–	5,65*	2	
		4	94,89***	231,01**	–133,78	–	0,42	1	
Emphase	F	2	155,77***	55,34**	–	–	4,77+	2	
		3	135,03***	–	151,03**	–	1,11	2	0,36±0,08
		4	130,01***	– 61,02	284,00*	–	0,00	1	

Fortsetzung Tabelle 6.4

Faktor	Daten Gruppe	Modell	E_1	E_2	D_R	H_R	x^2	df	h^2
	M	2	156,27***	61,84*	–	–	1,27	2	
		3	154,21***	–	124,50*	–	1,56	2	0,29±0,14
		4	158,89***	83,43	– 47,29	–	1,22	1	
	10	2	168,86***	54,02**	–	–	0,40	7	
		3	147,32***	–	151,78***	–	5,33	7	0,34±0,07
		4	142,63***	– 32,14	224,86*	–	4,77	6	
P	F	2	122,52***	61,07***	–	–	1,51	2	
		3	112,06***	–	141,67***	–	0,47	2	0,39±0,08
		4	113,08***	12,61	114,82	–	0,42	1	0,31±0,30
	m	2	120,24***	96,33**	–	–	1,58	2	
		3	105,48***	–	224,39**	–	1,52	2	0,52±0,11
		4	109,18***	49,06	119,54	–	1,07	1	0,27±0,46
	10	2	124,94***	66,44***	–	–	4,98	7	
		3	109,72***	–	162,72***	–	4,13	7	0,42±0,07
		4	112,28***	22,99	111,97+	–	3,45	6	0,29±0,22

E	F	2	166,91***	67,16**	–	–	3,07	2	
		3	154,35***	–	161,34**	–	3,84	2	0,34±0,09
		4	161,22***	48,56	49,55	–	2,92	1	0,11±0,30
	M	2	114,10***	127,75**	–	–	1,33	2	
		3	100,14***	–	275,30**	–	0,61	2	0,58±0,10
		4	102,01***	46,76	182,07	–	0,44	1	0,38±0,43
N	F	2	149,07***	80,26***	–	–	3,09	2	
		3	141,94***	–	170,66	–	3,27	2	0,35±0,08
		4	145,40***	57,59	51,64	–	2,94	1	0,11±0,28
	M	2	101,53***	102,33***	–	–	0,12	2	
		3	95,54***	–	210,04**	–	1,01	2	0,52±0,11
		4	100,36***	95,17	16,42	–	0,12	1	0,04±0,40
L	F	2	148,17***	58,68**	–	–	2,75	2	
		3	135,87***	–	140,70**	–	0,99	2	0,34±0,08
		4	134,56***	– 16,95	176,72	–	0,93	1	
		5	134,56***	–	75,00	135,63	0,93	1	
	M	2	108,85***	92,16**	–	–	3,08	2	
		3	99,21***	–	195,40**	–	2,81	2	0,50±0,12
		4	98,66***	– 22,59	239,74	–	2,92	1	
		5	98,66***	–	104,18	180,76	2,92	1	

Tabelle 6.4 enthält im wesentlichen alle unsere Resultate. Sie ist ein eingehendes Studium wert, und es würde sich auch lohnen, einige der Hauptergebnisse zu besprechen, sofern sie die verschiedenen analysierten Skalen betreffen. Zuerst ist zu beachten, daß es nur einen Fall von Heterogenität der Anpassung über die Geschlechter gibt *(»toughmindedness«);* dies werden wir später besprechen. Als nächstes wäre zu beachten, daß das E_1-Modell entweder völlig versagt oder aber in allen Fällen eine sehr schwache Anpassung ist. Dies weist darauf hin, daß es eine signifikante Variation zu erklären gilt, zusätzlich zu jener, die durch Messungsfehler und individuelle (innerfamiliäre) Umwelteinflüsse bewirkt wird. Unser Problem beginnt bei dem Versuch, zu entscheiden, ob diese Residualvarianz am ehesten durch zwischenfamiliäre Umweltvarianz (E_2) erklärt werden kann, oder durch genetische Variationen (D_R) oder durch beide.

In den meisten Fällen ergeben beide Zwei-Parameter-Modelle nichtsignifikante residuale chi-Quadrate. Formal müssen wir akzeptieren, daß entweder E_2 oder D_R für die Restvarianz zusätzlich zu E_1 verantwortlich ist, aber in der Praxis können wir die zwei chi-Quadrate vergleichen und auch das $E_1E_2D_R$-Modell anwenden und sehen, welcher der zusätzlichen Parameter signifikant ist oder einen unsinnigen Wert annimmt. Obwohl wir wenig signifikante Heterogenität für irgendeine der Eigenschaften gefunden haben, ist es doch aufschlußreich, die Modell-Anpassung für männliche und weibliche Daten zu vergleichen. Wir werden die Resultate der Modell-Anpassung für jeden Faktor untersuchen.

1. Sexuelle Befriedigung

Jedes Zwei-Parameter-Modell ist für die männlichen Daten geeignet, aber das einfache genetische Modell paßt etwas besser, wenn auch nicht signifikant, und es gibt eine Erblichkeit von 0,40 für Männer. Bei Frauen versagt das Umwelt-Modell und beinahe auch das genetische Modell. Die Drei-Parameter-Modelle passen, aber eines liefert ein hohes negatives $\hat{E}_2$ und das andere ein signifikantes negatives $\hat{D}_R$. Die Untersuchung der mittleren Quadrate enthüllt ein Muster, das stark an eine Konkurrenz zwischen Geschwistern um die begrenzten Ressourcen erinnert. Wenn ein bestimmter Genotyp eine bestimmte, knapp vorhandene Ressource braucht, dann wird die Konkurrenz um diese Ressource zwischen E. Z.-Zwillingen, die denselben Genotyp haben, intensiver sein als zwischen Z. Z.-Zwillingen, die nur die Hälfte ihrer Gene gemeinsam haben.

Eaves (1976) lieferte ein mathematisches Modell für Geschwister-Wirkungen beim Menschen und zeigte, wie Konkurrenz oder Kooperation zwischen Individuen von unterschiedlichen Graden genetischer Ähnlichkeit Differenzen in der Totalvarianz der Gruppen produzieren kann. Wenn D_R die additive genetische Varianz eines Phänotyps darstellt, der durch eine Gruppe von Genen produziert wird, D_R'' die Varianz, die durch die Wirkung jener Gene auf einen Geschwisterteil produziert wird und $D_{R'}$ die Kovarianz des additiven Effekts auf das Individuum und des Umwelt-Effekts auf seinen Geschwisterteil, dann können wir unser Modell für das mittlere Quadrat von gemeinsam aufgezogenen Zwillingen folgendermaßen aufstellen:

	E_1	D_R	D_R''	D_R'
E. Z. zwischen	1	1	1	2
innerhalb	1	–	–	–
Z. Z. zwischen	1	$^3/_4$	$^3/_4$	$1^1/_2$
innerhalb	1	$^1/_4$	$^1/_4$	$-^1/_2$

Wir sehen, daß D_R und D_R'' dieselben Koeffizienten haben und wie ein einziger Parameter geschätzt werden müssen. Wenn es Kooperation zwischen Zwillingen gibt, wird D_R' positiv sein, und wir erwarten, daß die gesamte Varianz bei den E. Z.-Zwillingen größer ist als die bei Z. Z.-Zwillingen: $\sigma^2{}_{TEZ} > \sigma^2{}_{TZZ}$. Wenn es Konkurrenz zwischen Zwillingen gibt, dan wird D_R' negativ sein, und wir erwarten $\sigma^2{}_{TEZ} < \sigma^2{}_{TZZ}$, weiters ist es möglich, daß das mittlere Quadrat »zwischen« tatsächlich niedriger sein wird als das mittlere Quadrat »innerhalb«, besonders für Z.-Z.-Zwillinge. Genau das fand Eaves für Psychotizismus bei Männern, und das ist tatsächlich das Muster, welches wir bei den mittleren Quadraten für sexuelle Befriedigung bei Frauen beobachten. Die Anpassung des Konkurrenz-Modells, wie sie in Tabelle 6.5 gezeigt wird, paßt bemerkenswert gut zu den Daten (was vielleicht unsere Prüfung der Daten vor der Anwendung des Modells widerspiegelt). Ob wir die Konkurrenz-Parameter als signifikant betrachten, hängt davon ab, ob wir einen einseitigen oder einen zweiseitigen Test durchführen. In jedem Fall ist klar, daß ein großer Konkurrenz-Effekt vorhanden ist, und daher die additive genetische Variation im Ausdruck von sexueller Befriedigung bei E. Z.-Zwillingen von geringerer Bedeutung ist als bei Z. Z.-Zwillingen, und dies spiegelt sich in der geringeren Erblichkeit für E. Z.-Frauen (0,31) als für Z. Z.-Frauen (0,45) wider. Wir können dies so interpretieren, daß E. Z.-Frauen denselben Männertyp anziehen und um seine Aufmerksamkeit in stärkerem Maße wetteifern müssen als Z. Z.-Frauen, die dazu neigen werden, Gefährten aus Populationen auszuwählen, die sich nicht in demselben Ausmaß überschneiden. Männer neigen natürlich dazu, auszugehen und Gefährtinnen außerhalb ihres Hauses zu treffen, in einer Weise, die für Frauen nicht so charakteristisch ist; deshalb sind dieselben Faktoren, die zu Konkurrenz führen, nicht in demselben Maße vorhanden.

Tabelle 6.5 *Anpassung des Konkurrenz-Modells an die Daten für sexuelle Befriedigung bei Frauen*

		E_1	D_R	D_R'	*df*	Beob-achtete mittlere Quadrate	Erwar-tete mittlere Quadrate
E. Z.	b	1	1	2	93	269	270
	w	1	–	–	95	141	141
Z. Z.	b	1	¾	1½	52	241	238
	w	1	¼	–½	54	275	275

$\hat{E}_1$ 141,1 ± 20,4 $c = 6{,}92^{***}$
$\hat{D}_R$ 331,8 ± 118,9 $c = 2{,}79^{**}$
$\hat{D}_R'$ –101,2 ± 55,5 $c = 1{,}82$

$x^2{}_1 = 0{,}005$

$$\hat{h}^2_{E.Z.} = \frac{\tfrac{1}{2}(\hat{D}_R + 2\hat{D}_R')}{\tfrac{1}{2}(\hat{D}_R + 2\hat{D}_R') + \hat{E}_1} = 0{,}3145 \pm 0{,}0882$$

$$\hat{h}^2_{Z.Z.} = \frac{\tfrac{1}{2}(\hat{D}_R + \hat{D}_R')}{\tfrac{1}{2}(\hat{D}_R + \hat{D}_R') + \hat{E}_1} = 0{,}4497 \pm 0{,}0983$$

2. Libido und Maskulinität

In den hoch korrelierten Merkmalen Libido und Maskulinität scheint das einfache Umwelt-Modell für die weiblichen Daten adäquater als das einfache genetische Modell, während das Gegenteil für die Männer zuzutreffen scheint. Es entspräche dem allgemeinen Volksglauben, wenn sexuelle Einstellungen auf diesen zwei Skalen weitgehend durch kulturelle Zwänge bei Frauen determiniert wären, während Männer durch solche Zwänge weit weniger gehemmt (das heißt dieser Art von Zwängen weit weniger unterworfen) werden und Variation ein Ausdruck ihrer Genotypen wäre.

Bemerkenswert ist, daß es noch eine signifikante zwischenfamiliäre Umweltvarianz bei Frauen gibt (E_2), und dies läßt vermuten, daß Töchter mehr dazu neigen, sich an eine Reihe von Familiennormen und -einstellungen anzupassen als Söhne. Gibt es einen kulturellen oder biologischen Druck bei Frauen darauf, eine bestimmte Haltung zum Sex einzunehmen, dann wäre zu erwarten, daß die zwischenfamiliäre Varianz im Verhältnis zu der bei Männern reduziert ist. Dies wäre der geschlechtsspezifischen genetischen Variation sehr ähnlich, die man bei Eigenschaften wie z. B. Kahlköpfigkeit zu finden pflegt, wo die Variation der wichtigsten Gen-Effekte weitgehend auf Männer beschränkt ist. Darum gehen wir davon aus, daß die gesamte Varianz bei Frauen geringer ist als bei Männern, obwohl E_1 bei beiden Geschlechtern dieselbe Größe haben sollte. Die erste dieser Annahmen bestätigt sich, aber die zweite nicht, so daß die Evidenz, daß ein durch Zwang entstandenes Standard-Modell von Einstellungen bei Frauen existiert, nicht stark ist. Dennoch ist das eine Hypothese, die eine spezifischere Formulierung und Überprüfung in künftigen Arbeiten wert ist. Wenn allerdings eine solche geschlechtsspezifische genetische Variation für Libido gefunden wird, könnten es ebensogut genetische Faktoren sein, die den Ausdruck der genetischen Variation bei Frauen – wie im Falle der Kahlköpfigkeit – unterdrücken.

3. Radikalismus

Das einfache genetische Modell paßt für beide Geschlechter besser als das einfache Umwelt-Modell (das bei Frauen fast versagt) und erzielt bei beiden Geschlechtern hohe Heredität. Es ist jedoch interessant, daß dies eines der wenigen Merkmale ist, bei welchen das $E_1E_2D_R$-Modell positive Schätzungen sowohl von E_2 als auch von D_R liefert, die mit beiden Geschlechtern vereinbar sind, was die Wichtigkeit der kulturellen Variation oder Partnerwahl auf Grund von Übereinstimmung (oder von beidem) zeigt, zusätzlich zu additiver genetischer Variation und E_1. Die Erblichkeiten, die E_2 berücksichtigen, sind für die zwei Geschlechter ähnlich, und tatsächlich scheinen die Parameter-Schätzungen über alle zehn Statistiken konsistent zu sein. Dies ist eine überraschende Bestätigung eines ähnlichen Bedürfnisses für ein E_2 oder eine Partnerwahl auf Grund von Übereinstimmung – wie ihn Hewitt (1974) bei der Analyse einer anderen Gruppe von sozialen Einstellungs-Daten bei Zwillingen gefunden hat, und Eaves und Eysenck an einer weiteren Gruppe von Daten, wobei eine Adaptation der Wilson-Paterson-Konservativismus-Skala (unveröffentlicht) verwendet wurde. (Wir haben bereits erwähnt, daß Partnerwahl auf Grund von Übereinstimmung sehr stark vorhanden ist; vgl. Kapitel 3.)

Wenn kulturelle Effekte bei der Beeinflussung des Radikalismus das ganze Leben hindurch – und nicht nur in einer besonderen Entwicklungsperiode – von Bedeutung sind, dann sollten wir erwarten, daß sie zunehmend eher auf Individuen wirken als auf Paare, da Zwillinge älter werden und für längere Zeit getrennt sind. Dies sollte sich in größeren Unterschieden innerhalb der Paare bei älteren Zwillingen widerspiegeln, und wir sollten sie eindeutig bei E. Z.-Zwillingen als E_1-Wirkungen festzustellen vermögen. Wir finden tatsächlich eine signifikante positive Regression von Paar-Unterschieden in bezug auf Alter bei E. Z.-Frauen. Obwohl diese Regression nur ungefähr zwei Prozent der Radikalismus Varianz innerhalb der Paare erklärt, oder etwa 1 Prozent der gesamten Varianz, haben wir hier vielleicht einen weiteren Beweis für die Wirkung kultureller Einflüsse auf Radikalismus-Scores.

4. *»Toughmindedness«*

Auch hier wiederholen unsere Ergebnisse jene von Hewitt (1974) mit der Feststellung, daß für Frauen und Männer unterschiedliche Parameter erforderlich sind. Er fand heraus, daß das einfache Umwelt-Modell, obwohl für beide Geschlechter tauglich, eine beachtlich höhere Erblichkeit für Frauen erzielte. Vielleicht ist auf Grund der schwachen Stichprobenherstellung unser mittleres Quadrat »innerhalb« für Z. Z.-Männer tatsächlich kleiner als das korrespondierende mittlere für E. Z., und dies bewirkt, daß das einfache genetische Modell bei den Männern versagt, während das einfache Umwelt-Modell bei Frauen versagt. Wir könnten hier Beweise für geschlechtliche Begrenzung des genetischen Ausdrucks haben, wobei Söhne eher auf mehr oder weniger von der Familie vertretene »toughminded«-Einstellungen konditioniert werden als Töchter, in die man keine derartigen Erwartungen setzt. Im modernen Jargon ausgedrückt, könnte die große E_2-Komponente für Frauen im Bereich von Libido und Maskulinität und für Männer bei »toughmindedness« ein Beweis für die Konditionierung auf »sexuelle Rollen« sein.

5. Emphase

Beide Zwei-Parameter-Modelle sind für Männer geeignet, aber das einfache Umwelt-Modell reicht für Frauen fast nicht aus, und die einfache genetische Hypothese scheint für alle zehn Statistiken hinreichend tauglich zu sein, wobei additive genetische Variation für etwa ein Drittel der Gesamt-Varianz verantwortlich ist – ein Ergebnis, das fast vollständig mit dem von Hewitt (1974) übereinstimmt.

6. Persönlichkeit

Es ist nicht unsere Absicht, hier viel über Persönlichkeitsvariablen zu sagen, da diese von Eaves und Eysenck an viel größeren Stichproben untersucht worden sind und in einer bevorstehenden Publikation gesondert besprochen werden. Es ist jedoch erwähnenswert, daß die vier Persönlichkeitsvariablen in ihrer Konsistenz bemerkenswert sind. Keines der Zwei- oder Drei-Parameter-Modelle versagt bei einem der beiden Geschlechter. Wo wir jedoch schätzen, daß die Erblichkeit für Frauen im Bereich von 0,34–0,39 ist, sind die männlichen Werte alle im Bereich von 0,50–0,58. Diese Entdeckung ist um so überraschender, als wir unter der Voraussetzung von gleichen Erblichkeiten in der männlichen und weiblichen Population, erwarten würden, daß die größere Beschränkung der Stichprobe der männlichen Zwillinge *niedrigere* Schätzungen der Erblichkeit produziert. Obwohl der Unterschied in der Erblichkeit für keine Eigenschaft, einzeln genommen, signifikant ist, ist hier die Evidenz hinsichtlich der Richtung sehr stark. Auch Nichols (1969) fand höhere Erblichkeiten für Männer als für Frauen bei fast jedem Persönlichkeitsmerkmal, das er maß.

Unsere Erblichkeitsschätzungen nach dem einfachen genetischen Modell, angewendet auf alle zehn Statistiken, sind 0,43, 0,40, 0,40 und 0,42 für *P, E, N* und *L;* sie sind von derselben Rangordnung wie die Schätzungen für *P, E* und *N,* die Eaves und Eysenck (1974) aus viel größeren Stichproben von gleichgeschlechtlichen Zwillingen erhielten (0,35, 0,48 und 0,49). Diese Schätzungen sind natürlich Unterschätzungen der Erblichkeit, da wir keinen Versuch unternahmen, die Inkonsistenz der Item-Antworten zu korrigieren, diese ist üblicherweise in der Umwelt-Varianz enthalten, aber streng genommen, sollte sie nicht hier enthalten sein. Dasselbe gilt natürlich für alle anderen hier gemachten Erblichkeitsschätzungen; diese sind viel eher untere Schwellen als feste Bestimmungen, sogar innerhalb ihrer Vertrauensbereiche.

Als Beispiel für die genauere Berechnungsart, die in diesem Zusammenhang durchgeführt werden könnte, haben wir die Libido-Variable, die vermutlich der interessanteste unserer Faktoren ist, für eine weitere Analyse ausgewählt. Indem wir paarweise sowohl die mittleren Quadrate der Item-Interaktion als auch die mittleren Quadrate der Haupteffekte als ein einziges Datenset darstellen und von jedem die genetischen und Umwelt-Parameter schätzen, können wir die Parameter des Haupteffekts, korrigiert für innere Unreliabilität, schätzen. Dies bewirkt eine Veränderung der Erblichkeit, nach oben oder nach unten, um einen Betrag, der von der relativen Größe der genetischen und Umwelt-Komponenten der mittleren Quadrate der Interaktion abhängt (Eaves und Eysenck 1976, Hewitt 1974). Tabelle 6.6 zeigt einfache genetische Modelle, die gleichzeitig an die mittleren Quadrate der Haupteffekte und der Interaktion für Libido bei Männern angepaßt sind. Das zusammengesetzte Modell paßt sehr gut, und alle Parameter-Schätzungen sind hoch signifikant. Die Schätzung der Erblichkeit der Item-Interaktion ist 0,18 ± 0,02; sie ist identisch mit einem Wert, der aus einer gesonderten Analyse der mittleren Quadrate der Interaktion für Libido bei Männern gewonnen wurde. Das mittlere Quadrat der Interaktion trägt so einige Information über die Parameter der genetischen wie auch der Umwelt-Haupteffekte bei, und bei der Anerkennung dieser Beiträge finden wir, daß die Erblichkeit des Libido-Faktors von 0,61 ± 0,10 nach unserer Korrektur der Item-Inkosistenz auf einen Wert von 0,67 ± 0,11 gestiegen ist, wenn wir diese Korrektur durchführen. Dies wäre unsere beste Schätzung von Erblichkeit, die aus den Daten, die wir besitzen, zu gewinnen ist.

Tabelle 6.6 *Anwendung eines zusammengesetzten Modells auf die mittleren Quadrate der Haupteffekte und der Item-Interaktion für Libido bei Männern*

		Modell E_{1_I}	D_{R_I}	E_1	D_R	df	Gewicht	Beobachtete mittlere Quadrate	Erwartete mittlere Quadrate
E. Z.	b	1	1	36	36	38	5,5752	1,8378	1,8525
	w	1	–	36	–	39	93,4300	0,4622	0,4576
E. Z .I.	b	1	1	–	–	1330	22213,8505	0,1719	0,1731
	w	1	–	–	–	1365	47493,4402	0,1201	0,1199
Z. Z.	b	1	¾	36	27	16	3,5615	1,5997	1,5038
	w	1	¼	36	9	17	13,1445	0,7532	0,8063
Z. Z. I	b	1	¾	–	–	560	10973,8301	0,1638	0,1598
	w	1	¼	–	–	595	16777,2819	0,1314	0,1332

$x^2_4 = 0{,}33$ $\qquad \hat{E}_{1_I} = 0{,}1199 \pm 0{,}0042$ $\qquad c = 28{,}54$

$h^2_{\text{Interaktion}} = 0{,}18 \pm 0{,}02$ $\qquad \hat{D}_{R_I} = 0{,}0532 \pm 0{,}0076$ $\qquad c = 6{,}96$

$h^2_{\text{Haupt}} = 0{,}67 \pm 0{,}11$ $\qquad \hat{E}_1 = 0{,}0094 \pm 0{,}0028$ $\qquad c = 3{,}37$

$\hat{D}_R = 0{,}0373 \pm 0{,}0103$ $\qquad c = 3{,}61$

Es mag nützlich sein, unsere Hauptergebnisse zu rekapitulieren, zumindest soweit es unsere Sexualfaktoren betrifft. Bis jetzt war die Diskussion durch technische Fragen verwirrt, was die Aufmerksamkeit von den wichtigsten Schlüssen abgelenkt haben mag, die durch die Daten und die Analyse nahegelegt werden. Der Begriff »nahegelegt« wird absichtlich verwendet, da die Anzahl der Zwillingspaare, wenn auch groß, verglichen mit der Art der Stichprobe, die normalerweise bei derartigen Untersuchungen verwendet wird, zu gering war, um irgendwelche definitiven Schlüsse zuzulassen, selbst wenn man Probleme der Selektion und andere bereits besprochene Schwierigkeiten übergeht. Wir bemerken dann, daß, im Hinblick auf Libido, additive genetische Faktoren eine sehr große Rolle bei Männern spielen, aber bei Frauen scheinen kulturelle Einflüsse weit wichtiger zu sein. Wenn in der männlichen Stichprobe Korrekturen bezüglich der Unreliabilität gemacht sind, erreicht die Erblichkeit von Libido 67 Prozent. Maskulinität verhält sich ähnlich wie Libido – das überrascht nicht angesichts der hohen Korrelation zwischen den beiden Werten.

Sexuelle Befriedigung zeigt ein eher komplexes Bild, mit etwas geringerer Erblichkeit und wahrscheinlicher Konkurrenz bei weiblichen E. Z. Diese Ergebnisse sind vermutlich nicht überraschend. Die Libido einer Person ist bis zu einem gewissen Grad unabhängig von anderen; sie kann sich auf verschiedene Arten ausdrücken, je nach den Umständen, und genetische Faktoren haben deshalb ein mehr oder weniger freies Aktionsfeld. Sexuelle Befriedigung auf der anderen Seite ist viel abhängiger von anderen Personen – Geliebten, Ehegatten und ähnlichen. Demzufolge ist hier mehr Raum für den Einfluß von Umweltfaktoren, obwohl diese natürlich andererseits zum Teil eine Reflexion genotypischer Aspekte sind, wie etwa gutes Aussehen, Intelligenz usw. Konkurrenz scheint aus *a priori*-Gründen Libido nicht zu beeinflussen, kann aber ganz leicht in Verbindung mit Befriedigung entstehen; in der Weltliteratur wird dieses Thema häufig behandelt!

Wir meinen, daß diese Diskussion unserer Resultate, so kurz sie auch zwangsläufig war, den weitreichenden Charakter der modernen biometrischen genetischen Untersuchungen aufzeigen konnte. Die Betonung, die auf die statistische Schätzung der »Erblichkeit« gelegt wurde, hat den Zweck einer derartigen Untersuchung verzerrt, deren Aufgabe die Konstruktion eines geeigneten Modells der genetischen und Umwelt-Einflüsse ist, die den Phänotypus determinieren. Kritiker, die meinten, Erblichkeit könne nicht auf irgendeine sinnvolle Weise aus vorhandenen Daten bestimmt werden, hatten sowohl recht als auch unrecht; sie hatten recht, wenn sie es mit dem üblichen Untersuchungstypus unter Verwendung der Holzinger-Formel zu tun hatten, aber unrecht, wenn es um die weit anspruchsvolleren Modell-Anpassungsmethoden von Mather, Jinks und Eaves ging. Nochmals: wenig Bedeutung kommt den Studien zu, die eine kleine Anzahl von Zwillingspaaren mit Merkmalen von intermediärer Erblichkeit verwenden, wie etwa im Bereich von Einstellungen und Persönlichkeit; leider sind Daten aus so kleinen Stichproben mit fast jedem auch noch so unwahrscheinlichen Modell in Einklang und können nicht dazu verwendet werden, in irgendeiner sinnvollen Weise zwischen Modellen zu differenzieren. Sogar die Zahl der Versuchspersonen, die in unserer Studie verwendet wurde und viel größer ist, als auf diesem Gebiet üblich, ist immer noch zu klein, als daß wir den Ergebnissen vollkommen vertrauen dürften. Wir glauben, daß eine Wiederholung unsere wichtigsten Schlußfolgerungen wahrscheinlich nicht umkehren würde, aber daß sie einige unserer kleineren Ergebnisse durchaus nicht bestätigen müßte.

Die Evidenz weist klar darauf hin, daß die Hauptfaktoren der sexuellen Einstellungen teilweise durch genetische Ursachen bestimmt sind, und es ist wahrscheinlich, daß diese Effekte durch Persönlichkeitseigenschaften wie etwa *P, E* und *N,* zumindest zum Teil, vermittelt sind. Verhalten ist jedoch ganz eindeutig das Endprodukt einer Kette von chemischen Reaktionen, die in der DNS beginnen, aber durch biochemische, endokrine und neurologische Funktionen vermittelt werden, ehe sie sich schließlich als Verhalten äußern. Die Frage nach der biologischen Basis der Persönlichkeit kann nur durch psychophysiologisches Experimentieren beantwortet werden, das Persönlichkeitsmaße und Faktoren wie kortikale Erregung (für *E*) und autonome Aktivierung (für *N*) direkt verbindet, vielleicht irgendwie nach den von Eysenck (1967) empfohlenen Grundsätzen. Es gibt gewisse Beweise für die Annahme, daß diese physiologischen Faktoren für Extraversion und Neurotizismus relevant sind; *P* ist eine zu neue und unerforschte Variable für eine derart stabile Bezugnahme. Der einzige Hinweis, der sich für eine biologische Basis dieser Eigenschaft anbietet, gründet auf der Beobachtung, daß *P* eng mit Maskulinität verbunden zu sein scheint, eine Verbindung, die besonders eng in der sexuellen Sphäre auftaucht (Eysenck und Eysenck 1976). Dies schließt an die Annahme von Money (1961 a, 1961 b) an, daß im »Erwachsenenalter Androgen das Libido-Hormon für Männer wie auch für Frauen ist. Die Androgene der sexuellen Erregung bei normalen, nicht in Behandlung stehenden Frauen könnten von der Nebenniere stammen oder sich metabolisch von den eng benachbarten Progesteronen herleiten.« Wir werden jedoch sehen, daß einige Argumente gegen eine derartige Identifizierung sprechen (Davidson 1972).

Es ist bekannt, daß Progesteron, normalerweise als »Fruchtbarkeits-Pille« verabreicht, morphologisch vermännlichende Wirkungen hat (Wilkins 1959, 1960; Young, Gay und Phoenix 1965); auch in bezug auf das Verhalten scheint es solche vermännlichende Wirkungen zu haben (Ehrhardt und Money 1967). Diese Autoren untersuchten zehn Mädchen, deren Mütter während der Schwangerschaft Progesteron erhalten hatten; neun wurden mit abnormen Genitalien geboren. »Nach den Geschlechtsrollenpräferenz-Tests und nach dem Interview-Material waren neun von den zehn Mädchen ›Wildfänge‹. Kriterien waren das Spielen mit Knaben-Spielzeug; athletische Energie, Verfolgungsjagden im

Freien; und minimales Interesse für weiblichen Tand, Puppenspiele, Babypflege und Haushaltsarbeiten.« Diese Ergebnisse stimmen mit ähnlichen Entdeckungen in der Tierforschung überein (Money 1965, Phoenix 1966). Diese Arbeiten weisen sehr stark auf eine Korrelation zwischen morphologischen und Verhaltenswirkungen sexueller Hormone hin.

Diese Studien sind, wenn auch relevant und unterstützend, dennoch nur von indirekter Bedeutung; notwendig ist eindeutig eine direktere Verbindung zwischen Hormonen und *P+*-Verhalten, in sexuellen wie auch in nicht-sexuellen Bereichen. Unglücklicherweise besteht ein Mangel an solchen Studien; ein Überblick von Eysenck und Eysenck (1967) fand die Beweise anregend, aber gewiß nicht überzeugend. Dasselbe kann auch über die neue Arbeit von Daitzman (1976) gesagt werden, die sicherlich an einer größeren Zahl von Versuchspersonen wiederholt werden sollte, die aber bis jetzt die direkteste und relevanteste Studie über dieses wichtige Problem darstellt.

Daitzman (1976) führte eine Vor- und Hauptuntersuchung durch, er verwendete 25 beziehungsweise 51 männliche Versuchspersonen, die alle Universitätsstudenten waren; zusätzlich verwendete er auch eine sehr kleine Stichprobe von 7 weiblichen Studenten. Nach der Messung des Niveaus der Androgen- und Östrogen-Sekretion bei zwei Gelegenheiten (um temporäre Effekte auszuschalten und die Reliabilität der Hormon-Messung festzusetzen), korrelierte er die Resultate mit einer Vielzahl von Fragebogen-Daten. Unter den Hauptergebnissen befanden sich die folgenden:

1. Androgen-Sekretion ist positiv korreliert mit Neurotizismus, die Korrelationen in den zwei Stichproben sind 0,53 und 0,27.

2. Androgen-Sekretion ist positiv, aber nicht signifikant, mit Psychotizismus korreliert; die Korrelationen sind 0,10 und 0,07.

3. Korrelationen mit zahlreichen Messungen von Extraversion neigen dazu, positiv zu sein (Sensations-Suche-Enthemmungs-Skala, PEN-Extraversion, C. P. I. Sozialibilität, M. M. P. I. soziale Introversion [negativ]).

Berücksichtigt man die kleinen Zahlen und den Pioniercharakter des Experiments, so zeigen diese Resultate die Tendenz, sehr gut in unser Begriffssystem hineinzupassen: hohe Libido ist korreliert mit *P*, E und *N*, und alle drei zeigen (wenn auch nicht immer auf Signifikanzniveau) positive Korrelationen mit dem Androgen-Niveau.

4. Auf jeden Fall korreliert die von Daitzman verwendete he-

terosexuelle Erfahrungs-Skala (die unserer sexuellen Verhaltensskala ähnelt) *negativ* mit Androgen-Niveau (–0,45, –0,49). Dies ist gewiß gegen die Erwartung und würde eine Wiederholung erfordern, ehe man es zu akzeptieren vermöchte (Daitzman gibt in seiner Arbeit Hunderte Korrelationen an, und das konventionelle Signifikanzniveau könnte von einer ganzen Reihe von ihnen durch Zufall erreicht oder überschritten werden).

5. Ein anderes Ergebnis stimmt besser mit der Erwartung überein, nämlich, daß eine bejahende Einstellung der Eltern zur Sexualität von Kindern positiv mit der Androgen-Sekretion korreliert ist (0,31, 0,36).

6. Wenn wir uns den Östrogen-Niveaus zuwenden, finden wir, daß auch sie eine starke Korrelation mit Neurotizismus zeigen (0,45).

7. Die Korrelation mit Psychotizismus ist positiv, aber ganz unsignifikant, die mit der M. M. P. I.-Schizophrenie-Skala ist jedoch hoch signifikant (0,48).

8. Die Korrelation mit Feminität (unter Verwendung der C. P. I.-Skala) ist überraschenderweise negativ (–0,33).

9. Östrogen korreliert positiv mit der allgemeinen Sensations-Suche-Skala (0,29) und signifikant mit der S. S.-Enthemmungs-Skala (0,37), die wahrscheinlich die Skala mit der engsten Verbindung zu Extraversion in der S. S. S. (Sensations-Suche-Skala) ist.

10. Die Korrelation der Östrogen-Sekretion mit heterosexueller Erfahrung ist negativ, wenn auch unsignifikant. Mit elterlicher Einstellung zur Sexualität bei Kindern ist sie höchst positiv (0,59).

Wenn diese Resultate überhaupt auf etwas hinweisen, dann darauf, daß Östrogen-Sekretion insgesamt *ähnliche* Beziehungen zu Persönlichkeit, sexuellen Einstellungen und sexuellem Verhalten hat wie die Androgen-Sekretion; beide scheinen in positiver Beziehung mit *P*, *E* und *N* zu stehen (wenn auch diese Beziehungen nicht immer deutlich oder signifikant sind). Beide haben negative Korrelationen mit sexueller Erfahrung und positive mit elterlichen Einstellungen.

Eine letzte Gruppe von Korrelationen wird von Daitzman angeboten, wobei das Gleichgewicht von Androgen und Östrogen verwendet wurde.

11. Dieses Gleichgewicht korreliert positiv mit Feminität, was vielleicht überraschend ist.

12. Es korreliert auch positiv mit Extraversion und negativ mit der sozialen Introversions-Skala des M. M. P. I.

13. Korrelationen mit sexuellen Erfahrungen sind negativ, und

zwar sehr signifikant. Alle bisher erwähnten Korrelationen werden durch die Kontrolle in bezug auf Variable, wie Gewicht, Alter, Größe oder kürzlich erlebter Orgasmus, nicht signifikant verändert.

Die Stichprobe der Mädchen war natürlich zu klein, um sehr bedeutende Resultate zu liefern, aber Androgen-Niveaus waren signifikant mit Neurotizismus und negativ mit Maskulinität korreliert; Östrogen-Niveaus mit der Schizophrenieskala und der psychopathischen Abweichung-Skala des M. M. P. I., der S. S.-Enthemmungs-Skala und (negativ) mit der Sozialisations-, der Kommunalitäts- und der Ich-Stärke-Skala des C. P. I. Dennoch scheint auch bei Frauen eine ähnliche Beziehung zwischen hohem *P*, hohem *E* und hohem *N* auf der einen Seite und hohen Androgen- und Östrogen-Niveaus auf der anderen zu bestehen. Es hat fast den Anschein, als ob hohe männliche wie auch weibliche Hormon-Spiegel eher in *synergistischer* als in antagonistischer Weise agierten, zumindest was Persönlichkeit und sexuelles Verhalten betrifft. Das Bild wäre völlig konsistent, wenn nur die sexuelle Erfahrungs-Skala in dieser Studie mehr positiv als negativ mit Sexualhormon-Sekretionen korrelieren würde. Dieses Ausbleiben der Vorhersage bildet eine definitive und ernsthafte theoretische Anomalie, die künftiger Forschung zur Klärung überlassen werden muß.

Eine weitere Reihe von Studien muß erwähnt werden, da sie eine greifbare Form der Messung eines anatomischen Merkmals andeutet, das vermutlich durch praenatale Androgen-Sekretion determiniert und anderseits mit hohem Libido – *vs* niedriges Libido-Verhalten korreliert ist. Schlegel (1969, 1975) hat im großen Rahmen Messungen der Größe der Beckenöffnung durchgeführt, wobei er den Abstand zwischen den Sitzbeinhöckern als Richtlinie verwendete. Es ist wohlbekannt, daß das Becken des Mannes zu einer Trichterform neigt, das der Frau zu einer Rohr-Form, daß aber Zwischen-Typen bei beiden Geschlechtern häufig vorkommen. Typischerweise haben Männer. eine kleine Beckenöffnung, Frauen eine große; dies steht natürlich im Einklang mit dem biologischen Zweck dieses besonderen anatomischen Merkmals. Nun scheint es, daß, während die Größe und Form der meisten Teile des Beckens erst in der Pubertät genau bestimmt sind, der Abstand zwischen den Sitzbeinhöckern bereits vor der Geburt bei Mann und Frau unterschiedlich ist (Boucher 1957), was eine Wirkung von Keimdrüsenexkretionen in dieser entscheidenden Periode nahelegt.

Schlegel behauptet, daß es möglich ist, mit der Verwendung dieses anthropometrischen Maßes Männer wie auch Frauen auf einem Kontinuum von andromorph bis gynekomorph anzuordnen; dieses Kontinuum, so behauptet er (auf der Grundlage von einigen nicht sehr überzeugenden Familien-Korrelationen), basiert auf einem Einzel-Gen-Typ von Vererbung, der sich im x-Chromosom befindet, und auf reichlicher Mutation. Schlegels Arbeit ist von Interesse, da er quantitative Evidenz aus sehr ausgedehnten Untersuchungen von hohen Korrelationen zwischen der Größe der Beckenöffnung und sexuellem und sozialem Verhalten anführt, die recht gut in unser Bild von hohem *P* und hoher Libido paßt. So findet er eine Korrelation von –0,90 (!) zwischen dem Typus der gynekomorphen Öffnung und einer Bevorzugung der aktiven, dominanten Typen sexuellen Verhaltens, ungeachtet des Geschlechts. Er führt auch eine Korrelation von –0,77 an, zwischen dem Typus der gynekomorphen Öffnung und einer Vorliebe für jüngere, speziell für halbwüchsige sexuelle Partner. Auf dem sozialen Gebiet gibt er eine Korrelation von –0,43 mit sozialem Führertum und Dominanz an. Interessant ist, daß dies eher typische *P*- als *E*-Verhaltensweisen sind; beim sozialen Verhalten vom *E*-Typus sind die Korrelationen in umgekehrter Richtung: 0,38 mit Soziabilität, 0,35 mit Kommunikation und 0,31 mit der Fähigkeit zur Bildung von sozialen Kontakten.

Die Verwendung des Zwischenraums zwischen den Sitzbeinhöckern als Maßstab wird durch die Tatsache unterstützt, daß die Verteilung in der Population bimodal ist, sowohl bei Männern als auch bei Frauen. Dies ist ein sehr ungewöhnliches Phänomen und läßt vermuten, daß irgendein starker biologischer, mit dem Geschlecht verbundener Faktor hier tatsächlich am Werk sein mußte, um diese Effekte zu produzieren. Ein weiterer Wegweiser in diese Richtung ist die Tatsache, daß Schlegel starke Korrelationen zwischen dem Typus der gynekomorphen Beckenöffnung und männlicher Homosexualität fand.

Schlegel behauptet weiter, auf der Basis einer Fülle von Tieruntersuchungen, daß es bei den höheren Säugetieren zwei ganz verschiedene Komponenten von männlichem Sexualverhalten gibt: sexuelle *Befriedigung* und sexuelle *Dominanz*, die mit der Hack-Ordnung verknüpft ist. Die letztere steht im Zusammenhang mit den anatomischen und morphologischen Unterschieden, die im Bau des Beckens beobachtet werden, und deshalb ist es nicht erstaunlich, daß das Verhalten von *P*-Typus mit kleinen Beckenöffnungen assoziiert ist. Schlegel beobachtete auch andere anatomische Korrelate von sexuellem Verhalten, zum Beispiel eine hochsignifikante Korrelation von 0,31 zwischen der Häufigkeit des Geschlechtsverkehrs und dem Umfang der Hand (dies mutet wie ein Maßstab von Kretschmers und Sheldons athletisch-mesomorphem Typus an). Diese Korrelationen sind weniger interessant, weil es keine offensichtliche Beziehung zu hormonalen Sekretionen vom Androgen-Typus gibt, obwohl man solche Korrelationen möglicherweise in Zukunft entdecken wird. Das Forschungsgebiet, das von Schlegel erschlossen wurde, verspricht, äußerst interessant zu sein, und es ist bedauerlich, daß sein Werk in den englisch-sprechenden Ländern nicht besser bekannt ist. Zurzeit wäre es jedoch verfrüht, ohne die notwendigen Wiederholungen, zu viel Vertrauen in seine Resultate zu setzen, wenn sie auch mit unserer eigenen Arbeit und Theorienbildung sehr gut übereinstimmen.

Wir müssen diese kurze Besprechung der hormonalen Wirkungen auf sexuelles und nicht-sexuelles Verhalten mit einem Fragezeichen beschließen. Das Beweismaterial läßt auf ein kausales Verhältnis zwischen Androgenen und *P+*, hohes Libido-Verhalten, schließen[4], aber es scheint sicher, daß jede Theorie, die einfach Androgene mit Maskulinität und Östrogene mit Feminität gleichsetzt, in ernste Schwierigkeiten geraten wird. Es ist möglich, daß wir sorgfältiger zwischen den verschiedenen Androgenen unterscheiden werden müssen, indem wir verschiedene Wirkungen verschiedenen Hormonen zuschreiben; es könnte sein, daß es sowohl synergistische als auch antagonistische Interaktions-Effekte zwischen Androgenen, Östrogenen, Progesteronen usw. gibt. Es ist müßig, die Komplexitäten abzuschätzen, denen zukünftige Untersuchung begegnen könnte. Wir scheinen den Komplex von Variablen isoliert zu haben, der für *P+*- und hohes Libido-Verhalten relevant sein dürfte, aber wir haben bloß die ersten vorbereitenden Schritte eines detaillierten Studiums dieser Beziehung gemacht.

ANMERKUNGEN

1 Dieses Kapitel wurde von N. G. Martin (Departement of Genetics, University of Birmingham) und H. J. Eysenck gemeinsam verfaßt; eine detailliertere Diskussion der Resultate und der sich erhebenden Fragen ist bei Martin (1976) zu finden. Wir wollen Mrs. J. Kasriel für ihre unschätzbare Unterstützung beim Ausfindigmachen und Kontaktieren der Zwillinge danken, an denen die Un-

tersuchung durchgeführt wurde; sie koordinierte die Datensammlung und es gelang ihr, die Rückgabe der Fragebogen in Ordnung zu halten, die bei verschiedenen Gelegenheiten gesammelt wurden. Ohne ihre Hilfe hätte dieses Kapitel niemals das Licht der Welt erblickt.

2 Ektomorpher Körperbau bezieht sich auf eine große magere Gestalt; mesomorpher auf einen gedrungenen, kraftvollen Körper und endomorph auf einen großen, dicken Körperbau.

3 Von den Zwillingen waren 95 Paare weibliche E. Z., 39 waren männliche E. Z., 54 weibliche Z. Z., 17 männliche Z. Z. und 41 Z. Z.-Paare gemischten Geschlechts. Das Durchschnittsalter reichte von dreiundzwanzig (für die ungleichgeschlechtliche Gruppe) bis achtundzwanzig. Etwa 60 Prozent stammten aus dem Mittelstand.

4 Es gibt zwei Gruppen von Ergebnissen, die besonders relevant sind. Ehrenkranz und andere (1974), Persky und andere (1971), Kreuz und Rose (1972) und andere demonstrierten eine Korrelation des Plasma-Testosteron-Niveaus mit aggressivem Verhalten und sozialer Dominanz beim Mann; das sind $P+$-Aktivitäten. Shepherd, Ladder und Rodnight (1968) haben Literatur zusammengefaßt, um zu zeigen, daß Phenothiazine, die heilende Wirkung gegen Schizophrenie haben, auch östrogene Aktivitäten aufweisen; diese berichteten endokrinen Effekte umfassen verzögerte Ovulation und Menstruation, Oligomenorrhoe und Amenorrhoe und Anschwellen der Brüste mit Milchabsonderung sowie auch Impotenz bei Männern und gesteigerte Libido bei Frauen. Drogen, die hohem P entgegenwirken, haben also Östrogen-Eigenschaften.

7
Sexuelle Einstellungen und soziale Konsequenzen

Bis jetzt haben wir uns eher mit den Bäumen als mit dem Wald beschäftigt; in diesem letzten Kapitel werden wir versuchen, uns über unsere Erkenntnisse klarzuwerden, und, zumindest kurz, die Konsequenzen, die sich aus unseren Erhebungen ergaben, zu besprechen. Bei der Zusammenfassung der wichtigsten Resultate werden wir uns zweier Verstöße schuldig machen; zunächst werden wir unterstellen, daß diese Resultate echt und reproduzierbar sind. Nun ist es klar, daß unsere Daten an einem bestimmten Ort und zu einer bestimmten Zeit gesammelt wurden, aus kleinen, wenn auch verschiedenartigen Stichproben, in einer Weise, die Verfälschungen durch die Befragten nicht ausschließt; es gibt viele gute Gründe, warum sich Fehler in das Experiment hätten einschleichen können und warum die Resultate möglicherweise für einen anderen Ort oder eine andere Zeit nicht zutreffen. Wir sind uns der Schwierigkeiten bewußt, aber wir werden sie nicht jedesmal bei der Erwähnung eines Ergebnisses wiederholen; zum Zwecke der Diskussion werden wir davon ausgehen, daß unsere Resultate in späteren Untersuchungen wahrscheinlich nicht widerlegt werden können. Wir werden in diesem Glauben dadurch bestärkt, daß wir ähnliche Resultate bei ganz verschiedenartigen Gruppen erzielten (Studenten, normale Erwachsene, Häftlinge, Broadmoor-Patienten), daß die Ergebnisse, die mit verschiedensten Mitteln herbeigeführt wurden, in den wesentlichen Generalisierungen übereinstimmen, und daß die Resultate weitgehend im Einklang stehen mit Vorhersagen aus der allgemeinen und experimentellen Psychologie und somit ein anziehendes Beispiel der Integration von Theorie und Fakten bilden. Viele Details in diesem Bild sind fast sicher immer noch falsch und gehören geändert; gewiß wird noch viel weitere Arbeit nötig sein, um diese vorläufige Skizze auf eine akzeptable Grundlage zu stellen; dennoch wird sie, so glauben wir, in den groben Umrissen wahrscheinlich überleben. Dieser Glaube wird vielleicht den Leser nicht überzeugen und wir geben auch gern zu, daß wir weiter so tun, als wäre unser Glaube gerechtfertigt.

Zum zweiten werden wir dieses breiter angelegte Bild malen, ohne geringere Abweichungen allzu sehr zu beachten; wir werden uns nicht auf eine detailliertere Erörterung jedes einzelnen Experiments einlassen und sorgfältig die Resultate im Einzelnen abwägen. Dies haben wir bereits im Hauptteil dieser Arbeit getan; es wäre hier nicht angebracht. Für einen detaillierteren (und dementsprechend genaueren) Überblick müssen wir den Leser auf die Originaldaten verweisen; es steht ihm natürlich frei, mit unserer knapp zusammengefaßten Schlußfolgerung nicht übereinzustimmen. Was ein solches Bild an Details verliert, gewinnt es an Verständlichkeit; wissenschaftliche Arbeit ähnelt in ihrer Technik oft dem *Pointillismus* französischer Maler – das entstehende Bild muß aus der Distanz betrachtet werden, damit es seine Wirkung erzielt. Was wir hier versuchen, ist, diese Distanz zu gewinnen.

Die erste Erkenntnis, die wir gewonnen haben, besagt, daß Einstellungen zur Sexualität in Gruppen zerfallen, die eine klar umrissene psychologische Bedeutung haben. Items, die sexuelle Befriedigung anzeigen, sind gebündelt; dasselbe gilt für Items, die sich auf Permissivität, Erregung, Nervosität, Schuldgefühl, Hemmung, Unpersönliche Sexualität, Pornographie, Dominanz, Widerwille und so weiter beziehen. Die meisten dieser Items können reliabel gemessen werden und dürften eine sinnvolle Art der Beschreibung sexueller Einstellungen sein.

Die zweite Erkenntnis ist vielleicht von größerem psychologischen Interesse. Offenbar sind diese Faktoren oder Bündel von Items selbst eher korreliert als unabhängig; sie definieren zwei sehr umfassende, klar umrissene, unabhängige Faktoren, die wir Befriedigung *vs* Pathologie, und Libido *vs* Enthaltsamkeit genannt haben. Diese Faktoren treten gleichermaßen deutlich bei Männern und Frauen auf, ebenso bei Studenten, Zufallstichproben von Erwachsenen, Broadmoor-Patienten und anderen Gruppen; es hat den Anschein, als besäßen sie allgemeine Bedeutung. Männer haben, wie erwartet, mehr Libido, aber Frauen dürften, wenn überhaupt etwas, so zufriedener mit ihrem Geschlechtsleben sein; der Unterschied für Befriedigung ist jedoch von begrenzter Bedeutung, während der für Libido sehr deutlich ist.

Während sexuelle Betätigung mit dem Alter bei Frauen wie auch bei Männern abnimmt, steigt in Wirklichkeit die Libido bei den Männern, während sie bei Frauen abnimmt; somit geht die Libido bei den Frauen mit dem Abnehmen der sexuellen Betätigung parallel, bei den Männern aber in entgegengesetzter Richtung. Die Gründe für dieses merkwürdige Phänomen sind unbekannt, und angesichts des seltsamen Charakters dieser Entdekkung wäre es ratsam, eine Wiederholung abzuwarten, ehe man sie allzu ernst nimmt. Bei Befriedigung gibt es mit dem Alter wenig Veränderungen, außer an dem sehr jungen Ende der Alters-Skala; mit sechzehn sind Männer und Frauen weniger zufriedengestellt als auf späteren Altersstufen. Dies ist nicht überraschend; die Gesellschaft macht es den Heranwachsenden nicht leicht, passende Ventile für ihren Sexualtrieb zu finden.

Männlich-weiblich-Unterschiede bei Items und Skalen sind sehr deutlich, wobei die Männer häufiger Items billigen, die sich mit Pornographie, Orgien, Voyeurismus, Prostitution, Unpersönlicher Sexualität, Promiskuität, Vor- und Außerehelicher Sexualität, Sexueller Erregung und anderen Kennzeichen von Libido befassen. Frauen sind mehr prüde und zeigen mehr Schuldgefühle. Eine spezielle Maskulinität-Feminität-Skala, zusammengesetzt aus Items, die die größten Unterschiede zwischen den Geschlechtern angaben, verhielt sich sehr ähnlich wie die Libido-Skala und zeigte in der Tat so ziemlich dieselben Items.

Persönlichkeitsunterschiede hatten starken Einfluß auf die Ansichten über die vielen Probleme, die im Sexualitäts-Fragebogen erörtert wurden. Hohe *P*-Scorer bejahten Items, die für die Maskulinität- und Libido-Skalen bezeichnend waren; sie zeigten insbesondere einen Mangel an Interesse für Jungfräulichkeit, mochten gern Unpersönlichen Sex, Vor- und Außereheliche Sexualität und Prostitution und erlebten starke Sexuelle Erregung. Sie hatten eine Abneigung gegen Ehe, Zensur und Enthaltsamkeit. Hohe *P*-Scorer neigten zu niedrigen Scores bei Befriedigung; sie tendierten dazu, mit ihrem Geschlechtsleben unzufrieden zu sein. Es besteht bei hohen *P*-Scorern eine definitive Tendenz, sich dem hinzugeben, was man üblicherweise perverse Praktiken nennt, einschließlich Gruppensex. Ganz allgemein betrachtet, nehmen hohe *P*-Scorer eine *»toughminded«*-biologische Einstellung zur Sexualität ein, und sind gegen die gängigen Moralbegriffe und Sitten und gegen idealistische und romantische Vorstellungen.

Extravertierte sind hohen *P*-Scorern in ihrem hohen Libido-Niveau ähnlich, aber unterscheiden sich von ihnen durch viel größere Befriedigung. Sie neigten dazu, früher Geschlechtsverkehr zu haben als Introvertierte oder Ambivertierte, haben ihn häufiger, mit mehr Partnern, in mehr verschiedenen Positionen; sie neigten dazu, sich, abgesehen vom Geschlechtsverkehr, einem vielfältigeren sexuellen Spiel hinzugeben, einem längeren Liebesvorspiel, und sich rascher an sexuelle Stimuli zu gewöhnen, mit ständiger Suche nach Veränderung. Ein glücklicher Schürzenjäger, besitzt der Extravertierte beträchtliche soziale Gewandtheit gegenüber dem anderen Geschlecht, liebt und genießt seine sexuelle Aktivität, ist damit zufrieden und hat diesbezüglich keine Sorgen oder Ängste. Seine Promiskuität hat nicht die pathologischen Züge des hohen *P*-Scorers oder das Beharren auf perversen Formen der Befriedigung. Die Einstellungen des Extravertierten scheinen sich von Hedonismus abzuleiten, die des hohen *P*-Scorers von Protest und Feindseligkeit.

Hohe *N*-Scorer haben größere Libido als niedrige *N*-Scorer, aber sie haben viele Komplexe, die ein friedliches Sexualleben stören; deshalb ist ihre Befriedigung besonders gering. Sie haben starke Schuldgefühle, machen sich Sorgen über ihre sexuellen Aktivitäten, haben Ängste und Schwierigkeiten im Zusammenhang mit dem Kontakt zum anderen Geschlecht und betrachten Sexualität oft als unangenehm und widerwärtig. Sie neigen dazu, ihren Eltern die Schuld für ihre Hemmungen zu geben und um ihre geäußerten Wünsche ist eine Aura von Abnormität. In Einklang damit steht die Feststellung, daß hohe *N*-Scorer ein eindeutig pathologisches Verhalten zeigen, etwa Ausbleiben des Orgasmus und Frigidität bei Frauen, *ejaculatio praecox* und Impotenz bei Männern.

Versuchspersonen mit hohen Scores auf der *L*-Skala neigen zu Konformismus, was aus der Art der Skala zu erwarten war. Sie unterstützen orthodoxe, gesellschaftlich akzeptierte Ansichten und Einstellungen und leugnen jeden Gedanken an perverse Praktiken und andere sozial unerwünschte Gewohnheiten. Sie haben ihren ersten Geschlechtsverkehr relativ spät und vor- oder außerehelichen Geschlechtsverkehr akzeptieren sie nicht; die hemmenden Einflüsse wirken sich sehr stark aus, sie nehmen eher einen idealistischen als einen rein biologischen Standpunkt zur Sexualität ein, sie akzeptieren Zensur, Monogamie und Treue in der Ehe und lehnen Permissivität ab. Hohe *L*-Scorer haben niedrige Werte in den Libido-Faktoren, sind aber nicht unzufrieden mit ihrem Geschlechtsleben. Wie im Fall von *P*, *E* und *N* trifft auch hier die Struktur der sexuellen Einstellungen der Männer in gleicher Weise für die Frauen zu; eine der stärksten Bestätigungen unserer Erkenntnisse ergibt sich aus der deutlichen Übereinstimmung der Resultate, die wir für Männer und Frauen der verschiedenen Persönlichkeitstypen erhalten haben.

Soziale Einstellungen korrelieren im allgemeinen sinnvoll mit sexuellen Einstellungen. Konservativismus korreliert gewöhnlich negativ mit Permissivität und Betonung der Physischen Sexualität, Pornographie und Libido. *»Toughmindedness«* korreliert mit Permissivität, Unpersönlicher Sexualität, Sexueller Erregung und ganz allgemein mit den Libido-Faktoren und allen darin enthaltenen Items. Es ist nicht erstaunlich, daß konservativ eingestellte Personen orthodoxe soziale Standpunkte gutheißen und moderne Trends verurteilen, und der festgestellte Zusammenhang zwischen *»toughmindedness«* und *P* erklärt die beobachteten Beziehungen für *T*.

Partnerwahl auf Grund von Übereinstimmung ist für die Sexualeinstellungs-Faktoren und auch für die Sozialeinstellungs-Faktoren angedeutet; in beiden Fällen findet man recht hohe Korrelationen für Männer und Frauen, die verheiratet sind oder in halbpermanenten Verbindungen zusammenleben. Die Korrelationen sind fast so hoch wie jene, die man gewöhnlich für Intelligenz findet, etwa 0,5 bis 0,6; Korrelationen für Persönlichkeitsvariablen sind viel niedriger und weichen in den meisten Fällen nicht signifikant von Null ab.

Sexuelles Verhalten, das von sexuellen Einstellungen unterschieden wird, fällt so ziemlich in dieselbe Struktur; manche Erkenntnisse, wie etwa die größere Neigung von hohen *P*-Scorern zu sexuellen Perversionen, wurden bereits erwähnt, ebenso die stärkere und frühzeitige Teilnahme der Extravertierten an sexuellen Praktiken, verglichen mit den Introvertierten. Von besonderem Interesse für uns war die Entdeckung, daß es Leute gibt, die sich in gewisse Praktiken einlassen, obwohl sie in Wirklichkeit eine Abneigung dagegen haben. Nur etwas mehr als 50 Prozent der Frauen, die sich auf Fellatio einließen, hatte dies wirklich Genuß bereitet; selbst bei Items wie manuelle genitale Manipulation, beim Mann durch die Frau, oder gegenseitige genitale Manipulation, war dies für weniger als 70 Prozent der Frauen ein positives Erlebnis. Männer berichteten darüber in fast 100 Prozent aller Fälle als einen Genuß. Alles in allem fanden wir, daß Frauen fast viermal so oft wie Männer Dinge getan hatten, die sie nicht mochten. Es kommt nicht unerwartet, daß Ablehnung der Aktivitäten, auf die man sich eingelassen hat, mit Sexueller Scheu, Prüderie und Widerwillen korreliert ist; Korrelationen mit Skalen, die in den Libido-Faktor eingehen, sind negativ – mit anderen Worten, Leute mit hoher Libido tendieren dahin, das gern zu tun, wozu sie auf dem Weg des sexuellen Experimentierens gelangt sind. Es gibt kaum eine Beziehung zwischen Persönlichkeit und Abneigung gegen sexuelle Aktivitäten, denen man freien Lauf läßt. Das läßt sich vielleicht darauf zurückführen, daß es in dieser Kategorie zu wenig Männer gab, als daß man sinnvolle Korrelationen zu erhalten vermochte, und daß Frauen viel anfälliger dafür sind, der Führung des Mannes in diesen Dingen zu folgen, nahezu ohne Rücksicht auf ihre Persönlichkeitsstruktur. Dieses ganze Gebiet wäre ein viel detaillierteres Studium wert, als wir zu bieten imstande waren.

Innerhalb der abnormen Gruppe, die wir testeten, erwiesen sich Broadmoor-Patienten als niedrig in Libido und auch als unzufrieden mit ihrem Geschlechtsleben. Die erstere Erkenntnis mag überraschend anmuten, aber sie bestätigt oftmalige psychiatrische Beobachtungen dieser Erscheinung. Daß psychiatrische Patienten in bezug auf ihr Geschlechtsleben unglücklich und unzufrieden sind, ist nicht überraschend; diese Resultate geben sehr wohl Erwartungen recht, die weniger auf systematischer Forschung nach psychiatrischen Grundsätzen beruhen, als mit Hilfe von Interviews, und über andere, etwas subjektive Kanäle, ermittelt werden.

Alter wurde als wichtiger Faktor in den sexuellen Einstellungen unserer Versuchspersonen erkannt. Wie zu erwarten war, neigten die älteren Versuchspersonen eher zu konservativer und weniger zu permissiver Einstellung; es gab auch eine allgemeine Abnahme von Libido für Frauen. Dies würde der Abnahme der Häufigkeit, mit der Geschlechtsverkehr auftritt, entsprechen. Befriedigung scheint jedoch nicht abzunehmen. Es ist schwer zu sagen, ob diese Wirkungen auf tatsächliche altersbedingte Veränderungen zurückzuführen sind, oder ob sie nur das soziale Klima widerspiegeln, in dem Individuen von verschiedenem Alter aufwuchsen.

Soziale Klasse ist eine weitere wichtige Variable, die vielleicht nicht so ausgiebig untersucht wurde, wie sie es verdient; unsere eigenen Ergebnisse sind zufällig und wahrscheinlich nicht so vertrauenswürdig wie jene in bezug auf Persönlichkeit. Insgesamt erweisen sich die Versuchspersonen aus der Arbeiterklasse in ihren Einstellungen als mehr »sinnlich« und die aus den Mittelschichten als mehr »moralisch«; das ist nicht unerwartet, angesichts der robusten Mentalität, die für gewöhnlich in Gruppen aus der Arbeiterklasse zu finden ist. Demnach scheinen Leute aus der Arbeiterklasse höhere Libido, aber nicht größere Befriedigung zu haben; die erste Schlußfolgerung steht vermutlich im

Einklang mit weitverbreiteten sozialen Anschauungen, für die bis jetzt nicht viel empirische Evidenz vorhanden war.

Die oben besprochenen Einstellungen und Verhaltensweisen sowie die mit ihnen verbundenen Persönlichkeitseigenschaften haben eine klare genetische Grundlage; etwa die Hälfte der Variation in Einstellungen und Verhalten, die wir in unserer Gesellschaft beobachten können, ist auf Vererbung zurückzuführen, die andere Hälfte auf Umwelteinflüsse. Dies ist eine sehr grobe Zusammenfassung unserer Erkenntnisse; für Libido etwa zeigten die Männer eine Erblichkeit von 67 Prozent, was erheblich über dem 50-Prozent-Niveau liegt. Solche Schätzungen haben jedoch hohe Vertrauensgrenzen, und es wäre nicht realistisch, den tatsächlich gefundenen Werten allzuviel Genauigkeit zuzuschreiben; sie können im besten Fall als Schätzungen des wahrscheinlichen Bereichs verwendet werden, in dem die wirklichen Werte liegen dürften. Zusätzlich weisen die auf unsere Daten abgestimmten genetischen Modelle auf gewisse komplexe Interaktionen mit inner- und zwischenfamiliären Umwelteinflüssen hin, sowie auf den Konkurrenzkampf um begrenzte Ressourcen, wie im Fall von Sexueller Befriedigung. Unsere genetischen Erkenntnisse sind vermutlich die anfechtbarsten von allen unseren Ergebnissen, sie erfordern auch am ehesten eine Reproduktion.

Ehe wir uns einer Diskussion über die soziale Relevanz und Bedeutung dieser Fakten und der Erörterung der aus ihnen wahrscheinlich erwachsenden Konsequenzen zuwenden, wird es nützlich sein, zu einer Kontroverse Stellung zu nehmen, die lange Zeit jeden Versuch einer vernünftigen Interpretation von psychologischen Daten in diesem wie in jedem anderen Bereich belastet hat. Die Psychologie scheint oft in die Verflechtung der Dominanz biotropher oder soziomorpher Faktoren zu zerfallen; in Leute, die den Nachdruck auf die biologischen Determinanten bis zur Ausschließung von sozialen legen, und andere, die diesen Prozeß umkehren. Soziologen und Sozialpsychologen ebenso wie Psychoanalytiker gehören im allgemeinen zur soziomorphen Richtung, und dasselbe gilt für Astrologen. Die Physiologen und Experimentalphysiologen stehen häufig auf der anderen Seite, ebenso Zoologen und Kulturethnologen. Beide Seiten mögen einander verbale Anerkennung zollen, aber sie betonen doch eher die eine oder die andere Alternative. Die hier eingenommene Position ist jene, die E. O. Wilson in seinem Monumentalwerk über *Soziobiologie* (1975) so ausgezeichnet formuliert hat; wir glauben, daß der Mensch ein biosozialer Organismus ist, dessen Verhalten sowohl durch genetische als auch durch Umweltkräfte determiniert ist, die kombiniert wirken, und daß jeder Versuch, sein Verhalten ausschließlich oder auch nur weitgehend im Sinne der einen oder der anderen Dominante zu verstehen, letztlich sinnlos bleiben muß. Zurzeit kommt die Gefahr einer einseitigen Interpretation viel eher von der Seite der soziologisch-orientierten Verfechter der Umwelt-Theorie, die sich oft weigern, biologische Faktoren überhaupt anzuerkennen; es wäre weit schwieriger, sich auf Biologie eingeschworene Autoren vorzustellen, die die Bedeutung von Umwelt- und sozialen Faktoren im menschlichen Verhalten leugnen würden.

So schwierig es anmutet, die Bedeutung und Relevanz von hormonalen und allgemein physiologischen Unterschieden zwischen den Geschlechtern zu leugnen, so scheinen doch viele moderne Autoren die Bedeutung von »Geschlechts-Rollen« und ihrer Determination durch die Gesellschaft überschwenglich zu betonen – ohne sich zu fragen, ob vielleicht die Gesellschaft diese Rollen auferlegt, weil es die Natur so bestimmt hat. Es kann nicht Ziel dieses Kapitels sein, auf diese Kontroverse einzugehen, die eine immens große Literatur hervorgebracht hat. Der Leser sei auf Hutts Buch *Males and Females* (1972) als einer allgemeinen Einführung und kurzen Bibliographie verwiesen; auf Ford und Beachs Buch *Pattern of Sexual Behaviour* als einen Überblick über Arbeiten, die sich direkt mit Geschlechtsunterschieden auf diesem Gebiet befassen; und Levines *Hormones and Behaviour* (1972) als eine Darstellung all dessen, was über unterschiedliche hormonale Sekretionen bei den beiden Geschlechtern bekannt ist. Leser, die sich dafür interessieren, in welcher Weise biologische Unterschiede zwischen den Geschlechtern deren soziales Verhalten determinieren, können aus dem Studium von Goldbergs *The Inevitability of Patriarchy*, Untertitel: *»Warum der biologische Unterschied zwischen Männern und Frauen immer männliche Dominanz produziert«,* Nutzen ziehen. Die vom Autor vorgebrachte These mag unpopulär sein, aber der empirische Rückhalt, den ihr die empirische Evidenz gibt, würde es sehr erschweren, gegen sie zu argumentieren.

Der Hauptunterschied zwischen Männern und Frauen auf sexuellem Gebiet scheint in dem Bereich zu liegen, der von unserem Libido-Faktor gedeckt wird, und die in diesem Buch dokumentierten Unterschiede werden auf amüsante Weise durch eine kürzlich in den Vereinigten Staaten durchgeführte Umfrage veranschaulicht, bei der 2000 Männer und Frauen, die eine Zufalls-

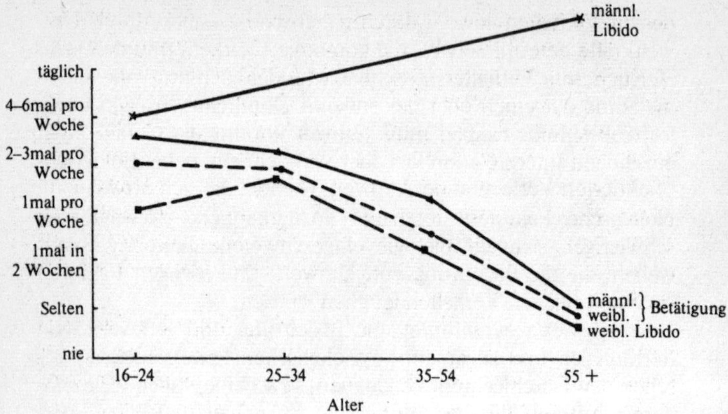

Diagramm 6.1 *Sexuelle Betätigung von Männern und Frauen auf verschiedenen Altersstufen, dazu Ausmaß der Libido*

stichprobe bildeten, gebeten wurden, den Lustgewinn bei zweiundzwanzig Alltagsaktivitäten in eine Rangordnung zu bringen. Unter den Männern zwischen 26 und 29 Jahren war Sexualität in klarer Führung, und unter den Männern zwischen 40 und 55 kam sie an erster oder zweiter Stelle. Aber Frauen zwischen 26 und 29 Jahren stuften Musik, Natur und Reisen höher ein als Sexualität, und unter den Frauen über 39 hatten sogar Aktivitäten wie Dahindösen, Fernsehen und Hausarbeit, Vorrang. Diagramm 6.1 illustriert diesen Unterschied sehr deutlich. In diesem Diagramm haben wir zuallererst das Abnehmen der tatsächlichen physischen sexuellen Betätigung bei Männern und Frauen mit zunehmendem Alter dargestellt; die Unterschiede sind gering und ganz unbedeutend, wenn auch überall vorhanden, und sichtbar für alle Altersstufen. Insofern sie einen tatsächlichen Unterschied repräsentieren, könnte dies auf die Existenz von Prostituierten zurückzuführen sein, die unter den befragten Frauen nicht eingeschlossen waren, die aber bei einigen der Männer impliziert sein könnten, und so die für die Männer gültigen Zahlen gesteigert haben (die Zahlen stammen von einer nationalen Zufallsstichprobe, die in Großbritannien durchgeführt worden war). Ebenfalls im Diagramm angegeben sind die Daten, die wir aus unserer Zwillingsstichprobe erhielten; hier haben wir ihre Faktoren-Scores für den Libido-Faktor verwendet, und Regressionslinien aus den erhaltenen Scores gezogen; nur die Linien sind im

Diagramm angegeben. Die Ordinate ist nur entsprechend den Betätigungs-Daten unterteilt, d. h. nach der durchschnittlichen wöchentlichen Häufigkeit, in der man Geschlechtsverkehr hatte. Wir haben die Faktoren-Scores für die Libido-Daten nicht angegeben, da sie an sich keine Bedeutung haben; was alle Daten demonstrieren sollten, ist, daß Libido bei Frauen in dem Maße sinkt, als die Betätigung abnimmt, während es für Männer kein Abnehmen der Libido gibt, und es tatsächlich eine Steigerung geben kann. (Die Abnahme der Libido bei Frauen setzt faktisch nicht vor dem fünfunddreißigsten Lebensjahr ein; davor scheint eigentlich eine Steigerung vor sich zu gehen.)

Diese Zahlen sollten nicht überinterpretiert werden. Die Anzahl der Männer in der Stichprobe war viel kleiner als die der Frauen, so daß das tatsächliche Ansteigen der Libido mit Mißtrauen betrachtet werden muß, besonders da wir in unserer größeren Erwachsenen-Stichprobe (siehe Kapitel 3) ein derartiges Ansteigen nicht beobachteten. Jedenfalls gibt es einen statistischen Unterschied zwischen den Geschlechtern, nicht nur im Hinblick auf Libido, sondern auch im Hinblick auf die Kurve; mit anderen Worten, Libido bei Frauen nimmt mit dem Alter ab, während sie bei Männern faktisch steigt (das Alterssexual-Syndrom) oder zumindest keineswegs in demselben Ausmaß abnimmt.

Hier gibt es wieder Gefahren bei der Interpretation von Daten aus verschiedenen Gruppen; wie bereits in bezug auf unsere Sozialeinstellungs-Daten aufgezeigt, sind Unterschiede zwischen Altersgruppen nicht unbedingt eine Auswirkung des Älterwerdens an sich, sondern können vielmehr soziale Normen der Zeit reflektieren, in der die verschiedenen Individuen aufwuchsen. Daß dies zum Teil für unsere Erkenntnisse hier verantwortlich gewesen sein könnte, darauf weist eine Reihe von Studien hin, die zeigen, daß, während

»... die Jugendlichen und jungen Erwachsenen von heute eine geschlechtsspezifische Auffassung von der Sexualität haben, welche deutlich auf die traditionellen Geschlechtsrollen bezogen ist, Mädchen sich sexuell so verhalten, als hätten sie einen schwächeren Sexualtrieb als Jungen; Mädchen zeigen weniger Zeichen von sexueller Frustration, wenn sie sexuell enthaltsam sind; Mädchen verhalten sich, als sollten sie weniger sexuelle Initiative zeigen als ihr männlicher Partner oder zumindest nicht mehr als er; Mädchen verhalten sich, als wäre ihre Sexualität mehr von

Liebe, persönlichen Beziehungen und Treue abhängig als das bei Jungen der Fall ist.« (Schmidt 1975).

Aber in den letzten Jahren, besonders in den letzten zehn oder fünfzehn Jahren, haben sich diese Unterschiede beträchtlich vermindert (Bell und Chasker 1970, Christensen 1971, Hunt 1974, Israel und andere 1970, Sigusch und Schmidt 1973, Sorensen 1973, Schmidt und Sigusch 1971, 1972, Zetterberg 1969). Solche Veränderungen zeigen an, daß soziale Faktoren beträchtliche Bedeutung haben; sie deuten nicht darauf hin, daß soziale Faktoren allumfassende Bedeutung haben. Selbst in unseren jüngsten Gruppen gab es große Unterschiede in der Libido zwischen den Geschlechtern, und selbst in den Ländern, in denen der Prozeß zur Herstellung der Gleichheit der Geschlechter am schnellsten vor sich geht (Dänemark, Schweden, Westdeutschland und die großen Städte an der Ost- und Westküste der Vereinigten Staaten), sind Unterschiede in den Einstellungen, die in unseren Libido-Faktor eingehen, immer noch beachtlich. Wie Goldberg (1973) in seinem Buch *The Inevitability of Patriarchy* hervorhebt, ist das Patriarchat doch universal; obwohl es zwischen verschiedenen Gesellschaften Unterschiede im Grad der männlichen Dominanz geben mag. Soziale Faktoren haben eine wesentliche Rolle zu erfüllen, gegen einen Hintergrund von biologisch determinierten Unterschieden.

Es scheint logisch, daß die relevantesten biologischen Faktoren in diesem Zusammenhang die Sexualhormone sind, wobei die Androgene die maskulinen Einstellungen und Verhaltensweisen, hohe Libido und *P* begünstigen, während die Östrogene feminine Einstellungen und Verhaltensweisen fördern dürften, niedrige Libido und niedriges *P*. Was *P* (und psychotisches Verhalten im allgemeinen) betrifft, wurde die Evidenz von Eysenck und Eysenck (1976) durchgesehen, und es scheinen gewisse Gründe für die Annahme zu bestehen, daß diese eher einfache Hypothese nicht auf völlig falschen Grundsätzen fußt. Ein allgemeiner Überblick über den Einfluß von Hormonen auf das Verhalten wird von Levine (1972) gegeben; dies wird den Leser wahrscheinlich eher von der unglaublichen Komplexität des Themas überzeugen und von unserem Mangel an Detailkenntnissen (besonders in bezug auf Menschen), als ihn darauf hinzuweisen, daß vorschnelle Formulierungen, wie zum Beispiel das Korrelieren von Androgenen und Östrogenen mit männlichen beziehungsweise weiblichen Verhaltensweisen, eine Menge empirische Evidenz haben. Die wirkliche Beziehung ist fast sicher viel komplexer, und es ist leider wahr, daß es sehr wenig direkte Evidenz in bezug auf Menschen gibt, auf der sich geeignetere Hypothesen aufbauen ließen. Wir besprachen bereits Moneys' Hypothese (1961 a, 1961 b, 1965), daß Androgene die aktive Ursache von libidinösem Verhalten bei Männern und Frauen sind, und die Evidenz dafür läßt den Schluß zu, daß auch diese Hypothese wahrscheinlich allzu einfach ist, obwohl sie richtungsmäßig stimmen mag. Männliche und weibliche Hormone wirken fast sicher in komplexer Weise aufeinander ein, und der Zeitpunkt, zu dem sie ihren Einfluß ausüben, scheint entscheidend zu sein. Es besteht fast sicher eine starke kausale Beziehung zwischen Androgenen und *P+*-Verhalten, und zwischen Androgenen und hoher Libido; der Einfluß der Östrogene ist nicht so klar, und die Interaktion zwischen den zwei Gruppen von Hormonen ist immer noch ein Rätsel. Dieses Gebiet der interdisziplinären Forschung zwischen Psychologie, Biochemie und Medizin verspricht in unmittelbarer Zukunft zu einem der interessantesten und fruchtbarsten zu werden.

Wir haben bisher gewisse Ableitungen aus unserer allgemeinen Theorie erörtert und auf verschiedene Weise versucht, eine Bestätigung oder Widerlegung dieser Ableitungen zu erhalten. Aber natürlich gibt es noch sehr viele andere Schlußfolgerungen, die sich aus unserem theoretischen System ergeben, und es wäre eine Fleißaufgabe, diese hier anzuführen. Um aber dem Leser einen Vorgeschmack von der Art detaillierter Vorhersage zu geben, die aus Persönlichkeitstheorie für sexuelles Verhalten gemacht werden kann, wollen wir *en passant* die Tatsache erwähnen, daß Extravertierte ihren höchsten Zustand kortikaler Erregung am Abend, Introvertierte am Morgen zu erleben scheinen (Colquhoun 1960, Colquhoun und Corcoran 1964, Blake 1967). Es wäre eine Versuchung, aus dieser festbegründeten Tatsache gewisse Vorhersagen abzuleiten, die als Erklärung der traurigen Gesichter von Strephon und der armen Chloe in Charles Hanbury-Williams' Gedicht, verfaßt um 1750, dienen könnten:

> Ye famed physicians of this place,
> Hear Strephon's and poor Chloe's case
> Nor think that I am joking;
> When she would, he cannot comply
> When he would drink, she's not a-dry
> And is this not provoking?

At night, when Strephon comes to rest,
Chloe receives him on her breast,
    With fondly folding arms:
Down, down he hangs his drooping head,
Falls fast asleep, and lies as dead
    Neglecting all her charms.

Reviving when the morn returns,
With rising flames young Strephon burns,
    And then would fain be doing:
But Chloe, now asleep or sick,
Has no great relish for the trick,
    And sadly balks his wooing.

O cruel and disastrous case,
When in the critical embrace
    That only one is burning!
Dear doctors, set this matter right;
Give Strephon spirits over night
    Or Chloe in the morning.

Ihr berühmten Doktoren diesenorts, / Hört Strephons und der armen Chloe Klage / und glaubt nicht, daß ich spaße; / Will sie, dann kann er ihr nicht dienen; / Möcht er gern trinken, ist sie gar nicht durstig. / Und ist das nicht zum ärgern? / Abends, wenn Strephon sich zu Bette legt, / Empfängt ihn Chloe an ihrer Brust, / Mit zärtlicher Umarmung: / Tief und tiefer sinkt sein schlaffes Haupt, / Schnell kommt der Schlaf und er liegt da, wie tot, / Mißachtend ihren Zauber. / Erwachend, wenn der Morgen wiederkommt, / Entflammt der junge Strephon alsogleich, / Und dann würd' er es gerne tun: / Doch Chloe, nun verschlafen oder krank, / Hat kein sehr groß Gelüst danach, / Und wehrt ihn traurig ab. / Ach, grausamer und unglücklicher Umstand, / Da im entscheidenden Moment / Nur einer ist in Flammen! / Liebe Doktoren, bringt die Sach' in Ordnung; / Weckt Strephons Lebensgeister für die Nacht, / Oder sei's Chloes für den Morgen.

Die hier implizierte Hypothese, daß Strephon introvertiert, Chloe extravertiert war, könnte mit Erfolg einem allgemeineren Test unterzogen werden, mit Paaren, bei denen der eine Partner introvertiert, der andere extravertiert ist; die Vorhersage wäre, daß man Schwierigkeiten wie jene, von denen die im Gedicht besungenen Liebenden gequält werden, in Ordnung zu bringen vermag, etwa, indem man dem Beispiel der in der örtlichen Gewerkschaft organisierten Arbeiter des Goldbergwerks in Vetikoula (Fidschi) folgt, die verlangten, man möge ihre gegenwärtige »Mittagszeit« um eine halbstündige »Sex-Pause« verlängern. Wie ihr Gewerkschaftssekretär erklärte, meinten sie, »daß mittags die beste Zeit für den Sex ist«, und durchschnitten so geschickt den Gordischen Knoten von Persönlichkeitsunterschieden im circadischen Rhythmus (Rhythmen von Wohlbefinden oder Energie, die an einem bestimmten Tag auftreten, und zwar regelmäßig bei der jeweiligen Person. So neigen Introvertierte dazu, morgens wacher zu sein, Extravertierte abends.)

Nehmen wir die Tatsache zur Kenntnis, daß sowohl soziale als auch biologische Faktoren eine beachtliche Verschiedenheit in den sexuellen Einstellungen und Verhaltensweisen von Männern und Frauen in unserer (oder in jeder anderen) Gesellschaft erzeugen; wenn auch unser Wissen über die sozialen wie über die biologischen Faktoren beklagenswert schwach und bestenfalls ein partielles ist, so sind wir in der Lage, in einem Satz etwas über die gegenwärtige (und in Wirklichkeit uralte) Auseinandersetzung zu sagen, die zwischen Aposteln der Permissivität und Protagonisten konservativer Werte oder zwischen Libertären und Puritanern tobt. Aus unserer allgemeinen Diskussion geht klar hervor, daß es vier Hauptgruppen gibt, die sich im Sinne unserer Faktoren formen. Zunächst einmal gibt es jene, die wenig Libido haben, aber beträchtliche Befriedigung aus ihrem Geschlechtsleben beziehen; im großen und ganzen stabile Introvertierte mit wenig Anzeichen von *P.* Diese Leute bilden vermutlich den monogamen Bevölkerungsteil, und ihre Zufriedenheit bezeugt die Tatsache, daß dies eine lebenswerte und vielleicht beneidenswerte Haltung ist. Fürsprecher der Permissivität leugnen oft stillschweigend die Möglichkeit, diese Kombination zu erreichen, aber die Tatsachen sprechen deutlich gegen sie.

Als nächstes haben wir den glücklichen Schürzenjäger, den stabilen Extravertierten in der Gruppe mit hoher Libido – hoher Befriedigung; er widmet einen großen Teil seiner Energie sexuellen Abenteuern mit vielen verschiedenen Frauen, er wird sich niemals auf Dauer häuslich niederlassen oder hält, auch wenn scheinbar seßhaft geworden, immer noch Ausschau nach außerehelichen Erlebnissen. Obwohl Puritaner die Möglichkeit, dies als durchführbares Modell zu betrachten, gern leugnen möchten, weist dennoch das Material darauf hin, daß man ihm ziemlich häufig begegnet und für die betroffene Person bedeutet das nicht weniger Befriedigung, als für die im zuerst behandelten Modell. Es mögen Veränderungen mit dem Alter eintreten, in dem Sinne, daß die hohe Libido-Struktur mehr auf die Jugend zutrifft, die niedrige Libido-Struktur aber auf die Älteren, wobei die mittleren Altersgruppen dazwischen liegen. Der Introvertierte könnte damit beginnen, sich zumindest einigermaßen auszutoben; der Extravertierte könnte im Greisenalter in einer glücklichen Ehe landen. Unsere Stichproben waren nicht ausgedehnt genug, um diese Hypothese zu prüfen, und in jedem Fall wären wahrscheinlich weitere Studien nötig, um solche Theorien gebührend zu untersuchen.

Die anderen zwei Gruppen zeigen beide Unzufriedenheit mit ihren sexuellen Erfahrungen. Der Mann oder die Frau mit niedriger Libido hat die Tendenz zum unstabilen Introvertierten, mit starken Hemmungen, Schuldgefühlen, Schwierigkeiten im Kontakt mit dem anderen Geschlecht und allgemein behindert an adäquaten sexuellen Reaktionen. Der Mann, oder die Frau, mit hoher Libido neigt zu hohen Werten auf der *P*-Skala, und kann auch die gewissermaßen hysterische Kombination von hohem *N* und hohem *E* hinzufügen (Eysenck 1971 c). Pseudo-nymphomanes Verhalten bei der Frau, Don-Juanismus beim Mann, charakterisiert die Personen dieser Gruppe; von ihnen könnte man sagen, daß sie der Permissivität einen schlechten Namen machen. Einiges ist anziehend an der Permissivität des Extravertierten; sehr wenig Anziehendes gibt es aber an der Permissivität des hohen *P*-Scorers, der Feindseligkeit, Aggressivität und unpersönliche Einstellung mit seinen sexuellen Wünschen verbindet und Sexualität auf ein biologisches Bedürfnis reduziert – auf eine Ebene mit dem Essen oder mit seinem Stuhlgang. Der interessante Punkt, und einer, der den Puritanern den Rücken steifen wird, ist, daß dieses Muster von sexuellem Verhalten eines der Selbstvernichtung ist und nur zu geringer Befriedigung führt.

Wir haben somit zwei Arten von Verhaltensmustern, die akzeptierbar sind, weil sie zu persönlicher Befriedigung und zu Glück führen – das introvertiv-traditionelle von Monogamie und Familienleben, das extravertierte von Wein, Weib und Gesang. Beide Muster können aber auch zu Unzufriedenheit und zum Gefühl des Unglücklichseins führen, wenn die Persönlichkeit eine Mischung aus psychiatrischen, abnormen und pathologischen Merkmalen aufweist, sei es von der quasi-neurotischen, der quasi-psychologischen oder der quasi-psychopathischen Variante (der Begriff »quasi« wird hier verwendet, um deutlich zu machen, daß keine unserer Versuchspersonen klinisch krank oder in psychiatrischer Behandlung war). In extremen Fällen kann diese pathologische Mischung zu eindeutigen physischen Symptomen, wie etwa Frigidität, Ausbleiben des Orgasmus, *ejaculatio preacox* und Impotenz führen. Wir können deshalb zwischen normalen und abnormen Anpassungsmustern unterscheiden, also zwischen Mustern, wo Männer und Frauen aus ihrer Handlungsweise Befriedigung erhalten, und andere, wo das nicht der Fall ist und wo sie unter echten physischen Symptomen einer psychischen Störung in bezug auf ihr Geschlechtsleben leiden. Innerhalb jeder Struktur haben wir eine permissiv-libidinöse Form und eine gehemmt-traditionelle Form. Ob eine Person in das eine oder das andere dieser Muster fällt, wird bis zu einem gewissen Grad von ihrer Persönlichkeit und ihrer genetischen Veranlagung abhängen; es wird natürlich auch von einer Unzahl anderer Faktoren abhängen, die von Zufällen in der Erziehung und physischer Ausstattung bis zu Einflüssen Gleichaltriger und unvorhersagbaren Ereignissen im Erwachsenenleben reicht. Wäre Kleopatras Nase um einen Zentimeter länger gewesen, sagt man, so hätte dies den Lauf der Geschichte verändern können; ein Zentimeter mehr oder weniger beim Brustumfang eines Mädchens kann ihr Schicksal in ebenso merklicher Weise verändern. Persönlichkeitsfaktoren bestimmen nicht das Schicksal eines Menschen; sie geben ihm bloß einen Stups in eine bestimmte Richtung; dennoch kann dieser Stups bisweilen beträchtlich nötigend sein.

Die Tatsache, daß diese Persönlichkeits- und Verhaltensunterschiede so markant sind, und so fest auf der genetischen Basis begründet, gestaltet die Aufgabe der Gesellschaft, Regeln und Gesetze aufzustellen, die zum größten Glück möglichst vieler Menschen führen und gleichzeitig die Interessen anderer, wie Kinder und sonstiger abhängiger Personen, wahrnehmen sollen, sehr schwierig. Natürlich wird die größtmögliche Permissivität von seiten des Staates, die sich mit dieser Interessenwahrnehmung noch vereinbaren läßt, am ehesten zum Ziel führen; unsere eigene Gesellschaft ist merkwürdig unduldsam und ausgesprochen rachsüchtig in der Konfrontation mit Fragen wie Abtreibung oder Prostitution. Von religiösen Menschen und anderen, die solche Dinge nach präjudizierten Prinzipien beurteilen, die angeblich göttlichen Ursprungs sind, kann man natürlich nicht erwarten, daß sie solche Ansichten teilen; offenbar fällt es manchen Leuten immer noch sehr schwer, darauf zu verzichten, anderen

Leuten ihre eigenen Werturteile aufzuzwingen. Doch genau das fordert das Prinzip der Freiheit, und die politischen Formen der Demokratie sollen derartigen Prinzipien Ausdruck geben.

Man könnte meinen, daß diese Unterstützung der Permissivität durch die Regierung bei der Behandlung von persönlichen und privaten Angelegenheiten, wie die Sexualität, sich auf das ausdehnen würde und sollte, was herkömmlicher in den Medien, im sozialen Bereich und in der Gesellschaft überhaupt »Permissivität« genannt wird. Das ist nicht unbedingt so. Der Begriff »Permissivität« ist vermutlich schlecht gewählt und vermittelt nicht ein genaues Bild dessen, was sich in der Gesellschaft abspielt; sogenannte Permissivität kann ebenso diktatorisch und unduldsam in bestimmter Richtung sein, wie es der Puritanismus war. Um nur ein Beispiel zu erwähnen: Jessor und Jessor (1976) untersuchten 600 Jugendliche und entdeckten, daß sexuelle Gewohnheiten sich so sehr verändert hatten, daß heute der Junge oder das Mädchen, der (oder die) seine (ihre) Unberührtheit nicht in sehr jungen Jahren verliert, als psychisch abnorm betrachtet wird. So sind die jungen Leute also einem enormen Druck ausgesetzt, sich in einer Weise zu verhalten, die im Gegensatz zu ihrer Persönlichkeitsveranlagung und ihren Werturteilen stehen mag; das ist nicht echte Permissivität, die verschiedene Menschen befähigen würde, in ihrem Verhalten jene Anschauungen und Werte auszudrücken, die ihre Erbanlage, ihre Persönlichkeit und ihre Erziehung in ihnen erzeugt haben. Sogenannte Permissivität ist nicht permissiv gegenüber traditionellen Werten; sie ist einfach eine wohlklingende Bezeichnung für ein Wertsystem, das ebenso irrational, ebenso dogmatisch und ebenso streng durch Sanktionen Gleichaltriger aufgezwungen ist wie das traditionelle System. Echte Permissivität würde die in solchen Werturteilen enthaltene Relativität erkennen, und würde keinen Druck auf junge Leute (oder auf ihre Eltern) ausüben, damit sie sich der einen oder anderen Alternative, als dem einzigen in Frage kommenden System, anschließen.

Aus demselben Grund bedeutet Permissivität, wie sie hier verstanden wird, keineswegs Zustimmung zu dem Vorschlag, daß es keine Zensur für obszönes und pornographisches Material in gedruckter Form, in Fernsehen, Kino und Theater geben sollte. Der Einwand kann vielleicht zuerst in einer allgemeinen Form vorgebracht werden, gefolgt von einem detaillierten Blick auf einige Tatsachen. Man ist sich so ziemlich überall einig, daß Meinungsfreiheit ein unabdingbares Element der modernen Demokratie ist und die Zensur ein Übel, dessen Notwendigkeit entsprechend bewiesen und überzeugend demonstriert werden muß, ehe es toleriert werden kann. Wir räumen ein, daß Zensur und der Einsatz gesetzlicher Mittel gegen freie Meinungsäußerung notwendig sind, wenn wir es mit solchen Dingen wie die Rassenfrage zu tun haben: Rassenhetze und Äußerung von Rassenvorurteilen und Rassendiskriminierung sind völlig zu Recht gesetzlich verboten. Einschränkungen der Meinungsfreiheit können deshalb in einer demokratischen Gesellschaft toleriert werden, wie permissiv diese auch sein mag, damit die Rechte der Minderheitengruppen geschützt werden.

Nun könnte man sagen, daß vieles, was in der modernen Gesellschaft als Pornographie gilt, in Wirklichkeit der Sache des *»male chauvinism«* – Vorrecht des Mannes – dient. So wie Nicolas Chauvin, den sein prahlerischer, kriegerischer, überenthusiastischer Patriotismus unsterblich machte, die Meinungsfreiheit mißbrauchte und sie in einen Freibrief für die Beleidigung und Mißhandlung jener verwandelte, die eine andere Nationalität hatten, so spornen pornographische Schriften und Filme Männer an, Frauen zu beleidigen und zu mißhandeln. Die in solchen Machwerken zum Ausdruck kommenden Werte sind, ob beabsichtigt oder nicht, männliche Werte, inbesondere jene des Mannes mit hohem *P* und hoher Libido; Frauen dienen in diesen Machwerken nur als Sexualobjekt und dürfen mißhandelt, vergewaltigt, geschlagen und ganz allgemein erniedrigt, kurz – als Bürger zweiter Klasse behandelt werden. Wenn wir es ablehnen, Schwarze als Sklaven, als Leute, die für unsere Unterhaltung zu sorgen haben, und überhaupt als Diener der herrschenden Weißen anzusehen, dann sollten wir uns ebenso weigern, Frauen als Sklaven, als Objekte unserer Vergnügungen und überhaupt als Dienerinnen der herrschenden Männer zu betrachten. Permissivität muß, wie wir dargelegt haben, an dem Punkt aufhören, wo sie die Rechte anderer beeinträchtigt. Hier dürften wir auf eine solche Beschränkung allgemeiner Permissivität stoßen.

Leser, die vielleicht meinen, daß diese Auffassung die entmenschlichenden und degradierenden Aspekte von pornographischen Filmen im Hinblick auf die Frauen überbewertet, bitten wir darum, einige Ergebnisse aus einer Arbeit, die wir selber zu diesem Thema aus einer Zufallsstichprobe von solchen Filmen, die von den Zollbehörden oder der Polizei konfisziert worden waren, herstellten, Beachtung zu schenken. In der Mehrzahl der Fälle endet der Film damit, daß der Mann seinen Penis zurückzieht *und den Samen über das Gesicht der Frau ejakuliert.* Dies übt keinen erotischen Reiz aus (nach den Kommentaren unserer Versuchspersonen zu urteilen), sondern bedeutet einfach, in symbolischer Form, die Unterwerfung der Frau; es erinnert an den Sieger in Stammeskriegen, der auf das Gesicht des Besiegten uriniert. Sado-masochistische Episoden reihen sich aneinander, wobei immer die Frau das erst unwillige, dann willige Opfer ist. Da gibt es Szenen mit Vergewaltigung, etwa in einem Film, der einen Einbruchsdiebstahl zeigt; der Einbrecher wird von der Frau entdeckt, die allein in ihrem Bett liegt. Er springt auf sie drauf und vergewaltigt sie, trotz ihrer Abwehr, die allmählich nachläßt und in begeisterter Kooperation endet. In einem anderen Film hat der Chef an der Arbeit seiner Sekretärin etwas auszusetzen; er läßt ihr die Wahl, entlassen zu werden, oder den Hintern versohlt zu bekommen. Sie wählt das letztere, er legt sie über sein Knie, streift ihr Höschen hinunter, verprügelt sie; dies führt rasch dazu, daß sie es gemeinsam miteinander treiben. Die allgemeine Moral dieser und anderer Filme ist: »Behandle sie grob und sie werden lernen, es zu mögen.« Nur in seltensten Fällen zeigt so ein Film Szenen mit Zärtlichkeit, Liebeswerben oder sonst einer Art von Gefühlen. Es ist interessant, zu erwähnen, daß, zumindest bei den Versuchspersonen, auf die entmenschlichten und degradierenden Stellen der Filme keine stärkere physiologische Reaktion oder höhere erotische Bewertung folgte, als auf die eher akzeptablen Szenen; somit ist die Erklärung, diese Aspekte des biologischen Sex würden betont, weil sie starke erotische Reaktionen erzeugen, nicht gültig. Der einzige augenscheinliche Zweck ist, die Überlegenheit des Mannes und die Inferiorität der Frau zu betonen.

Es wird oft als Argument angeführt, diese Einwände seien belanglos, da die Beweislage offensichtlich nicht darauf hindeute, daß pornographische Filme irgendeine bemerkenswerte Wirkung hätten. Für gewöhnlich werden in diesem Zusammenhang die Schlußfolgerungen des *American Presidential Commission Report on Obscenity and Pornography* zitiert, worin festgestellt wird, daß »alles in allem, die empirische Forschung, die zur Klärung dieser Frage herangezogen wurde, bislang keinen Beweis dafür gefunden hat, daß die Konfrontation mit explizit sexuellem Material eine signifikante Rolle bei der Verursachung von straffälligem und kriminellem Verhalten von Jugendlichen und Erwachsenen spielt«. Die generelle Schlußfolgerung, daß es »keinen Beweis gibt« für die Wirkungen der Pornographie auf das sexuelle Verhalten, wird häufig wiederholt, als sei sie wahr; aber in Wirklichkeit gibt es eine ganze Menge solcher Beweise, in der Tat gibt es ihrer so viele, daß heute kaum mehr daran zu zweifeln ist. Cline (1974) hat sowohl die positive Evidenz in dieser Frage, als auch die Kritik am *Commission's Report* zusammengetragen, und es hätte wenig Sinn, hier die ganze Fülle des Materials, auf das er hinweist, zusammenfassen zu wollen.

Wir erhalten einen klaren Hinweis von Cline (der auch an der Vorbereitung des Minderheits-Reports beteiligt war, welcher dem Mehrheits-Report als Anhang hinzugefügt wurde) darauf, was sich abgespielt hatte; die Zusammensetzung der Kommission war weitgehend unter ideologischen Gesichtspunkten, mit dem ausdrücklichen Ziel, Gründe für die Aufhebung der Zensur anzubieten, bestimmt worden. Der Bericht selbst erwähnte 90 Prozent der für die Kommission durchgeführten Untersuchungen überhaupt nicht, verfälschte viele Feststellungen, die dort gemacht wurden und schätzte Daten von begrenzter Bedeutung, die aus kleinen und unrepräsentativen Stichproben gesammelt worden waren, viel zu hoch ein. Wie Cline es ausdrückte: »Es gab eine große Vielfalt von üblichen Fehlern, Auslassungen und unzutreffenden Schlußfolgerungen aus fehlerhaften Untersuchungen sowie auch eine manifeste systematische Befangenheit bei der Zusammenstellung der Beweise und der Berichterstattung.« All dies ist klar dokumentiert, und wer mit den Unterlagen vertraut ist und die zehn Bände detaillierten Materials gelesen hat, die von den Forschungsgruppen der Kommission geliefert wurden (und die nicht auf den voreingenommenen Übersichten und manipulierten Versionen beruhten, die im eigentlichen *Commission-Report* enthalten waren), wird nicht an der Entschlossenheit der Mehrzahl der Kommissionsmitglieder zweifeln, zu jener Schlußfolgerung zu gelangen, auf die sie sich von Anfang an festgelegt hatten. Im Gegensatz zur Volksmeinung ist also eine Menge direkter Evidenz hinsichtlich des enormen Einflusses vorhanden, den selbst ganz kurze Filmstreifen haben können, um Einstellungen und Verhalten über ziemlich lange Zeiträume zu verändern; weiters stimmen diese experimentellen Resultate sehr gut mit der Theorie über die Wirksamkeit des *»modelling«* (Nachahmung) und der Desensibilisierung überein, und mit der riesigen Menge klinischer und experimenteller Literatur, die rund um diese Konzepte aufgebaut wurde. Diese ganze Evidenz außer acht zu lassen, heißt wissenschaftliche Tatsachen zu desavouieren. Es ist einfach nicht mehr möglich, den Standpunkt abzuweisen, daß pornographische und obszöne Filme und Publikationen eine Wirkung auf das Verhalten von Menschen oder auf ihre Einstellungen ausüben, und es steht einfach niemandem mehr frei, zu behaupten, dieses Urteil wäre »unbewiesen«.

Es ist natürlich viel schwerer, über jeden Zweifel hinaus zu beweisen, daß die neuerdings ungeheuer gestiegene Zunahme der Fälle von Vergewaltigung, Belästigung, unzüchtigen Handlungen, gesetzwidrigem Geschlechtsverkehr und von Gewalt im allgemeinen, in einem kausalen Zusammenhang mit der Darbietung solcher Handlungen auf der Filmleinwand steht und daß sie direkt durch solche Darbietungen ausgelöst wurden. Doch es ist wohl unvernünftig, einen solchen direkten Beweis zu verlangen; in einem Zeitraum von über fünfzig Jahren war es der Ärzteschaft nicht gelungen, unanfechtbare Beweise vorzulegen, daß Zigaretten ein krebserzeugender Wirkstoff sind und bei Rauchern Lungenkrebs verursachen. Die richtige Haltung ist, meiner bescheidenen Meinung nach, jene, die das *Government Committee on Drug Safety* eingenommen hat; bei neuen Drogen müssen die Erzeuger nachweisen, daß diese (nach menschlichem Ermessen) ungefährlich sind; es wird nicht verlangt, daß das Komitee den Nachweis ihrer tödlichen Wirkung erbringt. Auf ähnliche Weise sollten auch extrem pornographische und gewaltanpreisende Filme, die Vergewaltigungen und andere gesetzwidrige Handlungen in allen Details vorführen, ihre Unschuld beweisen müssen, und es sollte nicht gestattet sein, sie zu zeigen, solange sie das nicht getan haben. Es ist unzumutbar, von Privatpersonen, die (wahrscheinlich zu Recht) vermuten, daß solche Filme einen sehr destruktiven Einfluß auf die Gesellschaft haben, zu verlangen, daß sie die sehr zeitraubende, teure und hochtechnisierte Untersuchung finanzieren, die für einen entsprechenden Nachweis notwendig ist. Solche Untersuchungen sollten aus den Profiten der pornographischen Industrie selbst finanziert werden, um ihren Einwand der Harmlosigkeit, wenn überhaupt möglich, zu unterstützen.

Eine derartige finanzielle Unterstützung sollte natürlich indirekt sein, also an eine autorisierte Körperschaft (etwa an die *British Psychological Society* oder den *Medical Research Council*) vergeben, und von ihnen sollten die Untersuchungen auch honoriert werden. Die Gründe dafür sind klar; die Hersteller pornographischer Filme sind interessierte Partei und sie würden alles tun, um die Mitglieder und die Forschungstätigkeit jeder Körperschaft zu beeinflussen, die zur Untersuchung dieser Fragen gebildet wird. Genau das geschah auch in dem berühmten Fall des U. S. *Surgeon General-Report* über »Fernsehen und soziales Verhalten«. Gegen einige der für die Mitarbeit vorgeschlagenen Persönlichkeiten in dem Komitee, das die Angelegenheit untersuchen sollte, erhoben die großen Fernsehgesellschaften Einspruch mit der Begründung, von ihnen wäre ein allzu realistischer und in bezug auf Fernsehanstalten unfreundlicher Bericht zu erwarten. Die Geschichte wird in allen Einzelheiten in Clines' Buch dargelegt; kein Wunder, daß das schließlich ernannte Komitee »einige Daten entstellte, einige ignorierte, und das Ganze in eine Sprache faßte, die dazu angetan war, den Bericht ganz offenkundig unlesbar zu machen, da er auch nicht gelesen werden sollte«, wie das *Newsweek* so bewundernswert formulierte. Die Unabhängigkeit jener Körperschaften, die die Fakten sammeln und zu Schlußfolgerungen gelangen, von den Praktikern der Kunst der Pornographie und der Gewalt, ist die unabdingbare Voraussetzung zur wissenschaftlichen Arbeit auf diesem Gebiet.

Es wird manchmal gesagt, die künstlerische Integrität erfordere es, daß öffentlich vorgeführt wird, was in Wirklichkeit Pornographie ist. Psychologisch und künstlerisch ist dies nicht nur unwahr, sondern das genaue Gegenteil ist die Wahrheit. Man überlege den kürzlich gemachten Einwand, Lady Macbeth sollte nackt schlafwandeln dürfen, »weil sie in ihrer Zeit kein Nachthemd getragen hat«. Nicht nur ist dieser Einwand an sich vermutlich unrichtig und sicherlich künstlerisch irrevelant (sollte sie auch ungewaschen und übelriechend schlafwandeln?); man dürfte wohl keinen Psychologen brauchen, um festzustellen, daß der Auftritt einer sehr bekannten Schauspielerin als Nackte den Zauber des Dramas zerstören und zu plumpen Kommentaren über die Größe ihrer Brüste, die Form ihres Gesäßes herausfordern würde. Stücke und Filme sollen Gefühlsreaktionen durch Kunst und indirekte Einwirkung auslösen, nicht durch vulgären Appell an die Sinne; solch direkte Appelle an die Sinne beeinträchtigen die Botschaft des Mediums.

Das hier vorgebrachte generelle Argument ist ein sehr einfaches. Vorausgesetzt, daß Filme, Stücke, Fernsehaufführungen und Bücher eine starke Wirkung auf Zuschauer, Hörer und Leser haben, etwas, was heute von kompetenten Psychologen nicht mehr ernstlich angezweifelt wird, wird die öffentliche Vorführung von Szenen der Vergewaltigung, Degradierung und überhaupt der Mißhandlung von Frauen und ihre Darstellung als nichts anderes denn bloße Sexualobjekte wahrscheinlich Auswirkungen auf männliche Einstellungen und Verhaltensweisen haben, die dem Trend zu mehr sexueller Gleichberechtigung entgegenwirken – dieser eher akzeptablen und wünschenswerten Tendenz unter den vielen, die für unser Jahrhundert charakteristisch sind. Es ist nicht nötig, sich vorzustellen, daß alle modernen Pornographen von dem Wunsch motiviert sind, die moderne Zivilisation zu zerstören, obwohl manche zweifellos zusammen mit Richard Neville meinen, daß die Waffen der Revolution »Obszönität, Blasphemie und Drogen« seien. Ein weitaus wahrscheinlicheres Motiv ist einfache Habgier. Aber auf jeden Fall sind Motive meist irrelevant; die entscheidende Überlegung gilt den Auswirkungen. Im Geiste möchte man gerne an alle Betroffenen appellieren, jene Gesinnung hochzuhalten, die sich in Masefields Gedicht an seine Mutter so kraftvoll Ausdruck verschafft:

> What have I done, or tried, or said
> thanks to that dear woman dead?
> Men triumph over women still,
> Men trample women's right at will,
> and man's lust roams the world untamed.
> O grave, keep shut lest I be ashamed!

Was tat ich, was versuchte oder sagte ich / Zu danken dieser teuren Frau – nun tot? / Noch immer siegen Männer über Frauen, / Trampeln Männer willentlich der Frauen Rechte nieder, / Durchstreift des Mannes ungezügelt Lust die Welt. / Oh Grab, verschlossen bleib, auf daß ich mich nicht schäme!

Die Wahrscheinlichkeit, daß eine solche Mahnung Beachtung findet, ist nicht groß, und deswegen muß man wirksamere Hilfe durch die Zensur suchen, wie qualvoll diese Wahl auch sein mag. Es ist interessant, in diesem Zusammenhang festzustellen, daß, obwohl es gewöhnlich Männer von der Linken sind, die eine »Konzession für Pornographen« fordern, gerade die kommunistischen Länder, von der UdSSR bis China, am wenigsten vom pornographischen Gewerbe berührt werden und an den altmodischen Tugenden der Jungfräulichkeit und der Ehe festhalten. Vielleicht hatte Richard Neville schließlich doch etwas für sich.

Es wird sich zeigen, daß ich mich ausgiebig mit pornographischen Produkten beschäftigt habe, die vor allem mit unserem vierten Quadranten, hohe Libido-hohe Befriedigung (in pathologischer Form) zusammenhängen. Es ist möglich, unbeschwerte, warme (in der richtigen Bedeutung dieses Wortes!) und amüsante

Pornographie zu produzieren, die zum ersten Quadranten, also jenem der Extravertierten mit hoher Libido-hoher Befriedigung passen würde. Im Gegensatz zu manchen Anti-Pornographen finde ich nicht, daß dieselben Einwände für Produktionen dieser Art gelten, besonders, wenn sie geschmackvoll sind und künstlerische Form haben. Eindeutig ist hier mit den Worten, die Cline (1974) im Titel seines Buches benützte, die Frage: *»Wo ziehst du die Grenze?«* Die Argumente reichen von absolut puritanischen und kritikwütigen bis hin zu absolut libertären, aber in der Praxis zieht jede Gesellschaft irgendwo die Grenze, und die hier vorgeschlagene Position ist bestimmt durch die allgemeine Stoßrichtung unserer experimentellen Resultate: Was pathologisch ist und wahrscheinlich pathologische Aktivitäten fördert, scheidet aus, während alles, was nicht in diese Kategorie fällt, zugelassen wird. Es wird nicht angenommen, daß alle potentiellen Betrachter von pathologischem Material voraussichtlich in Versuchung kommen, sich auf pathologische Praktiken einzulassen; es ist genügend Evidenz dafür vorhanden, daß zumindest manche, für gewöhnlich bereits bis zu einem gewissen Grad psychiatrisch krank, auf diese Weise in Versuchung geführt werden, und es besteht auf Grund der existierenden Unterlagen die Wahrscheinlichkeit, daß für viele Leute, wenn nicht für die Mehrheit, eine tiefe Einwirkung in Richtung der Abwertung der weiblichen Sexualität, der Weiblichkeit und der weiblichen Ideale erfolgen würde. In derselben Weise werden rassistische Propaganda und Anstiftung zu Rassenunruhen vom Gesetz verboten, nicht, weil jeder, der solcher Propaganda ausgesetzt ist, ein Rassist werden muß, sondern weil einige, für gewöhnlich bereits in gewisser Weise psychisch Gestörte, ermutigt werden, ihre Phantasien auszuleben (der Begriff vom »Grenzbeobachter«, entsprechend dem von den Ökonomen verwendeten Begriff vom »Grenznutzen«, könnte hier gelegen kommen).

Unsere Resultate mögen auch eine Botschaft an jene sein, die oft unwilligen Schulkindern eine Sexualerziehung aufzwingen möchten, und an jene, die jeden zu belehren pflegen, daß Sex »in großer Menge konsumiert« werden soll, und die eifrig die vielen Sex-Handbücher lesen, die heutzutage erhältlich sind. Ein solches Herangehen spiegelt deutlich Einstellungen, die für die »hohe Libido«-Gruppe charakteristisch sind, steht aber im Gegensatz zu den Ansichten der »niedrige-Libido«-Gruppe. Für einen *»toughminded«* Menschen ist Sexualität weitgehend eine biologische Betätigung, unpersönlich und dazu bestimmt, ein

Maximum an Sinnesfreude zu produzieren; wie jeder andere Sport erfordert er Fähigkeit, Training und konkurrenzreife Leistung. Was wäre also angemessener, als Sexualität in der Schule zu lehren, wie Fußball, und Fachbücher zu publizieren, die den Leuten die verschiedenen Positionen beibringen, welche bisherige Erfahrung für nützlich und lohnend befunden hat? Genau so »lebt« der Gourmet, »um zu essen«; beide verrichten ihre Andacht vor dem Altar des altmodischen Hedonismus einer besonders simplen Variante.

Für Leute, die *»tenderminded«* sind, ist Sexualität nur zum Teil ein biologisches Faktum; sie würden sie eher im Sinne von Platos schöner Parabel vom entzweigeschnittenen Kreis verstehen, der wiederhergestellt wird, wenn die männliche und die weibliche Hälfte wieder vereint sind. Für sie hat Sexualität einen geistigen Aspekt, ist sie voller Werte, kameradschaftlich, und all das kann weit wichtiger sein als biologische Faktoren, wie etwa die Anzahl der erzielten Orgasmen oder die Vielfalt der gekonnten Positionen. Es ist falsch, sexuellen Unterricht, der für ein *»toughminded«* Kind geeignet ist, einem *»tenderminded«* Kind aufzudrängen; das ist Propaganda schlimmster Art, gerichtet auf wehrlose Kinder, oft gegen den Willen der Eltern. Es wäre natürlich falsch, den Verkauf von Sex-Handbüchern zu verbieten; sie erfüllen eine nützliche Funktion für jene, die sie zu brauchen meinen (obwohl der tatsächliche Informationswert vieler dieser Bücher als sehr fraglich bezeichnet werden muß, oft ist die Information ausgesprochen falsch im Sinne unserer modernen psychologischen Erkenntnisse). Aber es gibt einen wichtigen Unterschied. Sex-Fachbücher werden nur von jenen gekauft, die sie lesen wollen; Sexualerziehung wird Kindern aufgezwungen, die das vielleicht gar nicht wollen und deren Eltern gegen einen solchen Unterricht sind. Und wenn einem klar ist, daß die meisten Lehrer für diese Aufgabe noch weniger ausgerüstet sind, als die Autoren von Sex-Handbüchern für die ihre, muß man zu dem Schluß kommen, daß das Gute, das erreicht werden könnte, wahrscheinlich durch das Schlechte aufgehoben wird.

Wenn wir auch bezweifeln, daß die berühmte Befreiung von der viktorianischen Unterdrückung, die abzuwerfen der modernen Gesellschaft gelang, nur Gutes brachte, so mag die beunruhigende Zunahme der Fälle von männlicher Impotenz (die über jeden Zweifel hinaus zu beweisen, schwierig ist, doch von vielen Experten auf diesem Gebiet bezeugt wird) eine direkte

Folge des modernen Streß auf das Sexualverhalten sein. Viele Männer, die nicht in Hochform sind, fühlen sich minderwertig, und solche Empfindungen machen die Sache nur schlimmer und vermögen Impotenz hervorzurufen. Ebenso meinen Frauen, daß das Nichtgelingen eines rasch eintretenden Orgasmus ein ungünstiges Licht auf sie wirft, was das Gelingen noch mehr erschwert. Oder aber sie machen ihre unglücklichen Ehemänner verantwortlich, laden ihnen Schuldgefühle auf, die wiederum deren sexuelle »Leistung« erschweren. In den sexuellen Beziehungen gibt es einen *»double bind«* (einen widersprüchlichen Streß), der nicht durch den »Leistungsdruck« der modernen Gesellschaft gelöst wird. Die sogenannte »Permissivität« nötigt in Wirklichkeit Regeln und Maßstäbe auf, die ebenso streng und zwingend sind, wie es die ganz anderen, vom Puritanismus und den viktorianischen orthodoxen Auffassungen auferlegten waren; keine dieser beiden Gruppen von Regeln ist für jedermann passend. Wahre Permissivität sieht einen umfassenden Spielraum für menschliche »Mannigfaltigkeit« vor, und akzeptiert, daß es für *»toughminded«* und *»tenderminded«* Männer und Frauen unterschiedliche Ideale, unterschiedliche Maßstäbe, unterschiedliche Wege zur Erlangung von Glück gibt. Sie sind nur zum Teil empfänglich für gesellschaftliche Einflüsse und Manipulation; sie sind weitgehend festgelegt durch Vererbung, durch Individualität, schon durch die physiologische Beschaffenheit der betreffenden Person. Wir sollten allen die größtmögliche Chance geben, sich entsprechend ihrer biologischen Programmierung zu entwickeln, mit der einzigen Auflage, daß die Rechte anderer geschützt sind. So verstandene Permissivität ist zweifellos Wesenskern der demokratischen Gesellschaft; wir vermögen sie nur dann zu erreichen, wenn wir uns viel mehr Kenntnisse über das Sexualverhalten aneignen, als dies augenblicklich der Fall ist, und insbesondere besseren Einblick in die Beziehungen zwischen den Geschlechtern und in die geheimnisvollen Prozesse der Persönlichkeit gewinnen.

Bibliographie

Bartlett, M. S. (1947) »The use of transformations«, *Biometrics* 3, 39–52

Bell, R. R. und Chasker, J. B. (1970) »Premarital sexual experience among coeds: 1958 and 1968«, *Journal of Marriage and the Family* 32, 81–4

Bentler, P. M. (1968) »Heterosexual behaviour assessment – 1: males«, *Behaviour Research and Therapy* 6, 21–5

Blake, M. J. F. (1967) »Relationship between circadian rhythms of body temperature and introversion-extraversion«, *Nature* 215, 896–7

Boneau, C. A. (1959) »The effects of violations of assumptions underlying the *t* test«, *Psychological Bulletin* 57, 49–64

Bouscher, B. J. (1957) »Sex differences in the foetal pelvis«, *American Journal of Physiology and Anthropology* 15, 581–600

Bowerman, C. und Day, B. (1956) »A test of the theory of complementary needs as applied to couples during courtship«, *American Sociological Research* 21, 602–5

Brady, J. P. und Levitt, E. E. (1965) »The scalability of sexual experiences«, *Psychological Record* 25, 275–81

Bragança, G. (1972) »A comparative study of attitudes to sex of a sample of sexual offenders, arsonists and non-sexual offenders, resident at Broadmoor Hospital« (Southampton: unveröffentlichte Dissertation)

Burgess, E. W. und Wallis, P. (1944) »Homogamy in personality characteristica«, *Journal of Abnormal and Social Psychology* 39, 475–81

Bynner, J. M. (1969) »The association between adolescent behaviour and attitudes as revealed by a new social attitude inventory« (London: unveröffentlichte Dissertation)

Byrne, D. (1971) *The Attraction Paradigm* (New York: Academic Press)

Byrne, D., Cherry, F., Lamberth, J. und Mitchell, H. E. (1973) »Husband-wife similarity in response to erotic stimuli«, *Journal of Personality* 41, 385–94

Cattell, R. B. (1952) *Factor Analysis* (New York: Harper)

Cattell, R. B. und Nesselroade, J. R. (1967) »Likeness and completeness theories examined by sixteen personality factor measures in stably and unstably married couples«, *Journal of Personality and Social Psychology* 7, 351–61

Chilton, B. (1972) »Psychosexual development in twins«, *Journal of Biosocial Science* 4, 277–86

Christensen, H. T. (1971) *Sexualverhalten und Moral* (Hamburg: Rowohlt)

Cline, V. B. (1974) *Where do you draw the line?* (Provo, Utah: Brigham Young University Press)

Cochrane, R. und Duffy, J. (1974) »Psychology of scientific method«, *Bulletin of the British Psychological Society* 27, 117–21

Cohen, M. L. und andere (1971) »The psychology of rapists«, *Seminars in Psychiatry* 3 no 3

Colquhoun, W. P. (1960) »Temperament, inspection efficiency and time of day«, *Ergonomics* 3, 377–8

Colquhoun, W. P. und Corcoran, D. W. J. (1964) »The effects of time of day and social isolation on the relationship between temperament and performance«, *British Journal of Social and Clinical Psychology* 3, 226–31

Comrey, A. L. und Levonian, E. (1958) »A comparison of three paired coefficients in factor analysis of MMPI items«, *Educational Psychological Measurement* 18, 739–48

Conner, R. L. (1972) »Hormones, biogenic amines and aggression«, in Levine (1972)

Cooper, A. J. (1969) »Some personality factors in frigidity«, *Journal of Psychosomatic Research* 13, 149–55

Coppen, A. (1965) »The prevalence of menstrual disorders in psychiatric patients«, *British Journal of Psychiatry* 111, 155–67

Daitzman, R. J. (1976) »Personality correlates of androgens and estrogens« (Delaware: unveröffentliche Dissertation)

Davidson, J. M. (1972) »Hormones and reproductive behaviour«, in Levine (1972)

Eaves, L. J. (1970) »The genetic analysis of continuous variation«, *British Journal of Mathematical and Statistical Psychology* 23, 189–98

Eaves, L. J. (1976) »A model for sibling effects in man«, *Heredity* 36, 205–14

Eaves, L. J. und Eysenck, H. J. (1974) »Genetics and the development of social attitudes«, *Nature* 249, 288–9

Eaves, L. J. und Eysenck, H. J. (1975) »The nature of extraversion: a genetical analysis«, *Journal of Personality and Social Psychology* 32, 102–12

Eaves, L. J. und Eysenck, H. J. (1976) »Genetic and environmental components of inconsistency and unrepeatability in twins' responses to a neuroticism questionnaire«, *Behaviour Genetics* 6, 145–60

Ehrenkranz, J., Bliss, E. und Sheard, M. H. (1974) »Plasma testosterone: correlations with aggressive behaviour and social dominance in man«, *Psychosomatic Medicine* 36, 469–75

Ehrhardt, A. A. und Money, J. (1967) »Progestin-induced hermaphroditism: IQ and psychosexual identity in a study of ten girls«, *Journal of Sexual Research* 3, 83–100

Ellis, A. und Brancale, R. (1956) *The Psychology of Sex Offenders* (Springfield, Mass.: C. C. Thomas)

Eysenck, H. J. (1947) *Dimensions of Personality* (London: Routledge and Kegan Paul)

Eysenck, H. J. (1954) *The Psychology of Politics* (London: Routledge and Kegan Paul)

Eysenck, H. H. (1964) (ed.), *Experiments with Drugs* (New York: Pergamon Press)
Eysenck, H. J. (1967) *The Biological Basis of Personality* (Springfield, Mass.: C. C. Thomas)
Eysenck, H. J. (1970a) *The Structure of Human Personality*, 3rd ed. (London: Methuen)
Eysenck, H. J. (1970b) *Crime and Personality* (London: Paladin)
Eysenck, H. J. (1970c) »Personality and attitudes to sex: a factorial study«, *Personality* 1, 355–76
Eysenck, H. J. (1971a) »Personality and sexual adjustment«, *British Journal of Psychiatry* 118, 553–608
Eysenck, H. J. (1971b) »Masculinity–femininity, personality and sexual attitudes«, *Journal of Sexual Research*, 7, 83–8
Eysenck, H. J. (1971c) »Hysterical personality and sexual adjustment, attitudes and behaviour«, *Journal of Sexual Research* 7, 274–81
Eysenck, H. J. (1972) »Personality and sexual behaviour«, *Journal of Psychosomatic Research* 16, 141–52
Eysenck, H. J. (1973a) »Personality and attitudes to sex in criminals«, *Journal of Sexual Research* 9, 295–306
Eysenck, H. J. (1973b) *The Measurement of Intelligence* (Lancaster: Medical and Technical Publishers)
Eysenck, H. J. (1974) »Personality, premarital sexual permissiveness, and assortative mating«, *Journal of Sexual Research* 10, 47–51
Eysenck, H. J. (1975a) »Genetic factors in personality development«, in A. R. Kaplan (ed.), *Human Behaviour Genetics* (Springfield, Mass.: C. C. Thomas)
Eysenck, H. J. (1975b) »The structure of social attitudes«, *British Journal of Social and Clinical Psychology* 14, 323–32
Eysenck, H. H. (1976) »Personality and participation in group sex: an empirical study«, *Revista Latinoamericana de psicologia* (noch nicht erschienen)
Eysenck, H. J. und Coulter, T. (1972) »The personality and attitudes of working-class British communists and fascists«, *Journal of Social Psychology* 87, 59–73
Eysenck, H. J. und Eysenck, S. B. G. (1964) *Manual of the EPI* (London: University of London Press)
Eysenck, H. J. und Eysenck, S. B. G. (1969) *Personality Structure and Measurement* (London: Routledge and Kegan Paul)
Eysenck, H. J. und Eysenck, S. B. G. (1975) *Manual of the E.P.Q. (Eysenck Personality Questionnaire)* (London: University of London Press)
Eysenck, H. J. und Eysenck, S. B. G. (1976) *Psychoticism as a Dimension of Personality* (London: University of London Press)
Eysenck, H. J. und Wilson, G. (1974) *The Experimental Study of Freudian Theories* (London: Methuen)
Eysenck, S. B. G. (1961) »Personality of pain assessment in childbirth of

married and unmarried mothers«, *Journal of Mental Science* 108, 417–30

Eysenck, S. B. G. und Eysenck, H. J. (1970a) »Crime and personality: an empirical study of the three-factor theory«, *British Journal of Criminology* 10, 225–39

Eysenck, S. B. G. und Eysenck, H. J. (1970b) »A factor-analytic study of the lie scale of the Junior Eysenck Personality Inventory«, *Personality* 1, 3–10

Eysenck, S. B. G. und Eysenck, H. J. (1971a) »Crime and personality: item analysis of questionnaire respenses«, *British Journal of Criminology* 11, 49–62

Eysenck, S. B. G. und Eysenck, H. J. (1971b) »A comparative study of criminals and matched controls on three dimensions of personality«, *British Journal of Social and Clinical Psychology* 10, 362–6

Eysenck, S. B. G. und Eysenck, H. J. (1971c) »Attitudes to sex, personality and lie scale scores«, *Perceptual and Motor Skills* 33, 216–18

Eysenck, S. B. G., Nias, D. K. B. und Eysenck, H. J. (1971) »The interpretation of children's lie scale scores«, *British Journal of Educational Psychology* 41, 23–31

Ferguson, G. A. (1941) »The factorial interpretations of test difficulty«, *Psychometrika* 6, 323–9

Fisher, S. (1973) *The Female Orgasm* (London: Allen Lane)

Ford, C. S. und Beach, F. A. (1952) *Patterns of Sexual Behavior* (London: Eyre and Spottiswoode)

Foss, G. L. (1951) »The influence of endogens on sexuality in women«, *Lancet* 1, 667–9

Fuller, J. L. und Thompson, W. R. (1960) *Behavior Genetics* (New York: Wiley)

Giese, H. und Schmidt, A. (1968) *Studentensexualität* (Hamburg: Rowohlt)

Goldberg, S. (1973) *The Inevitability of Patriarchy* (New York: Morrow)

Gottesman, I. I. (1965) »Personality and natural selection«, in S. G. Vandenberg (Hrsg.) *Methods and Goals in Human Behaviour Genetics* (London: Academic Press)

Gray, H. (1949) »Psychological types in married people«, *Journal of Social Psychology* 29, 189–200

Guilford, J. P. (1975) »Factors and factors of personality«, *Psychological Bulletin* 82, 802–14

Hackett, T. P. (1971) »The psychotherapy of exhibitionists in a court clinic setting«, *Seminars in Psychiatry* 3 no 3

Havlicek, L. L. und Peterson, N. L. (1974) »Robustness of the *t* test: a guide for researchers on effect of violations of assumptions«, *Psychological Reports* 34, 1095–114

Hendrickson, A. und White, P. O. (1964) »Promax: a quick method for rotation to oblique simple structure«, *British Journal of Statistical Psychology* 17, 65-70

Hewitt, J. H. (1974) »An analysis of data from a twin study of social attitudes« (Birmingham: unveröffentlichte Dissertation)

Hill, M. (1968) unveröffentlichte Dissertation zitiert von H. J. Eysenck, »Genetic factors in personality development«, in A. R. Kaplan (Hrsg.) *Human Behaviour Genetics* (Springfield, Mass. 1974: C. C. Thomas)

Hunt, M. (1974) *Sexual Behavior in the 1970s* (Chicago: Playboy Press)

Hutt, C. (1972) *Males and Females* (Harmondsworth: Penguin Books)

Insel, P. M. (1971) »Family similarities in personality, intelligence and social attitudes« (London: unveröffentlichte Dissertation)

Israel, J., Gustavsson, J., Eliasson, R. M. und Lindberg, G. (1970) »Sexuelle Verhaltensformen der schwedischen Großstadtjugend«, in M. B. Bergstrom-Walan (Hrsg.), *Modellfall Skandinavien?* (Reinbek: Rowohlt)

Jaffe, Y., Malamuth, N., Feingold, J. Feshbach, S. (1974) »Sexual arousal and behavioral aggression«, *Journal of Personality and Social Psychology* 30, 759–64

Jensen, A. R. (1973) *Educability and Group Differences* (London: Methuen)

Jessor, S. und Jessor, R. (1976) »Sex: the first time«, *Journal of Personality and Social Psychology* (in Druck)

Jinks, J. L. und Fulker, D. W. (1970) »A comparison of the biometrical genetical MAVA and classical approaches to the analysis of human behaviour«, *Psychological Bulletin* 73, 311–49

Joe, V. C. (1976) »Social attitudes and sexual behaviors of college students«, *Journal of Consulting and Clinical Psychology* (noch nicht erschienen)

Kagan, J. (1964) »Acquisition and significance of sex typing and sex role identity«, in M. L. Hoffman und Lois W. Hoffman (Hrsg.), *Review of Child Development Research* (New York: Russell Sage Foundation), 137–68

Kallman, F. J. und Mickey, J. S. (1946) »Genetic concepts and Folie à Deux«, *Journal of Heredity* 37, 298–305

Kirkpatrick, C. und Stone, S. (1935) »Attitude measurement and the comparison of generations«, *Journal of Applied Psychology* 19, 569–82

Kreitman, N. (1964) »The patient's spouse«, *British Journal of Psychiatry* 110, 159–73

Kreitman, N. (1968) »Married couples admitted to mental hospital«, *British Journal of Psychiatry* 114, 699–718

Kreuz, L. E. und Rose, R. M. (1972) »Assessment of aggressive behaviour and plasma testosterone in a young criminal population«, *Psychosomatic Medicine* 34, 331–6

Ktsanes, T. (1955) »Mate selection on the basis of personality type: a study utilising our empirical typology of personality«, *American Sociological Reports* 20, 547–57

Landis, C., Bolles, M. und D'Esopo, D. A. (1940) »Psychological and physical concomitants of adjustment in marriage«, *Human Biology* 12, 559–65

Levine, S. (1972) *Hormones and Behaviour* (London: Academic Press)

Lewis, N. D. C. und Yarnell, H. (1951) »Pathological firesetting«, *Journal of Nervous and Mental Disease* monogr. no 82 (New York)

McCloskey, H. (1967) »Survey research in political science«, in G. Y. Glolk (Hrsg.), *Survey Research in the Social Sciences* (New York: Russell Sage Foundation)

McKerracher, D. W. und Dacre, A. J. I. (1966) »A study of arsonists in a special security hospital«, *British Journal of Psychiatry* 112, 1151–4

McNeill, D. und Livson, J. (1963) »Maturation rate and body build in women«, *Child Development* 34, 25–32

Martin, N. G. (1976) unveröffentlichte Dissertation, Department of Genetics, University of Birmingham

Mather, K. und Jinks, J. (1971) *Biometrical Genetics* (London: Chapman Hall)

Michaelis, W. und Eysenck, H. J. (1971) »The determination of personality inventory factor patterns and intercorrelations by changes in real life motivation«, *Journal of Genetical Psychology* 118, 223–34

Milgrams, S. (1974) *Obedience to Authority* (London: Tavistock)

Mischel, W. (1968) *Personality and Assessment* (New York: Wiley)

Money, J. (1961a) »Components of eroticism in man: 1. The hormones in relation to sexual morphology and sexual desire«, *Journal of Nervous and Mental Disease* 132, 239–48

Money, J. (1961b) »Sex hormones and other variables in human eroticism«, in W. C. Young (Hrsg.), *Sex and Internal Secretions* (Baltimore: Williams and Wilkins)

Money, J. (1965) »Influence of hormones in sexual behaviour«, *Annual Review of Medicine* 16, 67–82

Morgan, C. L. und Remmers, H. H. (1935) »Liberalism and conservatism of college students as affected by the depression«, *School and Society* 41, 780–4

Murstein, B. I. (1971) (Hrsg.) *Theories of Attraction and Love* (New York: Springer)

Newcomb, T. und Svehla, G. (1937) »Intra-family relationships in attitude«, *Sociometry* 1, 180–205

Nias, D. (1975) »Personality and other factors determining the recreational interests of children and adults« (London: unveröffentlichte Dissertation)

Nichols, R. C. (1969) »The resemblance of twins in personality and interests«, in Manosewitz, G., Lindzey, G. und Thiessen, G. (Hrsg.) *Behavioral Genetics: Method and Research* (New York: Appleton-Century-Crofts)

Persky, H., Smith, K. D. und Basu, G. K. (1971) »Relation of psychologic measures of aggression and hostility to testosterone production in man«, *Psychosomatic Medicine* 33, 265–71

Phoenix, C. (1966) »Psychosexual organization in nonhuman primates«, paper delivered to conference on »Endocrine and neural control of sex and related behaviour«, Puerto Rico, Dorado Beach, Kray

Pickford, J. H., Signori, E. I. und Rempel, H. (1967) »Husband-wife difference in personality traits as a factor in marital happiness«, *Psychological Reports* 20, 1087–90

Popper, K. R. (1959) *The Logic of Scientific Discovery* (London: Routledge und Kegan Paul)

Popper, K. R. (1972) *Objective Knowledge* (Oxford: Clarendon Press)

Purtell, J. J., Robins, E. und Cohen, M. E. (1951) »Observations on clinical aspects of hysteria«, *Journal of American Medical Association* 146, 902–9

Quirion, N. F. (1970) »Extraversion, neuroticism and habituation of the orienting reaction« (University of Ottowa: unveröffentlichte Dissertation)

Rees, L. (1973) »Constitutional factors and abnormal behaviour«, in H. J. Eysenck (Hrsg.) *Handbook of Abnormal Psychology* (London: Pitman), 487–539

Reiss, I. L. (1967) *The Social Context of Premarital Sexual Permissiveness* (New York: Holt, Rinehart und Winston)

Reiter, H. (1970) »Similarities and differences in scores on certain personality scales among engaged couples«, *Psychological Reports* 26, 465–6

Roberts, R. C. (1967) »Some concepts and methods in qualitative genetics«, in J. Hirsch, *Behavior-Genetic Analysis* (New York: McGraw-Hill)

Roos, D. E. (1956) *Complementary Needs in Mate Selection* (Northwestern University: unveröffentlichte Dissertation

Schellenberg, J. A. und Bee, L. S. (1960) »A re-examination of the theory of complementary needs in mate selection«, *Marriage and Family Living* 22, 227–32

Schiller, B. (1932) »A quantitative analysis of marriage selection in a small group«, *Journal of Social Psychology* 3, 297–319

Schlegel, W. S. (1969) »Konstitutionsbiologie und Verhaltensforschung im Menschen«, in F. Keiter (Hrsg.), *Verhaltensforschung im Rahmen der Wissenschaft vom Menschen* (Göttingen: Musterschmidt) 228–32

Schlegel, W. S. (1975) »Parameter Beckenskelett«, *Sexualmedizin* 4, 228–32

Schmidt, G. (1975) »Male–female differences in sexual arousal and behaviour during and after exposure to sexually explicit stimuli«, *Archives of Sexual Behavior* 4, 353–65

Schmidt, G. und Sigusch, V. (1971) *Arbeitersexualität* (Berlin: Luchterhand)

Schmidt, G. und Sigusch, V. (1972) »Changes in sexual behavior among males and females between 1960–70«, *Archives of Sexual Behavior* 2, 27–45

Schofield, M. (1968) *The Sexual Behaviour of Young People* (Harmondsworth: Penguin Books)
Schooley, M. (1963) »Personality resemblances among married couples«, *Journal of Abnormal and Social Psychology* 32, 340–7
Schuster, E. und Elderton, E. M. (1906) »The inheritance of psychical Characters«, *Biometrika* 5, 460–9
Scott, J. P. und Fuller, J. L. (1965) *Genetics and the Social Behavior of the Dog* (Chicago: University of Chicago Press)
Shepherd, M., Lader, M. und Rodnight, R. (1968) *Clinical Psychopharmacology* (London: English Universities Press)
Shope, D. F. (1966) »A comparison of selected college females on sexual responsiveness and non-responsiveness« (Pennsylvania State University: unveröffentlichte Dissertation, Fisher (1973)
Sigurt, V., Schmidt, G., Rheinfeld, S. und Weidemaun-Sutor, I. (1970) »Psycho-sexual stimulation: sex differences«, *Journal of Sexual Research* 6, 10–24
Sigusch, V. und Schmidt, G. (1973) *Jugendsexualität* (Stuttgart: Enke)
Simon, P. (1972) *Rapport sur le comportement sexuel des Français* (Paris: Julliard et Charron)
Sorensen, R. C. (1973) *Adolescent Sexuality in Contemporary America* (New York: Ward Publishing Co.)
Tennent, T. G. und andere (1971) »Female arsonists«, *British Journal of Psychiatry* 119, 497–502
Tennent, G. Loucas, K., Fenton, G. und Fenwick, P. (1974) »Male admissions to Broadmoor Hospital«, *British Journal of Psychiatry* 125, 44–50
Terman, L. M. (1938) *Psychological Factors in Marital Happiness* (New York: McGraw-Hill)
Terman, L. M. (1951) »Correlates of orgasm adequacy in a group of 556 wives«, *Journal of Psychology* 32, 115–72
Tharp, R. G. (1963) »Psychological patterning in marriage«, *Psychological Bulletin,* 60, 97–117
Thomas, D. R. (1975) »Conservatism and premarital sexual experience«, *British Journal of Social and Clinical Psychology* 14, 195–6
Thomason, D. B. (1951) »Differential non-sexual and sexual behavior in the marital adjustment of Penn State alumni« (Pennsylvania State College: (1973)
Thorne, F. C. (1966) »The Sex Inventory«, *Journal of Clinical Psychology Monograph Supplement* no 21
Tisserand-Perrier, M. (1953) »Etude comparative de certains processes de croissance chez les jumeaux«, *Journal génétique humain* 2, 82–98
Udry, J. (1967) »Personality match and interpersonal perception as predictors of marriage«, *Journal of Marriage and the Family* 29, 722–5
Welch, B. L. (1937) »The significance of the difference between two means when the population variances are unequal«, *Biometrika* 29, 350–62

Wells, B. W. P. (1969) »Personality characteristics of VD patients«, *British Journal of Social and Clinical Psychology* 8, 246–52

Wherry, R. J. und Gaylord, R. H. (1944) »Factor patterns of test items and tests as a function of the correlation coefficient; content difficulty, and constant error factors«, *Psychometrika* 9, 237–45

Wilkins, I. (1959) »Masculinization of the female fetus due to the use of certain synthetic oral progestins during pregnancy«, *Archives d'Anatomie Microscopique et de Morphologie Experimentale* 48, 313–30

Wilkins, I. (1960) »Masculinization of female fetus due to use of orally given progestin«, *Journal of the American Medical Association* 172, 1028–32

Wilson, G. (1973) (Hrsg.), *The Psychology of Conservatism* (London: Academie Press)

Wilson, G. D. und Brazendale, A. H. (1973) »Social attitude correlates of Eysenck's personality dimensions«, *Social Behavior and Personality* 1, 115–18

Wilson, E. O. (1975) *Sociobiology* (Cambridge: Belknap Press)

Winch, R. F. (1958) *Mate Selection: A Study of Complementary Needs* (New York: Harper Bros)

Winokur, G., Guze, S. B. und Pfeiffer, E. (1958) »Developmental and sexual factors in women: a comparison between control, neurotic and psychotic groups«, *American Journal of Psychiatry* 115, 1097–100

Yom, B. L., Bradley, P. E., Wakefield, J. S., Kraft, I. A., Doughtie, E. B. und Cox, J. S. (1976) »A common factor in the MMPI scales of married couples«, *British Journal of Social and Clinical Psychology* (noch nicht erschienen)

Young, W. C., Gay, R. W. und Phoenix, C. N. (1965) »Hormones and sexual behavior«, in J. Money (Hrsg.), *Sex Research: New Developments* (New York: Holt, Rinehart and Winston)

Zetterberg, H. L. (1969) *Om Sexuallivet i Sverige* (Stockholm: Statens offentliga utredninger)

Zuckerman, M. (1973) »Scales for sex experience for males and females«, *Journal of Consulting and Clinical Psychology* 41, 27–9

Zuckerman, M. (1974) »The sensation-seeking motive«, in B. Maher (Hrsg.), *Progress in Experimental Personality Research* vol. 7 (New York: Academic Press)

Zuckerman, M., Bone, R. N., Neary, R., Mangelsdurff, P., und Brustman, B. (1972) »What is the sensation seeker? Personality trait and experience correlates of the sensation-seeking scales«, *Journal of Consulting and Clinical Psychology* 39, 308–21

DER AUTOR

Hans Jürgen Eysenck, seit 1955 ordentlicher Professor für Psychologie an der Universität London, wurde 1916 in Berlin geboren. Er verließ Deutschland bereits 1934 aus politischen Gründen und studierte zunächst an den Universitäten Dijon in Frankreich und Exeter in Großbritannien französische und englische Geschichte und Literatur. Später wandte er sich dem Studium der Psychologie zu, das er 1940 in London abschloß.

Während des Zweiten Weltkrieges war er als Psychologe am Mill Hill Emergency Hospital in London tätig. Nach Beendigung des Krieges wurde ihm die Leitung einer psychologischen Forschungsabteilung am Psychiatrischen Institut der Universität London (Maudsley and Bethlem Royal Hospitals) übertragen.

Ausgedehnte Vortragsreisen haben ihn in viele Länder geführt. 1949/50 verbrachte er ein Jahr in den Vereinigten Staaten als Gastprofessor an der Universität von Pennsylvanien und 1954 an der Universität von Kalifornien.

Neben Veröffentlichungen in in- und ausländischen Fachzeitschriften erschienen von ihm zahlreiche Bücher, die sowohl in Kreisen der Wissenschaft als auch in der breiten Öffentlichkeit zu lebhaften Diskussionen und Kontroversen geführt haben.

In deutscher Sprache liegen von ihm folgende Werke vor: *Wege und Abwege der Psychologie* (1956), *Intelligenztest* (1972), *Die Experimentiergesellschaft. Soziale Innovation durch angewandte Psychologie* (1973), *Neurosen – Ursachen und Heilmethoden. Einführung in die moderne Verhaltenstherapie* (1973), *Vererbung, Intelligenz und Erziehung. Zur Kritik der pädagogischen Milieutheorie* (1975), *Die Ungleichheit der Menschen* (1975), *Grenzen der Erkenntnis. Vom Sinn und Unsinn der Psychologie* (1976), *Teste dich selbst. Die Aspekte der Persönlichkeit* (1976) und *Die Zukunft der Psychologie* (1977).